SILIUS ITALICUS

LA GUERRE PUNIQUE XIV-XVII

COLLECTION DES UNIVERSITÉS DE FRANCE

Publiée sous le patronage de l'Association GUILLAUME BUDÉ

SILIUS ITALICUS

LA GUERRE PUNIQUE
Tome IV
LIVRES XIV-XVII

TEXTE ÉTABLI ET TRADUIT

PAR

Michel MARTIN (Livres XIV-XV)

Maître de conférences à l'Université de Bordeaux III

ET

Georges DEVALLET (Livres XVI-XVII)

Maître de Conférences à l'Université de Montpellier III

Ouvrage publié avec le concours du C.N.R.S.

PARIS

LES BELLES LETTRES

1992

Conformément aux statuts de l'Association Guillaume Budé, ce volume a été soumis à l'approbation de la commission technique qui a chargé M. Paul Jal d'en faire la révision et d'en surveiller la correction en collaboration avec MM. Michel Martin et Georges Devallet.

ISBN : 2-251-01365-2
ISSN : 0184-7155

CONSPECTVS SIGLORVM

I. — *Codices*

L Laurentianus, plut, XXXVII, cod. 16, saec. xv.
F Florentianus, Bibl. Aed. Fl. Eccl. CXCVI, saec. xv.
O Oxoniensis Collegii Reginensis CCCXIV, saec. xv.
V Vaticanus lat. 1652, saec. xv.
S Consensus quattuor codicum *LFOV*
dett. : codices deteriores[1].

II. — *Testimonia*

CM lectiones codicis Coloniensis a F. Modio prolatae in
  Nouantiquarum lectionum epistulis.
CC lectiones codicis Coloniensis a L. Carrione prolatae
  in *Emendationum et Obseruationum libris*.
CH lectiones codicis Coloniensis a N. Heinsio prolatae
  in editione Sili Drakenborchiana.
CD lectiones codicis Coloniensis a Drakenborchio pro-
  latae eodem loco.

III. — *Editiones et adnotationes criticae*

Ahl :	F. Ahl - M. A. Davis - A. Pomeroy, *Silius Italicus*, «ANRW» II, 32, 4, Berlin - New York, 1986.
Barth :	C. Barth, *Adversariorum et commentariorum libri LX*, Francfort, 1624.
Bauer :	L. Bauer, Édition des *Punica*, Leipzig, 1890-92; *zu Silius Italicus*, in *Fleickeiseni Annal.*, 1888, p. 193-224.
Bentley :	R. Bentley, *Classical Journal*, 3, 1811, p. 381-386, in M. Haupt, *Opuscula*, III, 1, p. 89-107, Berlin, 1860.

---

1. Cf. Blass, *op. cit.* et *Introd.*, p. c-civ.

Blass :

H. Blass, *Die Textesquellen des Silius Italicus, Jahrb. für class. Philol., Suppl. Bd.* 8, Leipzig, 1875, p. 161-250 ; *Emendationen zu Silius Italicus, Jahresbericht über die Louisenstädtische Realschule,* Berlin, 1867.

Blomgren :

S. Blomgren, *Siliana,* Uppsal, 1938.

Bothe :

F. H. Bothe, *Des C. Silius Italicus Punischer Krieg,* Stuttgart, 1855.

Damsté :

Damsté, *Notulae criticae ad Silium Italicum,* in *Mnemosyne,* 40, 1912.

Dausqueius :

C. Dausqueius, Édition des *Punica,* Paris, 1615.

Delz :

SILIVS ITALICVS, *PVNICA,* edidit Josephus Delz, *Bibliotheca Teubneriana,* Stuttgart, 1987.

Drakenborch :

A. Drakenborch, Édition des *Punica,* Utrecht, 1717.

Ernesti :

J. A. Ernesti, Édition des *Punica,* Leipzig, 1791.

Garrod :

H. W. Garrod, *Some emendations of Silius Italicus, Classical Review,* 19, 1905, p. 358.

Gronovius :

J. F. Gronovius — in *Observationum libris,* Deventer, 1652. — in Editione Parisiensi, 1531, et in editione Amstelodami 1631 quae ex bibliotheca Leidensi contulit H. Blass.

Håkanson :

L. Håkanson, *Silius Italicus,* Lund, 1976-77.

Heinsius :

D. Heinsius, — *Crepundia Siliana,* Leyde, 1601, 1646. — Édition des *Punica,* Leyde, 1600.

Hilberg :

I. Hilberg, — *Zu Silius Italicus, Jahrbücher für class. Philol.,* 105, 1892, p. 792.

Ker :

A. Ker, *Siliana,* in *Proc. Cambr. Phil. Soc.,* 13, 1967.

Koch :

E. Koch, *Quaestiones Silianae criticae et exegeticae,* Diss. Monasterii, 1877.

Lefebvre :

J. B. Lefebvre de Villebrune, Édition des *Punica,* Paris, 1781.

Livineius :　　I. Livineii emendationes manuscriptae in editione Basil., 1522.

Madvig :　　J. N. Madvig, *Adversaria critica*, 2, Leipzig, 1873, p. 161-162.
— *Ad Silium Italicum*, in *Album Herwerden*, Leiden, 1912.

Müller :　　L. Müller, *De re metrica poetarum latinorum ...*, Leipzig, 1894.

Postgate :　　J. P. Postgate, Notes dans l'édition des *Punica* procurée par W. C. Summers.

Owen :　　S. G. Owen, *Classical Review*, 1905, p. 172-176.

Ruperti :　　G. A. Ruperti, édition (avec commentaire) des *Punica*, Göttingen, 1795-98.

Schrader :　　I. Schrader, *Observationes*, Francfort, 1761.

Spaltenstein :　　F. Spaltenstein, *Commentaire des* Punica *de Silius Italicus*, Genève, Droz, tome 1 (livres 1 à 8), 1986; tome 2 (livres 9 à 17), 1990.

Summers :　　W. C. Summers, *Notes on Silius Italicus*, in *Classical Review*, 13, 1899, p. 296-301; 14, 1900, p. 48-50 et 305-309.
— Édition des *Punica*, Londres, 1905.

Thilo :　　G. Thilo, *Quaestiones Silianae criticae*, Halle, 1858; *Emendationes Silianae*, in *Symbolis philol. Bonnensium*, Bonn, 1864, p. 397-410.

Van Veen :　　J. S. Van Veen in *Hermes*, 23, 1888, p. 211-218; in *Mnemosyne*, 16, 1888, p. 289-292; 17, 1889, p. 368-377; 18, 1890, p. 300-306; 19, 1891, p. 191-199; 21, 1893, p. 264-267.

Withof :　　J. H. Withof, *Conjecturen über verschiedene lateinischer Dichter und Prosaïker*, II, Düsseldorf, 1799.

BIBLIOGRAPHIE

Depuis la parution du tome 1 la bibliographie de Silius s'est augmentée ; on la trouvera dans l'ouvrage de G. Laudigi, *Silio Italico, Il passato tra mito et restaurazione etica*, Lecce, 1989.

Nous avons cru pouvoir nous permettre d'y renvoyer le lecteur pour alléger la présentation de ce volume.

Les auteurs tiennent à exprimer leur vive gratitude à M. P. Jal, professeur à l'Université de Paris X, et à M. J. Soubiran, professeur à l'Université de Toulouse-Le Mirail, dont les observations les ont grandement aidés pour l'établissement et pour la traduction du texte.

LIVRE XIV

LIVRE XIV

LIVRE XIV

Tournez maintenant vos chants, divinités de l'Hélicon[1], vers la mer d'Ortygie[2] et les villes du rivage sicilien. Cette tâche appartient à votre charge : visiter tantôt les royaumes dauniens[3] des Enéades, tantôt les
5 ports de Sicile ; parcourir les demeures des Macédoniens et les campagnes d'Achaïe, mouiller vos pieds errants dans la mer de Sardaigne ou encore aller voir les gourbis sur lesquels autrefois régna le peuple de Tyr, aller voir les frontières du jour et les bornes des continents. Ainsi l'exige Mars qui partout se déchaîne sur l'étendue des
10 terres. Allons donc où les trompettes, où les guerres nous mènent, suivons-les.

Une part importante de l'Ausonie forme la terre de Trinacrie[4], depuis que, sous les coups du Notus et la furie des vagues, elle a laissé passer la mer bousculée par le trident céruléen. Car les flots, sourdement refoulés un jour par la force mystérieuse d'un tour-
15 billon, partagèrent les chairs de la terre déchirée et, fendant les campagnes par cet abîme médian, entraînèrent tout ensemble et les peuples et les villes qu'ils avaient arrachés. Depuis lors, l'impétueux Nérée garde

---

1. La plus haute montagne de Béotie qui abritait le sanctuaire des Muses (cf. *Pun.* 12, 412, n.) ; l'invocation aux Muses, de rigueur quand le poète ouvre un développement particulier (cf. *Aen.* 7, 641, le catalogue des ennemis des Troyens), se justifie d'autant plus ici que Silius conçoit ce livre 14 comme une petite épopée, la « Geste de Marcellus » (cf. Introd. p. xxxiv) ; en rappelant dans les dix premiers vers différents théâtres d'opération de la première et de la deuxième guerre punique, Silius veut lier étroitement ce chant 14, qui pourrait paraître autonome, à l'ensemble des *Punica*.

LIBER QUARTVS DECIMVS

Flectite nunc uestros, Heliconis numina, cantus
Ortygiae pelagus Siculique ad litoris urbis.
Muneris hic uestri labor est, modo Daunia regna
Aeneadum, modo Sicanios accedere portus,
aut Macetum lustrare domos et Achaica rura,   5
aut uaga Sardoo uestigia tingere fluctu,
uel Tyriae quondam regnata mapalia genti,
extremumue diem et terrarum inuisere metas.
Sic poscit sparsis Mauors agitatus in oris.
Ergo age, qua litui, qua ducunt bella, sequamur.   10
   Ausoniae pars magna iacet Trinacria tellus,
ut semel expugnante Noto et uastantibus undis
accepit freta caeruleo propulsa tridente.
Namque per occultum caeca ui turbinis olim
impactum pelagus laceratae uiscera terrae   15
discidit et, medio perrumpens arua profundo,
cum populis pariter conuulsis transtulit urbis.
Ex illo seruans rapidus diuortia Nereus

---

2 siculique *O V* : seculique *LF* ‖ ad litoris *OV* : additoris *LF* ‖ **5** macetum *S CM Ep. 44* : -edum *edd.* ‖ **6** tingere *O V* : -guere *L F* ‖ **12** semel *dett.* : semies *S* ‖ **14** turbinis *L Fpc O V* : -bidis *Fac* ‖ **15** impactum *L Fpc O V* : -petum *Fac* ‖ **16** arua *LFV* : incita *O* ‖ **17** conuulsis *S* : -sas *edd.*

disjoints ces éléments et de ses tourbillons furieux
interdit que s'unissent les êtres qu'il a séparés. Mais
20 l'espace qui divise ces terres jumelles, les aboiements
des chiens, prétend la renommée, le traversent (si mince
est le détroit qui les sépare), et les chants des oiseaux
le matin. Grande est la qualité du sol : ici il procure
du profit aux charrues, là il ménage aux monts l'ombre
de l'olivier, il donne leur nom aux crus de Bacchus[1]
25 ou engendre le destrier rapide[2] qui saura supporter les
éclats du clairon, et, grâce au nectar d'Hybla[3], il
rivalise avec les ruches de Cécrops. Ici l'on vénérera
les sources péoniennes où se cache du soufre et encore,
dignes d'Apollon et des Muses, les voix d'excellents
poètes[4] dont les chants éveillent les échos des forêts
30 sacrées et font retentir l'Hélicon de la cantilène
syracusaine. Nation à la langue vive, elle avait aussi
pour coutume, du temps qu'elle déchaînait la guerre,
de décorer ses ports des trophées de la mer.

Après avoir connu le cruel sceptre d'Antiphatès[5] et
le règne des Cyclopes, sous le soc sicanien[6] d'abord se
35 transformèrent ces campagnes vierges. Pyrène envoya
ses peuples qui, à cette terre sans nom, donnèrent celui
d'un fleuve de leur patrie. Puis la jeunesse ligure, gui-
dée par Siculus, changea pour un nouveau le nom de
ces royaumes conquis par la guerre. Quant aux Crétois,
pas de déshonneur non plus à les voir s'y établir : le
chef qui les avait fait sortir de cent forteresses[7] pour
40 les mener vers des combats sans gloire, c'était Minos
cherchant à se venger de Dédale.

Mais après que, victime d'une indicible fourberie, le
complot des Cocalides, il eut chez les ombres éternelles
pris son siège de juge, la troupe minoenne, se lassant

---

1. Plusieurs crus de Sicile étaient célèbres : Mamertinus,
Tauromenitanus, Potulanus (cf. Pline, *H.N.* 14, 66).
2. Cf. *Pun.* 14, 209 et 217, n.
3. Ville de Sicile célèbre par son miel : il existait trois *Hyblae*
(maior, parua, minor) ; celle-ci est *Hybla parua* ou *Megara* cf.
Strabon 6, 410 : τὸ δὲ τῆς Ὕϐλης ὄνομα συμμένει διὰ τὴν ἀρετὴν τοῦ
Ὑϐλαίου μέλιτος ; son miel rivalisait avec celui de l'Hymette à
Athènes, ville de Cécrops.

saeuo diuiduos coniungi pernegat aestu.
Sed spatium, quod dissociat consortia terrae, 20
latratus fama est (sic arta interuenit unda)
et matutinos uolucrum tramittere cantus.
Multa solo uirtus : iam reddere foenus aratris,
iam montis umbrare olea, dare nomina Baccho
cornipedemque citum lituis generasse ferendis, 25
nectare Cecropias Hyblaeo accedere ceras.
Hic et Paeonios arcano sulphure fontis,
hic Phoebo digna et Musis uenerab*ere* uatum
ora excellentum, sacras qui carmine siluas,
quique Syracosia resonant Helicona camena. 30
Promptae gens linguae; ast eadem, cum bella cieret,
portus aequoreis sueta insignire tropaeis.
    Post dirum Antipha*tae* sceptrum et Cyclopia regna
uomere uerterunt primum noua rura Sicano :
Pyrene misit populos, qui nomen ab amne 35
ascitum patrio terrae imposuere uacanti.
Mox Ligurum pubes Siculo ductore nouauit
possessis bello mutata uocabula regnis.
Nec *C*res dedecori fuit accola : duxerat actos
moenibus e centum non fausta ad proelia Minos, 40
Daedaleam repetens poenam. Qui fraude nefanda
postquam perpetuas iudex concessit ad umbras
Cocalidum insidiis, fesso Minoia turba

---

19 aestu *dett.* : -tus *S* ‖ **22** et matutinos *F* : e mat- *L O V* ‖ **24** montis *edd.* : monitis *S* ‖ olea *F* : dea *L O V* ‖ **26** accedere *edd.* : accendere *S* ‖ **28** uenerabere *edd.* : -rabile *S* ‖ uatum *L F O* : na- *V* ‖ **33** Antiphatae *edd.* : -pheae *F* -phee *L* -phe *O V* ‖ **36** ascitum *edd.* : absc- *S* ‖ **37** pubes *Fpc O Vpc* : patrio p. *L Fac Vac* ‖ **39** Cres *Heinsius* : res *S* ‖ **40** e centum *edd.* : ocentum *L* ottentum *F* erentum *O V*.

45 des combats, s'établit aux rives de Sicile. Lors le Troyen
Aceste et le Troyen Hélymus mêlèrent à ces peuples
la jeunesse de Phrygie ; avec leur suite de guerriers ils
bâtirent des remparts, leur donnèrent — et pour
longtemps ! — leur propre nom. N'est pas obscur non
plus le renom que portent les murs de Zancle[1] :
Saturne le leur donna quand sa droite eut déposé son
50 arme. Mais point de plus beau fleuron aux parages
d'Henna[2] que la cité qui a fondé son nom sur l'isthme
de Sisyphe[3] et qui, plus que toute autre, rayonne de
ses fils, nourrissons d'Ephyré. Là Aréthuse[4] en sa
source poissonneuse reçoit son cher Alphée qui porte
l'insigne de la couronne sacrée.
55 Mais Mulciber[5], jamais paisible, aime les antres de
la Trinacrie ; car Lipari[6] que rongent en ses fonds de
vastes fournaises, par son sommet érodé vomit fumée
et soufre ; quant à l'Etna, il éructe en sourdes plaintes
son feu intérieur, et ses rochers en tremblent ; il imite
60 en grondant la colère marine et fait tonner d'occultes
craquements, sans répit, ni de jour ni de nuit. Comme
issu de la noire source du Phlégéthon[7], le torrent
de flammes déborde et, en une tempête de poix,
roule des pierres à demi consumées dans les cavernes
en fusion. Mais bien qu'à l'intérieur bouillonne, en un
65 vaste tourbillon de flammes, et, sans répit, se répande
le feu né de ces profondeurs, la montagne à son sommet
est blanche et retient côte à côte (c'est merveille à le
dire) les flammes et le gel ; une glace éternelle hérisse
les rocs ardents ; debout au pic de la haute montagne

---

1. Zancle, nom ancien de Messine (cf. *Pun.* 1, 662, n.) tirerait
son nom de la faucille (gr. ζάγκλον), arme *(telo)* avec laquelle
Saturne châtra Ouranos.
2. Cf. *Pun.* 1, 93, n. 6, t. 1, p. 148, et 5, 489, n. 1, t. 2, p. 21.
3. Cf. *Iliade,* 6, 154-155, Sisyphe vivait à Éphyré, île du golfe
d'Argolide confondue ici avec Éphyré, le vieux nom de Corinthe.
Selon Antiochos de Syracuse, la ville aurait été fondée vers 733 av.
J.-C. par des Corinthiens.

bellandi studio Siculis subsedit in oris.
Miscuerunt Phrygiam prolem Troianus Acestes 45
Troianusque Helymus, structis qui pube secuta
in longum ex sese donarunt nomina muris.
Nec Zanclaea gerunt obscuram moenia famam,
dextera quam tribuit posito Saturnia telo.
Sed decus Hennaeis haud ullum pulchrius oris, 50
quam quae Sisyphio fundauit nomen ab Isthmo
et multum ante alias Ephyraeis fulget alumnis.
Hic Arethusa suum piscoso fonte receptat
Alpheon, sacrae portantem signa coronae.
    At non aequus amat Trinacria Mulciber antra. 55
nam Lipare, uastis subter depasta caminis,
sulphureum uomit exeso de uertice fumum.
Ast Aetna eructat tremefactis cautibus ignis
inclusi gemitus, pelagique imitata furorem
murmure per caecos tonat irrequieta fragores 60
nocte dieque simul. Fonte e Phlegethontis ut atro
flammarum exundat torrens piceaque procella
semiambusta rotat liquefactis saxa cauernis.
Sed quamquam largo flammarum exaestuet intus
turbine, et assidue subnascens profluat ignis, 65
summo cana iugo cohibet, mirabile dictu,
uicinam flammis glaciem, aeternoque rigore
ardentes horrent scopuli; stat uertice celsi

46 helymus *L F* : heberinus *O* hebrinus *V* ‖ **48** zanclaea *dett.* : zanelea *L* zanelaeta *F* zenelaa *O V* ‖ **50** Hennaeis *edd.* : han- *L F* hannois *O V* ‖ **51** Isthmo *edd.* : ista *L* histo *F* hista *O V* ‖ **56** subter *F O V* : super *L* ‖ **57** exeso *iter. F* ‖ **58** eructat *O* : eruptat *L F V* ‖ **59** imitata *dett.* : mutata *S* ‖ **61** ut atro *L F* : ut antro *V* et a- *O* ‖ **63** semiambusta *O V* : semam- *L F* ‖ **64** exaestuet *L F* : -tuat *O V* ‖ **65** profluat *L F* : per- *O V* ‖ **66** summo *L F V* : -ma *O* ‖ cana *F* : caua *L O V* ‖ **67** glaciem aeternoque *V* : glaciemque aeterno *L* glaciem- que aeternoque *F* glaciemque aeterne *O*.

se tient l'hiver, et de la cendre noire couvre la neige qui s'échauffe.

70   Pourquoi rappeler les terres sur lesquelles règne la puissance d'Éole, demeures des vents, geôles assignées aux tempêtes ? Ici le cap Pachynum s'avance loin vers le royaume de Pélops, et ses rochers sonnent sous les coups des vagues ioniennes. Ici, sise en face de la
75   Libye et du Caurus[1] en furie, Lilybée[2] la célèbre contemple le Scorpion à son déclin. Mais là où, du côté opposé, la troisième façade de cette terre se tourne vers l'Italie en allongeant sa croupe en direction de ces rives, le Pélore érige haut la masse de sa dune[3].

Sur ces terres longtemps, souverain débonnaire et
80   ami de la paix, avait régné Hiéron ; il savait mener le peuple sous son calme pouvoir, et il ne mettait pas au cœur de ses sujets l'aiguillon de la peur ; au serment qu'il avait prêté sur les autels, il n'était pas enclin à se rendre parjure ; il avait donc gardé, sans y porter atteinte, les pactes d'alliance avec les Ausoniens, pendant bien des années. Mais
85   lorsque les destins l'eurent enlevé aux liens de sa fragile vieillesse, il céda le sceptre fatal à son petit-fils, un jeune homme, et cette cour paisible accueillit des mœurs effrénées. Le roi en effet, qui n'avait pas encore atteint la seizième année de son âge, de se laisser aveugler par l'élévation du trône sans pouvoir porter le poids de la couronne, et de montrer trop
90   d'assurance quand tout partait à vau-l'eau. Et voici qu'en peu de temps, les armes procurant l'impunité aux crimes, nulle justice ne fut plus connue et nulle injustice inconnue ; quant au roi, le dernier de ses soins ce fut la retenue. Pour emballer ainsi sa folie

---

1. Vent du nord-ouest.
2. On rapprochait aussi *Lilybaeum* de *Libya* par fantaisie étymologique.
3. Les trois caps de la Trinacrie sont évoqués par rapport à la géographie de la Méditerranée : Lilybée, à l'ouest, est dit «en face de l'Afrique», Pachynum, au sud-est, est présenté «face au Péloponnèse» *(Pelopea ad regna)*, et le Pélore, à l'est, face à la Calabre.

collis hiems, calidamque niuem tegit atra fauilla.

Quid referam Aeolio regnatas nomine terras   70
uentorumque domos atque addita claustra procellis?
hic uersi penitus Pelopea ad regna Pachyni
pulsata Ionio respondent saxa profundo.
Hic, contra Libyamque situm Caurosque furentis,
cernit deuexas Lilybaeon nobile chelas.   75
At, qua diuersi lateris frons tertia terrae
uergit in Italiam prolato ad litora dorso,
celsus harenosa tollit se mole Pelorus.

His longo mitis placide dominator in aeuo
praefuerat terris Hieron, tractare sereno   80
imperio uulgum pollens et pectora nullo
parentum exagitare metu, pactamque per aras
haud facilis temerare fidem, socialia iura
Ausoniis multos seruarat casta per annos.
Verum, ubi fata uirum fragili soluere senecta,   85
primaeuo cessit sceptrum exitiale nepoti,
et placida indomitos accepit regia mores.
Namque bis octonis nondum rex praeditus annis
caligare alto in solio nec pondera regni
posse pati et nimium fluxis confidere rebus.   90
Iamque breui nullum, delicta tuentibus armis,
fas notum ignotumque nefas; uilissima regi
cura pudor. Tam praecipiti materna furori

69 hiems *F O V* : hians *L* ‖ calidamque *Drakenborch* : -daque *S* ‖ tegit *F* : tetigit *L O V* ‖ **71** claustra *L O V* : castra *F* ‖ **72** pelopea *L F* : -peia *O V* ‖ pachyni *L O V* : cachyni *F* ‖ **75** Lilybaeon *edd.* : libyeon *L* -byaeon *F* libreon *O V* ‖ **85** fragili *L O V* : facili *F* ‖ soluere *LFV* : -rit *O* ‖ **87** indomitos *OV* : -tus *LF* ‖ **89** pondera *L V* : -re *F O* ‖ **90** fluxis *edd.* : flex- *S* ‖ **93** furori *edd.* : -re *S*.

il y avait des aiguillons : l'origine de sa mère, fille
de Pyrrhus, et l'orgueilleuse race de son ancêtre, un
95 Eacide, et Achille, que la poésie a immortalisé. D'où
son ardeur soudaine à seconder les desseins des
Puniques ; et point de retard au crime ; dès lors il
noue de nouveaux accords, stipulant que, vainqueur,
le Sidonien quitterait les rivages de Sicile. Mais les
Châtiments l'attendaient de pied ferme, Erinnys lui
100 refusait une tombe[1] sur la terre même où il avait
naguère stipulé qu'on ne verrait plus son allié. Des
hommes en effet, incapables de supporter davantage
la cruauté et la morgue du jeune homme que brûlait
la soif du sang versé à flots et qui mêlait la débauche
avec le crime, des hommes dévorés par la colère et
par la crainte, se conjurent et l'égorgent. Plus de
modération à la violence de leurs épées ; ils massacrent
105 de surcroît les femmes, et après avoir, malgré leur
innocence, entraîné les sœurs du roi, les abattent
sous les coups de leur glaive. La Liberté, toute
neuve, use avec fureur de ses armes et secoue le joug ;
les uns veulent l'alliance punique, les autres l'italienne,
déjà éprouvée ; et ne manque pas non plus la foule des
forcenés qui préfèrent ne se lier par traité d'aucun
des deux côtés.
110 Tels étaient les mouvements qui secouaient la
Trinacrie, et telles les affaires de Sicile à la mort
du roi[2] ; au faîte des honneurs, car, pour la troisième
fois, la pourpre lui avait à nouveau procuré les
faisceaux du Latium, Marcellus[3] embosse sa flotte
devant le rivage de Zancle[4]. Et quand toute la situation a été exposée au héros, le meurtre du tyran, les
115 hésitations des citoyens, l'importance des troupes
carthaginoises et leurs points d'appui, quel peuple
conserve son amitié aux enfants de Troie, enfin de quel
orgueil s'enfle la cité d'Aréthuse qui s'obstine à refuser
de lui ouvrir ses portes, Marcellus entre en campagne,
et, avec la colère dans le cœur, il jette sur les contrées

1. Tite-Live (24, 21,3) rappelle que les Syracusains, indignés
des crimes de Hiéronyme, après son assassinat à Léontini,
laissèrent son cadavre sans sépulture.

Pyrrhus origo dabat stimulos proauique superbum
Aeacidae genus atque aeternus carmine Achilles. 95
Ergo ardor subitus Poenorum incepta fouendi ;
nec sceleri mora : ⟨*iam*⟩ iungit noua foedera, pacto,
cederet ut Siculis uictor Sidonius oris.
Sed stabant Poenae, tumulumque negabat Erinnys,
qua modo pactus erat socium non cernere, terra. 100
Saeuos namque pati fastus iuuenemque cruento
flagrantem luxu et miscentem turpia diris
haud ultra faciles, quos ira metusque coquebat,
iurati obtruncant. Nec iam modus ensibus : addunt
femineam caedem atque insontum rapta sororum 105
corpora prosternunt ferro. Noua saeuit in armis
libertas iactatque iugum : pars Punica castra,
pars Italos et nota uolunt; nec turba furentum
defit, quae neutro sociari foedere malit.

Tali Trinacriae motu rebusque Sicanis 110
exitio regis trepidis, sublimis honore
(tertia nam Latios renouarat purpura fascis)
Marcellus classem Zanclaeis appulit oris.
Atque ubi cuncta uiro caedesque exposta tyranni
ambiguaeque hominum mentes, Carthaginis arma 115
quos teneant et quanta locos, quod uulgus amicum
duret Troiugenis, quantos Arethusa tumores
concipiat perstetque suas non pandere portas,
incumbit bello ac totam per proxima raptim

---

94 proauique *LFV* : -uisque *O* ‖ **97** iam iungit *edd.* : iungit *S*
iungebat *coni. Heinsius* nam iungit *coni. Lefebure et alii alia* ‖ **102**
diris *CH* : ducis *S* ‖ **109** foedere *L F V* : -ra *O* ‖ **112** latios *L F V* :
-tio *O* ‖ **116** quod *L F V* : quot *O*.

120 voisines tout le fléau de la guerre. Ainsi fait Borée
quand il a dévalé, tête en avant, du sommet du
Rhodope et contre les terres a chassé les flots dans le
déroulement de la dixième vague[1]; vrombissant il
poursuit les paquets de mer qu'il projette, et ses ailes
vibrent en hurlant.

125 Les premiers combats dévastèrent les plaines de
Leontini, terre où jadis régna le Lestrygon cruel. Le
général pressait le mouvement, car pour lui, tarder à
vaincre les bataillons des Grecs[2], c'était être vaincu.
La déroute se répand par toute la plaine (on croirait
une cohue de femmes se heurtant à des hommes) et

130 féconde de sang les champs qu'aime Cérès. Partout une
jonchée de cadavres; fuir pour éviter le trépas, Mars,
par la rapidité de l'engagement, l'empêcha : tous ceux
à qui la fuite offrait le salut, le général les devance
et les arrête de son épée : «Allez, ce troupeau sans
courage, moissonnez-le du tranchant de l'épée», crie-t-

135 il, et de son bouclier il pousse les bataillons quand ils
tardent; «ces indolents amateurs de lutte ne savent
endurer que les combats sans âpreté où l'on s'affronte
à l'ombre, ils aiment que leurs muscles soient luisants
d'huile[3]; mince gloire pour les vainqueurs, c'est
devant nous une armée de lâches. La seule louange à
recueillir, c'est de battre l'ennemi aussitôt qu'aperçu.»[4]

140 A ces paroles de son chef, l'armée tout entière
aussitôt s'élance; le seul combat désormais qu'ils
connaissent est entre eux, pour savoir quel bras est
le plus vaillant et qui l'emporte par le nombre des
dépouilles triomphales[5]. Quand elle frappe les rocs au
cap de Capharée, l'eau de l'Euripe eubéen[6] ne roule
pas un courant plus furieux, et, ses flots qui grondent,

145 la Propontide ne les chasse pas plus violemment par son

---

1. La dixième vague était réputée être la plus forte.
2. Le mot désigne aussi bien les habitants de Syracuse que ceux
de Léontini, alliée de Syracuse, située entre Syracuse et Catane, et
colonie de Naxos; patrie de Gorgias.
3. On retrouve chez Silius l'habituel mépris du Romain pour le
sport jugé comme n'étant d'aucune utilité pour la préparation
militaire.

armorum effundit flammato pectore pestem.　　　120
Non aliter Boreas, Rhodopes a uertice praeceps
cum sese immisit decimoque uolumine pontum
expulit in terras, sequitur cum murmure molem
eiecti maris et stridentibus affremit alis.

Prima Leontinos uastarunt proelia campos,　　　125
regnatam diro quondam Laestrygone terram.
Instabat ductor, cui tarde uincere Graias
par erat ac uinci turmas. Ruit aequore toto
(femineum credas maribus concurrere uulgum)
et Cereri placitos fecundat sanguine campos.　　　130
Sternuntur passim; pedibusque euadere letum
eripuit rapidus Mauors; nam ut cuique salutem
promisit fuga, praeueniens dux occupat ense.
«Ite, gregem metite imbellem ac succidite ferro»,
clamat, cunctantes urgens umbone cateruas.　　　135
«Pigro luctandi studio certamen in umbra
molle pati docta et gaudens splendescere oliuo,
stat, mediocre decus uincentum, ignaua iuuentus.
Haec laus sola datur, si uiso uincitis hoste.»

Ingruit, audito ductore, exercitus omnis;　　　140
solaque, quod superest, secum certamina norunt,
quis dextra antistet spoliisque excellat opimis.
Euboici non per scopulos illisa Caphareo
Euripi magis unda furit, pontumue sonantem
eicit angusto uiolentius ore Propontis;　　　145

---

127 uincere *L Fmg O V* : incidere *F* ‖ **128** par erat *LFO* : pererrat
V ‖ uinci *FOV* : unici *L* ‖ **130** placitos *L F O* : -cidos *V* ‖ **135** urgens
L O V : -guens *F* ‖ **139** haec *L F V* : nec *O* ‖ **142** spoliisque *L F V* :
-que *om. O* ‖ **143** illisa *F O V* : uilisa *L* ‖ caphareo *Fpc O V* : caphe-
L Fac ‖ **144** euripi *F* : erupi *L O* eurupi *V*.

détroit resserré ; et ne bouillonne pas en plus imposant
tourbillon le flot qui s'emporte et qui bat les colonnes
d'Hercule, là-bas où le soleil finit sa course.

Un exploit tout de clémence cependant, dans une si
grande bataille, mérita une éclatante célébrité : un
soldat tyrrhénien (il avait nom Asilus) avait jadis
150 été fait prisonnier aux ondes de Trasimène et connu
la servitude sans rigueur et les ordres sans rudesse
de son maître Béryas ; il avait retrouvé les rivages
de sa patrie grâce à la bienveillance de ce maître,
et, plein de vaillance, il avait alors repris les armes
pour tenter d'effacer les échecs du passé dans la guerre
155 de Sicile. Tandis qu'il s'enfonce dans la mêlée sauvage
des combats, le voici face à Béryas : ce dernier, envoyé
par les peuples puniques selon le traité conclu avec le
roi[1], prenait part comme allié à la guerre ; derrière
la protection de son casque d'airain se cachait son
visage. Asilus, l'épée à la main, attaque le jeune
guerrier, et comme ce dernier, pris de peur, reculait
160 en chancelant, il le renverse sur le sable. Alors le
malheureux, entendant la voix du vainqueur, ressaisit
son âme tremblante qui semblait déjà hésiter aux bords
du séjour stygien ; il rompt la jugulaire du casque
qui l'a trahi ; et le voici qui suppliait et même il
165 allait parler. Alors saisi par la vue soudaine du visage
qu'il reconnaît, le Tyrrhénien de sa main retint son
épée et, avec des larmes dans les yeux, en gémissant,
le premier il parla : «Cesse, je te le demande, de sup-
plier pour ta vie, et de prier dans l'angoisse. J'ai droit

---

1. En fait, Hiéronyme de Syracuse, puisque Léontini dépendait
de Syracuse ; l'épisode de la reconnaissance d'Asilus par Béryas est
un morceau de bravoure destiné à donner du pathétique à un
combat qui demeurerait autrement stéréotypé ; on pourrait en
trouver l'origine dans une phrase de Tite-Live (24, 30, 13) : des
Crétois qui servaient Hiéronyme sous les ordres d'Hippocrate et
Épicydès, après avoir été faits prisonniers à Trasimène où ils
étaient auxiliaires de Rome, se virent libérés et renvoyés par
Hannibal à Syracuse : *Hannibalis beneficium habebant, capti ad
Trasumennum inter Romanorum auxilia dimissique* ; Silius transpose ce schéma qui porte sur un groupe d'hommes et le met au
compte de deux individus.

nec feruet maiore fretum rapiturque tumultu,
quod ferit Herculeas extremo sole columnas.
  Mite tamen dextrae decus inter proelia tanta
enituit fama. Miles Tyrrhenus, Asilo
nomen erat, captus quondam ad Thrasymenna fluenta,   150
seruitium facile et dominantis mollia iussa
expertus Beryae, patrias remearat ad oras
sponte fauentis eri; repetitisque impiger armis
tum ueteres Siculo casus Mauorte piabat.
  Atque is, dum medios inter fera proelia miscet,   155
illatus Beryae, cui, pacta ad regia misso
Poenorum a populis sociataque bella gerenti,
aerato cassis munimine clauserat ora,
inuadit ferro iuuenem trepideque ferentem
instabilis retro gressus prosternit harena.   160
  At miser, audita uictoris uoce, trementem
cunctantemque animam Stygia ceu sede reducens,
cassidis a mento malefidae uincula rumpit
iungebatque preces atque addere uerba parabat.
  Sed, subito aspectu et noto conterritus ore,   165
Tyrrhenus ferrumque manu reuocauit et ultro
talia cum gemitu lacrimis effudit obortis :
«Ne, quaeso, supplex lucem dubiusque precare;
fas hostem seruare mihi. Multo optimus ille

---

148 inter *dett.* : nostre *S* ‖ **152** beryae *CH* : berre *L* berrae *F* berroe *O V* ‖ **155** is *L V* : his *F O* ‖ **158** clauserat ora *L F V* : c. ensis ora *O* ‖ **160** harena *L F* : habena *V* herba habena *O* ‖ **161** At *F O V* : ac *L* ‖ **166** ferrumque *L F V* : feroque *O* ‖ **167** effudit *L F V* : effundit *O* ‖ obortis *L F* : ab ortis *O V*.

170 de sauver un ennemi ; car le meilleur soldat, de
beaucoup, est celui qui veut, comme premier et dernier
devoir, même dans les combats, respecter son serment.
C'est toi qui le premier m'as donné d'échapper au
trépas, toi qui as fait mon salut, avant même d'avoir
reçu ton salut d'un ennemi. Non, je ne me jugerais pas
indigne de subir moi-même encore les malheurs que j'ai
connus, je me croirais digne de retomber encore dans
175 de pires calamités, si au milieu des flammes, au milieu
des épées, mon bras ne te frayait un chemin !» Ainsi
lui parle-t-il, puis il le relève et lui remet la vie pour
le prix de la vie qu'il avait reçue.

Vainqueur, en commençant, du combat engagé sur la
terre de Sicile, Marcellus fait tranquillement avancer
son armée en colonne et dirige ses enseignes victo-
180 rieuses contre les murailles éphyréennes[1]. Puis il dis-
posa ses troupes autour de la place de Syracuse.
Mais son désir de combattre faiblissait : calmer par ses
exhortations les passions aveugles des habitants, leur
extirper leur colère, tel était son désir[2]. Et cependant
au cas où ils refuseraient son offre en pensant que
185 choisir la clémence est montrer de la peur, il maintient
le siège sans relâcher son étreinte. Bien au contraire, en
personne il redouble d'attention, et, sans la moindre
crainte, garde prudemment son armée en alerte et, en
secret, soigneusement prépare des actions de surprise.
Ne fait pas autrement, sur les ondes calmes de l'Éridan
190 ou sur la rive du Caÿstre[3] le cygne blanc qui nage :
abandonnant son corps immobile au courant, de ses
palmes il brasse l'onde sans bruit.

Entre temps, alors qu'oscille incertaine la décision
des assiégés, les peuples et les cités, répondant à l'appel,
faisaient alliance armée[4]. Il y avait Messine, dominant
le détroit, à peine détachée mais distincte de l'Italie,
195 fameuse d'avoir été par les Osques fondée[5]. Puis

---

1. C'est-à-dire syracusaines, puisque Syracuse est une colonie
de Corinthe-Éphyré (cf. v. 51, n. 3, p. 6) ; le pluriel *arces* (v. 181) se
justifie, car Syracuse était composée de quatre quartiers, Ortygie,
l'Achradine, Tyché et Néapolis, auxquels viennent s'ajouter les
Épipoles, faubourg annexé par Denys (cf. *Pun.* 14, 282).

militiae, cui postremum est primumque, tueri   170
inter bella fidem : tu letum euadere nobis
das prior et seruas nondum seruatus ab hoste.
Haud equidem [in]dignum memet, quae tristia uidi,
abnuerim dignumque iterum in peiora reuolui,
si tibi per medios ignis mediosque per ensis   175
non dederit mea dextra uiam.» Sic fatur et ultro
attollit uitaque exaequat munera uitae.

At, compos Sicula primum certaminis ora
coepti, Marcellus uictricia signa, quieto
agmine progrediens, Ephyraea ad moenia uertit.   180
Inde Syracosias castris circumdedit arcis.
Sed ferri languebat amor : sedare monendo
pectora caeca uirum atque iras euellere auebat.
Nec, renuant si forte sibi et si mitia malle
credant esse metum, laxis seruatur omissa   185
obsidio claustris ; quin contra intentior ipse
inuigilat cautis, frontem imperterritus, armis
et struit arcana necopina pericula cura.
Haud secus Eridani stagnis ripaue Caÿstri
innatat albus olor pronoque immobile corpus   190
dat fluuio et pedibus tacitas eremigat undas.

Interea, dum incerta labat sententia clausis,
exciti populi atque urbes socia arma ferebant :
incumbens Messana freto minimumque reuulsa
discreta Italia atque Osco memorabilis ortu ;   195

172 das *F* : des *L O V* ‖ 173 dignum *Blass* : indig- *S* ‖ 177 munera
L Fpc O V : -nere *F ac* ‖ 178 compos *L F* : camp- *O V* ‖ 179 quieto
edd. : -ta *S* ‖ 183 auebat *edd.* : habe- *S* ‖ 184 malle *L O V* : -lae *F* ‖
187 frontem *O* : -te *L F om.V* ‖ 194 messana *dett.* : messena *L O V*
mesena *F*.

Catane[1], trop proche du brûlant Typhée, et très
célèbre par le dévouement des deux frères à qui elle
avait autrefois donné le jour. Et Camarine[2] dont les
Destins ne permirent pas qu'elle fût déplacée. Puis
200　Hybla qui a l'audace de défier l'Hymette avec son miel
doux comme nectar, Sélinonte[3] plantée de palmiers,
et, havre sûr autrefois, n'offrant plus maintenant, avec
sa seule plage, qu'un asile incertain à ceux qui
fuient la mer, Myles. Et il y avait aussi Éryx
l'altière, il y avait Centuripes[4] venue de son mont
205　élevé et Entella[5] que Lyaeus généreux couvre de
vertes vignes, Entella dont le nom est cher à Aceste, le
descendant d'Hector. Ne furent absentes non plus, ni
Thapsos, ni Acré[6] venue de ses sommets glacés ; la
troupe d'Agyrium et Tyndaris qui s'enorgueillit des
jumeaux laconiens[7] sont aussi accourues. Haute ville,
qui se hâte de fournir mille chevaux en escadrons, et
210　qui de leurs hennissements enflamme les airs, Agrigente
fait rouler la poussière en volutes jusqu'aux nues. Le
chef était Grosphus, dont le bouclier ciselé portait un
farouche taureau, rappel d'un châtiment ancien : quand
les victimes y rôtissaient sur les flammes allumées au-
dessous, il transformait leurs gémissements en mugissements et donnait à croire que c'étaient vrais cris
215　de bœufs sortant de leurs étables. Mais ceci ne fut pas
impuni, car l'inventeur d'une si habile torture mourut
lui-même dans son taureau en gémissant lamenta-
blement[8].

　　Vint Géla[9], qui doit son nom à son fleuve. Vinrent
Halésa, et les Paliques[10], qui punissent d'un immédiat
supplice les cœurs qui se parjurent. Vinrent Aceste la
220　troyenne, et l'Acis[11] qui gagne la mer par les champs

　　1. Proche de l'Etna, sous lequel gît Typhée (cf. *Pun.* 12, 660,
n.) ; lors d'une éruption de l'Etna, deux frères se rendirent célèbres
en portant leurs parents sur leurs épaules et en traversant un
fleuve de lave sans être brûlés (cf. *Aetna*, 623-644, C.U.F., notes ad
loc. ; Sen. *De ben.* 3, 37) ; la tradition les nomme Amphinomus et
Anapias, ou Anapis et Anapus ; Silius reprend le nom d'Anapus
(est-ce le héros, est-ce le fleuve ?) pour le donner (*Pun.* 14, 575) à
un bateau syracusain victime de l'incendie lors de la bataille
navale.

tum Catane, nimium ardenti uicina Typhoeo
et generasse pios quondam celeberrima fratres,
et, cui non licitum fatis, Camarina, moueri.
Tum, quae nectareis uocat ad certamen Hymetton,
audax Hybla, fauis, palmaque arbusta Selinus   200
et, iusti quondam portus, nunc litore solo
subsidium infidum fugientibus aequora, Mylae.
Necnon altus Eryx, necnon e uertice celso
Centuripae largoque uirens Entella Lyaeo,
Entella, Hectoreo dilectum nomen Acestae.   205
Non Thapsos, non e tumulis glacialibus Acrae
defuerunt; Agyrina manus geminoque Lacone
Tyndaris attollens sese affluit. Altus equorum
mille rapit turmam atque hinnitibus aera flammat,
pulueream uoluens Acragas ad *ina*nia nubem.   210
Ductor Grosphus erat, cuius caelata gerebat
taurum parma trucem, poenae monimenta uetustae.
Ille, ubi torreret subiectis corpora flammis,
mutabat gemitus mugitibus; actaque ueras
credere erat stabulis armenta effundere uoces.   215
Haud impune quidem; nam dirae conditor artis
ipse suo moriens immugit flebile tauro.
    Venit, ab amne trahens nomen, Gela; uenit Halaesa
et qui praesenti domitant periura Palici
pectora supplicio; Troianaque uenit Acesta;   220

196 typhoeo *F* : tipheo *L* tropheo *O V* ‖ **199** uocat *Fpc O V* : -cabat *L Fac* ‖ **204** uirens *F V* : uiretis *L O* ‖ entella *L Fpc O V* : ant- *Fac* ‖ **207** Agyrina *Gronovius* : agathirna *L O V* agathyna *F* ‖ **208** affluit *CH* : affuit *S* ‖ **209** turmam *L F O* : turbam *V* ‖ hinnitibus *F O V* : humentibus *L* ‖ flammat *dett.* : flammant *S* ‖ **210** acragas *dett.* : agragos *S* ‖ inania *Gronovius* : moenia *S* ‖ **218** uenit halaesa *CH* : uehalsa *L F* uehesa *O V* ‖ **219** domitant *dett.* : -tauit *L F O V* -tat *Fmg.*

de l'Etna, et de ses douces ondes baigne la Néréide
reconnaissante. Acis fut autrefois le rival de ton
ardeur amoureuse, ô Polyphème, et, fuyant le fruste
emportement de ta farouche passion, changé en eau
225 insaisissable, il échappa aussi à ton hostilité et mêla à
la tienne, ô Galatée, son onde victorieuse. Et il y avait
aussi les hommes qui s'abreuvent à l'Hypsa et à
l'Alabis, ces fleuves sonores, et à l'Achate transparent
en son gouffre splendide. Et ceux encore qui fréquen-
tent tes sources, Chrysa vagabond, ou qui connaissent
230 l'Hyparis et son humble cours, et le Pantagias facile
à traverser en son étroit canal, et les flots blonds du
rapide Symèthe[1]. Les rivages de Thermes, riches d'une
antique Camène[2], là où l'Himère se plonge dans la
mer éolienne, ont armé leurs habitants ; le fleuve s'y
divise en deux bras et celui qui court vers l'occident
235 n'est pas moins vif que celui qui court vers l'orient.
Le Nébrode[3] nourrit le double cours à la source
jumelle ; et il ne s'élève pas, en Sicile de mont plus
riche en ombre. Henna l'escarpée a fourni des bras
consacrés aux sanctuaires sylvestres des divinités : là
se trouve la grotte qui ouvre une énorme béance
de la terre ; un passage obscur conduit jusques aux
240 Mânes par une sente ténébreuse ; c'est par là qu'Hymen, fait sans précédent, vint à ces bords qu'il ignorait ;
c'est par là qu'un jour le souverain du Styx, sous
l'aiguillon de Cupidon, osa affronter le jour et, quittant
le triste Achéron, poussa son char à l'air libre jusques
aux terres interdites. Alors en hâte il ravit la vierge
245 d'Henna, fit virer ses chevaux qui s'effaraient à la vue

---

1. Ces fleuves, cités en partant de l'Ouest, arrosent les côtes
Sud et Est de la Sicile.
2. La ville d'Himéra, près du fleuve du même nom, s'enorgueil-
lissait de la maison de Stésichore, poète lyrique de la première
moitié du VIe siècle ; la ville de Thermes est proche d'Himère
(côte nord de l'île).
3. La chaîne de montagnes au Nord-Est de la Sicile.

quique per Aetnaeos Acis petit aequora finis
et dulci gratam Nereida perluit unda.
Aemulus ille tuo quondam, Polypheme, calori,
dum fugit agrestem uiolenti pectoris iram,
in tenuis liquefactus aquas euasit et hostem   225
et tibi uictricem, Galatea, immiscuit undam.
Necnon qui potant Hypsamque Alabimque sonoros
et perlucentem splendenti gurgite Achaten ;
qui fontis, uage Chrysa, tuos et pauperis aluei
Hippar*in* ac facilem superari gurgite parco   230
Pantagian rapidique colunt uada flaua Symaethi.
Litora Thermarum, prisca dotata Camena,
armauere suos, qua mergitur Himera ponto
Aeolio. Nam diuiduas se scindit in oras,
nec minus occasus petit incita quam petit ortus ;   235
Nebrodes gemini nutrit diuortia fontis,
quo mons Sicania non surgit ditior umbrae.
Henna deum lucis sacr*a*s dedit ardua dextr*a*s.
Hic specus, ingentem laxans telluris hiatum,
caecum iter ad manis tenebroso limite pandit,   240
qua nouus ignotas Hymenaeus uenit in oras :
hac Stygius quondam, stimulante Cupidine, rector
ausus adire diem, maestoque Acheronte relicto,
egit in illicitas currum per inania terras.
Tum rapta praeceps Henn*a*ea uirgine flexit   245

221 aetnaeos *L F* : ethunes *O V* ‖ acis *L F V* : acies *O* ‖ **226** galatea *O* : gulatea *L F* galeata *V* ‖ **227** hypsamque *LV* : hyspsamque *F* hispanique *O* ‖ **229** uage chrysa *CH* : uage chrisa *O* uagethirsa *L F* uagedrasa *V* ‖ **230** Hipparin *Heinsius* : -rem *S* ‖ **231** pantagian *L V* : -giam *F* -gi *O* ‖ **236** diuortia fontis *F O V* : eliuooertiafortis *L* ‖ **238** henna *L O V* : haetna *F* ‖ sacras ... dextras *edd.* : -a ... -a *S* ‖ **240** pandit *F O V* : man- *L* ‖ **241** oras *L O V* : horas *F* ‖ **243** adire *om. O* ‖ **244** in illicitas *L F* : per i. *O V* ‖ **245** Hennaea *edd.* : hennea *FOV* ethnea *L*.

du ciel et s'épouvantaient à la lumière, pour retourner
vers le Styx et y cacher sa proie parmi les ombres[1].

Ce sont les chefs de Rome que choisit Pétréa, c'est
l'alliance avec Rome que choisirent Callipolis, Engyum
250 aux campagnes pierreuses, Hadranum, et Ergetium
aussi, et Malte[2] qui tire gloire de ses toiles de
laine, et Calacte au rivage poissonneux, et la terre de
Céphalédis[3] qui, lorsque la tempête est sur la mer,
voit avec horreur les baleines paître sur les plaines
255 d'azur. Avec eux aussi les hommes de Tauroménium
qui voient engloutir les vaisseaux, saisis d'abord dans
l'aspiration du tourbillon, puis, en sens inverse, lancés
des profondeurs de la mer vers les étoiles ; ils le voient
de chez eux, c'est Charybde[4]. Telle était la troupe qui
soutenait le Latium et les enseignes des Laurentes.

Le reste de la nation sicane se joignait aux désirs
260 du peuple d'Élissa. Un millier d'hommes fut le tribut
d'Agathyrna, autant de Trogilos[5] battue par les
Austers, et mille de Facéline, séjour de la Diane
de Thoas[6]. C'est avec trois fois autant que vint la
féconde Palerme où l'on peut chasser les fauves en
forêt, pêcher en mer à la traîne ou abattre au ciel les
oiseaux. Ni Herbésos ni Nauloque ne restèrent inac-
265 tives, pour se dérober au danger, et Morgentia[7] aux
plaines ombragées ne s'abstint pas d'affronter les
trahisons de Mars ; accompagnées des hommes de Mè-
nes vinrent Amastra, et Tissé d'humble renom, Netum,
Mutyce et la jeunesse guerrière de l'Achète limpide.

Les Sidoniens, Drépane les soutenait, ainsi que l'Hélore
270 aux flots sonores, Triocala[8] que devait bientôt dévas-

1. Cette première partie du catalogue des alliés de Syracuse
s'achève sur l'évocation du rapt de Proserpine ; cf. Cic. *Verr.* 4, 48.

2. Malte était célèbre pour ses étoffes de lin (et non de laine) ;
cf. Cic. *Verr.* 2, 2, 176.

3. L'actuelle Cefalù ; on trouvera ces villes sur la carte en fin de
volume ; les baleines en question ne sont sans doute que de gros
poissons, peut-être des dauphins.

4. Cf. *Pun.* 2, 306, où l'on trouvera la même description.

5. A quelques kilomètres au nord de Syracuse.

attonitos caeli uisu lucemque pauentis
in Styga rursus equos et praedam condidit umbris.

   Romanos Petraea duces, Romana petiuit
foedera Callipolis lapidosique Engyon arui,
Hadranum Ergetiumque simul telaque superba   250
lanigera Melite et litus piscosa *Ca*lacte,
quaeque procelloso Cephaloedias ora profundo
caeruleis horret campis pascentia cete,
et qui correptas sorbentem uerticis haustu
atque iterum e fundo iaculantem ad sidera puppis   255
Tauromenitana cernunt de sede Charybdim.
Haec Latium manus et Laurentia signa *f*ouebat.

   Cetera Elissaeis aderat gens Sicana uotis.
Mille Agathyrna dedit perflataque Trogilos Austris,
mille Thoanteae sedes Phacelina Dianae.   260
Tergemino uenit numero fecunda Panhormos,
seu siluis sectere feras, seu retibus aequor
uerrere, seu caelo libeat traxisse uolucrem.
Non Herbesos iners, non Naulocha pigra pericli
sederunt, non frondosis Morgentia campis   265
abstinuit Marte infido ; comitata Menaeis
uenit Amastra uiris et paruo nomine Tisse
et Netum et M*u*tyce pubesque liquentis Achaeti.
Sidonios Drepane atque undae clamosus Helorus
et mox seruili uastata Triochala bello   270

247 styga *LFO* : stygia *V* ‖ **250** ergetiumque *F* : ergentumque *O* ergetumque *V* orgatiumque *L* ‖ **251** Calacte *edd.* : melacte *S* ‖ **256** tauromenitana *CH* : -mentana *S* ‖ cernunt *F O V* : cecidit *L* ‖ **257** fouebat *Barth* : mou- *S* ‖ **259** agathyrna *dett.* : -thina *F O* -tina *L V* ‖ trogilos *O V* : -gylos *L F* ‖ **260** phacelina *L F* : -centina *O* phare-tina *V* ‖ dianae *Fpc* : chane *L O* canae *Fac V* ‖ **262** sectere *L F* : -tare *O V* ‖ **263** uerrere *L F O* uertere *V* ‖ **264** herbesos *L F V* : -bosos *O* ‖ naulocha *O* : nauloca *L* naulodia *F* manlocha *V* ‖ **268** netum *F* : necum *L O V* ‖ Mutyce *edd.* : mytite *L F* micite *O V* ‖ achaeti *CH* : areti *F* archeti *L* arheti *O V* ‖ **269** helorus *dett.* : -osus *S* ‖ **270** triochala *L O V* : trohacala *F*.

ter la guerre des esclaves ; aux Sidoniens se joignaient
la sauvage Arbéla, Iétas l'escarpée, Tabas la bonne
guerrière, la petite Cossyre[1], et Mazare[2], qui n'est
pas plus grande, unies dans une commune hardiesse ;
ainsi faisait Gaulum, belle à voir par mer calme,
275 quand elle résonne du chant de l'alcyon, et qu'elle
porte sur l'onde immobile les nids flottants dans le
sommeil des flots[3]. La célèbre cité de Syracuse
elle-même avait empli ses vastes murs de troupes
mobilisées et d'armes de toutes sortes. Les meneurs
attisaient de surcroît par leurs fanfaronnades les
mouvements de frénésie d'une populace facile à entraî-
280 ner et éprise de désordre : «Jamais l'ennemi n'avait
franchi les murs des quatre citadelles ! De quelle ombre
a terni ses trophées remportés sur l'Orient à Salamine,
cette ville, inviolable grâce à la disposition naturelle du
port, les générations précédentes l'ont vu ; trois cents
285 trirèmes englouties en un seul naufrage, devant leurs
yeux ! Et Athènes, qui appuyait sa gloire sur la défaite
du Roi au carquois, sombrant sans vengeance dans la
mer[4].

Enflammaient la foule deux frères[5], nés à Carthage
et puniques par leur mère ; mais leur père, Sicilien
chassé de Syracuse sous le coup d'une accusation,
les avait élevés en Libye, et ils devaient à la double
290 origine de leurs parents de mêler la fourberie des
Tyriens à la légèreté des Siciliens.

Devant cette situation le général, voyant qu'à la
sédition il n'y avait pas de remède et que les premiers
actes de guerre venaient des ennemis, prit à témoin
les divinités des Siciliens, les fleuves, les lacs, et tes
295 propres sources, Aréthuse : «Il était contre son gré
entraîné dans la guerre ; et ces armes que longtemps
sa volonté avait refusées, l'ennemi les lui mettait à la

1. L'îlot de Pantelleria, entre Sicile et Afrique.
2. Delz, modifiant Bauer qui proposait *Mazara*, suggère
Mazare, e long pour raison métrique ; il s'agit d'une cité
(aujourd'hui Mazara del Vallo) qui précisément fait face à Cossyre.

Sidonios Arbela ferox et celsus Ietas
et bellare Tabas docilis Cossyraque parua
nec maior Mazare iunctae concordibus ausis
iuuere et strato Gaulum spectabile ponto,
cum sonat alcyones cantu nidosque natantis   275
immota gestat, sopitis fluctibus, unda.
Ipsa Syracusae patulos urbs inclita muros
milite collecto uariisque impleuerat armis.
Ductores facilem impelli laetamque tumultus
uaniloquo plebem furiabant insuper ore :   280
numquam hoste intratos muros et quattuor arcis ;
et Salaminiacis quantam Eoisque tropaeis
ingenio portus urbs inuia fecerit umbram,
spectatum proauis : ter centum ante ora triremis
unum naufragium, mersasque impune profundo   285
clade pharetrigeri subnixas regis Athenas.
Flammabant uulgum geniti Carthagine fratres,
Poeni matre genus ; sed quos, sub crimine pulsus
urbe Syracosia, Libycis eduxerat oris
Trinacrius genitor, geminaque a stirpe parentum   290
astus miscebant Tyrios leuitate Sicana.
  Quae cernens ductor, postquam immedicabile uisa
seditio, atque ultro bellum surgebat ab hoste,
testatus diuos Siculorum amnisque lacusque
et frontis, Arethusa, tuos, ad bella uocari   295
inuitum ; quae sponte diu non sumpserit, hostem
induere arma sibi : telorum turbine uasto

271 Arbela *edd.* : -eia *S* ‖ **272** bellare *L F* : -lara *O V* ‖ **273**
iunctae *L F* : mite *O V* ‖ Mazare *coni. Delz* : megara *S uide adn.* ‖
277 patulos *L F V* : -lo *O* ‖ muros *dett.* : -ro *S* ‖ **282** salaminiacis *F O*
V : -minacis *L* ‖ **284** ter centum ante *L F* : ter ante *O V* ‖ **287** geniti
F O V : giniti *L* ‖ **288** sub crimine *L Fpc O V* : discrimine *Fac* ‖ **291**
astus *L F V* : altus *O* ‖ **294** diuos *L F V* : -uo *O* ‖ **296** inuitum quae
sponte *edd.* : inuitumque a sponte *S* ‖ diu non sumpserit *L F V* :
non se sump. *O*.

main » ; puis d'une immense grêle de traits il attaque les murs et fait tonner ses armes contre la ville.

Une même colère les emporte tous ensemble ; on se
300 bat, on attaque. Une tour dressant vers les astres ses nombreux paliers était poussée en avant ; c'était un Grec[1] qui lui avait donné dix étages en hauteur, et il avait pour cela détruit dans les bois maints ombrages. De là, les soldats projetaient à l'envi des torches de pin enflammées et des pierres, et répan-
305 daient la terrible poix bouillante. Contre l'ouvrage Cimber lance de loin un brandon brûlant, et fiche le trait mortel sur le flanc. Vorace est le feu de Vulcain qu'attise un tourbillon de vent, entraînant dans les entrailles de la tour la destruction qui s'étend, et au travers de la masse élevée, et de tous ces étages
310 successifs, il monte triomphant ; il dévore et consume le chêne qui crépite sous les flammes, et, tandis qu'une énorme volute de vapeur se répand dans le ciel, le feu, victorieux, lèche le sommet qui chancelle. Tout s'emplit de fumée et d'un nuage de noires ténèbres, et nul ne peut fuir ; comme frappées subitement par la foudre,
315 les ruines de la tour s'effondrèrent en cendres.

D'un autre côté, sur la mer, le même sort fut le lot des malheureux navires, car, quand ils s'approchèrent trop des édifices et de la ville, là où le port baigne les murs de ses eaux tranquilles, un fléau imprévu, par une habileté sans exemple, jeta sur elles la terreur. Une
320 poutre soigneusement arrondie et, comme les nœuds en

---

1. Allusion à Archimède qui fait l'objet d'un développement à partir du vers 341 ; la tour (cf. *Aen.* 9, 530-541 que Silius démarque et amplifie) est inspirée de celle qu'utilisa Démétrios Poliorcète en 304 pour le siège de Rhodes, 43 m de haut sur une base de 22 m de côté, montée sur huit roues actionnées au moyen d'un cabestan servi par deux cents hommes, et comportant huit étages armés de catapultes et de balistes avec un équipage total de plus de trois mille hommes (cf. J. Warry, *Warfare in Classical World,* London 1980, trad. franç. Bruxelles, 1981) ; ces chiffres impressionnants peuvent en effet nourrir une imagination épique.

Les machines d'Archimède sont minutieusement décrites chez Tite-Live (24, 34, 10-11 pour la grue à grappin articulé, et 24, 34, 9 pour les meurtrières).

aggreditur muros atque armis intonat urbi.
Par omnis simul ira rapit; certantque ruuntque.
Turris, multiplici surgens ad sidera tecto,   300
exibat, tabulata decem cui crescere Graius
fecerat et multas nemorum consumpserat umbras.
Armatam hinc igni pinum et deuoluere saxa
certabant calidaeque picis diffundere pestem.
Huic procul ardentem iaculatus lampada Cimber   305
conicit et lateri telum exitiabile figit.
Pascitur adiutus Vulcanus turbine uenti,
gliscentemque trahens turris per uiscera labem
perque altam molem et totiens crescentia tecta,
scandit ouans rapidusque uorat crepitantia flammis   310
robora et, ingenti simul exundante uapore
ad caelum, uictor nutantia culmina lambit.
Implentur fumo et nebula caliginis atrae,
nec cuiquam euasisse datur; ceu fulminis ictu
correptae rapido in cineres abiere ruinae.   315
      Par contra pelago miseris fortuna carinis.
Namque ubi se propius tectis urbique tulere,
qua portus muris pacatas applicat undas,
improuisa nouo pestis conterruit astu.
Trabs fabre teres atque, erasis undique nodis,   320

301 graius *V* : grauis *L F O* ‖ **303** hinc *O V* : huic *L F* ‖ pinum *om. O* ‖ **305** huic *edd.* : hinc *S* ‖ **306** conicit *L Fpc O V* : colucit *Fac* ‖ **307** adiutus *dett.* : -to *S* ‖ **309** totiens *L F V* : tenens *O* ‖ crescentia *CM Ep 44* : nascen- *S* ‖ **311** robora *edd.* : rora *S* ‖ **312** nutantia *Dausqueius* : niten- *S* ‖ **315** in cineres *F O V* : moneres *L* ‖ abiere *dett.* : abire *S* ‖ **318** undas *L F V* : -dis *O* ‖ **320** nodis *L F* : noctis *O V*.

avaient été rabotés de tous côtés, semblable à un mât
de navire, portait fixées à son extrémité les pointes
d'un grappin crochu ; cette poutre, depuis l'escarpement élevé du mur, enlevait dans les air les attaquants avec le crochet de fer courbe, et, ramenée en
325 arrière, les déposait au milieu de la ville ; et cette
machine ne se contentait pas des seuls guerriers, mais
c'était souvent même une trirème que cet engin de
guerre enlevait, quand, manœuvré du haut du mur, il
lançait contre un bateau la tenaille mordante de son
crampon d'acier. Or ces grappins, dès que le fer s'en
était fiché dans le bordage d'un navire qui se présen-
330 tait à portée, et qu'ils l'avaient soulevé en l'air, alors,
spectacle pitoyable, brusquement les chaînes du méca-
nisme se relâchant, laissaient tomber le navire sur la
mer avec une telle pesanteur et une telle vitesse que
les eaux engloutissaient tout entiers bâtiment et
équipage. En plus de ces engins, le mur présentait des
ouvertures étroites ménagées avec art, par lesquelles
335 on pouvait, à la dérobée, tirer sans s'exposer des
projectiles, car la masse du mur protégeait les tireurs.
Alors la tâche était sans péril de voir les traits envoyés
en réponse par l'ennemi traverser en sens inverse
l'étroit passage. L'ingéniosité d'un Grec et son habileté,
plus puissantes que les armes, repoussaient Marcellus
et toutes ses menaces sur terre comme sur mer. Et la
340 guerre, avec tous ses moyens, venait buter contre les
murailles.

Il y avait un homme[1], gloire immortelle pour les
colons de l'Isthme, qui par son génie devançait sans
peine les autres fils de la Terre ; il était sans richesses,
mais le ciel et la terre s'ouvraient à lui. Il savait
comment Titan tout nouveau présage des pluies quand,
à son lever, il s'attriste de voir ses rayons obscurcis ;
345 il savait si la terre est fixée, ou suspendue en équilibre

---

1. *Vir fuit...* ce sont les mêmes mots pleins de gravité qu'utilise
Ovide (*Met.* 15, 60) pour présenter Pythagore avant le discours où
le philosophe-thaumaturge révèle sa doctrine ; et cela permet
d'évoquer Archimède dont le nom *(Ārchĭmēdēs)* ne peut entrer
dans un hexamètre dactylique.

nauali similis malo, praefixa gerebat
uncae tela manus; ea celso ex aggere muri
bellantis curui rapiebat in aera ferri
unguibus et mediam reuocata ferebat in urbem.
Nec solos uis illa uiros, quin saepe triremem   325
belligerae rapuere trabes, cum desuper actum
incuterent puppi chalybem morsusque tenacis.
Qui, simul affixo uicina in robora ferro
sustulerant sublime ratem, miserabile uisu,
per subitum rursus laxatis arte catenis   330
tanta praecipitem reddebant mole profundo,
ut totam haurirent undae cum milite puppem.
His super insidiis angusta foramina murus
arte cauata dabat, per quae *clam* fundere tela
tutum erat, opposito mittentibus aggere ualli.   335
Tum sine fraude labos, arta ne rursus eodem
spicula ab hoste uia uicibus contorta redirent.
Calliditas Graia atque astus pollentior armis
Marcellum tantasque minas terraque marique
arcebat; stabatque ingens ad moenia bellum.   340
   Vir fuit Isthmiacis decus immortale colonis,
ingenio facile ante alios telluris alumnos,
nudus opum, sed cui caelum terraeque paterent.
Ille, nouus pluuias Titan ut proderet ortu
fuscatis tristis radiis; ille, haereat anne   345

---

325 saepe triremem *F* : septriremum *L* septiremem *O V* ‖ **328** affixo *F O V* : -fiso *L* ‖ **330** laxatis *L F V* : -tus *O* ‖ **332** undae *F O V* : nudae *L* ‖ **334** clam fundere *Lefebvre* : cum f. *L F* confundere *O V* ‖ **336** tum *S* : nec *edd.* ‖ **341** Isthmiacis *edd.* : isthumacis *L* histimacis *F* istumachis *O* isthumatis *V* ‖ **343** opum *F O V* : apion *L* ‖ **345** anne *dett.* : amne *S*.

instable[1] ; il savait pourquoi, par intangible pacte,
Téthys se répand autour de notre globe et l'enlace de
ses eaux ; il savait aussi les liens qui unissent le travail
de la mer et les phases de la lune, et selon quelle loi
350 le Père Océan gouverne ses flux. Qu'il ait compté les
grains de sable que contient l'univers n'était pas vaine
crédulité des hommes ; et l'on raconte même qu'il
faisait avancer des navires ou gravir une pente à des
chargements de pierres grâce à la seule main d'une
femme[2].

Tandis que ce savant use par son ingéniosité le
chef italien et les Troyens, une vaste escadre de Sidon
355 composée de cent voiles faisait route, apportant son
secours, et de ses éperons, elle fendait les flots d'azur[3].
Les enfants d'Aréthuse[4] voient soudain se redresser
leurs espoirs, ils quittent le port et joignent leurs
vaisseaux à cette flotte. Et de son côté l'Ausonien
n'hésite pas à se saisir de ses rames, et, les plongeant
360 dans l'eau, il se hâte de creuser la mer. Leurs coups
ont tourmenté les flots : la surface de la mer, frappée,
blanchit sous ces battements redoublés et le sillage dont
ils labourent la houle argente d'écume au loin la plaine
marine. Ils malmènent la mer à l'envi et les royaumes
de Neptune frémissent sous une tempête inouïe. La
mer alors résonne de cris, et l'écho des clameurs clame
365 sur les rochers[5].

Et voici qu'ayant déployé sur la vaste mer ses ailes
en croissant, l'attaquant avait embrassé sur les flots
un large espace pour le combat, enserrant la plaine
liquide dans le filet de ses navires. Et la flotte romaine,
s'incurvant en une courbe identique, précipitait sa
contre-attaque en resserrant son cercle sur l'azur
370 marin[6]. Et sans plus attendre, dans les terribles
stridences de l'implacable airain, les trompettes lan-
cèrent leur chant au loin sur l'étendue marine ; de
sa surface elles font jaillir Triton, effrayé d'un vacarme
qui rivalisait avec sa conque torse. A peine se souvient-

pendeat instabilis tellus; cur foedere certo
hunc affusa globum Tethys circumliget undis,
nouerat atque una pelagi lunaeque labores,
et pater Oceanus qua lege effunderet aestus.
Non illum mundi numerasse capacis harenas   350
uana fides. Puppis etiam constructaque saxa
feminea traxisse ferunt contra ardua dextra.

Hic dum Italum ductorem astu Teucrosque fatigat,
adnabat centum late Sidonia uelis
classis subsidio et scindebat caerula rostris.   355
Erigitur subitas in spes Arethusia proles
adiungitque suas, portu progressa, carinas.
Nec contra Ausonius tonsis aptare lacertos
addubitat mersisque celer fodit aequora remis.
Verberibus torsere fretum; salis icta frequenti   360
albescit pulsu facies, perque aequora late
spumat canenti sulcatus gurgite limes.
Insultant pariter pelago, ac Neptunia regna
tempestate noua trepidant. Tum uocibus aequor
personat, et clamat scopulis clamoris imago.   365

Ac iam diffusus uacua bellator in unda
cornibus ambierat patulos ad proelia fluctus,
nauali claudens umentem indagine campum.
Ac simili curuata sinu diuersa ruebat
classis et artabat lunato caerula gyro.   370
Nec mora : terrificis saeuae stridoribus aeris,
per uacuum late cantu resonante profundum,
in*crepu*ere tubae, quis excitus aequore Triton
expauit tortae certantia murmura conchae.

---

351 uana *L F O* : una *V* ‖ **354** adnabat *F O V* : anna- *L* ‖ **360**
torsere *F O V* : ters- *L* ‖ **368** umentem *O* : humen- *F V* niuen- *L* ‖
370 artabat *L V* : arct- *O* artato *F* ‖ **371** saeuae *L F V* : seu *O* ‖ **373**
increpuere *Gronouius* : incubu- *S* ‖ triton *F pc V* : -tim *L O* -tin
Fac.

375　on qu'on est sur la mer, tant on met d'ardeur au
combat ; les hommes se penchent en avant, et, le pied
posé sur le plat bord, à l'extrémité de la poupe, en équilibre, ils lancent leurs traits. L'espace de mer qui sépare
les deux flottes se couvre d'une nuée de projectiles,
et les vaisseaux de haut bord, enlevés à coups de
rames haletants, tranchent d'un sombre sillon l'écume
380　de la mer azurée.

Voici que des bâtiments, sous le choc des bordages,
balaient les flancs et les rames de l'ennemi[1] ; d'autres,
qui ont enfoncé leur éperon dans les œuvres vives de
la coque adverse, sont retenus par la blessure même
qui retient l'ennemi. Au milieu de la flotte s'élevait,
terrible spectacle, un vaisseau imposant, tel qu'au cours
385　des siècles jamais plus grand ne sortit des arsenaux
de Libye[2] ; et c'est bien de quatre cents rames
que sa chiourme nombreuse frappait la mer ; et alors
que l'orgueilleuse nef dans sa voile profonde pouvait
engloutir le rapide Borée et de son envergure[3] en
390　recueillir tous les souffles, elle n'avançait qu'avec une
puissante lenteur, comme si c'était à la seule poussée
des bras qu'elle entrait dans les flots. Les navires
adverses filent, légers et maniables, prompts à obéir
à la main du pilote, avec leur équipage de guerriers
du Latium.　.

Quand Himilcon[4] vit qu'ils venaient sur lui par
395　babord pour le prendre obliquement en flanc et qu'un
navire, sur ordre, passait à l'attaque, en hâte il prie
les dieux marins d'exaucer sa prière, et sur son arc
bandé pose comme il faut une flèche ailée ; après avoir
des yeux visé l'ennemi et assigné au trait sa trajectoire, il écarte les bras, les relâche, et, accompagnant
400　du regard le projectile au travers des airs jusqu'à
son but, il cloua sur la barre[5] la main du pilote
assis à la poupe ; dès lors la main fut sans force
pour guider le navire, morte sur la barre qui vira. Et

1. Cf. Lucain, 3, 564.

Vix meminere maris; tam uasto ad proelia nisu   375
incumbunt proni positisque in margine puppis
extremae plantis nutantes spicula torquent.
Sternitur effusis pelagi media area telis,
celsaque anhelatis exsurgens ictibus alnus
caerula migranti findit spumantia sulco.   380

   Ast aliae latera atque incussi roboris ictu
detergent remos; aliae per uiscera pinus
tramissis ipso retinentur uulnere rostris,
quo retinent. Medias inter sublimior ibat
terribilis uisu puppis, qua nulla per omne   385
egressa est Libycis maior naualibus aeuum.
Sed quater haec centum numeroso remige pontum
pulsabat tonsis, ueloque superba capaci
cum rapidum hauriret Borean et cornibus omnis
colligeret flatus, lento se robore agebat,   390
intraret fluctus solis *ceu* pulsa lacertis.
Procurrunt leuitate agili docilesque regentis
audiuisse manum Latio cum milite puppes.

   Has ut per laeuum uenientis aequor Himilco
in latus obliquas iussamque incurrere proram   395
conspexit, propere diuis in uota uocatis
aequoris, intento uolucrem de more sagittam
assignat neruo; utque oculis librauit in hostem
et calamo monstrauit iter, diuersa relaxans
bracchia, deduxit uultu comitante per auras   400
in uulnus telum ac residentis puppe magistri
affixit plectro dextram; nec deinde regenda
puppe manus ualuit, flectenti immortua clauo.

   378 area *L Fpc O* : aera *Fac V* ‖ **379** alnus *O V* : almis *L F* ‖ **380** findit *L* : fun- *F O V* ‖ **381** latera *L F V* : late *O* ‖ roboris *L F V* : arbo- *O* ‖ **382** detergent *L F V* : deten- *O* ‖ **391** ceu *Livineius* : si *L F V* se *O* ‖ **398** utque *L F V* : atque *O* ‖ **400** deduxit *O V* : diduxit *L F* direxit *coni. Bauer.*

tandis qu'au secours accourait l'équipage, comme si le
navire avait été pris, voici qu'une seconde fois par un
405 semblable coup du sort, tirée par le même arc, une
flèche, passant au travers du groupe des marins,
transperce Taurus qui venait assurer le service vacant
du gouvernail.

Fonce alors un vaisseau de Cumes que Corbulon,
son commandant, avait armé d'un équipage d'élite
recruté au rivage de Stabies. La déesse qui le protège,
410 à la poupe élevée, c'est Dioné du Lucrin[1]. Mais le
navire qui s'engageait de trop près au combat, accablé
sous une avalanche de projectiles, sombra en pleine
mer en creusant un trou dans les flots. Les marins
crient, et Nérée diapré d'écume leur emplit d'eau la
bouche, et les mains de ceux qui luttent contre l'abîme
415 qui les aspire, en vain se dressent à la surface. Alors,
avec l'audace de la colère, Corbulon dans un grand
bond ayant franchi les vagues, se hisse sur le plancher
d'une tour (c'était une tour bâtie de chêne qu'avaient
poussée là des trirèmes accouplées par des grappins de
fer)[2] et depuis le faîte élevé il brandit une torche qui
420 s'empanache de langues de feu. De là il précipite des
flammes noires et nourries de poix avec une vitese que
le Notus augmente, sur le château arrière des Carthaginois. Le fléau de Vulcain pénètre partout et, se
répandant çà et là, embrase totalement les ponts ; sur
les bancs supérieurs l'équipage s'effare et cesse de
425 ramer ; or dans un danger si pressant la nouvelle d'un
tel fléau n'était pas encore parvenue aux bancs
inférieurs. Mais l'incendie dévorant se propage sur les
poutres enduites de goudron et, fait ronfler sur la coque
ses flammes victorieuses. Là où cependant la torche
dardanienne n'avait pas encore porté sa violence, aux
430 points que l'air brûlant épargnait encore, le terrible
Himilcon s'efforçait par une grêle de pierres de
repousser et de contenir la fatalité qui menaçait son

---

1. Un sanctuaire de Vénus existait aux abords du lac Lucrin, à
proximité de Cumes (cf. *Pun.* 4, 106, n. et 12, 121, n.). Dioné, l'une
des Océanides, serait la mère de Vénus ; en poésie, le nom de Dioné
désigne aussi Vénus, comme ici.

Dumque ad opem accurrit ceu capta nauita puppe,
ecce iterum fatoque pari neruoque sagitta,   405
in medium perlapsa globum, transuerberat ictu
orba gubernacli subeuntem munera Taurum.

Irrumpit Cumana ratis, quam Corbulo ductor
lectaque complebat Stab*i*arum litore pubes.
Numen erat celsae puppis *Lucrina* Dione.   410
Sed superingestis propior qu*i*a subdita telis
bella capessebat, media subsedit in unda
diuisitque fretum. Clamantum spumeus ora
Nereus implet acquis, palmaeque, trahente profundo,
luctantum frustra summis in fluctibus exstant.   415
Hic, audax ira, magno per caerula saltu
Corbulo transgressus (nam textam robore turrim
appulerant nexae ferri compage triremes)
euadit tabulata super flammaque comantem
multifida pinum celso de culmine quassat.   420
Inde atros alacer pastosque bitumine torquet,
amentante Noto, Poenorum aplustribus ignis.
Intrat diffusos pestis Vulcania passim
atque implet dispersa foros; trepidatur omisso
summis remigio; sed enim tam rebus in artis   425
fama mali nondum tanti penetrarat ad imos.
At rapidus feruor, per pinguis unguine taedas
illapsus, flammis uictricibus insonat alueo.
Qua nondum tamen intulerat uim Dardana lampas,
parcebatque uapor, saxorum grandine dirus   430
arcebat fatumque ratis retinebat Himilco.

---

407 gubernacli *L* : -nandi *F O V* ‖ **409** Stabiarum *edd.* : -blarum
F V -bularum *L O* ‖ **410** Lucrina *Heinsius* : uicina *S* ‖ **411** quia
Bauer : quae *S* ‖ **415** exstant *O V* : extrant *L* hestant *F* ‖ **421** atros
L Fpc O : atrox *Fac V* ‖ **422** amentante *CMEp90* : ammen- *L F*
aduen- *O V* ‖ aplustribus *L F* : ampl- *O V* ‖ **429** tamen *L Fpc O V* :
tandem *Fac* ‖ uim *F O V* : non *L*.

vaisseau. Ici un malheureux qui faisait tournoyer une
torche de pin, est frappé d'un boulet lancé du rempart,
coup tiré par Lycchéus ; sur le banc de nage couvert
435 de sang, il glisse et roule à la mer, Cydnus ; sa torche
souilla les airs aussitôt de noires volutes et sur l'eau
continua à brûler en sifflant. Lors, le farouche Sabratha décoche un trait rapide du haut de la poupe
consacrée (Hammon, la divinité nationale, était le
protecteur de ce vaisseau libyen ; assis, le front orné
de cornes[1] il portait son regard sur le bleu des flots) ;
440 « O Père, donne-nous, ô Prophète garamante, donne-
nous ton secours, aux heures de défaite, et contre les
Italiens, fais que nos tirs soient tous au but ». Et comme
il disait ces mots, au milieu d'une volée de flèches qui
vibrent, arrive un trait qui traverse la tête de Téon
habitant des rives de Neptune[2].

Ils résistaient avec non moins d'âpreté, ils étaient
445 déjà aux portes de la mort, ceux que la fuite avait
précipités et amassés du même côté du navire[3] encore
épargné par le feu ; mais dévastant tout de proche en
proche dans sa course foudroyante, l'implacable incendie saisit la coque tout entière et l'enveloppe dans le
ronflement victorieux de ses flammes. Le premier,
450 s'étant laissé glisser dans l'eau à l'aide d'un câble de
marine, du côté où Mulciber ne concentrait pas encore
ses flammes stygiennes, à demi brûlé, Himilcon est
recueilli sur les rames tendues par ses alliés. Tout à
côté la mort fatale du malheureux Baton priva son
navire de pilote. Il excellait par son art à braver la
mer cruelle et à échapper aux tempêtes ; il savait aussi
455 prévoir ce que demain serait Borée, ce que serait
l'Auster ; tu n'aurais pas pu tromper son regard
vigilant, Cynosure[4], si peu visible que fût ta course.
Lui, quand il n'y eut plus de bornes à la déroute,
s'écria : « Reçois notre sang, Hammon, puisque tu restes
spectateur d'une injuste défaite ». Il s'enfonce le glaive
460 dans la poitrine, puis de la main droite en recueille le
sang, et d'un grand geste le répand entre les cornes
sacrées.

Hic miser, igniferam dum uentilat aëre pinum,
murali saxo per lubrica sanguine transtra
uoluitur in fluctus, Lycchaei uulnere, Cydnus.
Fax nidore graui foedauit comminus auras,   435
ambusto instridens pelago. Ferus inde citatum
missile adorata contorquet Sabratha puppe —
Hammon numen erat Libycae gentile carinae
cornigeraque sedens spectabat caerula fronte :
«Fer, pater, afflictis, fer», ait, «Garamantice uates,   440
rebus opem inque Italos da certa effundere tela.»
Has inter uoces tremulo uenit agmine cornus
et Neptunicolae transuerberat ora Telonis.

Vrgebant nihilo leuius iam in limine mortis,
quos fuga praecipitis partem glomerarat in unam   445
puppis, adhuc uacuam taedae ; sed, proxima cursu
fulmineo populatus, ineuitabilis ardor
correptam flammis inuoluit ouantibus alnum.
Primus, ope aequorei funis delapsus in undas,
qua nondum Stygios glomerabat Mulciber aestus,   450
ambustus socium remis aufertur Himilco.
Proxima nudarunt miserandi fata Batonis
desertam ductore ratem. Bonus ille per artem
crudo luctari pelago atque exire procellas.
idem, quid Boreas, quid uellet crastinus Auster,   455
anteibat : nec peruigilem tu fallere uultum,
obscuro quamuis cursu, Cynosura, ualeres.
Is, postquam aduersis nullus modus : «Accipe nostrum,
Hammon, sanguinem, "ait", spectator cladis iniquae.»
Atque, acto in pectus gladio, dextra inde cruorem   460
excipit et large sacra inter cornua fundit.

434 cydnus *F* : cyduns *L* cidus *O V* ‖ **437** sabratha *F V* : sabra-
cha *L* sub rata *O* ‖ **445** praecipitis *L F V* : perci- *O* ‖ **446** taedae *F O*
V : cede *L* ‖ **458** is *L O V* : his *F* ‖ **461** large *L O V* : longue *F*.

Parmi eux Daphnis dont le nom est issu d'une antique lignée, Daphnis eut un sort misérable ; il avait choisi d'abandonner ses bocages et de troquer sa chaumière contre le perfide reflet marmoréen. Mais
465 l'auteur de sa race s'est acquis des titres de gloire, et combien plus grands, sans quitter son état de pasteur : c'est lui, Daphnis, que les Muses de Sicile ont aimé ; Phébus, qui le protégeait, lui fit don d'une flûte castalienne, et décréta que chaque fois qu'il en jouerait, étendu dans l'herbe, on vît se hâter, par les prés et
470 par les champs, vers Daphnis, les troupeaux en liesse, et faire silence les ruisseaux. Oui, quand de son chant modulé sur les sept tuyaux de sa flûte il envoûtait les forêts, jamais en même temps la sirène n'épancha sur les flots ses airs accoutumés ; les chiens de Scylla se taisaient ; le noir Charybde se figeait, et, joyeux sur
475 son rocher, le Cyclope écoutait ces accents d'allégresse. Les flammes engloutirent avec le descendant de la race ce nom si digne d'être aimé[1].

Nage aussi, accroché à des espars fumants, le rude Ornytos ; sur la mer il s'inflige à lui-même une longue agonie ; ainsi le fils d'Oïlée[2], quand Minerve le frappa
480 de sa foudre, avec ses bras brûlés maîtrisa les flots qui se soulevaient. Et Sciron le Marmaride[3], tandis qu'il s'élève à la vague, est tranché à la taille par l'éperon puissant d'un vaisseau : une partie de son corps reste plongée dans l'eau, l'autre se dresse au-dessus des flots et sur la mer partout (pitoyable spectacle) le rigide
485 éperon, l'emporte morte. De part et d'autre, les navires accélèrent et les embruns sanglants des rames qui précipitent la cadence frappent les visages.

Le vaisseau-animal rhétéen[4] lui-même était propulsé par six rangs de rameurs, et, grâce à la valeur de cet équipage, il triomphait des vents. Lilée prestement

1. Le matelot du nom de Daphnis descend de l'inventeur du chant bucolique, Sicilien ; on notera tous les échos à la 4e et à la 5e Bucoliques et à la notion d'incantation du *carmen* bucolique ; sur le personnage de Daphnis le matelot et la fonction du passage dans les *Punica*, cf. M. Martin, *Daphnis ou le reflet trompeur*, in *Orphea Voce*, Université de Bordeaux III, juin 1980, pp. 149-173.

Hos inter Daphnis, deductum ab origine nomen
antiqua, fuit infelix, cui linquere saltus
et mutare casas infido marmore uisum.
At princeps generis quanto maiora parauit   465
intra pastorem sibi nomina ! Daphnin amarunt
Sicelides Musae ; dexter donauit auena
Phoebus Castalia et iussit, proiectus in herba
si quando caneret, laetos per prata, per arua
ad Daphnin properare greges riuosque silere.   470
Ille ubi, septena modulatus harundine carmen,
mulcebat siluas, non umquam tempore eodem
Siren assuetos effudit in aequore cantus ;
Scyllaei tacuere canes ; stetit atra Charybdis ;
et laetus scopulis audiuit iubila Cyclops.   475
Progeniem hauserunt et nomen amabile flammae.

Innatat ecce super transtris fumantibus asper
Ornytos ac longam sibimet facit aequore mortem,
qualis Oïliades, fulmen iaculante Minerua,
surgentis domuit fluctus ardentibus ulnis.   480
Transigitur ualida medius, dum se alleuat, alni
cuspide Marmarides Sciron : pars subnatat unda
membrorum, pars extat aquis totumque per aequor
portatur, rigido, miserandum, immortua rostro.
Accelerant puppes utrimque atque ora ruentum   485
sanguinei feriunt remorum aspergine rores.
Ipse adeo senis ductor Rhoeteius ibat
pulsibus et ualido superabat remige uentos.
Quam rapidis puppem manibus frenare Lilaeus

464 et mutare *L F O* : et imitare *V* ‖ **465** at *L F* : et *O V* ‖
parauit *edd.* : -abit *S* ‖ at princeps generis *iterat O* ‖ **466** intra
pastorem *S* : inter pastores *coni. Heinsius* ‖ daphnin *F O V* : -nis *L*
‖ **471** modulatus *L F* : -tos *O V* ‖ **472** non unquam tempore *L F V* :
n.t.u. *O* ‖ **479** oïliades *L F O* : oliades *V* ‖ **481** se *L F O* : sese *V* ‖ **484**
immortua *L Fpc O V* : in monstrua *Fac* ‖ **487** senis *L F CMEp.90* :
seuis *O V*.

490 l'accroche de ses mains et veut le ralentir ; une hache
cruelle l'ampute de ses bras, et le navire sur son erre
emporte ses mains crochées sur le bordage.

Podétus était à bord d'un vaisseau sicanien ; il était
né aux îles Éoliennes ; son âge ne l'avait pas encore
tiré du rang des éphèbes, et entraîné par l'hostilité
495 des dieux ou par l'ardeur de son courage (il n'était pas
assez mûr pour une telle gloire) et par sa passion de
la guerre, sur ses membres à l'éclat de neige, l'enfant
avait ajusté une armure colorée, et, avec sa *Chimère*
de haut-bord, il se plaisait à tourmenter la mer. Déjà,
plus vite que les bateaux rutules, plus vite que les
bateaux garamantes, il voguait triomphant, fort de
500 meilleurs rameurs, fort de meilleurs archers ; et déjà il
avait coulé bas le *Nessus* et ses tours[1]. Hélas ! qu'elle
est mauvaise conseillère pour un enfant sans expé-
rience, la gloire des armes, en sa nouveauté ! Tandis
qu'il demandait aux dieux d'en haut, dans sa témérité,
le panache du casque farouche et les dépouilles du
général Marcellus, il reçut de sa lance aussitôt, en
505 retour, une blessure mortelle. Ah ! quelle était sa
valeur, soit que de toutes ses forces il lançât en plein
ciel le disque brillant, soit que son javelot dépassât les
nuages, soit que de ses pieds ailés il effleurât à peine
la surface de l'arène, ou que d'un saut il franchît
vivement les énormes distances que l'on jalonne sur
le stade, ces efforts lui convenaient ; il y avait bien
510 assez, là, oui, bien assez d'honneur dans ces concours
sans péril, et bien assez de gloire. Pourquoi, enfant,
visais-tu à de plus grands exploits ? Quand le projectile
l'eut abattu et projeté sous les eaux, ses ossements de
noyé furent soustraits au bûcher funèbre de Syracuse ;
l'ont pleuré les vagues, l'ont pleuré les rochers des
515 Cyclopes, et Cyané, et l'Anapus[2] et Aréthuse d'Ortygie.

---

1. Le château avant et le château arrière des navires de combat
portaient une tour destinée à donner plus d'efficacité aux
projectiles ; ces tours étaient peintes pour imiter des murs de
pierre.

dum tentat, saeua truncatur membra bipenni,   490
ac fert haerentes trabibus ratis incita palmas.
  Sicania Aeoliden portabant transtra Podaetum.
Hic, aeuo quamquam nondum excessisset ephebos,
Seu laeui traxere dei seu feruida corda
(nec sat maturus laudum) bellique cupido,   495
arma puer niueis aptarat picta lacertis
et freta gaudebat celsa turbare Chimaera.
Iamque super Rutula, super et Garamantide pinu
ibat ouans, melior remo meliorque sagitta ;
et iam turrigerum demerserat aequore Nessum ;   500
heu puero malesuada rudi noua gloria pugnae !
Dum cristam galeae trucis exuuiasque precatur
de duce Marcello superos temerarius, hasta
excepit raptim uulnus letale remissa.
Pro qualis ! Seu splendentem sub sidera nisu   505
exigeret discum, iaculo seu nubila supra
surgeret, aligeras ferret seu puluere plantas
uix tacto, uel dimensi spatia improba campi
transiret uelox saltu, decuere labores.
Sat prorsus, sat erat decoris discrimine tuto,   510
sat laudis : cur facta, puer, maiora petebas ?
Illum, ubi labentem pepulerunt tela sub undas,
ossa Syracosio fraudatum naufraga busto,
fleuerunt freta, fleuerunt Cyclopia saxa
et Cyane et Anapus et Ortygie Arethusa.   515

---

491 ac *L F* : at *V* ant *O* ‖ **494-495** seu ... dei seu ... corda nec ...
laudum bellique cupido *S* : nec ... laudum seu feruida corda, seu
laeui ... dei bellique cupido *coni. Bothe* ‖ **505** nisu *O* : uisu *L F V* ‖
508 uix *L F V* : nox *O* ‖ tacto *dett.* : -ta *S* ‖ dimensi *dett.* : dimens *L
F O om.V* climens *Vmg* ‖ **509** decuere *CH* : doc-*S* ‖ **510** tuto *L O V* :
toto *F* ‖ **512** ubi labentem *L O V* : delabententem *F* ‖ **514** cyclopia
O V : cyclopea *L* ciclopa *Fmg* cordopa *F* ‖ **515** et cyane *L F* : et
trane *O V*.

D'un autre côté le *Persée* (Tibérinus menait ce navire)
et *L'Io* que montait Crantor de Sidon, foncent l'un sur
l'autre ; des grappins de fer lancés de part et d'autre
les enchaînent, et voici les bâtiments arrêtés à couple
520 pour le combat. Pas de javelots ou de volées de flèches
pour un combat de loin : c'est à l'abordage et au glaive
qu'on engage le combat, comme sur terre. Les Italiens
enfoncent l'ennemi là où les premiers coups ont fait
une trouée et ouvert un passage ; mais de toutes ses
forces un homme engage ses compagnons à briser
525 chaînes et filins de fer ; il s'apprête, une fois le bateau
ennemi découplé, à emporter les Romains restés à bord
et à les emmener au large, loin des armes de leurs
camarades. C'était Polyphème[1], élevé dans un antre
de l'Etna ; et pour cela, il aimait son nom, reflet
d'une antique férocité ; nourrisson, une louve l'avait
allaité ; terrible était la masse de sa haute taille, et
farouche son âme, son visage toujours marqué par la
530 colère, et dans le cœur, cette passion des tueries qui
est propre aux Cyclopes. C'était lui qui avait, sous le
poids de ses muscles, disloqué les chaînes et repoussé
notre navire ; il plongeait les rames dans la mer
profonde et aurait dégagé son bateau, si Laronius,
535 rapide, en le transperçant de sa lance tandis qu'il
essayait de se lever, ne l'avait vivement encloué sur
son dur banc de nage ; et la mort avec peine arrête
son élan, car sa main défaillante, en poursuivant le
geste accoutumé, ne fit que tirer sans force la rame à
la surface de la mer[2].

Les Puniques repoussés par les attaquants for-
540 més en coin[3], se pressent tous sur un seul bord,
vide d'ennemis, quand, cédant brusquement sous le
poids, comme la mer la prend d'assaut, la coque
s'engloutit dans les flots : boucliers et panaches des
guerriers, javelots aux pointes inutiles, images des

---

1. Encore une fois, et comme pour Daphnis, Silius use du
thème du «descendant» ; la cruauté des Cyclopes est bien connue
depuis l'Odyssée ; Ovide (*Met.* 14) les prend comme exemple du
cannibalisme, exacerbation de la pratique de consommation de
viande qu'il condamne.

Parte alia Perseus — puppem hanc Tiberinus agebat
quaque uehebatur Crantor Sidonius, Io
concurrunt. Iniecta ligant hinc uincula ferri
atque illinc, steteruntque rates ad proelia nexae.
Nec iaculo aut longe certatur harundine fusa,   520
comminus et gladio terrestria proelia miscent.
Perrumpunt Itali, qua caedes prima reclusit
monstrauitque uiam; uasta se*d* mole catenas
hortatur socios et uincla abrumpere ferri
ac parat hostili resoluta puppe receptos   525
auehere et paribus pelago diducere ab armis :
Aetnaeo Polyphemus erat nutritus in antro
atque inde antiquae nomen feritatis amabat;
ubera praebuerat paruo lupa; corporis alti
terribilis moles, mens aspera, uultus in ira   530
semper et ad caedis Cyclopia corde libido.
Isque relaxatis membrorum pondere uinclis
impulerat puppim et mergebat gurgite tonsas
duxissetque ratem, pressa Laronius hasta
ni propere duro nitentem exsurgere uelox   535
affixet transtro. Vix morte incepta remittit;
namque manus seruat dum suetos languida ductus,
ignauum su*mma* traxit super aequora remum.

Percu*l*si cuneo Poeni densentur in unum,
quod caret hoste, latus, subito cum pondere uictus,   540
insiliente mari, submergitur alueus undis.
scuta uirum cristaeque et inerti spicula ferro

516 perseus *L F* : presens *O V* ‖ **517** sidonius *L F V* : -nia *O* ‖ **523**
uasta sed mole *Lefebvre* : uastas et mole *S* ‖ **527** erat *L O V* : om.*F* ‖
531 et *om. V* ‖ **532** isque *LOV* : hisque *F* ‖ relaxatis *F O V* : relapsa-
tis *L* ‖ **533** impulerat *L F V* : impleue- *O* ‖ **536** affixet *L F* : -xit *O V*
‖ **538** summa *edd.* : somno *S* ‖ aequora *S* : -re *coni. Bauer* ‖ **539**
perculsi *edd.* : -cussi *S*.

dieux tutélaires surnagent sur la mer ; celui-ci combat
avec un espar brisé, car il a perdu son épée, et, pour
545 reprendre le combat, trouve une arme dans les débris
du naufrage ; celui-là, plein de rage mauvaise, se hâte
d'enlever les rames du navire ou sans distinguer,
arrache même parfois les bancs des rameurs pour
en faire des projectiles ; on n'épargne ni la barre du
550 bâtiment, ni la proue que l'on brise pour causer des
blessures, et l'on va rechercher les armes qui nagent
sur l'eau. La mer pénètre dans les blessures béantes[1] ;
puis l'eau est rejetée dans les flots d'où elle vient à
chaque hoquet de la respiration haletante. Il s'en
trouve pour enserrer un ennemi de leurs bras et
l'enfoncer dans l'abîme : faute d'armes, ils le tuent au
prix de leur propre mort[2]. De ceux qui remontent des
555 profondeurs s'exacerbe la détermination, bien décidés,
en lieu de fer, à se servir de la mer. Un tourbillon
sanglant aspire les cadavres qui tournoient. Cris ici, là
gémissements, morts, fuites, fracas des rames, rostres
qui s'entrechoquent à grand bruit. Sous cette coulée
de guerre la mer bouillonne ; épuisé d'échecs, par une
560 fuite rapide vers les rivages de Libye, Himilcon
s'échappe, et se dérobe dans un frêle esquif.

Le Grec et le Libyen[3], enfin, se retirent de la mer,
et maintenant, en une longue file, les uns aux autres
enchaînés, on remorque les navires au rivage. Sur
565 d'autres, immobiles au large, l'incendie flamboie ;
Mulciber fait resplendir l'abîme de son éclat, et son
reflet se brise aux vibrations des flots. Brûlent *La
Cyané*, bien connue de ces parages, et *La Sirène* aux
ailes rapides. Brûle aussi *L'Europe* : l'on voit, emportée
par Jupiter déguisé en taureau blanc comme neige, la
jeune fille qui s'accroche aux cornes pendant qu'il fend

---

1. Cf. Lucain, 3, 660 sqq. *deiectum in pelagus perfosso pectore
corpus | uulneribus transmisit aquas,* « le corps jeté à la mer avec sa
poitrine transpercée laissa passer les eaux par la blessure ».
2. Cf. Lucain, 3, 693-696. *saeuus complectitur hostem | hostis, et
implicitis* gaudet subsidere membris | *mergentesque mori* : « l'en-
nemi embrasse sauvagement son ennemi : ils se réjouissent de
sombrer les membres enlacés et meurent, contents de noyer ».

tutelaeque deum fluitant. Hic robore fracto
pugnat inops chalybis seseque in proelia rursus
armat naufragio ; remis male feruidus ille   545
festinat spoliare ratem, discrimine nullo
nautarum interdum conuulsa sedilia torquens.
Non plectro ratis aut frangendae in uulnera prorae
parcitur, et pelago repetuntur nantia tela.
Vulneribus patulis intrat mare ; mox sua ponto   550
singultante anima propulsa refunditur unda.
Nec desunt, qui correptos complexibus artis
immergant pelago et, iaculis cessantibus, hostem
morte sua perimant. Remeantum gurgite mentes
crudescunt, ac pro ferro stat fluctibus uti.   555
Haurit sanguineus contorta cadauera uortex.
Hinc clamor, gemitus illinc mortesque fugaeque
remorumque fragor flictuque sonantia rostra.
Perfusum bello feruet mare ; fessus acerbis
terga fuga celeri Libyae conuertit ad oras   560
exigua sese furatus Himilco carina.

   Concessere mari tandem Graiusque Libysque,
et iam captiuae uinclis ad litora longo
ordine ducuntur puppes. Flagrantibus alto
stant aliae taedis : splendet lucente profundo   565
Mulciber, et tremula uibratur imagine pontus.
Ardet nota fretis Cyane pennataque Siren.
Ardet et Europe, niuei sub imagine tauri
uecta Ioui ac prenso tramittens aequora cornu ;

---

543 fluitant *O* : fluctant *LFV* ‖ fracto *O V* : freto *L F* ‖ **545** ille *L F V* : -la *O* ‖ **547** sedilia *L F O* : sedialia *V* ‖ **549** parcitur *edd.* : pascitur *S* ‖ **550** patulis *L F V* : *om.O* ‖ mare *L F V* : maior *O* ‖ **552** qui *L O V* : quin *F* ‖ complexibus *L F* : ampl- *O V* ‖ **553** cessantibus *V* : cass- *L F O* ‖ **558** flictuque *L* : fluctuque *LOV* ‖ **559** fessus *O V* : fos- *L F* ‖ **560** celeri *L F V* : sce- *O* ‖ **561** himilco *L Fmg Vmg* : in multo *F O V* ‖ **563** uinclis *L F Vmg* : undis *O V* ‖ **565** taedis *F* : cedis *L O V* ‖ **567** cyane *L F* : trane *O V* ‖ **568** europe *L O V* : ethiope *F*.

570 les flots ; et brûle aussi, cheveux au vent, *La Néréide*
mouillée d'embruns qui, de ses rênes ruisselantes, mène
sur l'azur marin le dauphin qui se cabre[1]. En flammes
Le Python, vagabond des mers, et *L'Hammon* dressant
ses cornes, et la nef qui portait l'image d'Élissa
de Sidon, et que six rangs de rameurs faisaient avancer
575 sur les eaux. Parmi ceux que les remorques entraînent
au rivage qui les vit naître, il y a *L'Anapus*, et *Le
Pégase* qui dresse vers les astres ses ailes de Gorgone ;
on emmène aussi la poupe qui porte pour marque *La
Libye*, et *Le Triton* dompté, et *l'Etna* aux pics escarpés,
bûcher dressé sur Encelade qui halète, et *La Sidon*[2],
cité de Cadmus.

580 Et l'on n'aurait pas tardé à attaquer les murs où les
hommes s'épouvantent de ce désastre, et à prendre
d'assaut, enseignes en tête, les temples des dieux, si
tout soudain un terrible fléau, une peste néfaste que
l'on devait à la colère des dieux et à l'épreuve navale,
n'avait, en infectant le ciel, dérobé aux Romains, pour
585 leur malheur, la joie de la victoire[3]. Le Titan chevelu
emplit les airs de brûlante touffeur, et, dans l'abon-
dante Cyané qui épanche au loin ses eaux stagnantes,
il mêla les effluves stygiens émanés du Cocyte ; il souilla
aussi la saison d'automne[4] qui fleurit de riantes
récoltes, et l'embrasa d'un feu violent comme la foudre.
590 L'air, épaissi de nuages noirs, fumait ; la terre s'écail-
lait et sa surface calcinée se viciait ; elle n'offrait plus
ni nourriture ni ombre aux êtres débilités et une sombre
vapeur s'exhalait dans une atmosphère épaisse comme
la poix. La violence du mal toucha d'abord les chiens[5] ;
595 bientôt, des nuages sombres, tomba l'oiseau affaibli
dont l'aile s'abandonne ; et puis l'on voit les fauves,
dans les forêts, gésir ; lors ce fléau du Tartare rampe
de proche en proche, épuise les manipules et dévaste

---

1. Silius joue sur l'ambiguïté entre le nom du navire et celui du
personnage éponyme.

et quae, fusa comas, curuum per caerula piscem   570
Nereis umenti moderatur roscida freno.
Vritur undiuagus Python et corniger Hammon
et, quae Sidonios uultus portabat Elissae,
bis ternis ratis ordinibus grassata per undas.
At uinclis trahitur cognata in litora Anapus   575
Gorgoneasque ferens ad sidera Pegasus alas.
Ducitur et Libyae puppis signata figuram
et Triton captiuus et ardua rupibus Aetne,
spirantis rogus Enceladi, Cadmeaque Sidon.

  Nec mora *tum* trepidos hac clade irrumpere muros   580
signaque ferre deum templis iam iamque fuisset,
ni subito importuna lues inimicaque pestis,
inuidia diuum pelagique labore parata,
polluto miseris rapuisset gaudia caelo.
Criniger aestiferis Titan feruoribus auras   585
et patulam Cyanen lateque palustribus undis
stagnantem Stygio Cocyti oppleuit odore
temporaque autumni, laetis florentia donis,
foedauit rapidoque accendit fulminis igni.
Fumabat crassus nebulis caliginis aër;   590
squalebat tellus, uitiato feruida dorso,
nec uictum dabat aut ullas languentibus umbras.
Atque ater picea uapor expirabat in aethra.
Vim primi sensere canes; mox nubibus atris
fluxit deficiens penna labente uolucris;   595
inde ferae siluis sterni; tum serpere labes
Tartarea atque haustis populari castra maniplis.

570 quae *L F V* : quo *O* ‖ **575** at *L F* : ac *O V* ‖ litora *L O V* : -re
F ‖ **580** tum *edd.* : quin *S* ‖ **581** iamiamque *O* : ianuamque *L F V* ‖
582 ni *edd.* : et *S* ‖ **585** criniger *L F O Vmg* : armi- *V* ‖ aestiferis *L F*
CM Ep.90 : astri- *O V* ‖ **586** cyanen *L* : cyanem *F* tranem *O V* ‖ **588**
laetis *L F CM Ep.90* : lactis *O V* ‖ **590** nebulis *L F V* : -les *O* ‖ **592**
dabat *L F V* : elabit *O* ‖ **596** serpere *L F V* : supere *O*.

le camp. La langue séchait, et, traversant les chairs,
une sueur glacée s'écoulait sur le corps parcouru de
600 frissons ; et la gorge aride refusait d'absorber les
aliments prescrits. Une âpre toux secoue les poumons,
et par leur bouche haletante, c'est une haleine brûlante
que soufflent ces hommes altérés. Leurs yeux ont peine
à soutenir une lumière qui les blesse et sont appesantis,
leurs narines se pincent, ils crachent de la sanie où se
mêle du sang ; ils n'ont plus que la peau sur les os de
605 leurs membres décharnés[1]. Quelle douleur, hélas ! Le
guerrier insigne sous ses armes célèbres est emporté par
un trépas sans gloire ! Et l'on jette dans les flammes
les orgueilleux trophées des héros, récompenses gagnées
dans maints combats.

La médecine a capitulé devant le mal ; on entasse en
610 monceaux les cadavres, et les cendres s'élèvent en
énormes amas. Et même, çà et là, gisent abandonnés
et sans sépulture, partout, des cadavres, car on craint
de toucher ces corps pestiférés. Ce mal venu de
l'Achéron rampe et grandit, se nourrissant de ses
victimes ; et il n'ébranle pas les murs de Trinacrie
de deuils moins supportables[2] ; c'est une même épreuve
615 que ce sinistre fléau porte au camp des Puniques. La
colère des dieux, la même pour tous, cause autant de
morts, partout elle est commune et c'est la même image
qu'elle offre du trépas.

Il n'est point cependant de mal assez dur et violent
pour briser le courage des guerriers latins, tant que
620 leur chef est indemne, et le salut de cette seule tête,
au milieu des massacres, du fléau balance les ravages.
Aussitôt donc que la lourde canicule de Sirius eut
réfréné ses mortelles exhalaisons, dès que l'épidémie
avide de cadavres eut diminué l'intensité de sa contagion, tout comme, lorsque s'apaise le Notus et que se
625 calment les hautes vagues, le pêcheur pousse son esquif
sur les flots azurés, de la même façon Marcellus arme

---

1. Silius s'était déjà essayé à une description clinique de la
déchéance physiologique due à la faim, dans l'épisode du siège de
Sagonte (*Pun.* 1, 461-468).

Arebat lingua, et gelidus per uiscera sudor
corpore manabat tremulo; descendere fauces
abnuerant siccae iussorum alimenta ciborum.   600
Aspera pulmonem tussis quatit, et per anhela
igneus efflatur sitientum spiritus ora.
Lumina, ferre grauem uix sufficientia lucem,
unca nare iacent, saniesque immixta cruore
expuitur, membrisque cutis tegit ossa peresis.   605
Heu dolor! Insignis notis bellator in armis
ignauo rapitur leto. Iactantur in ignem
dona superba uirum, multo Mauorte parata.
Succubuit medicina malis. Cumulantur aceruo
labentum et magno cineres sese aggere tollunt.   610
Passim etiam deserta iacent inhumataque late
corpora, pestiferos tetigisse timentibus artus.
Serpit pascendo crescens Acherusia pestis
nec leuiore quatit Trinacria moenia luctu
Poenorumque parem castris fert atra laborem.   615
Aequato par exitio et communis ubique
ira deum atque eadem leti uersatur imago.
  Nulla tamen Latios fregit uis dura malorum,
incolumi ductore, uiros, clademque rependit
unum inter stragis tutum caput. Vt grauis ergo   620
primum letiferos repressit Sirius aestus,
et minuere auidae mortis contagia pestes,
ceu, sidente Noto cum se maria alta reponunt,
propulsa inuadit piscator caerula cumba,
sic tandem ereptam morbis grassantibus armat   625

---

600 siccae *L F V* : fixae *O* ‖ **601** tussis *L F V* : tusas *O* ‖ **607**
iactantur *F* : uictantur *L O V* ‖ **608** superba *L F V* : supera *O* ‖
multo *L Fpc O V* : innulto *Fac* ‖ **614** leuiore *L F V* : -ra *O* ‖ trinacria *L F O Vpc* : trinario *Vac* ‖ **620** ergo *L Fpc O V* : aegro *Fac* ‖ **622**
minuere *L* : numiere *F* timuere *O V* ‖ pestes *L Fpc O V* : -tem *Fac* ‖
625 ereptam *L F V* : -ta *O*.

enfin les guerriers qui ont échappé aux offensives du
mal, et sur les manipules, selon le rite, il accomplit la
lustration. En hâte les soldats se rangent sous les
630 enseignes ; joyeux, aux accents des trompettes, ils
recouvrent la vie. On marche à l'ennemi ; et, si tel est
leur destin, ils se réjouissent de pouvoir mourir sous le
fer au milieu des combats ; ils plaignent les camarades
qui, par un sort honteux, comme de vils troupeaux,
sans gloire ont rendu l'âme dans des chambres obscures.
Ils se tournent vers ces tombes, vers ces bûchers qui
ont été privés des honneurs ; plus leur plaît d'être morts
même sans sépulture, que d'être vaincus par la
635 maladie[1]. Le général lève haut les enseignes et, au
premier rang mène l'assaut contre les murs. On cache
sous les casques les visages amaigris par le lit et
la consomption, et pour ne pas donner d'espoir à
l'ennemi, derrière les heaumes on voile la pâleur
malsaine. En une coulée rapide, la colonne franchit la
brèche des murs, les hommes se ruent en masse :
tous ces édifices qui avaient résisté aux guerres, et
toutes ces citadelles[2], sont enlevés à la première
640 irruption du soldat.

Sur tout le disque de la terre, partout où passe Titan,
nulle cité en ce temps-là n'aurait pu égaler ses édifices
à ceux de Syracuse l'Isthmique[3]. Si nombreux étaient
les temples consacrés aux dieux, et si nombreux les
bassins[4] au dedans des remparts ; ajoutez les places
publiques, les théâtres soutenus par de hautes colonnes,
645 les digues contre la mer luttant, ajoutez la longue
succession d'innombrables palais qui mettaient leur
orgueil à rivaliser d'étendue avec des domaines de
campagne. Et que dire des bois bornés par le vaste
enclos de portiques étendus et que consacraient les
concours des athlètes[5] ? Que dire de ces frontons où
étincellent tant d'éperons capturés ? Et les armes accro-
650 chées en ex-voto pour les dieux ? Et celles que perdit
l'ennemi qui avait vaincu à Marathon[6], et celles qu'on

---

1. (Liv. 25, 26, 11) *Et ut ferro potius morerentur, quidam
inuadebant soli hostium stationes,* « et pour mourir plutôt par le fer,
certains attaquaient en solitaires les postes ennemis ».

Marcellus pubem, lustratis rite maniplis.
Circumstant alacres signa auditisque tubarum
respirant laeti clangoribus. Itur in hostem;
et, si fata ferant, iuuat inter proelia ferro
posse mori; socium miseret, qui sorte pudenda   630
in morem pecudum effudere cubilibus atris
illaudatam animam. Tumulos inhonoraque busta
respiciunt, et uel nullo iacuisse sepulcro
quam debellari morbis placet. Ardua primus
ad muros dux signa rapit. Tenuata iacendo   635
et macie *in* galeis abscondunt ora, malusque,
ne sit spes hosti, uelatur casside pallor.
Infundunt rapidum conuulsis moenibus agmen
condensique ruunt : tot bellis inuia tecta
tot⟨*que*⟩ uno introitu capiuntur militis arces.   640
    Totum, qua uehitur Titan, non ulla per orbem
tum sese Isthmiacis aequassent oppida tectis.
Tot delubra deum totque intra moenia portus,
adde fora et celsis suggesta theatra columnis
certantisque mari molis, adde ordine longo   645
innumeras spatioque domos aequare superbas
rura. Quid, inclusos porrecto limite longis
porticibus sacros iuuenum certamine lucos?
Quid tot captiuis fulgentia culmina rostris?
Armaque fixa deis? Aut quae Marathonius hostis   650

627 auditisque *LF* : auidisque *O V* ‖ **629** ferant *F O V* : -runt *L* ‖ **631** cubilibus *L F V* : -libet *O* ‖ **634** primus *L* : -mis *F O V* ‖ **636** macie in galeis *Barth* : maciem g. *S* ‖ **637** uelatur *L F* : uella- *O V* ‖ **640** totque uno *Livineius* : tot uno *L F V* tot *O* ‖ **642** Isthmiacis *edd.* : isthimacis *L* histimacis *F* isthumacis *O V* ‖ **649** quid *dett.* : qui *S*.

apporta de la Libye vaincue? Et voici un palais
qu'illustrent les trophées conquis par Agathocle[1]; et
voici les richesses acquises dans la paix de Hiéron;
voici des antiquités vénérables dues à des mains
d'artistes. Nulle part à cette époque, ne fut plus
655 éclatante la gloire de la peinture; on ne se souciait pas
d'importer des bronzes d'Éphyré[2]; et les brocarts d'or
fauve, dont les broderies peignaient de vivants visages,
auraient rivalisé avec les tissus que broche la navette
de Babylone, avec les étoffes de pourpre de l'opulente
Tyr, ou avec les motifs que l'aiguille à grand art a
660 brodés sur les tentures des Attales ou sur les toiles
de Memphis[3]. Et voici aussi d'étincelantes coupes
d'argent que des pierres serties avec recherche embel-
lissent[4], et des statues de dieux qui conservent la
divine noblesse conférée par l'artiste; et de surcroît les
perles, dépouilles de la Mer Rouge, et cette soie que
les femmes ont pour tâche de recueillir avec des peignes
665 sur les feuilles des arbres[5].

Maître de ces édifices et de ces richesses, le chef
ausonien dominait la ville depuis un tertre élevé; il la
voyait à ses pieds, qui tremblait aux éclats sonores des
trompettes; et de sa volonté dépendait que restent
debout les murailles des rois ou que l'aube du lende-
670 main ne vît plus un seul mur dressé dans le matin. Il
gémit alors de cet excès de droits : avoir tant de
pouvoir le remplissait d'effroi; il rappela en hâte ses
troupes déchaînées, ordonna que les maisons fussent
respectées, et permit que dans leurs temples les
antiques divinités gardent leur séjour et leur culte. La
grâce des vaincus fut donc tout son butin. Contente
675 de n'être qu'elle-même et de n'avoir pas souillé de sang
ses ailes, la Victoire applaudit.

1. 361-289 av. J.-C., tyran de Syracuse, puis roi de la majeure
partie de la Sicile. Menant la guerre contre Agrigente et son alliée
Carthage, après avoir été assiégé dans Syracuse, et malgré une
lourde défaite en 311, il passa en Afrique et faillit prendre
Carthage.

perdidit, aut Libya quae sunt aduecta subacta?
Hic Agathocleis sedes ornata tropaeis;
hic mites Hieronis opes; hic sancta uetustas
artificum manibus. Non usquam clarior illo
gloria picturae saeclo; non aera iuuabat   655
*a*scire ⟨*ex*⟩ Ephyre; fuluo certaueri*t* auro
uestis, spirantis referens subtemine uultus,
quae radio c*a*elat Babylon, uel murice picto
laeta Tyros, quaeque Attalicis uariata per artem
aulaeis scribuntur acu aut Memphitide tela.   660
Iam simul argento fulgentia pocula, mixta
quis gemma quaesitus honos, simulacra deorum
numen ab arte datum seruantia; munera rubri
praeterea ponti depexaque uellera ramis,
femineus *lab*or.

                    His tectis opibusque potitus   665
Ausonius ductor, postquam sublimis ab alto
aggere despexit trepidam clangoribus urbem,
inque suo positum nutu, stent moenia regum,
an nullos oriens uideat lux crastina muros,
ingemuit ni*mi*o iuris tantumque licere   670
horruit et, propere reuocata militis ira,
iussit stare domos, indulgens templa uetustis
incolere atque habitare deis. Sic parcere uictis
pro praeda fuit, et sese contenta nec ullo
sanguine pollutis plausit Victoria pennis.   675

653 hic² *dett.* : hinc *S* ‖ uetustas *L F* : -ta *O V* ‖ **654** illo *L F* : ullo
O V ‖ **655** iuuabat *L F* : -bant *O V* ‖ **656** ascire ex Ephyre *Bauer* :
quem scire ephyren *S uide adnot.* ‖ certauerit *Barth cf. 15, 195* :
certaret ut *S* ‖ auro *L Fpc O V* : aluo *Fac* ‖ **657** subtemine *F* : sub
tegmine *L O V* ‖ **658** caelat *edd.* : celat *L F V* cedat *O* ‖ **662** gemma
F O : gemina *L V* ‖ honos *L F O* : -nus *V* ‖ **665** labor *edd.* : pudor *S*
‖ **668** stent *F O V* : stetit *L* ‖ **670** nimio iuris *Blass* : iuno uiris *L* in
uno uiris *F O V* ‖ **674** contenta *L Fpc O V* : contempta *Fac.*

Et toi aussi, de glorieuse mémoire, tu arrachas des larmes au chef romain, ô défenseur de ta patrie ; tu méditais sur des figures tracées dans la poussière, ton âme était sereine, quand sur toi s'abattirent de si grandes ruines [1].

680 Quant au reste du peuple, délivré de la crainte, il s'adonne à la joie, et les vaincus rivalisaient avec les vainqueurs. Lui-même, Marcellus, émule magnanime des grands dieux de l'Olympe, en sauvant la cité en fut le fondateur [2]. Ainsi se dresse-t-elle et demeurera-t-elle, trophée insigne érigé pour les siècles ; elle leur fera connaître les mœurs antiques de nos généraux.

685 Heureux seraient les peuples si, comme dans le passé les protégeaient nos armes, de nos jours aussi la Paix romaine gardait les villes à l'abri des rapines ! Car si le prince, qui a maintenant procuré au monde le repos, ne veillait à réprimer cette fureur sans frein d'universel pillage, cupidité et rapinerie auraient dévalisé et les terres et les mers [3].

---

1. On connaît la fin d'Archimède absorbé par un problème de géométrie et tué lors du pillage par un soldat ignorant qui il était (cf. Liv. 25, 31, 9).

Tu quoque ductoris lacrimas, memorande, tulisti,
defensor patriae, meditantem in puluere formas
nec turbatum animi tanta feriente ruina.
　Ast reliquum uulgus, resoluta in gaudia mente,
certarunt uicti uictoribus. Aemulus ipse   680
ingenii superum, seruando condidit urbem.
Ergo exstat saeclis stabitque insigne tropaeum
et dabit antiquos ductorum noscere mores.
　Felices populi, si, quondam ut bella solebant,
nunc quoque inexhaustas pax nostra relinqueret urbis!   685
at, ni cura uiri, qui nunc dedit otia mundo,
effrenum arceret populandi cuncta furorem,
nudassent auidae terrasque fretumque rapinae.

---

680 certarunt *dett.* : -rent *S* ‖ **682** saeclis *F* : sedis *L O V* ‖ **686** ni
L O V : in *F*.

LIVRE XV

LIVRE XV

LIVRE XV

Mais des tourments sans précédent harcelaient le
Sénat de Romulus : qui donc prendrait la charge des
peuples apeurés[1] et de la guerre de l'Ebre, après de
tels désastres ? Les Scipions, tous deux, gisent sous les
coups d'un ennemi qui s'en fait gloire, ces frères
5 guerriers aux âmes pleines de Mars. D'où la crainte
qu'aux lois des Tyriens ne vînt à se plier la terre de
Tartessos[2], et, qu'à ces guerres trop proches, elle ne
s'épouvante. Anxieuse, la foule des Pères s'attriste,
cherche des remèdes au fléau qui vient battre l'empire ;
et elle implore des dieux un chef qui ait l'audace de
prendre le commandement des armées[3] mises en pièces.
10 Pour détourner le jeune guerrier qui brûle de venger
les Mânes de son père et de son oncle, il y a, consternée
de douloureuse peine et songeant à sa jeunesse, la foule
de ceux de son sang : « S'il rejoint ce pays de malheur,
c'est entre les bûchers des siens qu'il devra affronter
un ennemi qui a défait les troupes et les plans des
deux chefs, et dont l'ardeur s'excite de ses succès
15 aux épreuves de Mars. Et ce n'est pas charge légère
pour de jeunes épaules que de livrer batailles atroces
et d'exiger le commandement dans un âge sans expé-
rience ».

1. Ce sont les populations espagnoles alliées de Rome et qui
n'ont pas fait défection après la défaite des Scipions, ainsi que les
troupes romaines restées en Espagne et privées de leurs généraux,
l'oncle et le père de Scipion (cf. Liu. 26, 18, 1) ; sur les événements
militaires en Espagne qui ont précédé cette défaite, cf. Liu. 25, 32-
39 et Silius, *Pun.* 13, 382, n. ; pour le récit de la mort de Publius et
Cnaeus Scipion, cf. *Pun.* 13, 650-695.

LIBER QVINTVS DECIMVS

At noua Romuleum carpebat cura senatum,
quis trepidas gentis Martemque subiret Hiberum,
attritis rebus. Geminus iacet hoste superbo
Scipio, belligeri Mauortia pectora fratres.
Hinc metus, in Tyrias ne iam Tartessia leges   5
concedat tellus propioraque bella pauescat.
Anxia turba patrum quasso medicamina maesti
imperio circumspectant diuosque precantur,
qui laceris ausit ductor succedere castris.

Absterret iuuenem, patrios patruique piare   10
optantem manis, tristi conterrita luctu
et reputans annos cognato sanguine turba.
Si gentem petat infaustam, inter busta suorum
decertandum hosti, qui fregerit arma duorum,
qui consulta ducum ac flagret meliore Gradiuo.   15
Nec promptum teneris immania bella lacertis
moliri regimenque rudi deposcere in aeuo.

5 Hinc *edd.* : hic S ǁ metus *F L V* : motus *O* ǁ tartessia *F V* :
tartesia *O* charchesia *L* ǁ **6** propioraque *L* : -prioraque *F O V* ǁ **9**
ausit *F V* : auxit *L O* ǁ **10** patruique *L O V* : -triaque *F* ǁ **13** busta *L*
Fpc O V : turba *Fac* ǁ **17** rudi *L Fmg O V* : duri *F*.

Tels étaient les soucis que le jeune guerrier[1], assis
sous l'ombre verdoyante d'un laurier, au fond de sa
20 demeure[2], retournait en son cœur, quand soudain se
dressent, à sa droite et à sa gauche, deux formes ; elles
s'étaient laissé glisser par les airs, et leur taille
dépassait, et de loin, celle des mortels ; de ce côté-
ci, la Vertu, de celui-là, adversaire de la vertu, la
Volupté[3]. Celle-ci, de sa tête, répandait les effluves des
Achéménides, sa chevelure, parfumée d'ambroisie[4],
25 flottait librement, l'éclat de ses vêtements mêlait à la
pourpre de Tyr les reflets de l'or fauve[5] ; à son front
une épingle mettait une recherche de beauté, ses yeux
pleins de langueur, sans cesse en mouvement, lançaient
deux vives flammes. De l'autre figure, l'apparence était
bien différente : ses cheveux couvraient son front, et
jamais l'apprêt de sa coiffure n'avait changé son
30 aspect ; son regard était droit, sa figure et sa démarche,
presque celles d'un homme, montraient une radieuse
pudeur, sa haute taille s'éclairait de la robe de neige
qui drapait ses épaules.

Alors, prenant les devants, forte de ses promesses,
la Volupté parle la première : « Pourquoi cette frénésie,
enfant qui déroges à ton âge, de brûler à la guerre la
fleur de ta jeunesse ? As-tu oublié Cannes, et le lac
35 méonien[6] plus sinistre que le marais stygien, et encore
le Pô ? Jusques à quand enfin provoqueras-tu ainsi les
destins dans la guerre ? Te prépares-tu à attaquer aussi
les royaumes d'Atlas[7] et les demeures de Sidon ? Je
te mets en garde, cesse d'affronter les dangers et
d'exposer ta tête dans l'ouragan et le fracas des armes.
40 Si tu ne fuis pas son culte, la Vertu cruelle te fera
voler de combat en combat et de brasier en brasier.
C'est elle, par ses folles promesses, qui a précipité
et ton père et ton oncle, Paullus, et les Décius[8],
jusqu'aux eaux stygiennes de l'Érèbe, en offrant à leurs
cendres une épitaphe, et le souvenir de leur nom à leurs
bûchers funèbres et à une ombre, qui ne gardera même
45 pas le sentiment de ses exploits passés[9] ! Mais si

1. Le futur Africain a alors vingt-quatre ans ; cf. *Pun.* 4, 476, n.
et 13, 636 sqq.

Has, lauri residens iuuenis uiridante sub umbra,
aedibus extremis uoluebat pectore curas,
cum subito assistunt, dextra laeuaque per auras   20
allapsae, haud paulum mortali maior imago,
hinc Virtus, illinc Virtuti inimica Voluptas.
Altera Achaemenium spirabat uertice odorem,
ambrosias diffusa comas et ueste refulgens,
ostrum qua fuluo Tyrium suffuderat auro;   25
fronte decor quaesitus acu, lasciuaque crebras
ancipiti motu iaciebant lumina flammas.
Alterius dispar habitus : frons hirta nec umquam
composita mutata coma; stans uultus, et ore
incessuque uiro propior laetique pudoris,   30
celsa humeros niueae fulgebat stamine pallae.
Occupat inde prior, promissis fisa, Voluptas :
«Qui furor hic, non digne puer, consumere bello
florem aeui? Cannaene tibi grauiorque palude
Maeonius Stygia lacus excessere Padusque?   .35
Quem tandem ad finem bellando fata lacesses?
Tune etiam tentare paras Atlantica regna
Sidoniasque domos? Moneo, certare periclis
desine et armisonae caput obiectare procellae.
Ni fugis hos ritus, Virtus te saeua iubebit   40
per medias uolitare acies mediosque per ignis.
Haec patrem patruumque tuos, haec prodiga Paulum,
haec Decios Stygias Erebi detrusit ad undas,
dum cineri titulum memorandaque nomina bustis
praetendit nec sensurae, quod gesserit, umbrae.   45

---

20 assistunt *L F O* : -tant *V* ‖ **26** -que *om. O* ‖ **27** iaciebant *F* :
iace- *L O V* ‖ **29** mutata *L Fac O V* : imitata *Fpc* ‖ **37** atlantica *L
F* : ad lautica *O V* ‖ **40** ritus *L Fpc O V* : artus *Fac* ‖ **43** erebi *O V* :
erebri *L* herebi *f* ‖ undas *L F O V* : umbras *Vmg*.

tu m'accompagnais, enfant, ce n'est point par dur
chemin que courrait le temps accordé à ta vie. Jamais
la trompette ne brisera ton sommeil agité. Tu ne
connaîtras pas la glace de l'Arctique ni la brûlure
50 furieuse du Cancer, ni les tables souvent dressées sur
l'herbe ensanglantée ; pas d'âpre soif ni de poussière
que l'on avale sous le casque, ni d'épreuves qui naissent
de la peur. Mais défileront et jours de bonheur[1] et
heures de soleil, et il te sera donné d'espérer la vieillesse
55 dans une vie de douceur. Quels grands biens le dieu[2]
lui-même n'a-t-il pas créés pour l'usage et le bonheur
des hommes ! Quelles belles joies n'a-t-il pas dispensées
à pleine main !

C'est lui encore, exemple de douce vie pour les
mortels, qui préserve, dans la sérénité de son cœur,
paix et repos. Moi, je suis celle qui a uni à Anchise
60 Vénus, aux rives du Simoïs[3] ; de là naquit le fondateur
de votre race ; je suis celle qui souvent a fait prendre
au père des dieux tantôt la forme d'un oiseau, tantôt
celle d'un taureau aux cornes basses[4]. Prête-moi bien
l'oreille : le temps, pour les mortels, se hâte ; point ne
leur est donné de naître par deux fois ; l'heure s'enfuit,
65 le torrent du Tartare arrache tout, et leur défend
d'emporter avec eux au royaume des ombres tout ce
qu'ils aimaient. Qui, à son dernier jour, ne gémit, mais
trop tard, d'avoir laissé passer les heures qui m'appar-
tenaient[5] ? »

Quand elle eut fait silence et mis un terme à ses
paroles, la Vertu, à son tour dit : « Dans quels pièges
70 attires-tu donc ce jeune guerrier dans la fleur de son
âge, vers quelle obscurité de vie, lui à qui les dieux
ont concédé la grâce de la raison et les germes célestes
de l'intelligence suprême[6] ? Sur les mortels autant que
l'emportent les hôtes altiers du ciel, autant sur tous

---

1. M. à m. : « les jours marqués d'une pierre blanche » ; l'éclat de
la lumière et du soleil, opposé à la noirceur et à la tristesse, est
symbole du bonheur.

At si me comitere, puer, non limite duro
iam tibi decurrat concessi temporis aetas.
Haud umquam trepidos abrumpet bucina somnos;
non glaciem Arctoam, non experiere furentis
ardorem Cancri nec mensas saepe cruento   50
gramine compositas; aberunt sitis aspera et haustus
sub galea puluis partique timore labores;
sed current albusque dies horaeque serenae,
et molli dabitur uictu sperare senectam.
Quantas ipse deus laetos generauit in usus   55
res homini plenaque dedit bona gaudia dextra!
Atque idem, exemplar lenis mortalibus aeui,
imperturbata placidus tenet otia mente.
Illa ego sum, Anchisae Venerem Simoentos ad undas
quae iunxi, generis uobis unde editus auctor.   60
Illa ego sum, uerti superum quae saepe parentem
nunc auis in formam, nunc torui in cornua tauri.
Huc aduerte auris. Currit mortalibus aeuum,
nec nasci bis posse datur; fugit hora, rapitque
Tartareus torrens ac secum ferre sub umbras,   65
si qua animo placuere, negat. Quis luce suprema
dimisisse meas sero non ingemit horas?»

  Postquam conticuit finisque est addita dictis,
tum Virtus: «Quasnam iuuenem florentibus», inquit,
«pellicis in fraudes annis uitaeque tenebras,   70
cui ratio et magnae caelestia semina mentis
munere sunt concessa deum». Mortalibus alti
quantum caelicolae, tantumdem animalibus isti

---

46 comitere *L F V* : committere *O* ‖ **48** somnos *F O V* : sonnos *L*
‖ **49** experiere *Fpc* : -perire *L Fac O V* ‖ **52** timore *dett.* : minore *S* ‖
58 tenet *L F O* : -ner *V* ‖ **59** illa *L F* : -le *O V* ‖ simoentos *L F* :
simeonta *O* simeuntis *V* ‖ **64** -que *om. O* ‖ **65** ferre *L O V* : fere *F* ‖
68 addita *L O V* : abd- *F*.

les autres êtres l'emportent les mortels ; car Nature en
75 personne les a désignés, pour régir les terres, en tant
que dieux mineurs[1] : certes par inflexible loi elle
a condamné les âmes dégénérées aux ténèbres de
l'Averne ; à qui sait respecter l'origine de son ascendance éthérée, s'ouvre la porte du ciel[2]. Dois-je rappeler le fils d'Amphitryon, dompteur de tout monstre ?
80 Et rappeler Liber, qui, laissant derrière lui Sères et
Indiens, rapportait les enseignes arrachées à l'Eurus
captif, et dont les tigresses du Caucase tiraient le char
de ville en ville ? Et rappeler aussi les frères de Léda
à qui s'adressent, au plus fort du péril, les plaintes des
marins ? et votre Quirinus[3] ? Ne vois-tu pas comme le
85 dieu a dirigé les regards des hommes droit vers les
astres, et leur a formé un visage tourné vers le ciel[4],
tandis que troupeaux, races des oiseaux et espèces
sauvages, elle les avait abaissées pour en faire des
panses apathiques et immondes partout répandues[5] ?
Elle est née pour la gloire, pour peu qu'elle saisisse les
grâces des dieux, elle a la chance de la gloire, la race
des hommes ! Allons, tourne un peu ici ton regard, (et
90 je ne remonterai pas loin dans le temps) : Rome naguère
était faible devant la menace de Fidène[6] et se satis-
faisait de croître grâce au droit d'asile ; vois jusqu'où
sa vaillance l'a élevée ; et vois de même quelles villes
un jour si florissantes les excès ont abattues. En vérité
ni la colère des dieux, ni les projectiles, ni les ennemis
95 ne sont aussi nuisibles que toi seule, Volupté, quand
tu t'es infiltrée dans les âmes. L'Ivresse est ta hideuse
compagne, et les Excès, et la Mauvaise Renommée aux
ailes noires qui toujours volette autour de toi ; à mes
côtés marchent Honneur, Célébrité, Gloire, dont la face
rayonne, et Dignité, et la Victoire, éclatante comme
100 ses ailes de neige. Couronné de lauriers, le Triomphe
me porte jusqu'aux astres. Chaste est ma demeure, mes
Pénates se tiennent sur un mont escarpé, un sentier

---

1. Cf. Ov. *Met*. 1, 76-86, et 192 sqq.
2. On retrouve la formule d'Ennius (*Epigr*. 4, 4) *mi soli caeli porta patet*.

praecellunt cunctis. Tribuit namque ipsa minores
hos terris Natura deos ; sed foedere certo   75
degeneres tenebris animas damnauit Auernis.
At, quis aetherii seruatur seminis ortus,
caeli porta patet. Referam quid cuncta domantem
Amphitryoniaden ? Quid, cui, post Seras et Indos
captiuo Liber cum signa referret ab Euro,   80
Caucaseae currum duxere per oppida tigris ?
Quid suspiratos magno in discrimine nautis
Ledaeos referam fratres uestrumque Quirinum ?
Nonne uides, hominum ut celsos ad sidera uultus
sustulerit deus ac sublimia finxerit ora,   85
cum pecudes uolucrumque genus formasque ferarum
segnem atque obscenam passim strauisset in aluum ?
Ad laudes genitum, capiat si munera diuum,
felix ad laudes hominum genus. Huc, age, paulum
aspice — nec longe repetam — modo Roma minanti   90
impar Fidenae contentaque crescere asylo,
quo sese extulerit dextris ; idem aspice, late
florentis quondam luxus quas uerterit urbis.
Quippe nec ira deum tantum nec tela nec hostes,
quantum sola noces animis illapsa, Voluptas.   95
Ebrietas tibi foeda comes, tibi Luxus et atris
circa te semper uolitans Infamia pennis ;
mecum Honor ac Laudes et laeto Gloria uultu
et Decus ac niueis Victoria concolor alis.
Me cinctus lauro producit ad astra Triumphus.   100
Casta mihi domus et celso stant colle penates,

---

74 minores *dett.* : -re *S* ‖ **75** deos *dett.* : deo *S* ‖ **76** damnauit *F O
V* : clamauit *L* ‖ **78** domantem *dett.* : donan- *S* ‖ **83** fratres *L O V* :
-trem *F* ‖ **85** finxerit *L F O* : -rat *V* ‖ **88** genitum *L Fpc V* : genium
Fac gemitum *O* ‖ munera *L Fpc O V* : numera *Fac* ‖ **90** repetam *L
F V* : referam *O* ‖ **92** quo *edd.* : quae *S* ‖ **93** uerterit *dett.* : -ret *S* ‖ **95**
noces *O* : uoc- *L F V* ‖ animis *L F V* : -mas *O* ‖ **100** producit *L F* :
perd- *O V*.

abrupt y mène par une pente rocheuse. Dès l'abord,
sont âpres (je n'ai pas coutume de tromper) les épreuves
que l'on rencontre; qui veut s'y avancer doit faire des
efforts et ne pas croire biens acquis ce que l'inconstante
105 Fortune peut concéder ou reprendre. Bientôt haussé
sur une éminence, tu verras à tes pieds le genre
humain[1]. Tout ce que tu connaîtras est l'absolu
contraire des promesses de la flatteuse Volupté; étendu
sur une rude couche, sous la voûte des astres, tu
enduleras les nuits sans sommeil et tu surmonteras et
110 le froid et la faim; tu vénéreras la Justice en toutes
tes entreprises et croiras voir les Dieux témoins de tes
actions; puis, quand l'exigeront la Patrie ou l'État en
péril, tu prendras les armes le premier; le premier
tu te lanceras à l'assaut des murs de l'ennemi; ta
conscience ne se laissera vaincre ni par le fer ni par
115 l'or. Alors je ne te donnerai ni les tissus altérés
par la pourpre tyrienne[2], ni les fragrances de l'amome,
honteux cadeau pour un guerrier; mon présent sera
la victoire, que tu emporteras sur le peuple qui
aujourd'hui harcèle votre empire dans l'âpreté des
batailles, et le fier laurier à déposer sur les genoux de
120 Jupiter, une fois les Puniques détruits.»
     Après que la Vertu a prononcé ces incantations issues
de sa poitrine sacrée, elle gagne à elle le jeune guerrier
qui s'enchante aux exemples proposés et dont le visage
approuve ces paroles. Mais alors la Volupté s'indigna
et ne retint pas ses mots: «Je ne vous retarde pas
davantage, s'écrie-t-elle; viendra, un jour viendra mon
125 temps, quand[3] rendue docile après tant d'efforts,
Rome se fera l'esclave de mon pouvoir et qu'à moi
seule iront les honneurs». C'est ainsi que, hochant la
tête, elle s'enleva dans de noires nuées.

---

     1. C'est la même vision que l'on trouve chez Lucrèce (2, 7
sqq.); mais de façon inversement symétrique à ce que faisait la
Volupté, la Vertu utilise des images empruntées aux Épicuriens
pour dire la supériorité de sa doctrine qui est à l'opposé de
l'épicurisme. On peut évoquer aussi le *Songe de Scipion* (Cic. *Rep.*
6, 11): *ostendebat autem Carthaginem de excelso, et pleno stellarum,
illustri et claro quodam loco*: «et il me montrait Carthage, d'un lieu
élevé, plein d'étoiles et resplendissant de clarté».

ardua saxoso perducit semita cliuo.
Asper principio — neque enim mihi fallere mos est —
prosequitur labor : annitendum intrare uolenti,
nec bona censendum, quae Fors infida dedisse   105
atque eadem rapuisse ualet. Mox celsus ab alto
infra te cernes hominum genus. Omnia contra
experienda manent quam spondet blanda Voluptas.
Stramine proiectus duro patiere sub astris
insomnis noctes frigusque famemque domabis.   110
Idem iustitiae cultor, quaecumque capesses,
testis factorum stare arbitrabere diuos.
Tunc, quotiens patriae rerumque pericula poscent,
arma feres primus; primus te in moenia tolles
hostica; nec ferro mentem uincere nec auro.   115
Hinc tibi non Tyrio uitiatas murice uestis,
nec donum deforme uiro fragrantis amomi,
sed dabo, qui uestrum saeuo nunc Marte fatigat
imperium, superare manu laurumque superbam
in gremio Iouis excisis deponere Poenis.»   120
   Quae postquam cecinit sacrato pectore Virtus,
exemplis laetum uultuque audita probantem
conuertit iuuenem. Sed enim indignata Voluptas
non tenuit uoces. «Nil uos iam demoror ultra»,
exclamat. «Venient, uenient mea tempora quondam,   125
cum docilis nostris magno certamine Roma
seruiet imperiis, et honos mihi habebitur uni.»
Sic quassans caput in nubis se sustulit atras.

---

104 annitendum *edd.* : ad nitendum *S* ‖ **105** censendum *L F CM*
Ep.115 : concendunt *O* consedunt *V* ‖ dedisse *Barth* : -set *S* ‖ **112**
arbitrabere *L F V* : -auere *O* ‖ **114** in *iter. O* ‖ **116** murice *L Fpc O*
V : unirice *Fac* ‖ **117** fragrantis *O* : fla- *L F V* ‖ **128** in *om. O V*.

Mais le jeune guerrier, plein de ces avertissements,
130 conçoit en son cœur de grands desseins et s'enflamme
d'amour pour ces vertus qu'on lui prescrit. Il gagne
les Rostres élevés, alors que nul ne veut se charger
d'une guerre terrible, et réclame le lourd fardeau de
ces combats où Mars est incertain. Les cœurs de tous
exultent ; les uns croient retrouver les yeux de son père,
les autres voir revivre le farouche visage de son oncle.
135 Mais en dépit de leur enthousiasme, une terreur
secrète se glisse dans ces cœurs qu'inquiètent les
dangers : pleins de crainte ils mesurent le poids de
cette guerre, et leur faveur s'angoisse à compter les
années de son âge[1].

Et pendant que la foule, en une rumeur confuse,
140 examine ces faits, voici que traversant obliquement le
ciel, brillant de taches d'or sur ses écailles, on vit passer
dans les nuées un serpent[2] qui irradiait les airs d'un
sillage de feu, et vers la région qui mène au rivage
d'Atlas-porte-ciel, on le vit s'abattre ; le pôle en
retentit. Par deux et par trois fois le père des dieux
souligna le présage des éclats de sa foudre, et partout
145 au loin des coups de tonnerre soudains grondèrent dans
le ciel ébranlé[3]. C'est alors qu'ils le pressent de prendre
les armes et tombent à genoux pour saluer l'augure :
qu'il aille vers ce côté où l'entraînent si clairement les
dieux, ce côté que montre le chemin révélé par le signe
de son père[4].

On se presse à l'envi pour l'accompagner et le suivre
150 à la guerre ; on demande à partager les dures épreuves
et l'on tient à honneur de servir sous les mêmes armes.
Alors une flotte sans précédent est lancée sur l'azur
marin. L'Ausonie l'accompagne, et elle passe sur la
terre d'Espagne. Ainsi quand le Caurus[5] a lancé sur
les flots ses tourbillons en bataille, il jette les vagues
155 qu'il creuse par-dessus la hauteur de l'Isthme, et de
ses flots écumants qui s'engouffrent en hurlant entre

At iuuenis, plenus monitis, ingentia corde
molitur iussaeque calet uirtutis amore.   130
Ardua rostra petit, nullo fera bella uolente,
et grauia ancipitis deposcit munera Martis.
Arrecti cunctorum animi ; pars lumina patris,
pars credunt toruos patrui reuirescere uultus.
Sed quamquam ⟨instinctis⟩ tacitus tamen aegra periclis   135
pectora subrepit terror, molemque pauentes
expendunt belli, et numerat fauor anxius annos.

Dumque ea confuso percenset murmure uulgus,
ecce, per obliquum caeli squalentibus auro
effulgens maculis, ferri inter nubila uisus   140
anguis et ardenti radiare per aera sulco,
quaque ad caeliferi tendit plaga litus Atlantis,
perlabi resonante polo. Bis terque coruscum
addidit augurio fulmen pater, et uaga late
per subitum moto strepuere tonitrua mundo.   145
Tum uero capere arma iubent genibusque salutant
summissi augurium : *hac* iret, qua ducere diuos
perspicuum, et patrio monstraret semita signo.

Certatim comites rerum bellique ministros
agglomerant sese atque acris sociare labores   150
exposcunt ; laudumque loco est isdem esse sub armis.
Tum noua caeruleum descendit classis in aequor.
It comes Ausonia atque in terras transit Hiberas.
Vt, cum saeua fretis immisit proelia, Corus
Isthmon curuata*s* sublime su*peria*cit unda*s*   155
et, spumante ruens per saxa gementia fluctu,

les rocs, il mêle la mer d'Ionie avec la mer Égée. La
tête haute, Scipion s'élance vers les combats, et, debout
à la pointe de la poupe[1], il prononce cette invocation :
« Dieu qui règnes par ton trident, maître des hautes
160 mers où nous voulons faire route, si justes sont mes
desseins, donne à la flotte heureuse traversée et ne nous
refuse pas ton aide dans les épreuves. Car, juste est la
guerre que je porte par delà les mers.» Alors, le souffle
léger d'une brise favorable gonfle et pousse les voiles.
Et déjà, traversant les fracas et l'azur de la mer tyrrhé-
165 nienne, les navires rapides ont laissé derrière eux le
rivage ausonien, les proues à grande vitesse élongent
l'atterrage ligure. Lors, de la haute mer, s'offre à
leurs yeux la terre au loin dressée vers les étoiles :
ce sont les Alpes culminant dans les airs ; se présentent
alors, élevés par les Grecs, les murs de Marseille ; la
ville est entourée de peuples orgueilleux ; le barbare
170 indigène sème la peur avec ses rites sauvages et
pourtant, au milieu de ces peuplades en armes, les
colons de Phocée gardent les habitudes, les coutumes
et les pratiques de leur ancienne patrie. Lors, le
chef ausonien fait défiler sa flotte devant les golfes
creux où s'enfonce la mer : avec son faîte couvert
175 de forêts apparaît une haute colline : ce sont les futaies
des Pyrénées qui se perdent dans les nuages ; puis
voici Ampurias qui doit à ses lointaines origines
d'être peuplée de Grecs, puis Tarragone accueillante à
Bacchus[2]. On s'établit au port, et les navires trouvent
dans la rade fermée un havre de sûreté ; on oublie les
épreuves et les angoisses de la mer.
180 La nuit, toute de paix, avait fait le sommeil
semblable à la mort[3]. Le héros aperçoit devant lui
debout, le fantôme de son père, et, troublé à cette vue,
il en reçoit cet avertissement[4] : « O mon fils, toi qui

---

1. Scipion est ici figuré comme Octave à Actium sur le bouclier
d'Énée, *Aen.* 8, 678 : *Hinc Augustus agens Italos in proelia Caesar |
... | Stans celsa in puppi, geminas cui tempora flammas | laeta
uomunt*, «d'un côté Auguste César conduisant au combat les
Italiens... debout sur la haute poupe ; deux flammes jaillissent de
ses tempes radieuses» (trad. J. Perret).

Ionium Aegaeo miscet mare. Celsus in arma
emicat ae prima stans Scipio puppe profatur :
« Diue tridentipotens, cuius maria ire per alta
ordimur, si iusta paro, decurrere classi   160
da, pater, ac nostros ne sperne iuuare labores.
Per pontum pia bella ueho.» Leuis inde secunda
aspirans aura propellit carbasa flatus ;
iamque agiles, Tyrrhena sonant qua caerula, puppes
Ausonium euasere latus Ligurumque citatis   165
litora tramittunt proris. Hinc gurgite ab alto
tellurem procul irrumpentem in sidera cernunt,
aërias Alpis. Occurrunt moenia Graiis
condita Massiliae : populis haec cincta superbis,
barbarus immani cum territet accola ritu,   170
antiquae morem patriae cultumque habitumque
Phocaïs armiferas inter tenet hospita gentis.
Hinc legit Ausonius sinuatos gurgite ductor
anfractus pelagi. Nemoroso uertice celsus
apparet collis, fugiuntque in nubila siluae   175
Pyrenes ; tunc Emporiae ueteresque per ortus
Graiorum uulgus, tunc hospita Tarraco Baccho.
Considunt portu. Securae gurgite clauso
stant puppes, positusque labor terrorque profundi.

   Nox similis morti dederat placidissima somnos ;   180
uisa uiro stare effigies ante ora parentis
atque hac aspectu turbatum uoce monere :
« Nate, salus quondam genitoris, nate, parentis

---

157 aegaeo *F O V* : aegro *L* ‖ **161** ne *L O V* : nec *F* ‖ **163** carbasa
O V : -sia *L F* ‖ **168** graiis *CM Ep.115* : graïo *S* ‖ **170** immani *F* : in
imam *L V* mimam *O* ‖ cum *L F V* : tunc *O* ‖ **171** cultumque *edd.* :
cultusque *L F* cultum *O* cultus *V* ‖ **173** sinuatos *L F* : -tas *O V* ‖ **178**
portu *L F V* : -te *O* ‖ **182** monere *L F* : moue- *O V* ‖ **183** salus *L F*
V : sol- *O* ‖ nate *L F V* : -ta *O*.

as déjà été le salut de ton père[1], toi mon fils, qui
après sa mort en es encore l'honneur, à toi de ravager
185 cette terre féroce qui fait naître les guerres ; et ces
chefs de la Libye, orgueilleux de leurs massacres, à toi
de les soumettre par ta prudence et ta valeur, puisqu'ils
divisent maintenant leurs armées en trois camps
séparés[2]. S'ils décidaient d'engager le combat, et
s'ils réunissaient leurs armées en les faisant venir et
d'ici et de là, qui serait assez fort pour supporter
190 l'assaut des guerriers se ruant en une triple masse[3] ?
Renonce à cette tâche incertaine mais, sans pour autant
faiblir, prends un parti plus sûr. Il est une cité peuplée
que fonda autrefois l'antique Teucer[4], on l'appelle
Carthage, et ce sont des Tyriens qui occupent ses murs ;
et comme la Libye possède sa Carthage, ainsi les terres
195 d'Ibérie, ont-elles celle-ci pour célèbre capitale ; point
de cité pour rivaliser avec elle par l'abondance de l'or,
par son port ou son site élevé, aucune qui soit dotée
de plus riches campagnes, ni d'une industrie plus active
pour forger des armes[5]. Attaque-la, mon fils, tandis
que les chefs sont occupés ailleurs. Aucun combat ne
saurait te procurer autant de gloire ni de butin».
200 Tels étaient les conseils que lui donnait son père,
et il l'instruisait d'avis plus pressants, quand le
sommeil abandonna le jeune homme en même temps
que s'effaçait la vision. Scipion se lève ; il supplie et
invoque par leur nom les divinités qui habitent les
bosquets des enfers, ainsi que les Mânes de son
père : «Soyez mes guides dans la guerre, conduisez-
205 moi à cette ville que vous m'avez montrée ; je serai
votre vengeur et, paré de l'éclat de la pourpre sarra-
nienne, je vous adresserai des sacrifices, tout auréolé
d'avoir mis les Ibères en déroute, et je ferai célébrer
autour de vos tombes les jeux sacrés et les épreuves
des concours»[6]. Il part en tête, double les étapes,
il entraîne sa troupe, qu'il presse, dans une course
vive, il éreinte les plaines. Ainsi quand a bondi hors

---

1. Lors de la bataille du Tessin, le jeune Scipion avait sauvé
son père ; cf. *Pun.* 4, 454-471, et Introd. p. XLI.

et post fata decus, bellorum dira creatrix
euastanda tibi tellus, et caede superbi   185
ductores Libyae cauta uirtute domandi,
qui sua nunc trinis diducunt agmina castris.
Si conferre manum libeat coeantque uocatae
hinc atque hinc acies, ualeat quis ferre ruentis
tergemina cum mole uiros? Absiste labore   190
ancipiti, sed nec segnis potiora capesse.
Vrbs colitur, Teucro quondam fundata uetusto,
nomine Carthago; Tyrius tenet incola muros.
Vt Libyae sua, sic terris memorabile Hiberis
haec caput est; non ulla opibus certauerit auri,   195
non portu celsoue situ, non dotibus arui
uberis aut agili fabricanda ad tela uigore.
Inuade auersis, nate, hanc ductoribus urbem.
nulla acies famae tantum praedaeue pararit.»

Talia monstrabat genitor propiusque monebat,   200
cum iuuenem sopor et dilapsa reliquit imago.
Surgit et infernis habitantia numina lucis
ac supplex patrios compellat nomine manis:
«Este duces bello et monstratam ducite ad urbem;
Vobis ultor ego et Sarrano murice fulgens   205
inferias mittam fusis insignis Hiberis
et tumulis addam sacros certamine ludos.»
Praegreditur celeratque uias et corripit agmen
pernici rapidum cursu camposque fatigat.

187 diducunt *L F V* : ded- *O* ‖ **188** uocatae *L Fpc O V* : coactae
Fac ‖ **192** fundata *L F V* : foed- *O* ‖ **194** sua *L F O* : suea *V* ‖ **197**
fabricanda *L F O* : nitanda *V* ‖ **198** auersis *edd.* : adu- *S* ‖ **201**
dilapsa *L F V* : del- *O* ‖ **202** infernis *F O V* : -ferius *L* ‖ numina
edd. : lu- *S* ‖ **203** ac *F O V* : at *L* ‖ nomine *L V* : numime *Fac*
minime *Fpc* numina *O* ‖ **208** praegreditur *CH* : progreditur *L F V*
progrediturque *O* ‖ uias *om. O*.

210 de sa stalle, en allongeant la tête, le coursier de
Pisa, ce n'est pas seulement devant les autres, mais
aussi, merveille à dire, en avant de son attelage qu'il
galope en vainqueur, et aucun regard ne peut suivre
le char qui vole dans les airs[1].

Et déjà la lumière, pour la septième fois, jaillissait
215 du flambeau d'Hypérion et peu à peu elle exhaussait les
hauteurs de la ville à l'approche des arrivants, et les
faîtes des toits montaient à mesure qu'ils avançaient.
Lélius de son côté suivait par mer, en respectant
l'horaire assigné par le chef, pour présenter sa flotte
aux abords des remparts : alignant ses bateaux aux
220 arrières de la ville, il fermait le blocus. Carthagène,
que favorise une heureuse disposition du terrain, élève
de hauts murs et s'entoure de mer. Une petite île ferme
l'étroit goulet de la rade, du côté où Titan à son lever
répand ses rayons sur les terres, à l'Aurore. A l'opposé,
du côté où elle voit l'attelage de Phébus au soir se
225 coucher, elle épand en une plaine immobile des eaux
stagnantes, que la marée montante gonfle, et qui
baissent quand le flot se retire. Mais la ville est située
en face, s'élevant vers les Ourses glacées, bien assise
sur une crête dont la pente court jusqu'à la mer, et
elle défend ses murailles que toujours protègent les
flots[2].

230 Avec audace, comme si dans une plaine unie ils
menaient une charge victorieuse, les soldats rivalisaient
pour escalader la hauteur. Aris[3] y commandait ; il
avait, pour sa part, étroitement associé ouvrages
défensifs et escarpements, et fortifié la citadelle d'une
enceinte. La nature du terrain participait au combat :
235 il suffisait d'une petite poussée des assiégés pour faire

1. La comparaison avec l'attelage de course vient de façon
naturelle après l'évocation des jeux funèbres ; Pisa est une ville
d'Élide proche d'Olympie (cf. Virg. *Ge.* 3, 180) ; à Rome, les
courses se donnaient au Grand Cirque et comportaient sept tours
autour de la *spina*, arête ou terre-plein central du cirque, en virant
à main gauche ; le cheval le plus important était donc le cheval de
gauche, celui dont les parieurs retenaient le nom : il avait la tâche
d'assurer les virages, et, sans être harnaché «en flèche», il
paraissait cependant prendre la tête de l'attelage ; cf. *Pun.* 16, 333,
p. 82, n. 4.

Sic, ubi prosiluit Pisaeo carcere praeceps,   210
non solum ante alios, sed enim, mirabile dictu,
ante suos it uictor equus, currumque per auras
haud ulli durant uisus aequare uolantem.

Iamque Hyperionia lux septima lampade surgens
sensim attollebat propius subeuntibus arces   215
urbis, et admoto crescebant culmina gressu,
At pelago uectus seruata Laelius hora,
quam dederat ductor subigendae ad moenia classi,
a tergo affusis cingebat tecta carinis.
Carthago, impenso naturae adiuta fauore,   220
excelsos tollit pelago circumflua muros.
Artatas ponti fauces modica insula claudit,
qua Titan ortu terras aspergit Eoo.
At, qua prospectat Phoebi iuga sera cadentis,
pigram in planiciem stagnantis egerit undas,   225
quas auget ueniens refluusque reciprocat aestus,
sed gelidas a fronte sedet sublimis ad Arctos
urbs imposta iugo pronumque excurrit in aequor
et tuta aeterno defendit moenia fluctu.

Audax, ceu plano gradiens uictricia campo   230
ferret signa, iugum certabat scandere miles.
Aris ductor erat. Qui contra, amplexus in artis
auxilium ⟨*at*⟩que excelsa loci, praesepserat arcem.
Pugnabat natura soli; paruoque superne
bellantum nisu passim per prona uoluti   235

---

212 it *L F V* : et *O* ‖ **213** aequare uolantem *L F V* : captare
ualentem *O* ‖ **215** sensim *L F V* : -sum *O* ‖ propius *L* : proprius *F O*
V ‖ **217** at *V* : ac *L F O* ‖ uectus *L O V* : uic- *F* ‖ **218** subigendae *L F*
V : subieg- *O* ‖ **222** ponti *edd.* : ponit *S* ‖ **224** sera *L F* : fera *O V* ‖
225 planiciem *L F V* : palmiciem *O* ‖ **228** imposta *L F* : imposita *O*
V ‖ **233** auxilium atque *CM Ep.115* : auxiliumque *S* ‖ praesepserat
CM Ep.115 : praecessat *L* praecepserat *F V* praecesserat *O* ‖ **235**
nisu *L O* : uisu *FV*.

4

d'en haut rouler tout au long de la pente les Romains, déséquilibrés, qui se brisaient les membres et mouraient. Mais quand, à marée descendante, les flots se retirèrent, et comme les vagues, en un rapide repli retournaient à la mer, là où tout à l'heure les vaisseaux de haut bord labouraient les ondes d'azur, en ce même
240 lieu Nérée permettait de passer sans risque à pied sec[1] ; là, à la dérobée, sans qu'on le redoutât, le chef dardanien fait porter son effort, il met soudain à terre les guerriers embarqués, et par les eaux, à pied, vole vers les murs ; puis, attaquant à revers, ils se hâtent du côté où, confiant dans la garde des flots, Aris avait
245 laissé la ville dégarnie et sans soldats. Alors, se prosternant à terre, (quelle pitié !) le Punique vaincu offrit sa nuque aux chaînes, livrant les habitants dépouillés de leurs armes. Le Titan au matin avait, en se levant, vu le camp des Romains investir cette ville ; il la vit prise, sans même avoir le temps d'aller baigner son
250 char au gouffre d'Hespérie[2].

L'Aurore qui s'avançait avait chassé des terres les ténèbres. On commence par dresser des autels ; tombe le taureau, imposante victime, tel pour honorer Neptune, et tel pour le Tonnant. Puis les récompenses sont données à la mesure des mérites, le courage reçoit
255 le prix du sang versé : celui-ci voit sa poitrine resplendir de phalères, au cou de ce guerrier on noue un torque d'or ; le front de celui-là s'honore de l'éclat de la couronne murale[3]. Lélius passe avant tous, illustre par ses exploits comme par sa naissance ; il reçoit trente génisses, un titre glorieux pour le combat sur mer, et
260 les armes que vient de rendre le général punique ; alors on distribue aux guerriers, selon leur mérite, des lances, des étendards de Mars, et les prémices du butin[4].

Une fois célébrées les louanges des hommes et des dieux, on passe la revue du butin capturé, on fait le

truncato instabiles fundebant corpore uitam.
Verum ubi concessit pelagi reuolubilis unda,
et fluctus rapido fugiebat in aequora lapsu,
quaque modo excelsae sulcarant caerula puppes,
hac impune dabat Nereus transcurrere planta :   240
hinc tacite *ni*tens informidatus adire
ductor Dardanius, subitam trahit aequore pubem,
perque undas muris pedes aduolat. Inde citati
a tergo accelerant, qua fisus fluctibus Aris
incustoditam sine milite liquerat urbem.   245
Tum prostratus humi, miserandum, uicta catenis
Poenus colla dedit populumque addixit inermem.
Hanc oriens uidit Titan, cum surgeret, urbem
uallari castris captamque aspexit eandem,
ocius Hesperio quam gurgite tingueret axem.   250

   Aurora ingrediens terris exegerat umbras ;
principio statuunt aras : cadit ardua taurus
uictima Neptuno pariter pariterque Tonanti.
Tum merita aequantur donis, ac praemia uirtus
sanguine parta capit : phaleris hic pectora fulget ;   255
hic torque aurato circumdat bellica colla ;
ille nitet celsus muralis honore coronae.
Laelius ante omnis, cui dextera clara domusque,
ter dena boue et aequorei certaminis alto
donatur titulo Poenique recentibus armis   260
rectoris. Tunc hasta uiris, tunc Martia cuique
uexilla, ut meritum, et praedae libamina dantur.

   Postquam perfectae laudes hominumque deumque,

---

240 hac *LFV* : hic *O* ‖ **241** tacite nitens *Dausqueius* : taciti nec-
tens *S* ‖ **246** uicta *F O V CM Ep.115* : uincta *L* ‖ **250** tingueret *L F* :
-gerit *O* -geret *V* ‖ **253** pariter pariterque : pariter *om. O* ‖ **259** dena
L F V : do- *O* ‖ aequorei *L F V* : -re *V* ‖ **261** rectoris *L O V* : pec- *F*
‖ hasta *dett.* : -to *S* ‖ uiris *L F V* : -ro *O* ‖ **263** perfectae *L F* : pro- *O*
V.

partage des prises. Voici de l'or pour le Sénat, et ces
265 talents-ci pour la guerre et pour Mars, en voici pour
les dons que l'on fera aux princes, et en voici surtout
pour les temples des dieux. Quant au reste il sera pour
la vaillance des guerriers, pour la beauté de leurs
exploits. En outre même, on fait paraître le prince
régnant d'un peuple d'Hibérie ; il avait une fiancée, et
pour cette fiancée les flammes de l'amour le brûlaient
270 jusqu'aux os. Elle était célèbre par sa beauté ; joyeux
de son triomphe, Scipion, en offrande, la rendit à
l'Espagnol, qui fut heureux de recevoir en don la jeune
fille toujours intacte[1]. Alors libres de soucis, sur la
plage voisine ils dressent les tables, partagent le
banquet et la joie de la fête. Lélius prend la parole :
«Bravo, noble général à l'âme vertueuse, bravo ! Que
275 devant toi s'effacent la gloire et la renommée des héros
au grand cœur, et la bravoure qu'a célébrée la poésie.
Le maître de Mycènes qui mena sur les flots mille
proues, et celui qui aux armes d'Inachos[2] ajouta celles
de Thessalie, pour l'amour d'une femme violèrent leur
serment d'alliance ; il n'était alors aucune des tentes
280 dressées dans la plaine de Phrygie qui ne fût pleine de
captives sur ses lits. Toi seul as eu pour la vierge
barbare plus de respect que les Grecs pour la Troyenne
servante d'Apollon[3]». C'était de ces paroles et d'autres
semblables que se tissaient les propos échangés, jusqu'à
ce que la Nuit, enveloppée de son manteau de ténèbres,
eût avancé ses noirs chevaux et convié les humains à
285 goûter le repos.

Venu de l'Émathie[4] cependant un grand trouble
agitait la terre d'Étolie : les vaisseaux des Macédoniens
soudain l'abordaient pour la frapper ; son plus proche

---

1. L'histoire d'Allucius et de sa fiancée est contée par Tite-Live
(26, 50) qui met un beau discours plein de désintéressement et du
souci de l'État dans la bouche de Scipion ; on peut s'étonner que
Silius ne l'ait pas repris ; mais, outre qu'il eût fait double emploi
avec les exhortations de la Vertu encore présentes à l'esprit du
lecteur (*Pun.* 15, 69-120), la gloire du héros est plus éclatante
encore si elle est célébrée par des témoins ; c'est le rôle qui est
dévolu à Lélius. Quant à la jeune captive, fiancée d'Allucius, elle
était otage chez les Carthaginois.

captiuae spectantur opes digestaque praeda :
hoc aurum patribus, bello haec Martique talenta,   265
hoc regum donis, diuum hoc ante omnia templis,
cetera bellantum dextrae pulchroque labori.
Quin etiam accitus populi regnator Hiberi,
cui sponsa et sponsae defixus in ossibus ardor ;
hanc notam formae concessit laetus ouansque   270
indelibata gaudenti uirgine donum.
Tum uacui curis uicino litore mensas
instituunt festoque agitant conuiuia ludo.
Laelius effatur : «Macte, o uenerande, pudici,
ductor, macte animi. Cedat tibi gloria lausque   275
magnorum heroum celebrataque carmine uirtus.
Mille Mycenaeus qui traxit in aequora proras
rector, et Inachiis qui Thessala miscuit arma,
femineo socium uiolarunt foedus amore,
nullaque tum Phrygio steterunt tentoria campo   280
captiuis non plena toris ; tibi barbara soli
sanctius Iliaca seruata est Phoebade uirgo.»
Haec atque his paria alterno sermone serebant,
donec Nox, atro circumdata corpus amictu,
nigrantis inuexit equos suasitque quietem.   285
  Emathio interea tellus Aetola tumultu
feruebat, Macetum subitis perculsa carinis.

266 regum *L F* : -gnum *O V* ‖ **267** labori *L F V* : -ra *O* ‖ **268**
hiberi *L F V* : -ra *O* ‖ **274** effatur *L F* : af- *O V* ‖ uenerande *O V* :
-rabile *L F* ‖ **278** arma *L F* : arua *O V* ‖ **279** uiolarunt *L F V* :
uigilauit *O* ‖ **280** steterunt *L F* : -rant *O V* ‖ **283** his paria *L F V* :
hispania *O* ‖ serebant *Heinsius* : fer- *S* ‖ **287** macetum *L F* : -dum
O -rum *V*.

voisin réunissait à l'ennemi ses propres forces, c'était
l'Acarnanien. La cause de cette agitation nouvelle se
trouvait dans les forces des Puniques, à celles du roi
290 Philippe par pacte associées, pour faire la guerre contre
l'Ausonie. Ce dernier, sans égal par sa lignée et l'origine
de son antique royaume, tirait gloire de porter le
sceptre des Éacides et d'avoir pour aïeul Achille.
Il terrifia Oricus[1] en l'attaquant de nuit ; et sur tous
les sites où l'indigène Taulante au long du rivage
295 illyrien occupe d'humbles fortins qui n'ont pas même
de nom, comme un ouragan il lança l'assaut. Il venait
par la mer, et tantôt ravageait les champs des
Phéaciens avec ceux des Thesprotides ; il parcourait
l'Épire, s'épuisant sans succès en vaines tentatives ;
tantôt il montra ses enseignes aux rivages d'Anac-
300 torium, et en rapides coups de main sillonna le golfe
d'Ambracie et les parages d'Olpé[2] ; de ses rames il
frappa et fit bouillonner les flots de Leucate et sur son
élan, vit le temple de Phébus à Actium ; et il ne négligea pas non plus de toucher les ports d'Ithaque,
royaume de Laërte, et Samé, et les roches de Céphallénie contre lesquelles retentissent les flots blanchis
305 d'écume, et Nérite aux labours de pierraille ; prenant
un vif plaisir à gagner le séjour de Pélops[3] et les
remparts achéens, il abordait aussi à Calydon[4], cité
odieuse à Diane, demeure d'Oenée. où habitèrent les
Curètes ; et il promit aux Grecs d'envoyer ses bataillons combattre l'Hespérie[5]. Puis il passa aussi par
310 Éphyré et Patras, et la royale Pleuron, le Parnasse aux
deux cimes et les rochers de Phébus qui rendent des
oracles[6]. Et souvent aussi la guerre le ramenait vers
les Pénates de ses pères, quand l'Oreste sarmate
attaquait son royaume ou que l'âpre violence des

1. Port d'Épire proche de la frontière d'Illyrie ; les Taulantes
sont un peuple d'Illyrie (cf. *Pun.* 10, 508), les Phéaciens habitent
Corcyre-Corfou, et les Thesprotes au centre de l'Épire ; Anacto-
rium est une ville d'Acarnanie, et le golfe d'Ambracie est fermé
par le promontoire d'Actium ; Samé est un port de Céphallénie, la
grande île voisine d'Ithaque et de la petite île de Nérite ; le port
s'abrite dans un petit golfe au centre de la côte orientale de l'île.

Proximus hinc hosti dextras iungebat Accarnan.
Causa noui motus Poenis regique Philippo
in bellum Ausonium sociatae foedere uires. 290
Hic, gente egregius ueterisque ab origine regni,
Aeacidum sceptris proauoque tumebat Achille.
Ille et nocturnis conterruit Oricon armis;
quaque per Illyricum Taulantius incola litus
exiguos habitat non ullo nomine muros, 295
turbidus incessit telis. Ille aequore uectus,
nunc et Phaeacum Thesprotiaque arua lacessens,
Epirum cassis lustrabat futilis ausis.
Nunc et Anactoria signa ostentauit in ora
Ambra*cio*sque sinus *Olpa*eaque litora bello 300
perfudit rapido. Pepulit uada feruida remis
Leucatae et Phoebi uidit citus Actia templa.
Nec portus Ithacae, Laërtia regna, Samenque
liquit inaccessam fluctuque sonantia cano
saxa Cephallenum et scopulosis Neriton aruis. 305
Ille etiam, Pelopis sedes et Achaica adire
moenia ⟨prae⟩gau*dens*, tristem Calydona Dianae
Oeneasque domos, Curetica tecta, subibat,
promittens contra Hesperiam sua proelia Grais.
Tum lustrata Ephyre Patraeque et regia Pleuron 310
Parnasusque biceps Phoeboque loquentia saxa.
Ac saepe ad patrios bello reuocante penatis,
cum modo Sarmaticus regna infestaret Orestes,

---

288 hinc *F* : huic *L V om. O* ‖ **292** tumebat *F O V* : tim- *L* ‖ **300** Ambraciosque *edd.* : -brotiosque *LFV* -brosiosque *O* ‖ Olpaea- *Bauer* : pellea- *S* ‖ **301** perfudit *L F V* : -fun- *O* ‖ **304** cano *L F* : cauo *O V* ‖ **306** achaica *LFpc* : ateiaca *Fac* achaia *O V* ‖ **307** prae- gaudens *CH* : gauisus S ‖ **310** tum *L F O* : tunc *V* ‖ **311** parnasus *LFV* : per- *O* ‖ biceps *F O V* : -inceps *L* ‖ phoeboque *Vpc* : poebo *L F O Vac* ‖ **313** regna *L F V* : -no *O*.

Dolopes avait débordé sur ses terres ; mais il ne fut
pas facile à détourner de sa vaine entreprise, et
315 promena l'ombre seulement de la guerre aux rivages
de la Grèce : enfin, forcé à lâcher prise et sur mer et
sur terre, il abandonna l'espoir qu'il avait mis dans les
Tyriens [1], supplia les Dardaniens de conclure un traité,
sans pouvoir éviter que sur son royaume ils fissent
peser leur loi.
320   C'est alors aussi que le sort de Tarente la Tynda-
rienne [2] accrut à la fois la puissance et la gloire
du Latium. Car cette ville parjure, enfin, fut par le
vieux Fabius vaincue, dernière illustration pour ce
prudent capitaine. Alors encore son adresse, écartant
les dangers, lui valut la gloire, car il conquit ces
325 murailles sans effusion de sang. Dès qu'il sut en effet
que le commandant de la garnison punique brûlait
d'amour pour une femme, une ruse discrète séduisit
son courage tranquille : il force le frère (qui était dans
le camp rutule) d'aller trouver cette sœur qu'aimait le
chef punique et de convaincre son cœur de femme, avec
330 force promesses, si le Libyen consentait à livrer la
ville, portes ouvertes [3]. Fabius obtint ce qu'il voulait,
le Carthaginois ayant cédé, et tenant la ville sous la
menace de ses armes, il pénétra dans les murs, une
nuit où rien n'était gardé.
      Mais alors, qui aurait pu douter que Phébus attelait
335 ses chevaux pour les détourner de la Ville de Romulus [4], en apprenant dans le même temps que Marcellus
avait trouvé la mort sous les armes ? La puissance de
ce guerrier, ce cœur qu'habitait l'ardeur de Mars, et
que jamais ne fit trembler un seul danger, (quelle
catastrophe, hélas, qui va illustrer encore Hannibal !)
les voici abattus : et gît sur le champ de bataille
340 la terreur de Carthage, qui peut-être eût ravi à Scipion

1. Les Carthaginois sont en effet des Phéniciens venus de Tyr ;
en s'alliant avec eux, Philippe V avait espéré s'opposer à
l'influence grandissante de Rome en Méditerranée orientale ; en
fait, il ne fut complètement vaincu qu'en 197, à Cynocéphales, par
Flamininus.

aspera nunc Dolopum uis exundasset in agros,
incepto tamen haud facilis desistere uano,   315
belli per Graias umbram circumtulit oras :
donec, nunc pelago, nunc terra exutus, omisit
spem positam in Tyriis et supplex foedera sanxit
Dardana nec legem regno accepisse refugit.

Tunc et Tyndarei Latias fortuna Tarenti   320
auxit opes laudemque simul. Nam perfida tandem
urbs Fabio deuicta seni, postremus in armis
ductoris titulus cauti. Sollertia tutum
tum quoque adepta decus, captis sine sanguine muris.
Namque ut compertum, qui Punica signa regebat   325
feminea exuri flamma, tacitusque quietae
exin uirtuti placuit dolus, ire sorori
(nam castris erat in Rutulis) germanus amatae
cogitur et magnis muliebria uincere corda
pollicitis, si reclusas tramittere portas   330
concedat Libycus rector. Votique potitus
euicto Fabius Poeno circumdata telis
incustodita penetrauit moenia nocte.

Sed quisnam auersos Phoebum tunc iungere ab urbe
Romulea dubitaret equos, qui tempore eodem   335
Marcellum acciperet letum oppetiisse sub armis?
moles illa uiri calidoque habitata Gradiuo
pectora et haud ullis umquam tremefacta periclis —
heu quanta Hannibalem clarum factura ruina ! —
procubuere : iacet campis Carthaginis horror,   340

320 tyndarei *F* : tindarei *L O* tindarii *V* ‖ **321** auxit *L O* ausit *F*
V ‖ **323** ductoris *edd.* : -res *S* ‖ **324** tum *L F* : tu *O V* ‖ **325** namque
LFV : nam *O* ‖ **336** letum *L Fpc O V* : bellum *Fac* ‖ oppetiisse *L F* :
ap- *O V* ‖ **338** unquam *om. O Vac* ‖ **339** heu quanta Hannibalem
clarum factura *Gronovius, Heinsius* : h. quantum h. clara fractura
S ‖ **340** procubuere iacet *L F V* : p. salutem i. *O*.

le mérite d'avoir conclu la guerre, si un dieu lui avait donné un peu plus de temps à vivre.

Une hauteur coupait le retranchement agénoréen du camp des Ausoniens (Mars s'était installé dans les champs de Daunus)[1]. Partageant la mission de Mar-
345 cellus, son collègue dans la charge suprême, Crispinus menait avec lui la guerre. Marcellus lui dit : « Je veux sans retard reconnaître les bois des environs et poster des hommes sur la hauteur qui les sépare pour que le Libyen ne tente pas en cachette d'occuper le premier
350 cette éminence. Si cela te convenait, j'aimerais, Crispinus, que tu prennes part à l'affaire : jamais la bonne décision n'échappe quand on est deux ». Leur parti une fois pris, ils enfourchent à l'instant leurs chevaux fougueux. Marcellus voyant son fils qui lace son armure
355 et se réjouit de cette agitation lui crie : « Tu dépasses notre courage par ton admirable fougue. Que le succès réponde à ta précoce ardeur. Dans la capitale de Sicile c'est bien ainsi que je te vis, quand ton âge ne t'autorisait pas encore à prendre part à la guerre ; ta contenance devant la bataille se réglait sur la mienne. Viens, viens, toi qui me fais honneur[2], range-toi au
360 côté de ton père et apprends en suivant mes leçons les épreuves de Mars qui sont pour toi nouvelles ». Puis il embrasse son fils et fait cette courte prière : « O Toi, le plus grand des dieux, fais que sur ces épaules, oui, sur ces épaules je te rapporte aujourd'hui les dépouilles opimes du maître de la Libye ». Il n'ajouta rien. Depuis l'éther serein[3] Jupiter fit pleuvoir une rosée de sang
365 et mouilla de sombres gouttes ces armes vouées au malheur. Ces paroles dites, à peine étaient-ils entrés dans les étroits défilés de cette colline fatale que, en escadron rapide, des Numides les attaquent de leurs

---

1. Cf. *Pun.* 1, 291, n.

2. Rappel des ultimes paroles de Déiphobe à Énée aux Enfers (*An* : 6, 546) : [*i decus, i, nostrum; melioribus utere fatis*].

3. Tite-Live (27, 26, 13) rapporte que le mauvais présage fut signifié par le foie des victimes : *iocur sine capite* « foie sans protubérance » ou *auctum etiam in capite*, « foie à protubérance excessive ».

forsan Scipiadae confecti nomina belli
rapturus, si quis paulum deus adderet aeuo.
   Collis Agenoreum dirimebat ab aggere uallum
Ausonio — Dauni Mauors consederat aruis.
Curarum comes et summi Crispinus honoris   345
Marcello socius communia bella ciebat.
Ad quem Marcellus : «Gestit lustrare propinquas
mens siluas medioque uiros imponere monti,
ne Libys occultis tumulum prior occupet ausis.
Si cordi est, te participem, Crispine, laboris   350
esse uelim. Numquam desunt consulta duobus.»
Haec ubi sedere, ardentis attollere sese
iam dudum certant in equos. Marcellus, ut arma
aptantem natum aspexit laetumque tumultu,
«Vincis», ait, «nostros mirando ardore uigores.   355
Sit praematurus felix labor. Vrbe Sicana
qualem te uidi, nondum permitteret aetas
cum tibi bella, meo tractantem proelia uultu!
Huc, decus, huc, nostrum, lateri te iunge paterno
et me disce nouum Martem tentare magistro.»   360
Tum, pueri colla amplectens, sic pauca precatur :
«Summe deum, Libyco, faxis, de praeside nunc his,
his humeris tibi opima feram.» Nec plura, sereno
sanguineos fudit cum Iupiter aethere rores
atque atris arma aspersit non prospera guttis.   365
Vixdum finitis intrarant uocibus artas
letiferi collis fauces, cum turba uolucris
inuadunt Nomades iaculis nimboque feruntur

---

341 nomina *L F* : -ne *O V* ‖ **344** consederat *L F V* : conce- *O* ‖
347 ad *L F V* : at *O* ‖ propinquas *edd.* : -quus *S* ‖ **349** occupet ausis
L F V : -pat ensis ausis *O* ‖ **352** Haec *L F* : nec *O V* ‖ **353** equos *L O*
V : aequos *F* ‖ **358** meo *L Fpc O V* : in eo *Fac* ‖ **362** nunc his *L F* :
uinclis *O V* ‖ **363** humeris *L Fpc O V* : in ueris *Fac* ‖ **368** Nomades
edd. : mo- *F V* me- *L O* ‖ nimboque *F O V* : umbo *L*.

flèches et s'abattent sur eux comme orage tombé du
ciel qui, depuis une obscure retraite, déverserait des
370 pelotons d'hommes tout armés pour le combat. Quand
le héros cerné de toutes parts, voit qu'il est quitte
désormais envers les dieux d'en-haut, il souhaite
emporter chez les ombres le renom d'un noble trépas.
375 Tantôt il se redresse de toute sa hauteur, en balan-
çant de loin sa lance, tantôt il croise le fer pour le
combat de près. Peut-être même aurait-il échappé aux
vagues furieuses de ce dangereux assaut, si un trait
n'était venu frapper de face le corps de son fils[1]; alors
le bras du père trembla[2]; le deuil lui fit lâcher ses
armes malheureuses qui glissèrent de ses mains para-
lysées. Une lance le frappe et perce sa poitrine offerte,
380 il tomba et dans l'herbe imprima son menton.

Mais après que le chef tyrien, dans ce cruel combat,
a vu le trait enfoncé de face dans la poitrine romaine,
d'une voix terrible, il s'écrie : « Du Latium, Carthage,
cesse dès maintenant de redouter les lois ; il est tombé
385 ce nom fatal, pilier du pouvoir de l'Ausonie. Mais un
bras qui tant ressemble au mien ne doit pas sans éclat
rejoindre les ombres ; pour qui a l'âme grande, le
courage ignore la jalousie ». Aussitôt on dresse un haut
autel funéraire qui monte vers le ciel. On rassemble de
grands chênes coupés dans les forêts[3] ; et l'on croirait
qu'est mort le chef de Carthage. Puis l'encens, les
libations, les faisceaux et le bouclier du guerrier sont
390 sur le bûcher, en un dernier cortège, déposés. Lui-même
y porte la torche et dit : « La gloire que nous avons
acquise est éternelle ; nous avons enlevé Marcellus au

1. Les détails de la mort de Marcellus figurent tels quels chez
Tite-Live, 27, 26 et 27 ; mais le fils de Marcellus, qui était alors
plus âgé que ne le dit Silius (il était tribun militaire), put échapper
à l'embuscade ; l'historien de plus se montre très sévère pour la
légèreté de Marcellus qui prit, pour lui-même et pour son collègue,
des risques qui ne convenaient pas à la gravité de sa charge :
*improuide se collegamque et prope totam rem publicam in praeceps
dederat*, « avec imprévoyance il avait précipité dans la catastrophe
lui-même, son collègue et presque l'état entier ». Silius préfère sans
doute, quant à lui, ne pas ternir le personnage de Marcellus à la
geste duquel il met une conclusion tragique.

aetherio similes, caeca fundente latebra
armatos in bella globos. Circumdata postquam   370
nil restare uidet uirtus, quod debeat ultra
iam superis, magnum secum portare sub umbras
nomen mortis auet. Tortae nunc eminus hastae
altius insurgit, nunc saeuit comminus ense.
Forsan et enasset rapidi freta saeua pericli,   375
ni telum aduersos nati uenisset in artus.
Tum patriae tremuere manus, laxataque luctu
fluxerunt rigidis arma infelicia palmis.
Obuia nudatum tramittit lancea pectus,
labensque impresso signauit gramina mento.   380

   At postquam Tyrius saeua inter proelia ductor
infixum aduerso uidit sub pectore telum,
immane exclamat : «Latias, Carthago, timere
desine iam leges ; iacet exitiabile nomen,
Ausonii columen regni. Sed dextera nostrae   385
tam similis non obscurus mittatur ad umbras.
Magnanima inuidia uirtus caret.» Alta sepulcri
protinus extruitur caeloque educitur ara.
Conuectant siluis ingentia robora ; credas
Sidonium cecidisse ducem. Tum tura dapesque   390
et fasces clipeusque uiri, pompa ultima, fertur.
Ipse facem subdens : «Laus», inquit, «parta perennis.

---

372 iam *L F V* : iamque *O* ‖ **373** auet *edd.* : habet *S* ‖ **375** enasset
O V CM Ep.7 : eua- *L F* ‖ **376** uenisset *CM Ep.7* : eue- *S* ‖ **381** at *L*
V : ast *O* ac *F* ‖ **382** aduerso *L F O* : au- *V* ‖ **385** columen *L F V* :
culmen *O* ‖ **386** obscurus *Bauer* : -ras *S* ‖ **389** conuectant *edd.* :
connec- *S* ‖ **390** dapesque *F O V* : -que *om. L* ‖ **391** uiri *L O V* : turi
F.

Latium. Peut-être le peuple d'Italie voudra-t-il enfin
déposer les armes. Vous, soldats, suivez le cortège de
395 cette âme altière, à ses cendres rendez les honneurs
suprêmes. C'est une chose, Rome, que je ne te refuserai
jamais». Du second consul, semblable et identique fut
le sort dans l'épreuve : il avait rendu l'âme quand son
destrier le ramena dans nos lignes.

Tels furent les faits en Ausonie. Mais point ne fut
telle la fortune des armes aux plaines d'Hibérie. La
400 prise de Carthagène, prompte victoire et vite remportée, avait jeté la terreur au loin parmi tous les
peuples. Pour les chefs, un seul espoir de salut, unir
et joindre leurs forces : «Car ce jeune héros qui débutait
sous d'immenses auspices, comme s'il portait sous les
405 armes les foudres paternels, avait en moins d'un jour
enlevé une ville retranchée sur la pointe escarpée et
les rochers d'un mont, en la jonchant d'un massacre
de guerriers ; or sur cette même terre, le grand Hannibal, favori de Mars, avait mis une année pour abattre
une cité qui n'égalait celle-là ni par le nombre des
soldats ni par l'abondance des ressources, Sagonte».

410 Au plus près[1], ayant pris position sur une éminence
adossée à des forêts et des rochers, campait Hasdrubal
qui aspirait à égaler les immenses succès de son frère ;
là étaient le gros de l'armée et le Cantabre mêlé aux
Africains indociles, et l'Asturien plus rapide que le
Maure véloce[2]. Le respect pour ce chef, en terre d'Hibé-
415 rie, égalait la terreur qu'inspirait Hannibal au rivage
des Laurentes. Il se trouvait que le jour anniversaire
avait ramené l'antique cérémonie où, jetant les premières fondations de l'altière Carthage, les Tyriens
avaient entrepris de faire sur les gourbis une ville nouvelle. Plein de joie, rappelant les débuts de sa race, le
général célébrait dans la liesse cette fête, et les ensei-
420 gnes portaient des couronnes, et l'on faisait avec les
dieux la paix. Un manteau éclatant, don de son frère,

---

1. Cf. Liu. 27, 18, 1 : *Proximus Carthaginiensium exercitus
Hasdrubalis, prope urbem Baeculam erat*, «l'armée carthaginoise la
plus proche, celle d'Hasdrubal (Barca) était près de la ville de
Baecula» (Bailen).

Marcellum abstulimus Latio. Deponere forsan
gens Italum tandem arma uelit. Vos ite superbae
exsequias animae et cinerem donate supremi   395
muneris officio; numquam hoc tibi, Roma, negabo.»
Alterius par atque eadem fortuna laborum
consulis : exanimem sonipes ad signa reuexit.

    Talia in Ausonia. Sed non et talis Hiberis
armorum euentus campis. Carthaginis omnis   400
per subitum raptae pernix uictoria late
terruerat gentis. Ducibus spes una salutis,
si socias iungant uires. Ingentibus orsum
auspiciis iuuenem, ceu patria gestet in armis
fulmina, sublimi uallatam uertice montis   405
et scopulis urbem, cumulatam strage uirorum,
non toto rapuisse die, qua Martius ille
Hannibal in terra consumpto uerterit anno
nec pube aequandam nec opum ubertate Saguntum.

    Proximus, applicito saxosis aggere siluis,   410
tendebat, fratris spirans ingentia facta,
Hasdrubal. Hic robur mixtusque rebellibus Afris
Cantaber, hic uolucri Mauro pernicior Astur;
tantaque maiestas terra rectoris Hibera,
Hannibalis quantus Laurenti terror in ora.   415
forte dies priscum Tyriis sollemnis honorem
rettulerat, quo, primum orsi Carthaginis altae
fundamenta, nouam coepere mapalibus urbem.
Et laetus, repetens gentis primordia, ductor
festa coronatis agitabat gaudia signis,   420
pacificans diuos. Fraternum laena nitebat

398 exanimem *L* : -mum *F O V* ‖ **399** et *L F V* : est *O* ‖ **401** per *L F V* : par *O* ‖ **404** gestet *L F V* : des- *O* ‖ **406** et scopulis *Heinsius* : ex oculis *S* ‖ **411** spirans *L F* : sper- *O V* ‖ **413** mauro *V* : in auro *L F O* ‖ **415** quantus *L F V* : -tum *O* ‖ **418** coepere *Fpc V* : corpore *L Fac* capere *O* ‖ **421** laena *F O* : leua *L V*.

tombait de ses épaules ; le roi de Trinacrie[1] l'avait parmi
d'autres cadeaux envoyé au Libyen en gage d'étroite
alliance : les tyrans éoliens l'avaient porté comme
manteau de cour. De ses ailes d'or, un aigle emportait
425 un enfant[2] vers l'éther au travers des nuages, et son
vol se déployait dans la broderie ; à côté, un antre
immense que l'aiguille avait sur la pourpre tracé, le
séjour des Cyclopes. Là, couché sur le dos, Polyphème
engloutit des cadavres d'où dégoutte du sang dans la
430 béance mortelle de sa bouche ; tout autour de lui sont
répandus des os brisés qu'ont recrachés ses mâchoires ;
et lui, bras tendu, demande des coupes au fils de
Laërte[3] et mêle de vin ses éructations sanguino-
lentes[4].

Attirant tous les regards grâce à l'art des tisserands
de Sicile, le Tyrien auprès des autels de gazon
435 demandait la paix des dieux : or soudain, au milieu de
l'assistance, un messager porté par un coursier au galop,
annonçait l'arrivée des forces ennemies. Les esprits se
troublent, et, sans l'achever, on laisse là le sacrifice aux
dieux ; on interrompt les rites[5], on quitte les autels ;
on s'enferme dans le camp, et, à peine l'Aurore que
440 baigne la rosée a-t-elle mis au ciel une faible lumière,
les voici qui se jettent dans les luttes de Mars. Sabura
l'audacieux reçut un javelot strident de la main de
Scipion et les deux fronts ensemble, comme au signe
des dieux, firent lors mouvement. Le général latin
s'écrie : « La première victime pour vous, ô Mânes
révérés, gît là, dans cette plaine. En avant, soldat,
445 pour le combat et pour le carnage ! Et comme tu
le faisais du vivant de tes chefs, voles-y maintenant ».

Et tandis qu'il leur parle, les soldats se portent en
avant ; Lénas abat Mycone, et Latinus Cirta, Maro
égorge Thysdrus et Catilina Néalcès, l'incestueux
amant de sa sœur. Et tombe Kartalo face au fier

---

1. Hiéronyme, tyran de Syracuse (cf. *Pun.* 14, v. 110, p. 8,
n. 2) ; l'adjectif « éolien » (v. 424) vaut pour « sicilien » ; cf. *Pun.* 14,
70, sqq.

demissa ex humeris donum, quam foederis arti
Trinacrius Libyco rex inter munera pignus
miserat, Aeoliis gestatum insigne tyrannis.
Aurata puerum rapiebat ad aethera penna   425
per nubes aquila, intexto librata uolatu.
Antrum ingens iuxta, quod acus simulauit in ostro,
Cyclopum domus. Hic recubans manantia tabo
corpora letifero sorbet Polyphemus hiatu.
Circa fracta iacent excussaque morsibus ossa.   430
Ipse manu extenta Laërtia pocula poscit
permiscetque mero ructatos ore cruores.

Conspicuus Siculi Tyrius subteminis arte
gramineas pacem superum poscebat ad aras :
ecce inter medios hostilia nuntius arma,   435
quadrupedante inuectus equo, aduentare ferebat.
Turbatae mentes, imperfectusque deorum
cessat honos. Ruptis linquunt altaria sacris ;
clauduntur uallo, tenuemque ut roscida misit
lucem Aurora polo, rapiunt certamina Martis.   440
Audax Scipiadae stridentem Sabura cornum
excepit, geminaeque acies uelut omine motae.
Exclamat Latius ductor : «Prima hostia uobis,
sacrati manes, campo iacet. En age, miles,
in pugnam et caedis, qualis spirantibus ire   445
assueras ducibus, talis rue.»
                                        Dumque ea fatur,
incumbunt. Myconum Laenas Cirtamque Latinus
et Thysdrum Maro et incestum Catilina Nealcen
germanae thalamo obtruncat. Cadit obuius acri

---

426 intexto *O V* : -testo *L F* ‖ **428** recubans *L F* : excu- *O V* ‖ **433** subteminis *F* : sub tegmine *L O V* ‖ arte *F V* : arce *L O* ‖ **438** cessat *Heinsius* : -sit *S* ‖ **443** prima *edd.* : -mo *S* ‖ **446** assueras *O V* : -tas *L F* ‖ **447** laenas *F* : laeuas *L* leuas *O V* ‖ **448** thysdrum *L F O* : tisebeum *V* ‖ **449** germanae *LFV* : -no *O*.

450 Nasidius, Kartalo qui fut roi aux sables de Libye.
Et toi aussi la terre de Pyrène[1] t'a vu, et elle fut
frappée de terreur ; tu t'étais jeté au milieu des
Puniques, et dans ta fureur guerrière tu accomplissais
des exploits à peine croyables, Lélius[2], grand honneur
de la Dardanie ; la nature, généreuse en tout, t'a
455 comblé, nul dieu ne s'y opposa ! Lélius, quand l'écoutait
le forum, à peine laissait-il couler l'harmonie de ses
paroles, qu'il égalait le miel du fils de Nélée[3], le
patriarche de Pylos ; quand les Pères indécis et la Curie
demandaient son avis, comme par incantation[4] il
guidait le cœur des sénateurs ; mais quand, soudain
dans la plaine, les lugubres accents de la trompette
avaient assourdi les oreilles, lui encore mettait tant
460 d'ardeur à se ruer au combat en première ligne, qu'il
paraissait à l'évidence né pour les seules guerres. Rien
dans la vie ne lui agréait qui s'accomplît sans gloire.
Alors aussi il enleva une vie mal acquise[5] à Gala qui
se battait avec ardeur : pour le soustraire autrefois aux
465 sacrifices de Carthage, sa mère l'avait remplacé par un
autre enfant ; mais ne durent jamais longtemps les
bonheurs obtenus en abusant les dieux. Puis c'est
Alabis, Murrus et Dracès qu'il envoya chez les ombres,
Dracès qui avec des cris de femme lui demandait merci ;
de son glaive il lui tranche la nuque tandis qu'il parle
470 et supplie ; même le cou coupé, les plaintes duraient
encore.

Mais le chef de Libye ne mettait pas aux armes une
pareille ardeur. Il s'enfonce dans l'ombre et l'impénétrable rocaille d'un maquis montagneux, sans que
l'émeuvent le massacre et les sévères pertes que subis-
sent ses troupes. En fuyant il songeait à l'Italie et aux

---

1. L'Espagne, cf. *Pun.* 3, 420 sqq.
2. C. Lélius, compagnon de Scipion l'Africain ; l'éloge de
l'éloquence conviendrait davantage à son petit-fils, C. Lélius
Sapiens qui fut l'ami de Scipion Émilien ; Silius a coutume de
condenser, en les rattachant à un seul nom d'une lignée, les
exploits ou les vertus qui reviennent à plusieurs personnages
historiques (cf. par exemple *Pun.* 11, 73, n.).

Ka*r*talo *N*asidio, Libycae regnator harenae.   450
Te quoque Pyrenes uidit conterrita tellus
permixtum Poenis et uix credenda furentem,
magnum Dardaniae, Laeli, decus, omnia felix
cui natura dedit, nullo renuente deorum.
Ille foro auditus,* cum *dulci*a* soluerat ora,   455
aequabat Pyliae Neleia mella senectae.
Ille, ubi suspensi patres et curia uocem
posceret, ut cantu, ducebat corda senatus.
Idem, cum subitum campo perstrinxerat auris
murmur triste tubac, tanto feruore ruebat   460
in pugnam atque acies, ut natum ad sola liqueret
bella : nihil uitae peragi sine laude placebat.
Tunc et furtiua tractantem proelia luce
deiecit Galam ; sacris Carthaginis illum
supposito mater partu subduxerat olim,   465
sed stant nulla diu deceptis gaudia diuis.
Tunc Alabim, Murrum atque *D*racen demisit ad umbras,
femineo clamore Dracen extrema rogantem ;
huius ceruicem gladio inter uerba precesque
amputat : absciso durabant murmura collo.   470
    At non ductori Libyco par ardor in armis.
frondosi collis latebras ac saxa capessit
auia, nec caedes extremaue damna mouebant
agminis. Italiam profugus spectabat et Alpis,

450 kartalo *CM Ep.7 :* cast- *S* ‖ nasidio *Fpc CM Ep.7 :* uasi- *L*
Fac O nasci- *V* ‖ **451** pyrenes *L F CM Ep.7 :* tirenes *O V* ‖ **455** foro
dett. : fero *S* ‖ cum dulcia *edd.* : dulci cum *S* ‖ **456** neleia *L F* :
uoleya *O* ueleia *V* ‖ mella *L F CM Ep.7* : membra *O V* ‖ **459**
perstrinxerat *L F V* : -erit *O* ‖ **463** et *L F* : e *O V* ‖ luce *O V* : luci *L*
luo *F* ‖ **465** subduxerat *L F V* : -earat *O* ‖ **467** Dracen *edd.* : tracen
L O V tracem *F* ‖ demisit *L F O* : dim- *V* ‖ **468** dracen *L O V* : da- *L*
‖ **472** capessit *L F O* : -scit *V*.

Alpes, récompenses de prix promises à sa fuite. Un
475 message secret porte l'ordre suivant : rompre le combat
pour gagner les collines et s'égailler dans les forêts, et
pour tous les survivants, se diriger vers les hauteurs
et les crêtes des Pyrénées. Et il fut le premier à se
dépouiller de ses armes prestigieuses, à prendre pour
déguisement une parme d'Ibérie ; il s'en va par les
480 monts et délibérément abandonne ses troupes en
déroute[1]. Dans le camp déserté le soldat du Latium
fait entrer ses enseignes victorieuses. Jamais plus grand
butin ne fut procuré par la prise d'une ville, la fureur
guerrière du soldat s'y retarda, comme l'avait prévu
le général libyen, et se détourna du carnage. Ainsi fait
485 le castor : surpris par les flots et les tourbillons
d'un courant, il arrache de son ventre la partie qui le
met en danger, et, s'écartant à la nage, il échappe à
l'ennemi qui ne pense qu'au butin[2]. Après que le
Punique rapidement s'est dérobé dans les ombres
secrètes en se fiant à la forêt rocheuse, on se tourne
490 derechef vers de plus grands combats et vers un ennemi
qu'on est plus sûr de vaincre. Sur un escarpement des
Pyrénées, les Romains dressent un bouclier portant ce
vers gravé : « Dépouille d'Hasdrubal à Gradivus dédiée
par Scipion victorieux[3] ».

Entre temps, délivré de sa peur, par delà les versants
pentus des monts, le Punique armait la population du
495 royaume bébrycien[4], généreux pour acheter des bras,
et prompt à prodiguer pour la guerre les ressources
acquises par la guerre. D'avance, pour ragaillardir les
courages, il envoyait des masses d'argent et d'or
arrachées par de longs périls aux riches filons de la
terre. Par ces moyens un camp nouveau s'emplit sans
retard de soldats, âmes mercenaires, qui se plaisent près
500 du Rhône torrentueux ou voient dans leurs campagnes
serpenter l'onde si indolente de la Saône. Et déjà, au

1. Tite-Live (27, 19, 1) ne présente pas la retraite d'Hasdrubal
sous ce jour défavorable ; la *tessera* est une tablette qui porte le
mot de passe ou un ordre précis qui ne doit pas venir aux oreilles
de l'ennemi *(tacitum signum)*, à la différence des ordres transmis
par la trompette.

praemia magna fugae. Tacitum dat tessera signum :   475
dimissa in collis pugna siluasque ferantur
dispersi et summam, quicumque euaserit, arcem
Pyrenes culmenque petat. Tum primus, honore
armorum exuto et parma celatus Hibera,
in montis abit atque uolens palantia linquit   480
agmina. Desertis Latius uictricia signa
immittit miles castris. Non urbe recepta
plus ulla partum praedae tenuitque moratas
a caede, ut Libycus ductor prouiderat, iras.
fluminei ueluti deprensus gurgitis undis,   485
auulsa parte inguinibus causaque pericli,
enatat intento praedae fiber auius hoste.
Impiger occultis Poenus postquam abditur umbris,
saxosae fidens siluae, maiora petuntur
rursus bella retro et superari certior hostis.   490
Pyrenes tumulo clipeum cum carmine figunt :
HASDRUBALIS SPOLIUM GRADIVO SCIPIO VICTOR.

Terrore interea posito trans ardua montis
Bebrycia populos armabat Poenus in aula,
mercandi dextras largus belloque parata   495
prodigere in bellum facilis. Praemissa ferocis
augebant animos argenti pondera et auri,
parta metalliferis longo discrimine terris.
Hinc noua complerunt haud tardo milite castra
uenales animae, Rhodani qui gurgite gaudent,   500
quorum serpit Arar per rura pigerrimus undae.

---

477 arcem *edd.* : artem *S* ‖ **479** parma *Fpc O V* : peruia *L* paruia
Fac ‖ **484** a caede *L F* : accede *O V* ‖ **488** abditur *Livineius* : addi-
tur *S* ‖ **498** parta *F O V* : parca *L* ‖ **499** hinc *F O V* : huic *L* ‖ **500**
rhodani *F V²* : rhodan *L* rodan *O V¹*.

déclin de l'hiver, la saison commençait à s'adoucir. Dès
lors, précipitant les étapes à travers les campagnes
celtes, il admire ces Alpes qu'on a domptées, les
escarpements des montagnes où s'ouvrait un chemin,
505　il cherche les empreintes des pas d'Hercule et compare
la route que son frère a tracée à celle que le dieu a
autrefois osée[1].

Aussitôt parvenu au sommet et installé au bivouac
d'Hannibal : « Quels murs, dit-il, quels murs, grands
dieux, Rome dresse-t-elle assez haut pour que, après
mon frère qui a vaincu ces murailles, ils s'élèvent
510　intacts ? Puisse la chance d'une gloire aussi grande
être réservée à mon bras ; parce que nous avons appro-
ché les étoiles, que nul dieu malveillant ne vienne nous
envier ». Quand la troupe est en haut, alors rapidement, par la chaussée en pente qui depuis le sommet
offre un chemin protégé, il dévale en pressant l'armée.
515　Les débuts de la guerre n'ont pas fait éclater une aussi
grande peur. On proclame tantôt qu'il y a deux
Hannibal, tantôt que les deux camps, de ce côté-ci et
de ce côté-là, vont s'unir, et que ces capitaines, victoire
après victoire repus du sang de l'Italie, vont joindre
leurs armes et doubler leurs forces ; l'ennemi viendra
jusqu'aux remparts en une course rapide, et verra,
520　encore fichés dans la porte, les traits qu'ont naguère
lancés les bras des enfants d'Élissa[2].

Devant cette situation, grinçant des dents, la Terre
d'Oenotrie[3] se parle à elle-même : « Hélas, dieux d'en-
haut, telle est donc, pour m'humilier et me mépriser,
la frénésie du peuple de Sidon, moi qui jadis ai permis
525　à Saturne, quand il craignait le sceptre de son fils,
d'établir sur nos bords son séjour et son trône[4] ?
Voici que déjà s'écoule le dixième été depuis que je
suis piétinée ; un jeune guerrier, à qui ne restent plus

---

1. Scipion rejoignit Tarragone, et les Carthaginois, avec
Hasdrubal Barca décidèrent de passer en Italie pour contraindre
Scipion à y revenir, avec l'espoir de faire ainsi cesser la vague de
ralliements espagnols au jeune général romain (cf. Liu. 27, 20, 4-
7) ; Hasdrubal traversa très rapidement les Alpes (Liu. 27, 39, 6-
10), après qu'il eut rallié les Arvernes et d'autres peuples gaulois.

Iamque, hieme affecta, mitescere coeperat annus.
Inde, iter ingrediens rapidum per Celtica rura,
miratur domitas Alpis ac peruia montis
ardua et Herculeae quaerit uestigia plantae   505
germanique uias diuinis comparat ausis.

    Vt uero uentum in culmen, castrisque resedit
Hannibalis, «quos Roma», inquit, «quos altius, oro,
attollit muros, qui post haec moenia fratri
uicta meo stent incolumes? Sit gloria dextrae   510
felix tanta precor; neue usque ad sidera adisse
inuideat laeuus nobis deus.» Agmine celso
inde alacer, qua munitum decliuis ab alto
agger monstrat iter, properatis deuolat armis.
Non tanto strepuere metu primordia belli;   515
nunc geminum Hannibalem, nunc iactant bina coire
hinc atque hinc castra, et pastos per prospera bella
sanguine ductores Italo coniungere Martem
et duplicare acies; uenturum ad moenia cursu
hostem praecipiti et uisurum haerentia porta   520
spicula, Elissaeis nuper contorta lacertis.

    His super infrendens sic secum Oenotria Tellus :
«Tantone, heu superi! spernor contempta furore
Sidoniae gentis, quae quondam sceptra timentem
nati Saturnum nostris considere in oris   525
et regnare dedi? Decima haec iam uertitur aestas,
ex quo proterimur; iuuenis,* cui* sola supersunt

---

508 altius *dett.* : acius *S* acrius *coni. Bauer* ‖ **512** deus *om. O* ‖ **526** iam *om. O V* ‖ **527** proterimur *L F O* : praet- *V* ‖ cui sola *edd.* : sola cui *S*.

que les dieux à combattre, des confins de la terre a
jeté ses armées sur moi; après avoir profané les
Alpes, il est descendu plein d'ardeur jusque dans mes
530   campagnes; combien de cadavres déchirés ai-je recou-
verts, et combien de fois ai-je été défigurée par les
jonchées de mes enfants morts? Je ne vois plus fleurir
pour moi d'arbres promettant d'heureux fruits; mes
moissons encore vertes sont aussitôt fauchées par
l'épée; les chaumes de mes fermes s'affaissent, s'effon-
535   drent sur mon sein, et souillent de leurs ruines mon
royaume. Et cet autre, qui maintenant s'est jeté sur
mes vastes contrées, le supporterai-je, quand il cherche
à brûler les malheureux débris qu'a laissés la guerre?
Que l'Africain nomade me déchire alors de sa charrue
et que le Libyen confie ses semences aux sillons de
l'Ausonie, si je n'enfouis toutes ensemble en une seule
540   tombe les armées qui se pavanent sur l'étendue de mes
plaines!» Tandis qu'elle agite ces pensées et que la
noire Nuit vient clore les chambres des dieux et des
hommes, elle se hâte vers le camp du rejeton d'Amyclée[1]. Celui-ci, derrière le rempart de gazon de son
camp, tout proche, surveillait alors le Punique qui
545   maintenait son armée sur le territoire de la Lucanie.
Alors le fantôme de la terre du Latium aborde le jeune
guerrier : «O, toi, l'honneur des Claudes, toi Néron[2],
le plus grand espoir de Rome, depuis que Marcellus lui
a été ravi, brise et chasse ton sommeil. C'est une grande
action, si tu veux prolonger les destins de ton pays,
qu'il te faut oser, et qui, même une fois l'ennemi
550   repoussé loin des murs, laisse les vainqueurs tremblants
de l'avoir accomplie. De ses armes étincelantes le
Punique a inondé les plaines, là où Séna garde à travers
les siècles le nom qu'elle a reçu des peuples de la Gaule.

---

1. Cf. *Pun.* 8, 412, n.; Amyclée, ville voisine de Sparte, était
devenue faubourg de Sparte, et son nom vaut pour Sparte; les
Clausi, Claudes, sont originaires de Sabine (cf. Liu. 2, 16, 4, *Atta
Clausus* = Appius Claudius établi avec sa *gens* sur l'*ager Vaticanus*
en 504), et les Sabins sont réputés venir de Sparte (cf. Deutéro-
Servius, *ad Aen.* 8, 638 et *Pun.* 8, 422, n. tome 2, p. 176-177); le
rejeton d'Amyclée est donc, ici, Claudius Néron.

in superos bella, extremo de litore rapta
intulit arma mihi temeratisque Alpibus ardens
in nostros descendit agros. Quot corpora texi   530
caesorum, stratis totiens deformis alumnis!
Nulla mihi floret bacis felicibus arbor;
immatura seges rapido succiditur ense;
culmina uillarum nostrum delapsa feruntur
in gremium foedantque suis mea regna ruinis.   535
*H*unc etiam, uastis qui nunc sese intulit oris,
perpetiar, miseras quaerentem exurere belli
reliquias? Tum me scindat uagus Afer aratro,
et Libys Ausoniis commendet semina sulcis,
ni cuncta, exultant quae latis agmina campis,   540
uno condiderim tumulo!» Dum talia uersat,
et thalamos claudit Nox atra deumque hominumque,
tendit Amyclaei praeceps ad castra nepotis.
Is tum Lucanis cohibentem finibus arma
Poenum uicini seruabat caespite ualli.   545
Hic iuuenem aggreditur Latiae telluris imago:
«Clausorum decus atque erepto maxima Romae
spes *N*ero Marcello, rumpe atque expelle quietem.
Magnum aliquid tibi, si patriae uis addere fat*a*,
audendum est, quod, depulso quoque moenibus hoste,   550
uictores fecisse tremant. Fulgentibus armis
Poenus inundauit campos, qua Sena relictum
Gallorum a populis seruat per saecula nomen.

---

532 arbor *L O V* : ardor *F* ‖ **534** feruntur *L O V* : feren- *F* ‖ **536** hunc *CH* : nunc *L Fpc O V* num *Fac* ‖ **542** claudit *L F V* : -sit *O* ‖ **545** ualli *F* : -lis *L* -lum *O V* ‖ **548** Nero *edd.* : uero *S* ‖ **549** fata *Bauer* : -tis *S*.

Si tu ne te hâtes pas d'emmener au combat tes
escadrons ailés, il sera trop tard, si elle est détruite,
555 pour porter ensuite secours à Rome. Debout, en avant,
marche! Au pays du Métaure j'ai déjà condamné de
vastes champs à devenir les tombes et les ossuaires des
Puniques». A ces mots elle se retire, et, comme elle
partait, il crut qu'elle l'entraînait, saisi d'effroi, et
lançait les escadrons par les portes brisées.

560   Troublé et le cœur enflammé, il perd brusquement
le sommeil, et, suppliant, les deux mains tendues
vers les étoiles, il adresse sa prière à la Terre, à la
Nuit, aux astres dans le ciel épars, à Phoebé dont la
lueur, silencieuse, sert de guide au voyageur. Puis il
choisit des bras dignes d'une telle entreprise. Par le
565 pays du Larinate voisin de la mer d'en-haut[1], ou par
celui des hommes durs à la guerre, le peuple des Maruc-
cins, et par le pays du Frentan indocile à renier la foi
jurée dans une alliance armée, puis les régions des
vignobles que maîtrisent les gens de Prétutia, joyeux
de leur travail, plus rapide que l'aile de l'oiseau, plus
570 rapide que la foudre, que le gave en hiver ou que l'arc
achéménide[2], il vole. Et chacun s'exhorte soi-même :
«Allons! Avance! Les dieux d'en-haut balancent; le
salut de l'Ausonie, le sort de Rome debout ou abattue,
ils le font dépendre de tes jambes!» Voilà ce qu'ils
crient, et ils courent. Leur général, (c'est façon de les
encourager) met toute son ardeur à marcher à leur tête.
575 Eux, s'efforçant à sa suite d'égaler sa vitesse, allongent
le pas, infatigables, jour et nuit ils avancent.

Mais Rome, qui sait seulement que grandissent les
maux d'une guerre malheureuse, tremblait de peur :
elle se plaint que Néron a trop espéré, qu'elle pourrait
se voir ôter, par un unique coup, le souffle qui lui reste.

---

1. La mer Adriatique.
2. (Cf. *Pun.* 7, 646, n.), la dynastie des Achéménides régnait sur
les Parthes, célèbres pour leurs archers; pour décrire l'itinéraire
que suit Néron, Silius suit scrupuleusement les indications de Tite-
Live (27, 43, 10) *per agrum Larinatem, Marrucinum, Frentanum,
Praetutianum, qua exercitum ducturus erat.*

Ni propere alipedes rapis ad certamina turmas,
serus deletae post auxiliabere Romae.   555
Surge, age, fer gressus. Patulos regione Metauri
damnaui tumulis Poenorum atque ossibus agros.»
His dictis abit atque abscedens uisa pauentem
attrahere et fractis turmas propellere portis.

Rumpit flammato turbatus corde soporem   560
ac, supplex geminas tendens ad sidera palmas,
Tellurem Noctemque et caelo sparsa precatur
astra ducemque uiae tacito sub lumine Phoeben.
Inde legit dignas tanta ad conamina dextras.
Quaque iacet superi Larinas accola ponti,   565
qua duri bello gens Marrucina fidemque
exuere indocilis sociis Frentanus in armis,
tum, qua uitiferos domitat Praetutia pubes,
laeta laboris, agros, et penna et fulmine et undis
hibernis et Achaemenio uelocior arcu   570
euolat. Hortator sibi quisque : «Age, perge, salutem
Ausoniae ancipites superi et, stet Roma cadatue,
in pedibus posuere tuis», clamantque ruuntque.
Hortandi genus — acer auet praecedere ductor.
Illum augent cursus annisi aequare sequendo   575
atque indefessi noctemque diemque feruntur.

At Roma, aduersi tantum mala gliscere belli
accipiens, trepidare metu nimiumque Neronem
sperauisse queri, atque uno sibi uulnere posse

---

554 turmas *F O V* : pugnas *L* ‖ **555** deletae *L O* : delect- *F* dilect-
V ‖ **556** metauri *F O V* : mat- *L* ‖ **558** abscedens *L F V* : descend- *O*
‖ **561** ac *F O* : at *L V* ‖ **563** lumine *L Fpc O* : lim- *Fac V* ‖ **572**
cadatue *L F V* : -ne *O* ‖ **573** posuere tuis *L F V* : p. uiris t. *O* ‖
clamantque ruuntque *L F* : -matue -untue *O* -mantue -untue *V* ‖
574 auet *Bauer* : habet *S* ‖ **575** annisi *F O V* : -nixi *L* ‖ **577** at *deteriores* :
atque *S* ‖ tantum mala *edd.* : t. et m. *S* ‖ **578** nimiumque *LFpcOV* :
minimumque *Fac*.

580 Ni armes, ni or, ni guerriers, ni sang à verser ne lui
restent. Comment lui attaquerait-il Hasdrubal, quand
il ne peut lutter contre Hannibal tout seul ? Aussitôt à
nouveau, dès qu'il saura que l'armée a quitté son camp
pour s'éloigner, le Punique sera rivé contre nos portes ;
585 il est venu pour rivaliser avec son orgueilleux frère,
pour recueillir l'immense gloire de la ruine de Rome.
Perdu d'effroi au tréfonds de son cœur, l'Ordre des
Pères tremble ; mais cependant le soin jaloux de sauver
son honneur le fait réfléchir au moyen de s'arracher à
la servitude qui menace et d'échapper à l'injustice des
590 dieux. Tandis que les Romains se lamentaient, dans
l'obscurité d'une nuit profonde Néron arrive au camp
que Livius, à portée du farouche Hasdrubal, occupait
sous la protection du retranchement. Livius s'était
montré autrefois grand soldat, habile à attiser les feux
de Mars, et sa gloire de combattant avait fleuri en son
595 jeune âge. Bientôt atteint par les fausses accusations
d'une injuste populace, il avait, à l'écart sur ses terres,
caché des années de tristesse. Mais comme l'aggravation
de la situation et la peur que suscitait un danger
toujours plus proche exigeaient un héros, rappelé sous
les armes après la mort de tant de chefs, il avait à la
600 patrie sacrifié son ressentiment[1].

Mais Hasdrubal ne fut pas dupe des ruses de cette
armée nouvelle, bien que la Nuit, de ses ténèbres, en
eût protégé l'adresse[2]. Les traces de poussière qu'il
voyait sur les boucliers l'inquiétaient, et, signe d'une
marche forcée, les corps amaigris des chevaux et des
605 hommes[3]. La trompette, en répétant sa sonnerie

---

1. M. Livius, qui doit son surnom de Salinator à une taxe sur le
sel qu'il établit lors de sa censure en 204 (avec d'ailleurs pour
collègue Claudius Nero), était né en 254 av. J.-C. ; consul en 219, il
célébra un triomphe sur les Illyriens ; mais accusé d'avoir accaparé
le butin, il fut exilé en 218 ; l'amertume qu'il en conçut, ajoutée à
la trahison de son beau-père le Capouan Pacuvius (cf. *Pun.* 11, 58,
n.), le tint éloigné des commandements pendant la première partie
de la guerre ; il fut rappelé en 210 et, en 207, élu consul en même
temps que Néron, lequel avait justement témoigné contre lui lors
du procès.

auferri restantem animam. Non arma nec aurum 580
nec pubem nec, quem fundat, superesse cruorem.
Scilicet Hasdrubalem inuadat, ⟨qui⟩ ad proelia soli
Hannibali satis esse nequit? Iam rursus, ubi arma
auertisse suo cognorit deuia uallo,
haesurum portis Poenum; uenisse, superbo 585
qui fratri certet, cui maxima gloria cedat
urbis deletae. Fremit amens corde sub imo
ordo patrum ac magno interea meditatur amore
seruandi decoris, quonam se fine minanti
seruitio eripiat diuosque euadat iniquos. 590
Hos inter gemitus, obscuro noctis opacae
succedit castris Nero quae coniuncta feroci
Liuius Hasdrubali uallo custode tenebat.
Belliger is quondam scitusque accendere Martem
floruerat primo clarus pugnator in aeuo. 595
Mox falso laesus non aequi crimine uulgi,
secretis ruris tristis absconderat annos.
Sed, postquam grauior moles terrorque periclo
poscebat propiore uirum, reuocatus ad arma
tot caesis ducibus, patriae donauerat iram. 600
    At non Hasdrubalem fraudes latuere recentum
armorum, quamquam tenebris Nox texerat astus.
Pulueris in clipeis uestigia uisa mouebant
et, properi signum accursus, sonipesque uirique
substricti corpus. Bis claro bucina signo 605

580 auferri *L F V* : -re *O* ‖ **581** nec quem *edd.* : ne q. *S* ‖ fundat *L F* : -dant *O V* ‖ **582** qui *edd.* : *om.S* ‖ **585** poenum *L O V* : ple- *F* ‖ **586** cedat *edd.* : -det *S* ‖ **587** imo *L F CM Ep.4* : uno *O V* ‖ **592** nero *L Fpc V* : uero *Fac O* ‖ **594** is *L V* : his *F O* ‖ **600** donauerat *LFCMEp4* : deuouerat *OV* ‖ **601** at *F O V* : ac *L* ‖ **604** properi ... accursus *Dausqueius* : -re ... ad cursus *S* ‖ **605** claro ... signo *Blass* : -rum ... -num *S*.

éclatante, montrait en outre que les troupes réunies
étaient menées par un double commandement. Mais
enfin, si son frère vivait encore, comme avait-il laissé
les consuls opérer la jonction de leurs forces? Alors,
en attendant que la vérité paraisse, la seule habileté
610 qui reste est de temporiser et de différer l'engagement
de Mars. Et, sans se laisser engourdir par la peur, il
ne reporte pas sa décision de fuir[1].

La Nuit, mère du Sommeil, avait de tout souci lavé
le cœur des mortels, et les ténèbres nourrissaient de
terribles silences : Hasdrubal se glisse hors du camp
sur la pointe des pieds, il ordonne aux troupes de
615 s'échapper sans un mot et sans aucun bruit de pas.
Trouvant une nuit sans lune, dans le silence des
campagnes, ils redoublent de vitesse en évitant tout
bruit. Mais la Terre, qu'ébranle tant de mouvement,
ne peut être trompée. Elle embrouille leur marche qui
s'égare dans le noir, et avec la complicité de l'ombre,
620 elle les fait tourner dans un étroit espace en les
ramenant sur leurs propres traces ; car le fleuve, en
souples méandres infléchit les courbes de ses rives, coule
à contresens dans ce terrain accidenté, et revient sur
lui-même ; c'est par là que, poursuivant en vain leur
effort, ils décrivent un cercle étroit, et que leur marche
est abusée ; alors, une fois leur route perdue, l'avantage
625 de l'obscurité leur est enlevé[2].

Le jour se lève et révèle leur fuite. Un tourbillon
fougueux de cavaliers se rue par les portes ouvertes, et
une tempête d'acier recouvre toute l'étendue des
plaines. Avant même que, l'arme au poing, les soldats
aient engagé le combat, les volées de traits qui
630 précèdent s'abreuvent de sang. Ici volent des flèches
dictéennes[3] chargées d'arrêter la fuite du Punique ; là,
c'est une lance dont le tournoiement fatal apporte la
mort à tout homme que son coup a surpris. Les

---

1. Silius use presque des mêmes mots que Tite-Live pour
évoquer l'inquiétude d'Hasdrubal : comment Hannibal a-t-il pu
laisser partir l'autre consul sans intervenir, *quonam modo alter
consul ab Hannibale abscessisset*? (Liu. 27, 47, 5).

praeterea gemino prodebat iuncta magistro
castra regi. Verum, fratri si uita supersit,
qui tandem licitum socias coniungere uires
consulibus? Sed enim solum, dum uera patescant,
cunctandi restare dolum Martemque trahendi.   610
Nec consulta fugae segni formidine differt.

   Nox, Somni genetrix, mortalia pectora curis
purgarat, tenebraeque horrenda silentia alebant :
erepit, suspensa ferens *u*estigia, castris
et muta elabi tacito iubet agmina passu.   615
I*l*lunem nacti per rura tacentia noctem
accelerant uitantque sonos; sed percita falli
sub tanto motu Tellus nequit. Implicat actas
caeco errore uias umbrisque f*au*entibus arto
circumagit spatio sua per uestigia ductos.   620
Nam, qua curuatas sinuosis flexibus amnis
obliquat ripas refluoque per aspera lapsu
in sese redit, hac, casso ducente labore,
exiguum inuoluunt frustratis gressibus orbem,
inque errore uiae tenebrarum munus ademptum.   625

   Lux *surgit* panditque fugam. Ruit acer apertis
turbo equitum portis, atque omnis ferrea late
tempestas operit campos. Nondum arma manusque
permixtae, iam tela bibunt praemissa cruorem.
Hinc, iussae Poenum fugientem sistere, pennae   630
Dictaeae uolitant; hinc lancea turbine nigro
fert letum cuicumque uiro, quem prenderit ictus.

   606 prodebat *Thilo* : -bant *S* ‖ **609** patescant *L* : -cunt *F O V* ‖
612 somni *L Fpc O V* : -num *Fac* ‖ **614** erepit *F* : eripit *L O* eripuit
V ‖ **615** muta *edd.* : multa *S* ‖ elabi *L F V* : alibi *O* ‖ **616** illunem
CH : in lumen *S* ‖ **617** uitantque sonos *Fpc CM Ep.4* : uitant socios
L Fac O V ‖ **619** fauentibus *Thilo* : feren- *S* ‖ **623** hac *L O V* : ac *F* ‖
626 surgit *Bothe* : urguet *L F* urgeret *O* urget *V* ‖ acer *L F* : ater *O*
V ‖ **631** lancea *L O V* : lenta *F* ‖ **632** prenderit *L CM Ep.4* : -dit *F*
-didit *O V*.

Puniques abandonnent toute idée de retraite, et,
tremblants, contraints à faire front, ils tournent leurs
espoirs vers le combat.

635 Au milieu d'eux, le général de Sidon (il voyait en
effet la gravité de la situation) se dresse haut sur le
dos de son coursier qui piaffe, tendant les mains et
élevant la voix : « Au nom des honneurs que vous avez
gagnés jusqu'aux confins du monde, au nom des succès
de mon frère, je vous en prie, montrons qu'il est venu,
640 le frère d'Hannibal. La Fortune travaille à donner au
Latium une leçon, par cette défaite, et à lui montrer
quelle puissance, quand il se tourne contre les Rutules,
possède le vainqueur de la terre d'Hibérie, soldat
habitué à aller se battre jusqu'aux colonnes d'Hercule.
Peut-être aussi mon frère arrivera-t-il en pleine bataille.
645 Un spectacle digne de ce héros, au nom des dieux,
hâtez-vous de lui préparer un digne spectacle, avec un
sol tout couvert de cadavres ! Tous les généraux que
l'on pouvait craindre à la guerre[1], grâce à mon frère
gisent à terre ; l'unique espérance de Rome, maintenant, c'est Livius, vieilli et brisé par son châtiment
et sa retraite ; il vous offre sa tête, condamnée. En
avant, allez, je vous en prie ! Abattez ce chef contre
650 qui mon frère aurait honte de combattre, et donnez
une fin à sa vieillesse indigne[2] ».

De son côté Néron : « Pourquoi tarder à clore les
épreuves de cette grande guerre ? Par tes marches,
soldat, tu t'es acquis une grande gloire ; maintenant
couronne cette dure entreprise grâce à la force de ton
655 bras. Ah ! quelle témérité d'avoir quitté le camp ainsi
privé de ses effectifs, si la victoire ne vient pas
absoudre cette action. Imagine déjà les louanges : on
se rappellera que c'est ton arrivée qui a abattu
l'ennemi ».

A l'autre aile, reconnaissable à ses cheveux blancs
que ne couvrait pas encore le casque, Livius s'écriait :
« Ici, soldats, ici, voyez-moi courir au combat ; dans

---

1. Les Flaminius, Paullus, Servilius, Marcellus.

Deponunt abitus curam trepidique coactas
constituunt acies et spes ad proelia uertunt.

Ipse inter medios (nam rerum dura uidebat)   635
Sidonius ductor, tergo sublimis ab alto
quadrupedantis equi, tendens uocemque manusque :
« Per decora, extremo uobis quaesita sub axe,
per fratris laudes oro, uenisse probemus
germanum Hannibalis. Latio Fortuna laborat   640
aduersis documenta dare atque ostendere, quantus
uerterit in Rutulos domitor telluris Hiberae,
suetus ad Herculeas miles bellare columnas.
Forsitan et pugnas ueniat germanus in ipsas.
Digna uiro, digna, obtestor, spectacula pleno   645
corporibus properate solo. Quicumque timeri
dux bello poterat, fratri iacet ; unica nunc spes,
et poena *et* latebris infracto Liuius aeuo
damnatum offertur uobis caput. Ite, agite, oro,
sternite ductorem, cum quo concurrere fratri   650
sit pudor, et turpi finem donate senectae. »

At contra Nero : « Quid cessas clusisse labores
ingentis belli ? Pedibus tibi gloria, miles,
parta ingens : nunc accumula coepta ardua dextra.
Heu temere abducto liquisti robore castra,   655
ni factum absoluit uictoria. Praecipe laudem :
aduentu cecidisse tuo memorabitur hostis. «

Parte alia, insignis nudatis casside canis,
Liuius : « Huc, iuuenes, huc me spectate ruentem

633 abitus *FV* : ha- *L O* ‖ trepidique *LFV* : -deque *O* ‖ **641**
aduersis *F O V* : -si *L* ‖ **644** ueniat *L F O* : -iet *V* ‖ **648** et poena et
latebris *CM Ep.10* : et poena e latebris *F* et poene lateribus *L V* e
poeno lateribus *O* ‖ **649** caput *dett.* : *om.S* ‖ **651** turpi *CM Ep.10* :
turpis *S* ‖ **655** abducto *F* : abducta *L* adducte *O* aducte *V* ‖ liquisti
L F : rupis- *O V* ‖ **658** nudatis *L O V* : -tus *F* ‖ **659** huc *L F V* : hic
O ‖ spectate *LFO* : -are *V*.

660 toute la brèche que mon épée aura ouverte, engouffrez-
vous, et fermez enfin par votre glaive ces Alpes trop
largement ouvertes à la marche des Puniques. Si nous
n'abattons pas rapidement ses troupes par les armes
de Mars, et si le foudre de Carthage, Hannibal, se
présentait soudain, quel dieu arracherait un seul d'entre
665 nous aux ténèbres de l'enfer»? Lors, ayant ajusté son
casque, il confirme ces terribles paroles l'épée à la main,
et dissimulant son âge, se jette dans un sauvage
combat. Ce héros, dans les formations d'assaut, dans
les mêlées les plus serrées, livrait autant d'hommes au
trépas qu'il projetait de traits ; devant lui s'enfuirent
670 les Maces, en désordre, s'enfuirent les farouches Autololes, et les guerriers aux longs cheveux venus des bords
du Rhône[1].

Issu des sables prophétiques d'Hammon, Nabis se
lançait dans des combats sans droiture[2], sûr de son
destin, comme si un dieu le protégeait : les dépouilles
675 d'Italie, il avait promis dans son orgueil, par vaine
forfanterie, de les suspendre dans les temples de ses
pères. Sur son manteau d'azur brillait la gemme des
Garamantes comme scintille l'éclat des étoiles semées
au ciel ; son casque s'enflammait de gemmes, et d'or
son bouclier ; de son casque orné de cornes pendait la
680 bandelette qui inspirait la terreur du sacré et le respect
du divin. L'homme portait un arc, des carquois, des
flèches enduites de venin, et il faisait la guerre avec
pour arme le poison. Or dans la plaine, assis selon la
coutume sur la croupe de son destrier, et calant sur
son genou le poids d'une pique sarmate[3], il l'abais-
685 sait pour en frapper l'ennemi à la poitrine. Il avait
alors de son trait transpercé le corps et les armes de

---

1. Silius ne présente pas l'ordre de bataille tel que Tite-Live le
proposait très clairement et préfère évoquer la mêlée avec un
certain désordre ; en face de Claudius en effet, sur son aile gauche,
Hasdrubal avait placé les Gaulois (aile droite des Romains), se
réservant de commander sa propre aile droite avec Ligures et
Espagnols, vieux soldats dont il était sûr, face à Livius ; sur les
Maces et les Autololes, cf. *Pun.* 2, 60 et 63, n.

in pugnas; quantumque meus pa*t*efecerit ensis,   660
tantum intrate loci : et tandem praecludite ferro
iam nimium patulas Poenis grassantibus Alpis.
Quod ni ueloci prosternimus agmina Marte,
et fulmen subitum Carthaginis Hannibal adsit,
qui deus infernis quemquam nostrum eximat umbris?»   665
Hinc, galea capite accepta, dicta horrida ferro
sancit et, obtectus senium, fera proelia miscet.
Illum, per cuneos et per densissima campi
corpora tot dantem leto, quot spicula torsit,
turbati fugere Macae, fugere feroces   670
Autololes Rhodanique comas intonsa iuuentus.

  Fatidicis Nabis ueniens Hammonis harenis
improba miscebat securus proelia fati,
ceu tutante deo; ac patriis spolia Itala templis
fixurum uano tumidus promiserat ore.   675
Ardebat gemma Garamantide caerula uestis,
ut cum sparsa micant stellarum lumina caelo,
et gemmis galeam clipeumque accenderat auro.
Casside cornigera dependens infula sacros
prae se terrores diuumque ferebat honorem.   680
Arcus erat pharetraeque uiro atque incocta cerastis
spicula, et armatus peragebat bella ueneno.
Necnon, cornipedis tergo de more repostus,
sustentata genu per campum pondera conti
Sarmatici prona aduersos urgebat in hostis.   685
Tum quoque transfixum telo per membra, per arma

---

  660 patefecerit *edd.* : praef- *S* ‖ **661** tandem *L F* : tantum *O V* ‖
663 ueloci *L Fpc O V* : loci *Fac* ‖ **666** hinc *F V* : in *L* hic *O* ‖ **669**
dantem *L O V* : tandem *F* ‖ **671** autololes *L F* : antho- *O* anto- *V* ‖
678 accenderat *S* : -ret *coni. Bauer* ‖ **679** infula *L O V* : insula *F* ‖
681 cerastis *L F V* : -tris *O* ‖ **684** sustentata *V* : sustenta *L O*
substenta *F* ‖ **685** urgebat *L Fpc O V* : -get *Fac* ‖ **686** tum quoque
CM Ep.10 : tantum quoque *LF* quoque *om. OV*.

Sabellus, sous les yeux du consul, à grands cris il
l'emportait, triomphant, et, triomphant, chantait la
gloire d'Hammon. Mais le vieux consul ne supporta pas
tant de fureur et tant de vanité dans un cœur de
690 barbare ; il lança son javelot et, d'un seul coup,
vainqueur arracha au vainqueur à la fois proie et vie.

Accourt Hasdrubal, qui a entendu les cris poussés à
cette chute funeste ; et tandis qu'Arabus[1] se met à
dépouiller le mort de sa parure de gemmes et de ses
vêtements que l'or raidit, il lui projette sa javeline
695 dans le dos jusqu'aux os. Le malheureux avait saisi
les étoffes et déjà à deux mains se hâtant de les
arracher, il avait dénudé le cadavre palpitant. Il tomba, ces vêtements sacrés et ces tissus d'or, il les rendit
au mort en s'effondrant sur l'ennemi qu'il avait
700 dépouillé. Alors Canthus frappe Rutilus, Canthus le
maître des sables auxquels les Philènes invaincus ont
donné un nom célèbre[2] ; il tue Rutilus riche en brebis :
pour lui mille bête porte-laine bêlent dans les hautes
bergeries ; lui-même consacrant ses loisirs à d'aimables
occupations, tantôt, dans la fraîcheur d'un courant il
705 adoucissait pour son troupeau les excessives ardeurs du
soleil, tantôt, heureux, dans la prairie il tondait les
resplendissantes toisons de neigeuse laine, ou bien,
quand du pâturage son troupeau revenait vers la ferme,
il regardait dans les enclos les agneaux qui reconnais-
saient leurs mères. Il mourut, trahi par son bouclier
au bronze transpercé, et gémit, mais trop tard, d'avoir
710 quitté les enclos de son père[3].

Redoublant d'énergie, les guerriers d'Italie courent
et pressent l'ennemi, comme court le torrent, comme
la tempête, comme le feu de l'éclair fulgurant, comme
la vague qui fuit devant Borée, comme courent les
nuages creux, quand l'Eurus a fait se confondre la mer

---

1. Nom d'un soldat romain ; les ms. hésitent entre Arabus et
Atabus ; l'évocation d'un Arabe est ici bizarre ; il faut comprendre
que Livius a laissé le profit des dépouilles à un simple soldat.

consulis ante oculos magno clamore Sabellum
asportabat ouans et ouans Hammona canebat.
Non tulit hanc iram tantosque in corde tumores
barbarico senior telumque intorsit et una 690
praedam animamque simul uictori uictor ademit.

    Adsilit, audito tristis clamore ruinae,
Hasdrubal, et coeptantem Arabum raptare perempto
gemmiferi spolium cultus auroque rigentis
exuuias iaculum a tergo perlibrat ad ossa. 695
Iam correpta miser geminis uelamina palmis
carpebat propere et trepidos nudauerat artus.
Concidit ac sacras uestis atque aurea fila
reddidit exanimo, spoliatum lapsus in hostem.
At Canthus Rutilum, Canthus possessor harenae, 700
qua celebre inuicti nomen posuere Philaeni,
ditem ouium Rutilum obtruncat, cui mille sub altis
lanigerae balant stabulis. Ipse, otia molli
exercens cura, gelido nunc flumine soles
frangebat nimios pecori, nunc laetus in herba 705
tondebat niueae splendentia uellera lanae,
aut, pecus e pastu cum sese ad tecta referret,
noscentis matres spectabat ouilibus agnos.
Occubuit clipei transfixo proditus aere
et sero ingemuit stabulis exisse paternis. 710

    Acrius hoc Italum pubes incurrit et urget,
ut torrens, ut tempestas, ut flamma corusci
fulminis, ut Borean pontus fugit, ut caua currunt
nubila, cum pelago caelum permiscuit Eurus.

689 in *om.O* ‖ tumores *L Fpc O V* : tim- *Fac* ‖ **692** adsilit *L F V* :
-sistit *O* ‖ Arabum *Ruperti* : atabum *S* ‖ **696** geminis *L F O* :
gemmis *V* ‖ uelamina *L O* : uel anima *F V* ‖ **700** rutilum *L F V* :
rutulum *O* ‖ **700-702** canthus— ouium rutilum *om. O V* ‖ **703** otia
molli *L F V* : o. belli m. *O* ‖ **704** soles *L F O* : -lers *V* ‖ **707** e *FOV* : a
L ‖ **710** exisse *edd.* : exire *S* ‖ **714** permiscuit *L F V* : -cuat *O*.

715 avec le ciel. Les hautes cohortes aux enseignes gauloises
résistaient en première ligne ; dans un effort farouche,
une formation en coin, par un brusque assaut, ouvre
leur front ; épuisés de marches et contremarches,
incapables d'endurer le soleil, essoufflés par un long
effort, les Gaulois sont emportés par la panique,
720 héréditaire chez ce peuple[1]. L'Ausonien alors de leur
mettre l'épée dans les reins, de les poursuivre par des
volées de traits, et de leur refuser la fuite. Un seul
coup fait tomber Thyrmis, et plus d'un Rhodanus ;
Morin est frappé par une flèche, une lance alors l'achève
et l'accompagne dans sa chute. Contre les fuyards,
725 Livius, rendant les rênes, pousse ardemment son cheval
et, sur les escadrons qui battent en retraite, jette son
destrier. Alors de son épée il tranche par derrière le
cou gonflé[2] de Mosa ; la tête, avec le casque, tombant
de haut, frappa de tout son poids la terre, mais le
coursier dans son désarroi emporta au combat le tronc
resté en selle.

730 Alors Caton[3] (car lui aussi se dépensait au cœur de
la mêlée), « Ah ! si, quand nous avons perdu les Alpes,
au début de la guerre, ce héros avait été opposé au
jeune guerrier tyrien ! Hélas ! quel bras a manqué au
Latium, et combien de morts ont été offerts aux
Puniques par les funestes suffrages d'un détestable
Champ de Mars ! »

735 Déjà la ligne de front pliait ; sur tous s'étendait
l'épouvante née de l'épouvante des Gaulois, et la
Fortune de Sidon s'effondrait : vers les Rutules la
Victoire avait tourné les ailes. Se redressant, comme
si refleurissait sa première jeunesse, le consul s'avançait
triomphant et paraissait plus grand, et plus grand

---

1. Ce jugement traditionnellement porté sur les Gaulois (cf.
Pun. 4, 311) se retrouve chez Tite-Live qui note leur manque de
résistance et la fatigue qu'ils ont ressentie après la marche : *qui
aderant, itinere ac uigiliis fessi, intolerantissima laboris corpora, uix
arma umeris gestabant* (27, 48, 16), « ceux qui étaient là, épuisés par
la marche et les veilles, car leur constitution ne supporte
absolument pas les épreuves, avaient peine à soutenir leurs
armes ».

Procerae stabant, Celtarum signa, cohortes,   715
prima acies ; hos impulsu cuneoque feroci
laxat uis subita ; et fessos errore uiarum
nec soli facilis longique laboris anhelos
auertit patrius genti pauor. Addere tergo
hastas Ausonius teloque instare sequaci   720
nec donare fugam. Cadit uno uulnere Thyrmis,
non uno Rhodanus ; profligatumque sagitta
lancea deturbat Morinum et iam iamque cadentem.
Cedentis urget, totas largitus habenas,
Liuius acer equo et turmis abeuntibus infert   725
cornipedem. Tunc auersi turgentia colla
disicit ense Mosae. Percussit pondere terram
cum galea ex alto lapsum caput, at residentem
turbatus rapuit sonipes in proelia truncum.
Hic Cato — nam medio uibrabat et ipse tumultu — :   730
   « Si, primas », inquit, « bello cum amisimus Alpis,
hic iuueni oppositus Tyrio foret, hei mihi quanta
cessauit Latio dextra, et quot funera Poenis
donarunt praui suffragia tristia Campi ! »
   Iamque inclinabant acies, cunctisque pauorem   735
Gallorum induerat pauor, et Fortuna ruebat
Sidonia ; ad Rutulos Victoria uerterat alas.
Celsus, ceu prima reflorescente iuuenta,
ibat consul, ouans maior maiorque uideri.

721 thyrmis *F* : thiruns *L* thirus *O V* ‖ **722** sagitta *Lefebvre* : -tae
S ‖ **723** cadentem *LFO* : decendentem *V* ‖ **727** disicit *Heinsius,
Bauer* : destitit *S* ‖ **728** at *L F* : ac *O V* ‖ **730** uibrabat *edd.* : -arat *S*
‖ **732-733** hei — dextra *om.O V* ‖ **737** uerterat *dett.* : -ret *S.*

740 encore. Soudain, entraînant à sa suite un escadron
blanc de poussière, le général agénoréen s'approche, et
brandissant ses armes à bout de bras s'écrie : «Arrêtez
votre fuite! Quel est cet ennemi devant qui nous
cédons? Quelle honte! C'est un vieillard flétri par les
ans qui fait fuir et chasse nos bataillons! Serait-ce, je
vous le demande, serait-ce maintenant que mon bras
745 dégénère au combat! Êtes-vous mécontents de moi?
Belus[1] est le premier de mes aïeux, Didon la Sido-
nienne est de ma parenté, et celui que l'on fait
passer devant tous les capitaines, Hamilcar, est mon
père ; pour frère j'ai l'homme devant qui s'effacent
monts et lacs, plaines et fleuves ; moi, Carthage la
750 Grande me regarde comme le second d'Hannibal ; moi,
aux bords du Bétis[2], les peuples qui ont subi mes
armes m'égalent à mon frère».

Tandis qu'il rappelle ces titres, s'enlevant au milieu
des ennemis, dès qu'il aperçoit le consul dont brillent
les armes neuves, il projette sa lance d'un geste trop
précipité. Elle traverse le bord du bouclier d'airain et
755 les écailles de la cuirasse et frappe sans effet le haut
de l'épaule ; à peine a-t-elle effleuré le corps qu'elle
visait, mais sans se teindre de beaucoup de sang ; et
les joies qu'elle promit aux vœux du Punique n'étaient
qu'apparence[3]. Les Rutules sont bouleversés, leur
760 cœur en désarroi à ce terrible spectacle. Alors, en
raillant ces efforts, le consul s'écrie : «On dirait que
j'ai été blessé par des ongles de femme, dans le vain
tintamarre des trompes bachiques[4], ou frappé par des
paumes d'enfant. Allez, apprenez-leur, soldats, quelles
blessures font d'habitude les bras des Romains». C'est
alors que se déploie une immense nuée de javelots, et
765 par cette ombre épaisse le soleil est vaincu. Et déjà
dans la vaste plaine, le carnage de part et d'autre étend

---

1. Cf. *Pun.* 1, 73, n. ; il est habituel aux héros de s'enorgueillir
de leur ascendance et de leurs alliances.

2. Le Guadalquivir ; cf. *Pun.* 3, 399, n. et 405, n.

3. Ce passage est imité de Virgile (*Aen.* 10, 474-485) ; la lance de
Pallas ne fait qu'effleurer Turnus qui se venge cruellement.

Ecce, trahens secum canentem puluere turmam,   740
ductor Agenoreus subit, intorquensque lacertis
tela, sonat : «Cohibete fugam. Cui cedimus hosti?
Nonne pudet? Conuersa senex marcentibus annis
agmina agit; nunc, quaeso, mihi nunc dextera in armis
degenerat, nostrique piget? Mihi Belus auorum   745
principium, mihi cognatum Sidonia Dido
nomen, et ante omnis bello numerandus Hamilcar
est genitor; mihi, cui cedunt montesque lacusque
et campi atque amnes, frater; me magna secundum
Carthago putat Hannibali; me Baetis in oris   750
aequant germano passae mea proelia gentes.»
    Talia dum memorat, medios ablatus in hostis,
ut noua conspecti fulserunt consulis arma,
hastam praepropero nisu iacit. Illa per oras
aerati clipei et loricae tegmina summo   755
incidit haud felix umero parceque petitum
perstrinxit corpus nec multo tincta cruore,
uana sed optanti promisit gaudia Poeno.
    Turbati Rutuli, confusaque pectora uisu
terrifico. Tunc increpitans conamina consul :   760
«Femineis laesum uana inter cornua corpus
unguibus, aut palmis credas puerilibus ictum.
Ita, docete, uiri, Romanae uulnera suerint
quanta afferre manus.» Tum uero effunditur ingens
telorum uis, et densa sol uincitur umbra.   765
Iamque per extentos alterna strage uirorum

747 numerandus *L F V* : miran- *O* ‖ **748** est *L V* : et *F O* ‖ **750** baetis *F* : bethis *L* betis *O V* ‖ **752** ablatus *O V* : -tis *L F* ‖ **754** nisu *Fpc O* : uisu *L Fac* uisa *V* ‖ **755** tegmina *L F V* : -ne *O* ‖ **756** parceque *L O V* : parte- *F* ‖ **760** tunc *L F V* : nunc *O* ‖ **761** cornua *S* : carmina *coni. Gronouius* iurgia *coni. Liuineius et Barth, uide adnot.* ‖ **763** docete *edd.* : -ere *S*.

des jonchées de cadavres, et les corps précipités dans
l'eau formèrent un amas qui grandit jusqu'à joindre
les deux rives[1]; ainsi quand en chassant elle dérange
770 l'obscurité des sous-bois, Dictynne[2] s'offre aux yeux
pour la joie de sa mère; agitant les bois du Cynthe ou
parcourant le Ménale, toute la troupe des Naïades, avec
leurs carquois pleins, à sa suite s'élance, et les étuis
pleins de flèches grincent. Alors, çà et là, au milieu des
rochers et jusque dans leurs tanières, dans les vallées,
775 au long des fleuves, et dans les antres verdis de
mousse, les bêtes sauvages gisent, victimes d'un grand
massacre. Et, au sommet du mont, en attardant ses
yeux au tableau de sa chasse, la fille de Latone danse
sa joie[3].

　　Informé avant les autres de la blessure du vieil
homme, Néron s'ouvre avec fureur un chemin dans la
mêlée, et, voyant que la bataille entre les adversaires
780 est égale : «Quel sort, oui quel sort ensuite est réservé
à l'Italie? Si vous ne pouvez vaincre cet ennemi, dit-il,
vaincrez-vous Hannibal?» Hors de lui il se rue plus
vite encore dans la mêlée; et dès qu'il aperçoit,
poussant des grondements sur le front de ses troupes,
le général tyrien, il semble un monstre de l'Océan
785 sauvage qui a longtemps sillonné en vain les profondeurs à la recherche d'une proie; quand souffrant de
male faim il aperçoit au loin dans les flots un poisson,
il bondit, et le regard attaché sur sa proie qui nage
sous les vagues, il avale à longs traits la mer et les
poissons. Point de retard à saisir son javelot, pas plus
qu'à prononcer ces mots : «Tu ne m'échapperas pas
790 plus longtemps, dit-il; ici les bois impénétrables des
Pyrénées ne m'égareront pas, et tu ne me tromperas
pas par de fallacieuses promesses, comme quand, pris
au piège naguère, en terre d'Hibérie, tu as échappé à
mon bras, tricheur, par de feintes négociations[4]».

---

1. L'image est reprise de la prophétie de Pun. 1, 52, qui
concerne l'Aufide à Cannes, et qui revient, tel un leit-motiv, en 8,
629-630 et 10, 319-320 (cf. tome 3, p. 49, n. 3).

corpora fusa iacent campos, demersaque in undam
iunxerunt cumulo crescente cadauera ripas.
Vt, cum uenatu saltus exercet opacos
Dictynna et laetae praebet spectacula matri, 770
aut *Cynthi* nemora excutiens aut Maenala lustrans,
omnis Naiadum plenis comitata pharetris
turba ruit, striduntque sagittiferi coryti.
Tum per saxa ferae perque ipsa cubilia fusae,
per uallis fluuiosque atque antra uirentia musco 775
multa strage iacent. Exultat uertice montis
gratam perlustrans oculis Latonia praedam.

 Audito ante alios senioris uulnere, rumpit
per medios Nero saeuus iter, uisaque uirorum
aequali pugna : «Quid enim, quid deinde relictum est 780
Italiae fatis? Hunc si non uincitis hostem,
Hannibalem uincetis?» ait. Ruit ocius amens
in medios ; Tyriumque ducem inter prima frementem
agmina ut aspexit, rabidi ceu belua ponti,
per longum sterili ad pastus iactata profundo, 785
cum procul in fluctu piscem male saucia uidit,
aestuat et, lustrans nantem sub gurgite praedam,
absorbet late permixtum piscibus aequor.
Non telo mora, non dictis. «Haud amplius», inquit,
«elabere mihi. Non hic nemora auia fallent 790
Pyrenes, nec promissis frustrabere uanis,
ut quondam terra fallax deprensus Hibera
euasti nostram mentito foedere dextram.»

767 demersaque *L F V* : diuersamque *O* ‖ **770** dictynna *L F* :
doctrina *O* dictrina *V* ‖ **771** Cynthi *Schrader* : pindi *S* ‖ **774** perque
ipsa *L F V* : et p.i. *O* ‖ **775** fluuiosque *Vpc* : plu- *LFOV ac* ‖ antra
edd. : atra *S* ‖ **776** exultat *F O V* : -ta *L* ‖ **777** gratam *L F* : et latam
O V ‖ **780** est *om. O* ‖ **787** praedam *L O V* : pedum *F* ‖ **788** late *dett.* :
lete *L O* laetae *F om. V in ras.* ‖ **792** deprensus *L F* : depres- *O V* ‖
793 euasti *L Fac V* : ena- *Fpc O*.

Ainsi parle Néron, puis il lance son javelot; et ce ne fut pas un coup dans le vide, car la pointe bien dirigée
795 se ficha à l'extrémité du flanc. Puis, intrépide, l'épée dégainée, il se jette sur lui, et écrasant sous son bouclier le corps tremblant de son adversaire qui s'est écroulé à terre : «Si d'aventure, à ta dernière heure, tu veux faire tenir quelque message à ton frère, nous le
800 porterons», dit-il. Le Sidonien réplique : «Aucun trépas ne me fait peur. Use de ta force en Mars, jusqu'à ce qu'un vengeur vienne bientôt assister mes Mânes. Si tu veux à mon frère porter mes derniers mots, voici mon message : vainqueur, qu'il brûle le Capitole, qu'à
805 la cendre de Jupiter il mêle mes os et mes cendres[1]». Il voulait parler encore, bouillonnant d'une furieuse rage de mort, quand son vainqueur le transperce de son épée et tranche la tête perfide : son chef tombé, l'armée est terrassée parce qu'elle a perdu toute confiance en Mars.

Déjà la noire nuit avait caché le jour et les voies
810 du soleil, tandis que les Romains restaurent leurs forces de quelque nourriture et d'un peu de sommeil. Et avant même le retour du jour, ils ramènent par où ils étaient venus leurs enseignes victorieuses jusqu'au camp que la peur maintenait clos[2]. Alors Néron, portant haut sur sa grande lance la tête du général tué : «Nous avons racheté Cannes, et la Trébie, et
815 les rives de Trasimène, Hannibal, avec la tête de ton frère. Va, redouble maintenant tes guerres sans foi et mobilise deux armées! Voici le prix réservé à ceux qui, après avoir traversé les Alpes, voudraient soutenir tes armes»[3].

---

1. Silius traduit symboliquement la part déterminante que Néron prit à la victoire, en lui faisant tuer Hasdrubal; *utere Marte tuo* fait écho à Virg. *Aen.* 12, 932 : *utere sorte tua*, «use de ta chance» (trad. J. Perret, C.U.F.), dernière parole de Turnus à Énée; le triomphe de Néron en paraît grandi. En réalité, Hasdrubal, voyant tout perdu, chercha la mort en se précipitant sur une cohorte romaine, *ne superstes tanto exercitui suum nomen secuto esset*, «afin de ne pas survivre à une armée si grande, qui avait suivi son nom» (Liu. 27, 49, 4).

Haec Nero et intorquet iaculum ; nec futilis ictus.
Nam latere extremo cuspis librata resedit.   795
Inuadit stricto super haec interritus ense
collapsique premens umbone trementia membra :
«Si qua sub extremo casu mandata referri
germano uis forte tuo, portabimus», inquit.
Contra Sidonius : «Leto non terreor ullo.   800
Vtere Marte tuo, dum nostris manibus adsit
actutum uindex. Mea si suprema referre
fratri uerba paras, mando : Capitolia uictor
exurat cinerique Iouis permisceat ossa
et cineres nostros.» Cupientem annectere plura   805
feruentemque ira mortis transuerberat ense
et rapit infidum uictor caput. Agmina fuso
sternuntur duce, non ultra fidentia Marti.

Iamque diem solisque uias nox abstulit atra,
cum uires parco uictu somnoque reducunt ;   810
ac, nondum remeante die, uictricia signa,
qua uentum, referunt clausis formidine castris.
Tum Nero, procera sublimia cuspide portans
ora ducis caesi : «Cannas pensauimus», inquit,
«Hannibal, et Trebiam et Thrasymenni litora tecum   815
fraterno capite. I, duplica nunc perfida bella
et geminas accerse acies. Haec praemia restant,
qui tua tramissis optarint Alpibus arma.»

Le Punique refoula ses larmes et, en le portant avec
820 constance, allégea son malheur ; le moment venu, il
offrira aux Mânes de son frère des victimes dignes de
lui, gronde-t-il sans desserrer les lèvres. Puis après avoir
établi son camp plus loin, dans l'immobilité il cacha
son échec, évitant les hasards des batailles de Mars[1].

1. Hannibal en effet partit pour le Bruttium en évitant tout
contact avec les Romains.

Compressit lacrimas Poenus minuitque ferendo
constanter mala et inferias in tempore dignas   820
missurum fratri clauso commurmurat ore.
Tum, castris procul amotis, aduersa quiete
dissimulans, dubia exclusit certamina Martis.

822 amotis *L O V* : ad mo- *F* ‖ aduersa *L F O* : auer- *V* ‖ quiete
L F V : -ta *O*.

LIVRE XVI

LIVRE XVI

LIVRE XVI

C'est la terre du Bruttium qui reçut Hannibal
pleurant les malheurs de sa patrie et les siens[1].
Là, derrière ses retranchements, il mûrissait les plans
d'une reprise de la guerre, momentanément arrêtée[2].
Ainsi, caché dans la forêt où il s'est retiré après avoir
5 été chassé de son étable, le taureau[3] dépouillé de
son pouvoir sur le troupeau prépare loin de tout
ses combats dans le secret d'une clairière ; alors,
de ses mugissements sauvages, il sème la terreur
dans les bois, il se rue sur les pentes pierreuses,
jette à bas les forêts, et, dans sa rage, il s'attaque
aux rochers d'une corne furieuse ; et tous les ber-
gers tremblent en le voyant de loin, du haut d'un
10 promontoire, se préparer à de nouveaux combats.
Mais l'énergie d'Hannibal, qui aurait épuisé le
Latium si s'étaient trouvés réunis tous les moyens de
faire la guerre, était vilipendée par la basse jalousie
des siens ; privé de ressources[4], il était obligé de brider
ses ardeurs, de rester inactif et de s'engourdir dans le
15 vieillissement de la situation[5]. Pourtant, le respect que
lui avait gagné sa force, la terreur qu'inspirait son passé
de sanglantes victoires, le protégeaient des coups

---

1. Tite-Live (28, 12, 1) note l'impact de la défaite du Métaure et
de la mort d'Hasdrubal sur le moral de son frère : [non] *ipse se*
obtulit in tam recenti uulnere publico priuatoque; plus loin (§ 6), la
situation des Puniques est présentée comme désespérée après la
mort d'Hasdrubal. Hannibal est donc contraint de regrouper ses
troupes dans le Bruttium, région montagneuse et boisée, comme
dans un réduit (*id.* 27, 51, 13 : *in extremum Italiae angulum,*
Bruttios ...).

LIBER SEXTVS DECIMVS

Bruttia maerentem casus patriaeque suosque
Hannibalem accepit tellus. Hic aggere saeptus
in tempus posita ad renouandum bella coquebat,
abditus ut silua, stabulis cum cessit ademptis,
amisso taurus regno gregis auia clauso   5
molitur saltu certamina; iamque feroci
mugitu nemora exterret perque ardua cursu
saxa ruit; sternit siluas rupesque lacessit
irato rabidus cornu; tremit omnis ab alto
prospectans scopulo pastor noua bella parantem.   10
    Sed uigor hausurus Latium, si cetera Marti
adiumenta forent, praua obtrectante suorum
inuidia reuocare animos ac stare negata
cogebatur ope et senio torpescere rerum.
Parta tamen formido manu et tot caedibus olim   15
quaesitus terror uelut inuiolabile telis
seruabant sacrumque caput, proque omnibus armis

    1 Bruttia *V* : Bructia *L F* Bruccia *O* ‖ **4** cessit *O V* : cesset *L F*
‖ **9** rabidus *L F CH* : rapidus *O V* ‖ **11** hausurus *O V CH* : ausurus
L (h *suprascr.*) *F* ‖ **13** ac stare *Livineius, Gronovius* : agitare *S* ‖
15 olim *L F V* : *deest in O.*

comme un être inviolable et sacré[1] ; pour remplacer
tout l'armement, les fournitures militaires et les forces
fraîches, le seul nom d'Hannibal suffisait. De tous ces
contingents de langue différente[2], de tous ces gens dont
20 les discordantes coutumes barbares séparaient les
cœurs[3], aucun ne lâcha pied, et, dans l'adversité, ils
demeuraient loyaux par respect pour leur chef.

Mais l'Ausonie n'était pas le seul lieu où Mars souriait
aux fils de Dardanus[4] : déjà quitte la terre d'Hibérie
25 le Phénicien enfin chassé de ces champs aurifères, déjà
Magon, dépouillé de son camp, en proie à la panique,
traverse la mer vers la Libye, toutes voiles dehors.

Et voici que la Fortune, non contente de sa première
faveur, préparait pour le chef romain une autre action
d'éclat. Hannon, en effet, arrivait à la hâte, menant
30 des contingents barbares aux cètres sonores, et, trop
tard, entraînait avec lui les Hibères du pays. Bon
tacticien, rusé et courageux, rien ne lui aurait fait
défaut s'il n'avait dû affronter Scipion. Tant le chef
ausonien écrasait du poids supérieur de sa force toutes
35 ces grandes qualités : ainsi Phébé[5] domine les étoiles,
ainsi son frère domine Phébé de son éclat, ainsi
Atlas est le roi des montagnes et le Nil celui des fleuves,
ainsi le dieu Océan l'emporte sur les flots bleus de
Neptune.

Hannon fortifiait son camp, — car le soir avait
commencé de répandre, depuis l'Olympe enténébré, une
ombre qui gênait sa hâte inquiète —, quand il reçoit
40 l'assaut du chef romain[6]. Soudain, c'est le désordre :
partout on met en pièces les défenses du retranchement
commencé, encore inachevées en haut ; l'herbe vient
peser sur les morts, et le gazon leur fait l'hommage
d'un tombeau.

---

    1. Cf. Tite-Live, 28, 12, 1 : *neque lacessierunt quietum
[Hannibalem] Romani : tantam inesse uim, etsi omnia alia circa eum
ruerent, in uno illo duce censebant.*
    2. *Id., ibid.,* § 2-8 : c'est le prestige d'Hannibal et ses qualités
de chef qui lui ont permis d'éviter, malgré ces circonstances
difficiles, toute rébellion, dans une armée composée de contingents
que rien ne rapprochait *(quibus non lex, non mos, non lingua
communis, alius habitus, alia uestis ...).*

et castrorum opibus dextrisque recentibus unum
Hannibalis sat nomen erat. Tot dissona lingua
agmina, barbarico tot discordantia ritu   20
corda uirum mansere gradu, rebusque retusis
fidas ductoris tenuit reuerentia mentes.

Nec uero Ausonia tantum se laetus agebat
Dardanidis Mauors : iam terra cedit Hibera
auriferis tandem Phoenix depulsus ab aruis,   25
iam Mago exutus castris agitante pauore
in Libyam propero tramisit caerula uelo.

Ecce aliud decus haud uno contenta fauore
nutribat Fortuna duci. Nam concitus Hannon
aduentabat agens crepitantibus agmina caetris   30
barbara et indigenas serus raptabat Hiberos.
Non ars aut astus belli uel dextera deerat,
si non Scipiadae concurreret. Omnia ductor
magna adeo Ausonius maiori mole premebat,
ut Phoebe stellas, ut fratris lumina Phoeben   35
exsuperant, montesque Atlas *et* flumina Nilus,
ut pater Oceanus Neptunia caerula uincit.

Vallantem castra (obscuro nam uesper Olympo
fundere non aequam trepidanti coeperat umbram)
aggreditur Latius rector, subitoque tumultu   40
caeduntur passim coepti munimina ualli
imperfecta super; contexere herbida lapsos
pondera, et in tumuli concessit caespes honorem.

---

19 lingua *S* : linguis *coni. Ruperti* ‖ **21** retusis *L F* : retrusis *O V*
‖ **28** uno *CH* : *om. L O V* ‖ paruo *F s.l.* primo *F2mg.* ‖
30 crepitantibus *S CM Ep. 19 :* crepidantibus *CH* ‖ **31** raptabat *L
F V* : capt- *O ut uid.* ‖ **33** omnia *L F O* : omina *V* agmina *edd.* ‖
35 fratris *dett.* : fratri *S* ‖ **36** et *CH* : ut *S* ‖ **39** trepidanti *L F* :
crepid- *V* ‖ umbram *dett.* : umbra *S* ‖ **42** super contexere *S* : super.
Contex- *interp. Summers, Bauer.*

Un seul homme, ou presque, eut un courage digne
d'être connu de la postérité, et qui vaille d'entrer dans
45   une tradition de gloire[1]. Ce Cantabre[2] qui, même sans
ses armes, pouvait inspirer l'effroi par sa stature
gigantesque, avait nom Larus. Selon l'usage de son
peuple, il se battait sauvagement avec une hache à la
main[3]. Il avait beau voir, tout autour de lui, les rangs
50   enfoncés se creuser, et disparaître la troupe des
guerriers de sa tribu, il comblait à lui seul la place
des tués. Si l'ennemi se présentait de front, il assou-
vissait avec joie sa rage en le frappant de face ; si
l'assaut l'appelait sur sa gauche, il retournait son arme
55   et frappait à revers. Mais lorsque, par derrière, un
adversaire, ardent et sûr de sa victoire, venait l'attaquer dans le dos, lui, sans se troubler, savait lancer sa
hache vers l'arrière : aucune approche n'était avec lui
sans danger. Mais Scipion, le frère de l'invincible chef,
60   lança vers lui d'un jet puissant sa pique, et trancha la
crinière couronnant le casque de cuir ; car la pointe,
lancée trop haut, passa et fut chassée au loin d'un coup
vertical de la hache. Mais le jeune homme, rendu plus
furieux par ce violent assaut, s'élance et, avec un grand
cri, abat sa double hache de barbare. On tremble dans
les rangs, et dans l'air résonne la bosse du bouclier
65   frappée de tout le poids de l'arme. Et la punition
vint : car lorsqu'il ramenait sa main après avoir frappé,
un coup d'épée la trancha net, et elle tomba, morte,
avec l'arme chérie[4]. Lorsque ces malheureux virent
s'écrouler leur rempart[5], ce fut aussitôt dans les
rangs la fuite générale, et la débandade à travers
la campagne. La scène ne ressemblait plus à un
70   combat[6], mais offrait l'image sinistre d'une exécution,

---

1. Cet épisode de combat singulier au cours d'une mêlée, tout
de Silius, est un thème classique de l'épopée, où la défaite de l'un
des antagonistes entraîne généralement, comme ici, la déroute de
son camp. Silius fait de L. Scipion, frère du général, le héros de ce
duel. Tite-Live, lui, cite à son actif la prise d'Orongis (28, 3, 4-16).

Vix uni mens digna uiro, nouisse minores
quam deceat pretiumque operis sit tradere famae. 45
Cantaber ingenio membrorum et mole timeri
uel nudus telis poterat Larus. Hic fera gentis
more securigera miscebat proelia dextra.
Et quamquam fundi se circum pulsa uideret
agmina, deleta gentilis pube cateruae, 50
caesorum implebat solus loca. Seu foret hostis
comminus, expleri gaudebat uulnere frontis
aduersae; seu laeua acies in bella uocaret,
obliquo telum reflexum Marte rotabat.
At cum pone ferox auersi in terga ueniret 55
uictor, nil trepidans, retro iactare bipennem
callebat, nulla belli non parte timendus.
Huic ducis inuicti germanus turbine uasto
Scipio contorquens hastam cudone comantes
disiecit crinis; namque altius acta cucurrit 60
cuspis, et elata procul est eiecta securi.
At iuuenis, cui telum ingens accesserat ira,
barbaricam adsiliens magno clamore bipennem
incutit. Intremuere acies, sonuitque per auras
pondere belligero pulsati tegminis umbo. 65
Haud impune quidem : remeans nam dextera ab ictu
decisa est gladio ac dilecto immortua telo.
Qui postquam murus miseris ruit, agmina concors
auertit fuga confestim dispersa per agros.
Nec pugnae species, sed poenae tristis imago 70

44 uix *L F* : uis *O V* ‖ **49** quamquam *L F V* : postquam *O* ‖ se *L
F V* : sese *O* ‖ **54** reflexum *S* : refluxum *CH* reflexus *coni. Lefebvre* ‖
55 at *F O V* : ac *L* ‖ **60** crinis *O V* : trinis *L F*.

avec seulement d'un côté des tueurs, de l'autre des
fuyards. Et, au milieu d'un groupe, voici que l'on traîne
Hannon[1], les mains liées derrière le dos, demandant
grâce (ah, qu'elle est douce, la lumière du ciel!),
75   prisonnier, enchaîné, demandant grâce. Le chef latin
lui dit : «Voilà donc ceux qui prétendent tout dominer,
et voir s'incliner devant eux la toge, et le peuple sacré
de Quirinus guerrier! Si vous êtes si prêts à la
servitude, pourquoi reprenez-vous la guerre?»

Sur ces entrefaites, un éclaireur monté apporte la
nouvelle qu'Hasdrubal, sans rien savoir de la défaite,
80   accélère sa marche pour faire sa jonction[2]. Scipion
entraîne ses troupes à sa rencontre, et, voyant avec
joie s'offrir l'affrontement qu'il souhaite, et l'ennemi
se précipiter vers la mort, il s'écrie, les yeux vers le
ciel : «O dieux! Je ne vous demande aujourd'hui rien
de plus! Vous avez ramené les fuyards[3] au combat,
85   et c'est assez. Le reste de nos vœux est entre nos mains,
soldats! En avant, vite, je vous en prie[4]! J'entends
ici mon père, là mon oncle, nous appeler, pleins de
colère. O mes divinités jumelles de la guerre, conduisez-
moi, assistez-moi, je vous suis. Vous allez, si mon
pressentiment ne me trompe pas, voir un carnage digne
90   de votre nom. Quel sera donc enfin, dans les plaines
de la terre d'Hibérie, le terme de la guerre? Luira-
t-il jamais sur le monde, ce jour[5] où je pourrai te
voir, Carthage, terrifiée au bruit de mes armes et à
l'approche de l'assaut?»

Il se tut, et le son rauque des trompettes fit éclater
95   son vacarme strident[6]. Les astres résonnèrent du
tonnerre des cris de guerre. C'est le choc : autant
emportent de victimes la violence de la mer, le Notus,
et Borée, et l'Auster sans pitié, noyant sous les eaux
soulevées des flottes chargées d'hommes, ou Sirius[7]
allumant ses feux mortels lorsqu'il brûle de sa terrible

---

1. Hannon fut effectivement fait prisonnier (*supra*, note à 23
sqq.), mais la mise en scène spectaculaire est de l'invention de
Silius. L'attachement à la vie est souvent blâmé dans les *Punica*
(cf. 2, 223 : *heu blandum caeli lumen !*) pour les situations
déshonorantes qu'il conduit à accepter.

illa erat hinc tantum caedentum atque inde ruentum.
Per medios Hannon palmas post terga reuinctus
ecce trahebatur lucemque (heu, dulcia caeli
lumina!), captiuus lucem inter uincla petebat.
Qui rector Latius : «Tanta, en, qui regna reposcant,　　75
quis cedat toga et armiferi gens sacra Quirini!
Seruitio si tam faciles, cur bella refertis?»

　Haec inter celerare gradum, coniungat ut arma,
Hasdrubalem ignarum cladis praenuntius affert
explorator eques. Raptat dux obuia signa,　　　　　　80
ac postquam optatam laetus contingere pugnam
uidit et ad letum magno uenientia cursu
agmina, suspiciens caelum : «Nil amplius», inquit,
«uos hodie posco, superi. Protraxtis ad arma
quod profugos, satis est. In dextra cetera nobis　　85
uota, uiri. Rapite, ite, precor. Vocat ecce furentes
hinc pater, hinc patruus. Gemina o mihi numina belli
ducite, adeste, sequor. Dignas spectabitis, aut me
praescia mens fallit, uestro iam nomine caedes.
Nam quis erit tandem campis telluris Hiberae　　　90
bellandi modus? En umquam lucebit in orbe
ille dies quo te armorum, Carthago, meorum
adspiciam sonitus admotaque bella trementem?»

　Dixerat, et raucus stridenti murmure clangor
increpuit. Tonuere feris clamoribus astra.　　　　　95
Concurrunt, quantumque rapit uiolentia ponti
et Notus et Boreas et inexorabilis Auster
cum mergunt plenas tumefacta sub aequora classes,
aut cum letiferos accendens Sirius ignes

---

71 caedentum *CH* : cedentum *L F V* cadentum *O* ‖ **75** en *O V* :
heu *L F* (en *suprascr.*) ‖ **81** ac *L F* : at *O V* ‖ **83** nil *S* : nihil *edd.* ‖
84 protraxtis *CH* : protractis *S* ‖ **97** et notus *F* : et nothus *O V* it
nothus *L*.

100 chaleur le monde qui suffoque, autant font leur moisson
dans la bataille le fer et la haine farouche des hommes.
Jamais la terre en s'entr'ouvrant ne pourrait faire
autant de dégâts que les batailles, jamais non plus,
dans les halliers sauvages, la terrible rage des fauves
105 ne pourrait faire tant de carnage. Déjà plaines et
côteaux baignent dans le sang, les fers s'émoussent.
Les Libyens sont tombés, et aussi les Ibères, ces
fervents de Mars. Seule encore à tenir sa place, une
troupe épuisée, aux boucliers troués, se bat près
d'Hasdrubal qui fait aller sa lance[1]. Et le soir n'aurait
110 pas mis fin à ce combat, ni à ce courage héroïque[2],
si une flèche n'était venue percer la cuirasse de l'homme
et le blesser légèrement à la poitrine, le décidant à fuir.
Il quitte le combat, un cheval rapide l'emporte à
couvert, et, caché par la nuit, il suit la côte jusqu'au
port de Tartessos[3].
115   Au combat, un homme avait presque égalé Hasdrubal en courage et en force : c'était le roi des Numides[4],
dont la longue alliance avec Rome et l'attachement
aux fils d'Énée allaient bientôt rendre le nom presti-
gieux : Massinissa[5]. Épuisé, il dormait d'un sommeil
où l'avaient plongé les fatigues de la fuite et les
ténèbres de la nuit, lorsque, soudain, une langue de
120 feu vint nimber sa tête d'une rouge auréole[6] ; on
vit la flamme s'enrouler, inoffensive, dans les boucles
de sa chevelure, et gagner les mèches emmêlées de
son front. Ses serviteurs accourent, et s'empressent
d'éteindre, en jetant de l'eau froide, les serpents de feu
qui ceignent ses tempes. Mais sa mère, une femme
125 d'âge, interprétant ces signes divins, s'écrie : «Qu'il en
soit ainsi, ô dieux du ciel ! Soyez avec nous, réalisez
ces présages[7], et que cette lumière brille sur cette tête
pendant des siècles. Et toi, mon fils, n'aie pas peur

---

1. Cette attitude du chef punique est une transformation
épique. Peut-être Silius embellit-il les indications de Tite-Live (28,
15, 8) sur les objurgations qu'adressa Hasdrubal à ses troupes
prêtes à s'enfuir ; mais le même historien fait de lui l'instigateur de
la débandade finale (*ibid.* 16, 6 : *ipse dux fugae auctor ...*).

torret anhelantem saeuis ardoribus orbem,   100
tantum acies hominumque ferox discordia ferro
demetit. Haud ullus terrarum aequarit hiatus
pugnarum damna, aut strages per inhospita lustra
umquam tot dederit rabies horrenda ferarum.
Iam campi uallesque madent, hebetataque tela.   105
Et Libys occubuere et amantes Martis Hiberi.
Stat tamen una loco perfossis debilis armis
luctaturque acies qua concutit Hasdrubal hastam.
Nec finem daret ille dies animosaque uirtus,
ni perlapsa uiro loricae tegmine harundo   110
et parco summum uiolasset uulnere corpus
suasissetque fugam. Rapido certamina linquit
in latebras auectus equo noctisque per umbram
ad Tartessiacos tendit per litora portus.
    Proximus in pugna ductori Marte manuque   115
regnator Nomadum fuerat, mox foedere longo
cultuque Aeneadum nomen Masinissa superbum.
Huic fesso, quos dura fuga et nox suaserat atra,
carpenti somnos subitus rutilante coruscum
uertice fulsit apex, crispamque inuoluere uisa est   120
mitis flamma comam atque hirta se spargere fronte.
Concurrunt famuli et serpentes tempora circum
festinant gelidis restinguere fontibus ignes.
At grandaeua deum praenoscens omina mater :
«Sic, sic, caelicolae, portentaque uestra secundi   125
condite», ait. «Duret capiti per saecula lumen.

---

109 ille *dett.* : illa *S* ‖ **110** uiro *S CH* : foret *edd.* ‖ loricae *F O V* :
lorica *L* ‖ tegmine *S CH* : tegmina *coni. Liuineius* tegmen *coni.*
Dausqueius ‖ **117** masinissa *V* : mass- *L F* massimissa *O* ‖ **118** huic
L F : hinc *O V* ‖ **123** restinguere *L F* : restringere *O V* ‖ **124** at *F²*
ac *L F¹ O V* ‖ omina *V ut uid.* : omnia *L F O* ‖ **125** alterum sic *om.*
O ‖ **126** duret *F* : dure *L O V*.

d'un signe aussi favorable des dieux, ne crains pas ces
flammes sacrées autour de tes tempes. Il te promet
l'alliance du peuple dardanien, il t'assurera un royaume
130 plus grand que le royaume de tes pères[1], ce feu, et il
associera ton nom aux Fastes du Latium.» Voilà ce
qu'elle prédit, et ce prodige si clair touchait le cœur
du jeune homme : chez les Carthaginois, son courage ne
lui valait aucune distinction, et Hannibal lui-même
montrait de jour en jour moins d'allant sous les
armes[2].
135   L'Aurore commençait à chasser les nuées du ciel
enténébré, et avait à peine teinté de rose le visage
des filles d'Atlas[3]. Il gagne le camp, encore ennemi,
des Romains. Là, lorsqu'il eut franchi le retranchement
et reçu du chef latin un accueil aimable, le roi
140 commença en ces termes[4] : «C'est un signe des dieux,
interprété par ma mère vénérée, et aussi, ô chef des
Rutules, la faveur insigne que les dieux accordent à
tes mérites, qui m'ont arraché aux Tyriens et conduit
jusqu'ici de mon plein gré. Si je t'ai souvent semblé
145 résister avec énergie à tes foudres, c'est un bras bien
digne de toi, fils du dieu du Tonnerre, que je viens
t'offrir. Ce qui m'y a poussé, ce n'est pas un esprit
léger, versatile et superficiel, ni un cœur changeant, et
je ne poursuis pas non plus l'espoir de profiter des
faveurs de Mars. Je fuis la fourberie d'un peuple qui,
de tout temps, a trahi sa parole[5]. Toi, puisque tu
as porté les combats jusqu'à la limite des bornes
150 d'Hercule[6], viens avec moi attaquer la mère même de
la guerre. Et l'homme qui, depuis déjà deux lustres,
occupe le domaine des Laurentes et approche ses
échelles des murailles de Rome, c'est par le fer et par
le feu qu'il te faut le forcer à rentrer en Libye.»
    Ainsi parla le chef numide. Alors Scipion, lui serrant
155 la main droite, [lui dit] : «Si notre peuple brille à tes
yeux par sa vaillance, il brille plus encore par son
respect de la parole. Ne pense plus à ces alliés aux

---

1. Cf. Liu. 24, 49, 1 : *Masinissam ... iuuenem ea indole ut
appareret maius regnum opulentiusque quam quod accepisset factu-
rum.*

Ne uero, ne, nate, deum tam laeta pauesce
prodigia, aut sacras metue inter tempora flammas.
Hic tibi Dardaniae promittit foedera gentis,
hic tibi regna dabit regnis maiora paternis   130
ignis et adiunget Latiis tua nomina Fastis.»
Sic uates, iuuenisque animum tam clara mouebant
monstra, nec a Poenis ulli uirtutis honores,
Hannibal ipse etiam iam iamque modestior armis.

Aurora obscuri tergebat nubila caeli   135
uixque Atlantiadum rubefecerat ora sororum.
Tendit in Ausonios et adhuc hostilia castra.
Atque ubi se uallo intulerat ductorque benigno
accepit Latius uultu, rex talibus infit :
«Caelestum monita et sacrae responsa parentis   140
disque tua, o Rutulum rector, gratissima uirtus
auulsum Tyriis huc me duxere uolentem.
Si tibi non segnes tua contra fulmina saepe
uisi stare sumus, dignam te, nate Tonantis,
afferimus dextram. Nec nos aut uana subegit   145
incertae mentis leuitas et mobile pectus,
aut spes et laeti sectamur praemia Martis.
Perfidiam fugio et periuram ab origine gentem.
Tu, quando Herculeis finisti proelia metis,
nunc ipsam belli nobiscum inuade parentem.   150
ille tibi, qui iam gemino Laurentia lustro
possedit regna et scalas ad moenia Romae
admouet, in Libyam flammis ferroque trahendus.»

Sic Nomadum ductor. Tunc dextra Scipio dextram
amplexus : «Si pulchra tibi Mauorte uidetur,   155
pulchrior est gens nostra fide. Dimitte bilingues

---

127 tam *L F V* : tum *O* ‖ **131** latiis *O V* : latus *L F* ‖ fastis *CM
Ep. 74* : fatis *S* ‖ **134** armis *S* : annis *coni. Bentley* ‖ **137** in *S* : ad
edd. ‖ **145** nos *L Fpc O* : uos *F V* ‖ **149** tu *CH* : et *S* ‖ **151** iam *S* :
ter *coni. Dausqueius.*

deux langages. De nous, Massinissa, tu peux attendre
de grandes récompenses pour ta glorieuse vaillance, et
Scipion sera surpassé en valeur guerrière avant de l'être
en gratitude. Quant au feu que tu me conseilles
160 d'apporter en Libye, le temps y pourvoira ; c'est un
sujet auquel je n'ai pas manqué de réfléchir[1], et la
pensée de Carthage m'obsède.» Il offre ensuite au
jeune chef des cadeaux[2] : une superbe chlamyde de
tissu brodé, un coursier à la selle de pourpre qu'il
165 avait lui-même, en vainqueur, enlevé à Magon après
l'en avoir jeté bas, et dont il avait éprouvé la fougue ;
puis la patère d'or avec laquelle, aux autels des
dieux, Hasdrubal faisait libation, et un casque à
crinière. Enfin, après avoir conclu avec le roi un traité
d'alliance, Scipion commence à méditer la destruction
des remparts de Carthage.
170   Au pays des Massyles[3] était un roi très riche et non
dépourvu de valeur, Syphax ; d'innombrables tribus
venaient lui demander leurs lois, jusqu'aux plus loin-
tains rivages de Téthys. Il possédait en abondance des
terres, des chevaux, et ces monstres, terreurs des
batailles, avec aussi toute une élite de guerriers. On
175 n'aurait pu trouver personne plus riche en ivoire ou
en or massif, ou en toisons qu'il faisait teindre aux
cuves des Gétules[4]. Soucieux de s'adjoindre ces forces,
et prévoyant des difficultés si le roi passait aux
Carthaginois, Scipion fait mettre à la voile, et se voit
180 déjà guerroyant en Afrique[5]. Mais lorsqu'on fut arrivé,
et que les vaisseaux eurent mouillé dans le port,
Hasdrubal, que la peur faisait fuir en naviguant le long
des côtes, était déjà là : après sa défaite, il cherchait
de nouvelles alliances, et voulait entraîner du côté
tyrien les drapeaux massyliens[6].

---

1. Dès la fin des hostilités en Espagne, dit Tite-Live (28, 17, 3-
4), Scipion pensait à porter la guerre en Afrique et à attaquer
Carthage : *iam Africam magnamque Carthaginem ... spectabat.
Itaque ... Syphacem primum regem statuit tentare.* Cf. *infra*, v. 179.
    2. Cette remise de cadeaux ne figure pas dans les textes
conservés des historiens.

ex animo socios. Magna hinc te praemia clar*ae*
uirtutis, Masinissa, manent, citiusque uel armis
quam gratae studio uincetur Scipio mentis.
Cetera quae Libyam portari incendia suades,   160
expediet tempus; nec enim sunt talia rerum
non meditata mihi, et mentem Carthago fatigat.»
Hinc iuueni dona insignem uelamine picto
dat chlamydem stratumque ostro quem ceperat ipse
deiecto uictor Magone animique probarat   165
cornipedem, tum qua diuum libabat ad aras
Hasdrubal, ex auro pateram galeamque comantem.
Exin firmato sociali foedere regis
uertendas agitat iam nunc Carthaginis arces.

Massylis regnator erat ditissimus oris   170
nec nudus uirtute Syphax; quo iura petebant
innumerae gentes extremaque litore Tethys.
Multa uiro terra ac sonipes et belua, terror
bellorum, nec non Marti delecta iuuentus.
Nec foret aut ebore aut solido qui uinceret auro   175
Gaetulisue magis fucaret uellus aenis.
Has adiungere opes auidus reputansque laborem
si uertat rex ad Poenos, dare uela per altum
imperat atque animo iam tum Africa bella capessit.
Verum ubi peruentum et portus tenuere carinae   180
iam trepida fugiens per proxima litora puppe
Hasdrubal afflictis aderat noua foedera quaerens
rebus, et ad Tyrios Massylia signa trahebat.

157 ex animo *L F V* : examino *O* ‖ hinc *L Fpc O* : huic *Fac V* ‖
clarae *edd.* : clare *Fpc O* dare *L Fac V* ‖ **158** masinissa *F O* : massi-
L V ‖ **159** gratae *CM Ep. 19, S* : stratae *edd.* ‖ **165** animique *CM*
l.c. L F : auumque *O V* ‖ **166** tum *CM l.c. L F V* : cum *O* ‖ **171** quo
S : quem *coni. Schrader* ‖ **172** gentes *dett.* : gentis *S* ‖ **175** foret *S* :
fuit *coni. Heinsius*.

Quand il apprit qu'étaient en même temps arrivés
185 dans son royaume les chefs des deux peuples qui
engageaient toutes leurs forces dans une lutte armée
pour la suprématie mondiale, Syphax, tout fier[1], les
fit accueillir avec courtoisie dans son palais, et ce si
grand hommage à son pouvoir l'emplit d'orgueil. Puis,
jetant un regard satisfait sur les deux visages qu'il
190 avait devant lui, il prit le premier la parole et dit
au jeune Romain[2] : «Fleuron des Dardaniens, quel
bonheur pour moi de t'accueillir, et que j'ai plaisir à
te voir! Quelle joie de retrouver les traits de Scipion!
Tu me rappelles ton père. Oui, je m'en souviens[3],
lorsque j'étais allé à Gadès, la ville d'Hercule, sur le
195 rivage d'Érythie, attiré par l'Océan et par le spectacle
des marées, j'ai vu avec une étonnante sympathie, sur
les bords du Bétis tout proche, les deux grands chefs.
Alors ces grands hommes m'offrirent des cadeaux
choisis dans leur butin[4] : des armes, mais aussi (choses
200 inconnues jusque-là dans mon royaume), des mors pour
les coursiers, et des arcs, auxquels nos javelots ne
le cèdent en rien; ils me donnèrent aussi comme
instructeurs des soldats chevronnés[5], pour former aux
combats de Mars, selon votre méthode, mes bandes
éparses et indisciplinées. Mais quand, à mon tour, je
présentai en échange les ressources de mes domaines,
205 des cadeaux en or ou des défenses blanches comme
neige, mes offres n'eurent aucun succès : chacun d'eux
n'accepta pour lui qu'une épée enfermée dans un
fourreau d'ivoire sculptée. Allons, entre donc avec
plaisir dans notre demeure! Et puisque le sort m'amène
à travers la mer un chef libyen, prête ton attention à

---

1. Cf. Liu. 28, 18, 1 : *Magnificumque id Syphaci — nec erat aliter
— uisum, duorum opulentissimorum ea tempestate duces populorum
uno die suam pacem amicitiamque petentes uenisse.*
2. Cette allocution de bienvenue imite de près celle qu'Évandre
adresse à Énée (*Aen.* 8, 154 sqq.).

Audito pariter populorum in regna duorum
aduenisse duces, qui tota mole laborent 185
disceptentque armis terrarum uter imperet orbi,
celsus mente Syphax acciri in tecta benigne
imperat et tanto regni se tollit honore.
Tum laetos uoluens oculos aduersa per ora,
sic Latium affatur iuuenem ac prior incipit ultro : 190
«Quam te, Dardanide pulcherrime, mente serena
accipio, intueorque libens! Quamque ora recordor
laetus Scipiadae! Reuocat tua forma parentem.
Nam repeto, Herculeas Erythia ad litora Gades
cum studio pelagi et spectandis aestibus undae 195
uenissem, magnos uicina ad flumina Baetis
ductores miro quodam me cernere amore.
Tum mihi dona uiri praeda delecta tulere,
arma simul regnoque meo tum cognita primum
cornipedum frena, atque arcus quis cedere nostra 200
non norunt iacula, et ueteres tribuere magistros
militiae, qui dispersas sine lege cateruas
uestro formarent ritu ad certamina Martis.
Ast ego, cum *contr*a, nostris quae copia regnis,
nunc auri ferrem, niuei nunc munera dentis, 205
nil ualui precibus. Solos sibi cepit uterque
quos cohibebat ebur uaginae sectilis enses.
Quare, age, laetus ha*ue* nostros intrare penates
ac, mea quando affert Libycum fortuna per undas

---

190 ac *F O V* : et *L* ‖ **194** erythia *L F* : erichia *O V* ‖
195 spectandis *L F V* : spectanti *O* ‖ **197** quodam *L F* : quondam
O V ‖ **200-201** quis cedere nostra non norunt iacula *S* : q.c. n. nunc
norunt i. *coni. Schrader* q.c.n. non nolint i.*coni. Gronovius* q.c.n.
consuerunt i. *coni. Delz* qui c. nostro non norint iaculo *coni.*
Heinsius qui c. nostris non norint iaculis *coni. Lefebvre et alii alia,*
uide adn. ‖ **204** contra *Withof, Bauer* : nostra *L F O* uestra *V* ‖
208 haue *CH* : habe *S* habes *coni. Ruperti* ‖ **209** affert *L F CM Ep.*
74 : abest *O V.*

210 ce que je vais dire[1]. Quant à vous, qui gouvernez
la citadelle de Carthage la tyrienne, et toi, Hasdrubal,
prêtez-moi, je vous prie, une oreille attentive. L'ouragan de fer et de feu qui déferle sur les peuples d'Ausonie
et menace de mort le Latium, les dix années pendant
lesquelles d'abord la cruelle terre de Sicile, puis les
215 rivages d'Hibérie, ont bu le sang tyrien, qui peut les
ignorer? Pourquoi donc ne pas arrêter enfin cette
terrible guerre et accepter de déposer les armes?
Contente-toi de rester dans les limites de la Libye, et
toi, dans celles de l'Ausonie[2]. Si vous êtes disposés à
220 traiter, Syphax ne sera pas un trop indigne médiateur
de paix.» Sans le laisser poursuivre, Scipion expose la
tradition de son peuple et le pouvoir souverain du
sénat; il invite le roi à cesser d'espérer réaliser un plan
voué à l'échec, et l'informe que seuls les Pères ont
225 compétence en ce domaine[3]. Ce fut la fin de cette
tentative[4]; le reste de la journée, ils le passent
à festoyer et à boire, puis, après ce banquet, ils
s'abandonnent au sommeil et se libèrent dans la nuit
des durs soucis qui les étreignent.

Déjà l'Aurore, franchissant le seuil de sa demeure,
230 offrait à la Terre une journée nouvelle, et, sortant de
leurs écuries, les chevaux du Soleil s'avançaient sous
le joug; l'astre lui-même n'était pas encore monté sur
son char, mais la mer était rouge de l'incendie près
d'éclater. Sortant de sa couche, Scipion, l'air serein, se
rend au palais du roi massyle[5]. Celui-ci, suivant la
235 tradition locale, élevait des lionceaux, et à force de
soins, leur faisait perdre leur féroce aggressivité[6]. Il
était justement occupé à caresser leur encolure fauve
et leur crinière, et, sans crainte, en les faisant jouer,
maniait leurs muffles sauvages. Lorsqu'il apprend que

1. Cf. Liu. 28, 18, 2 : *et quoniam fors eos sub uno tecto esse atque
ad eosdem penates uoluisset, contrahere ad colloquium dirimendarum
simultatium causa est conatus.*

2. Chez Polybe (14, 1, 9), Syphax, alors que Scipion guerroie
déjà en Afrique, insiste pour cette solution : que les Puniques
abandonnent l'Italie, et les Romains l'Afrique.

ductorem, facili, quae dicam, percipe mente.   210
Et uos, qui Tyriae regitis Carthaginis arces,
Hasdrubal, huc aures, huc quaeso aduertite sensus.
Quanta per Ausonios populos torrentibus armis
tempestas ruat et Latio suprema minetur,
utque bibant Tyrium bis quinos saeua per annos   215
Sicana nunc tellus, nunc litora Hibera cruorem,
cui nescire licet? Quin ergo tristia tandem
considunt bella, et deponitis arma uolentes?
Tu Libya, tu te Ausonia cohibere memento.
Haud deformis erit uobis ad foedera uersis   220
pacator mediusque Syphax.» Subiungere plura
non passus gentis morem arbitriumque senatus
Scipio demonstrat, uanique absistere coepti
spe iubet, et patres docet haec expendere solos.
Suadendi modus hic, quodque est de parte diei   225
exacta super, ad mensas et pocula uertunt,
atque epulis postquam finis dant corpora somno
et dura in noctem curarum uincula soluunt.

 Iamque nouum terris pariebat limine primo
egrediens Aurora diem, stabulisque subibant   230
ad iuga solis equi, necdum ipse adscenderat axem,
sed prorupturis rutilabant aequora flammis.
Exigit e stratis corpus uultuque sereno
Scipio contendit Massyli ad limina regis.
Illi mos patrius fetus nutrire leonum   235
et catulis rabiem atque iras expellere alendo.
Tum quoque fulua manu mulcebat colla iubasque
et fera tractabat ludentum interritus ora.

---

212 huc (aures) *Fpc O V* : hinc *L* huic *Fac* ‖ **213** torrentibus *S* :
terrent- *coni. Bothe* horrent- *coni. Bauer* ‖ **223** uanique *F CH* :
namque *L O V* ‖ **229** limine *CM Ep. 19* : lumine *S* ‖ **232** prorupturis *L F* : praerup- *O V* ‖ **233** exigit *S* : erigit *coni. Blass* ‖
235 nutrire *S CH* : -isse *edd.*

le chef dardanien est là, il revêt un manteau et sa
240 main gauche saisit le symbole éclatant de son pouvoir
ancien ; il ceint ses tempes d'un bandeau blanc, et
boucle à son côté l'épée traditionnelle. Alors, il invite
Scipion à entrer, et, dans les appartements privés, le
roi, sceptre en main, et son hôte siègent égaux en
dignité.
245   Le pacificateur de la terre d'Hibérie parle le premier
en ces termes : « Dès que j'eus soumis les peuples des
Pyrénées, mon premier, mon plus grand souci, fut de
venir au plus tôt dans ton royaume, auguste roi
Syphax, et les dangers de la mer qui nous séparait ne
250 m'ont pas fait hésiter. Ce que nous attendons de ton
pouvoir royal n'a rien de difficile ou de déshonorant :
viens te joindre aux Latins, viens épouser leur cause
et prendre ta part de leurs succès. Ni les peuples
massyliens, ni ton territoire étendu jusqu'aux Syrtes [1],
ni le pouvoir dont tu as hérité sur ces vastes plaines,
ne sauraient t'apporter plus de prestige que, dans une
255 loyale et sûre alliance, la valeur des Romains et les
marques d'honneur du peuple des Laurentes. Pourquoi
en dire plus ? Il est clair qu'aucun habitant des cieux
n'accorde sa faveur à qui s'en est pris aux armes
dardaniennes. »
    Le Massyle l'écouta d'un air satisfait et l'approuva
de la tête ; donnant à Scipion l'accolade, il lui dit :
260 « Consolidons toutes ces heureuses prémisses, ne laissons
pas les dieux absents de nos accords, allons invoquer
à la fois Jupiter au front cornu [2] et Jupiter Tarpéien. »
Aussitôt avait surgi de terre un autel de gazon, la
victime attendait, le cou offert à la hache prête, quand
soudain, rompant ses liens, le taureau s'enfuit d'un
265 bond loin de l'autel [3], emplit de ses mugissements tout
le palais en émoi et, de ses halètements coupés de
grondements rauques, il répand la terreur parmi la cour

---

1. Le royaume de Syphax était en réalité bien moins vaste : il
s'étendait, de l'ouest à l'est, de la Mulucha (O. Moulouya) au
Chylemath (O. Chéliff).

Dardanium postquam ductorem accepit adesse,
induitur chlamydem, regnique insigne uetusti   240
gestat laeua decus, cinguntur tempora uitta
albente, ac lateri de more astringitur ensis.
Hinc in tecta uocat, secretisque aedibus hospes
sceptrifero cum rege pari sub honore residunt.

Tum prior his infit terrae pacator Hiberae :   245
«Prima mihi domitis Pyrenes gentibus ire
ad tua regna fuit properantem et maxima cura,
o sceptri uenerande Syphax, nec me aequore saeuus
tardauit medio pontus. Non ardua regnis
quaesumus aut inhonora tuis : coniunge Latinis   250
unanimum pectus sociusque accede secundis.
Non tibi Massylae gentes extentaque tellus
Syrtibus et latis proauita potentia campis
amplius attulerint decoris quam Romula uirtus
certa iuncta fide et populi Laurentis honores.   255
Cetera quid referam? Non ullus scilicet ulli
aequus caelicolum qui Dardana laeserit arma.»

Audiuit laeto Massylus et annuit ore
complexusque uirum : «Firmemus prospera», dixit
«omina, nec uotis superi concordibus absint,   260
cornigerumque Iouem Tarpeiumque ore uocemus.»
Et simul exstructis caespes surrexerat aris
uictimaque admotae stabat subiecta bipenni,
cum subito abruptis fugiens altaria taurus
exsiluit uinclis mugituque excita late   265
impleuit tecta et fremitu suspiria rauco
congeminans, trepida terrorem sparsit in aula;

241 uitta *dett.* : uicta *S.* ‖ **242** adstringitur *L Fpc O V* : accing-
Fac ‖ **244** sceptrifero *L F* : -gero *O V* ‖ **252** extentaque *S* :
praetent- *coni. Heinsius* ‖ **255** iuncta *L F CM Ep. 19* : inuicta *O V*
‖ honores *S CM l.c.* : honore *edd.* ‖ **260** omina *L V* : omnia *F O* ‖
265 exsiluit *L F* : -iit *O V* ‖ **267** congeminans *Livineius, Gronovius* : -nant *S.*

épouvantée. Et le bandeau du roi, ornement ancestral,
tomba de son front sans qu'on y eût touché, et laissa
270 nues ses tempes. C'étaient là les funestes présages de
la chute d'un trône, envoyés par les dieux, et la
présence des signes menaçants d'un cruel destin.
Viendra le temps où, brisé par la guerre et jeté à bas
de son trône, ce roi sera mené vers le temple du dieu
Tonnant dans le cortège de celui qui venait alors
humblement solliciter un pacte d'alliance[1].
275 Après ces événements, Scipion retourne au port, met
à la voile par vent favorable, et regagne une terre qu'il
connaît bien.
Les peuples accoururent avec empressement, et les
Pyrénées soumises envoyèrent leurs diverses tribus.
Tous n'ont qu'une idée : d'un même cœur, ils donnent
à Scipion le nom de roi[2], le saluent du titre de roi :
280 c'était en effet le plus grand hommage qu'ils savaient
rendre à la valeur. Mais Scipion refusa courtoisement
cette offre, inconvenante pour un Ausonien ; à son tour,
il leur expliqua la tradition de son pays, leur montra
que Rome ne pouvait tolérer le titre de roi, puis il en
vint au seul sujet qui le préoccupait encore, puisque
285 tout ennemi avait disparu[3]. Il convoque ensemble les
Latins et les peuples du Bétis et du Tage, et, au milieu
de cette assemblée, tient alors ce discours[4] : « Puisque
les dieux ont bien voulu nous accorder leur protection,
et que le Libyen, rejeté de cette extrémité du monde,
290 est tombé mort dans ces plaines ou, chassé de l'ouest,
a foulé en exilé les sables de sa métropole[5], j'ai
maintenant l'intention de rendre hommage aux monu-
ments de mes parents[6] sur votre terre, et de donner
à leurs ombres la paix qu'elles réclament. Partagez mon
sentiment, et prêtez-moi une oreille attentive : lorsque,
295 pour la septième fois, le soleil recommencera sa course

1. Silius montre Scipion d'abord sur le même pied que son hôte
(v. 244), puis ici en position de demandeur, mais il anticipe sur la
situation finale où Syphax figurera comme captif dans la *pompa*
du triomphe de Scipion, en 201 (cf. *infra*, 17, 628 sqq.).

uittaque, maiorum decoramen, fronte sine ullo
delapsa attactu nudauit tempora regis.
Talia caelicolae casuro tristia regno   270
signa dabant, saeuique aderant grauia omina fati.
Hunc fractum bello regem solioque reuulsum
tempus erit cum ducet agens ad templa Tonantis
qui tunc orabat socialia foedera supplex.
   His actis repetit portum puppesque secundo   275
dat uento et notis reddit se Scipio terris.
   Concurrere auidae gentes, uariosque subacta
Pyrene misit populos. Mens omnibus una :
concordes regem appellant regemque salutant.
Scilicet hunc summum norunt uirtutis honorem.   280
Sed postquam miti reiecit munera uultu
Ausonio non digna uiro, patriosque uicissim
edocuit ritus, et Romam nomina regum
monstrauit nescire pati, tum uersus in unam
quae restat curam, nullo super hoste relicto,   285
et Latios simul et uulgum Baetisque Tagique
conuocat, ac medio in coetu sic deinde profatur :
«Quando ita caelicolum nobis propensa uoluntas
annuit, extremo Libys ut deiectus ab orbe
aut his occideret campis, aut axe relicto   290
Hesperio patrias exul lustraret harenas,
iam uestra tumulos terra celebrare meorum
est animus, pacemque dare exposcentibus umbris.
Mente fauete pari atque aures aduertite uestras :
septima cum solis renouabitur orbita caelo,   295

---

268 uittaque *edd.* : uictaque *S* ‖ **272** hunc *L F* : hinc *O* hic *V* ‖
278 mens *L F* : en *O V* ‖ **280** norunt *S* : norant *coni. Drakenborch* ‖
285 nullo... relicto *S* : -a... -a *coni. van Veen* ‖ **286** latios *L F* :
latio *O V* ‖ baetisque *L Fpc* : beatisque *Fac* bethisque *O V* ‖
290 occideret *L O V* : accid- *F* excid- *CH* ‖ **292** uestra *O V* : nostra
L F ‖ **294** fauete *dett.* : fauere *S*.

dans le ciel[1], que tous les champions aux armes ou à
l'épée, que tous ceux qui excellent à mener les
quadriges[2], que ceux qui pensent pouvoir triompher
à la course ou qui, de leurs javelots, aiment à fendre
l'air, viennent ici concourir pour la gloire d'une
300 couronne d'honneur. Je récompenserai dignement leurs
efforts par des prix magnifiques tirés du butin pris aux
Tyriens, et nul ne partira sans un présent de moi[3].»
Il excite ainsi dans tous les cœurs un espoir de gain
et un désir de gloire.

Et voici qu'était arrivé le jour annoncé ; la plaine
était remplie du bruit d'une foule innombrable, et le
305 chef, les yeux pleins de larmes, menait selon le rite un
simulacre de cortège funèbre. Chaque Ibère, chaque
soldat servant sous le nom latin, apporte un présent
qu'il ajoute aux bûchers en feu. Scipion, lui, tenant
des coupes pleines d'abord de lait, puis de vin consacré,
sème sur les autels des fleurs odorantes. Alors il appelle
310 à lui les Mânes de ces grands hommes, il chante en
pleurant leurs louanges, et célèbre les exploits des
disparus[4].

Ensuite, il se rend au cirque, fait commencer les
compétitions et place en tête les courses de vitesse des
chevaux[5]. Comme une houle marine, des cris violents
315 montent de la foule versatile dont les faveurs se
partagent[6], avant qu'on ait ouvert les loges, et l'on
garde les yeux sur les portes et sur la ligne de départ
des chevaux. Au signal donné, les barres sautent avec
bruit, et à peine a-t-on vu briller de toute sa corne le
premier sabot, qu'une clameur monte en violente
320 tornade vers le ciel[7] ; penchés en avant comme les
concurrents, ils suivent tous des yeux leur char favori,
et, à pleine voix, s'adressent aussi aux chevaux qui
s'envolent. Le cirque tremble sous les encouragements[8]

1. Cf. *Aen*. 5, 64 sqq. (il s'agit là du neuvième jour, mais les
deux chiffres sont également symboliques).
2. Cf. *Aen*. 5, 67 sqq.
3. *Ibid.*, v. 305 : *Nemo ex hoc numero mihi non donatus abibit.*
4. C'est la *laudatio funebris* rituelle.

quique armis ferroque ualent, quique arte regendi
quadriiugos pollent currus, quis uincere planta
spes est, et studium iaculis impellere uentos,
adsint, ac pulchrae certent de laude coronae.
Praemia digna dabo, e Tyria spolia incluta praeda,   300
nec quisquam nostri discedet muneris expers.»
Sic donis uulgum laudumque cupidine flammat.

    Iamque dies praedicta aderat coetuque sonabat
innumero campus simulatasque ordine iusto
exsequias rector lacrimis ducebat obortis.   305
Omnis Hiber, omnis Latio sub nomine miles
dona ferunt, tumulisque super flagrantibus addunt.
Ipse tenens nunc lacte, sacro nunc plena Lyaeo
pocula, odoriferis adspergit floribus aras.
Tum Manes uocat excitos laudesque uirorum   310
cum fletu can*it* et ueneratur facta iacentum.

    Inde refert sese circo, et certamina prima
incohat, ac rapidos cursus proponit equorum.
Fluctuat aequoreo fremitu rabieque fauentum
carceribus nondum reseratis mobile uulgus   315
atque fores oculis et limina seruat equorum.
Iamque ubi prolato sonuere repagula signo
et toto prima emicuit uix ungula cornu,
tollitur in caelum furiali turbine clamor,
pronique ac similes certantibus ore sequuntur   320
quisque suos currus magnaque uolantibus idem
uoce loquuntur equis. Quatitur certamine circus

299 ac *L F* : et *O V* ‖ **300** praemia *Vpc* : prima *L F O Vac* ‖ e
Livineius : et *S* ‖ **311** canit et *Barth* : cantet *S* caneret *CH* canere
et *coni. Heinsius* ‖ ueneratur *S* : -rari *coni. Heinsius* ‖ **313** ac *L F*
O : et *V* ‖ **314** aequoreo *S* : aequato *coni. Heinsius* interea *uel*
incerto *coni. Schrader* aetherio *coni. Postgate* ‖ **316** limina *L F* :
lum- *O V* ‖ **321** currus *S* : cursus *CH*.

qui s'affrontent, et l'enthousiasme fait perdre à tous
la tête. On multiplie les conseils[1], on guide à grands
325 cris les chevaux. Montant du sable de la piste[2], un
nuage fauve s'élève dans l'atmosphère et couvre d'une
ombre épaisse le trajet des coursiers et l'effort des
auriges[3]. L'un se déchaîne en faveur d'un cheval plein
de fougue, un autre pour le conducteur, d'autres pour
un compatriote, d'autres s'enflamment pour le renom
330 d'un élevage ancien. Il en est qu'obsèdent les allé-
chantes promesses d'une encolure novice sous le joug,
d'autres font confiance à la verte vieillesse d'un coursier
depuis longtemps connu.

En tête[4] vole et fend l'air avec son char rapide un
cheval de Galice, Lampon, qui bondit à longues foulées
335 et laisse derrière lui les vents. On crie, on applaudit
frénétiquement, et l'on croit qu'avec cette avance
ce que l'on souhaite est pratiquement fait. Mais ceux
qui réfléchissent davantage et ont une plus profonde
connaissance du cirque condamnent ce gaspillage de
340 forces dès le début de la course, et, de loin, accablent
de vains reproches celui qui pousse ses bêtes à un effort
démesuré. «Où vas-tu si vite, Cyrnus, où? C'est trop!»
— Cyrnus était l'aurige — «Arrête ton fouet, calme-toi,
retiens tes guides!» Hélas, il fait la sourde oreille! Il
va, sans s'inquiéter de ses chevaux, et sans penser à
345 ce qui lui reste de terrain à couvrir.

Suivant de près, à seulement une longueur de char du
premier[5], mais le suivant de près, allait Panchates, un
asturien[6] dont brillait le front blanc, caractéristique

1. Chacun, dans le public, assaille de conseils son aurige favori.
La conjecture d'Heinsius *(praecipites)* est donc inutile, et la leçon
praeceptis des manuscrits est ici en situation.
2. Cf. Virg., *Georg.* 3, 110 : *at fuluae nimbus arenae | tollitur* et
Stace, *Theb.*, 6, 411 : *et iam rapti oculis, iam caeco puluere mixti |
una in nube latent.* Cf. aussi *Il.*, 23, 365-366.
3. Damsté propose de transposer ces vers après les vers 332, et
Delz (*Bibl. Teubn.*, 1987) transpose aussi le vers 324. Mais il
semble bien que Silius se place encore du côté du public, que le
nuage de poussière gêne pour voir chevaux et auriges.

*h*ortantum, ac nulli mentem non abstulit ardor.
Instant praeceptis et equos clamore gubernant.
Fuluus harenosa surgens tellure sub auras   325
erigitur globus atque operit caligine densa
cornipedumque uias aurigarumque labores.
Hic studio furit acris equi, furit ille magistri,
hos patriae fauor, hoc accendit nobile nomen
antiqui stabuli. Sunt quos spes grata fatiget   330
et noua ferre iugum ceruix; sunt cruda senectus
quos iuuet, et longo sonipes spectatus in aeuo.

Euolat ante omnes rapidoque per aera curru
Callaicus Lampon fugit atque ingentia tranat
exsultans spatia, et uentos post terga relinquit.   335
Conclamant plausuque fremunt uotique peractam
maiorem credunt praerepto limite partem.
At quis interior cura et prudentia circi
altior, effusas primo certamine uires
damnare, et cassis longe increpitare querelis   340
indispensato lassantem corpora nisu :
«Quo nim*i*us, quo, Cyrne, ruis?» (nam C*y*rnus agebat);
«uerbera dimitte et reuoca moderatus habenas!»
Heu surdas aures! Fertur securus equorum
nec meminit quantum campi decurrere restet.   345

Proximus, a primo distans quantum aequore currus
occupat ipse loci, tantum, sed proximus ibat
Astur Panchates; patrium frons alba nitebat

323 hortantum *Bentley et Ruperti* : certantum S spect- *coni.*
Summers ‖ **324-327** *post 332 collocandos putauit Delz (325-27
Damsté), uide adn.* ‖ **333** rapidoque S : raptoque *coni. Heinsius* ‖
curru *L F CH* : cursu *O V* ‖ **334** lampon *S* : lampo *CH* ‖
337 praerepto limite *L F V* : praecepto l. *O (ut uid.)* praecepto
limine *coni. Heinsius* ‖ **342** nimius *edd.* : minus *L F O* mimus *V* ‖
cyrne *edd.* : crine *L* cryne *F* cerne *O V* ‖ ruis *dett.* : ruit *S* ‖ cyrnus
edd. : crinus *L F V* crinis *O* ‖ **348** panchates *L F* : panchatos *O*
pauchates V.

de sa race, comme l'étaient ses quatre balzanes
350 blanches. Plein de feu, court de membres, et de peu
de prestance, l'occasion cependant le poussait et lui
avait donné des ailes, et il allait sur le terrain, impa-
tient des guides. On aurait cru que sa taille augmentait
et que ses membres s'allongeaient. Celui qui le menait,
resplendissant dans sa pourpre cinyphienne[1], était
Hibérus.

355   En troisième position, de front avec Pélorus, courait
Caucasus. C'était un cheval rétif, qui n'aimait pas le
doux bruit des caresses sur son encolure[2], et se plaisait
à serrer et à mâcher son fer jusqu'à en écumer du sang.
Pélorus, lui, docile au mors et plus obéissant, gardait
toujours une course droite, sans jamais dévier ni faire
360 faire à son char d'embardées, mais restait bien à
l'intérieur, sur la gauche de la piste[3], et rasait la borne.
On remarquait sa forte encolure, comme la très épaisse
crinière qui jouait sur son cou. Et, miracle!, il n'avait
pas de père : sa mère Harpé l'avait conçu des souffles
printaniers du Zéphyr[4], et élevé dans les plaines
365 vettones. C'était le noble Durius qui fouettait ce char
sur la piste. Caucasus, lui, s'en remettait à son vieux
maître Atlas. Ce cheval venait de Tydé l'étolienne,
fondée par Diomède au cours de ses errances. Et la
tradition le faisait descendre de la race des chevaux
de Troie que le fils de Tydée, victorieux d'Énée, lui
370 avait enlevés aux bords du Simoïs[5] par un audacieux
coup de main.

    Et déjà, après s'être affrontés sur près de la moitié
du parcours, ils forçaient leur allure[6], et, dans ses
efforts pour rattraper l'attelage de tête, le fringant

---

    1. Littéralement : «de cochenille du Cynips»; le *coccum*
(cochenille) donnait une teinte rouge vif. Le Cynips est un cours
d'eau de Tripolitaine qui se jette entre les deux Syrtes, mais Silius
emploie l'adjectif avec le sens général d'«africain» (cf. 5, 185 et
288, et Virg., *Georg.* 3, 312).
    2. Cf. Virg., *Georg.* 3, 185-186 (dressage des chevaux) : *blandis
gaudere magistri / laudibus, et plausae sonitum ceruicis amare.*

insigne et patrio pes omnis concolor albo.
Ingentes animi, membra haud procera decusque   350
corporis exiguum, sed tum sibi fecerat alas
concitus atque ibat campo indignatus habenas.
Crescere sublimem atque augeri membra putares.
Cinyphio rector cocco radiabat Hiberus.

Tertius aequata currebat fronte Peloro   355
Caucasus. Ipse asper, nec qui ceruicis amaret
applausae blandos sonitus, clausumque cruento
spumeus admorsu gauderet mandere ferrum.
At docilis freni et melior parere Pelorus
non umquam effusum sinuabat deuius axem,   360
sed laeuo interior stringebat tramite metam.
Insignis multa ceruice et plurimus idem
ludentis per colla iubae. Mirabile dictu,
nullus erat pater : ad Zephyri noua flamina campis
Vettonum eductum genetrix effuderat Harpe.   365
Nobilis hunc Durius stimulabat in aequore currum,
Caucasus antiquo fidebat Atlante magistro.
Ipsum Aetola uago Diomedi condita Tyde
miserat. Exceptum Troiana ab origine equorum
tradebant, quos Aeneae Simoentis ad undas   370
uictor Tydides magnis abduxerat ausis.

Iamque fere medium euecti certamine campum
in spatio addebant, nisusque apprendere primos

---

354 cocco *L F V²s.l. CM Ep. 74 CC Em. 1, 17* : toto *O V* ‖ **354-55** hiberus / tertius aequata currebat *CM l.c. CC l.c.* : *om. S* ‖ **356** caucasus *Fpc CM l.c. CC l.c.* : caufa- *L Fac* campha- *O* caupha- *V* ‖ **357** clausumque *S OM l.c.* : rosum- *coni. Heinsius* durum- *coni. Summers* ‖ **360** sinuabat *L F* : fumabat *O V* ‖ **364** pater *L F CC l.c.* : *om. O V* ‖ **365** uettonum *F CC l.c.* : uectonum *L O V* ‖ harpe *O V* : arpe *L* alpe *F* ‖ **367** fidebat *O V* : sidebat *L F* ‖ **368** tyde *edd.* : tybe *L F* tibe *O V* ‖ **370** tradebant *CH* : cadebant *L O V* tadebant *F* ‖ simoentis *F* : -tos *L* simeuntis *O* simeontis *V* ‖ **373** spatio *S CH* : spatia *dett. edd., coll. Verg. G. 1,513* ‖ addebant *F O V* : -bat *L* ‖ nisusque *L F* : uis- *O V*.

Panchates semblait prendre de la hauteur et vouloir à
375 tout instant monter sur l'arrière du char qui le
précédait ; courbant ses paturons, il heurtait et poussait
de la pointe du sabot le char galicien. Le dernier,
Atlas[1], n'allait pourtant pas moins vite que Durius,
également dernier : on aurait pu penser qu'en plein
accord ils avançaient de front et couraient comme des
380 compagnons d'attelage[2].

Dès qu'Hibérus, en deuxième position, sentit
qu'étaient au bout de forces les galliciens de Cyrnus,
que le char ne bondissait plus aussi vite qu'avant, et
qu'on forçait sans arrêt les chevaux fumants à grands
coups de fouet, alors, comme une tempête déferlant
385 brusquement d'un sommet, il se penche soudain en
avant sur l'encolure de ses coursiers, et, en surplomb
au-dessus de leurs têtes dressées, stimule Panchates,
nerveux d'être second en cheval de volée[3], et lui dit
en le cravachant : «Asturien, va-t-on, dans une de tes
390 courses, remporter la palme en te prenant la maîtrise
du terrain ? Redresse-toi, envole-toi, glisse sur la plaine
en retrouvant ta vitesse et tes ailes. Lampon baisse,
ses poumons haletants le trahissent, il cherche son
souffle et n'en a plus assez pour le mener jusqu'à
395 l'arrivée.» A ces mots le coursier bondit, comme s'il
prenait la piste au sortir de sa loge. Cyrnus tente de
lui barrer la route en obliquant, ou de suivre son allure,
mais il est laissé en arrière. Le ciel bruit, comme
le cirque où viennent se répercuter les hurlements
des spectateurs. Vainqueur, Panchates fend les airs de

---

1. Ces vers ont été jugés, soit interpolés (Delz), soit déplacés et
à inclure après le vers 371 (Bothe, suivi par Duff dans l'éd. Loeb).

Il semble cependant clair que Silius présente ici les concurrents,
à mi-course, en deux groupes de deux (ce en quoi il suit Virgile,
Aen. 5, 151 sqq. et 183 sqq.) : en tête, Lampon, conduit par
Cyrnus et talonné par Panchates, le cheval d'Hibérus (v. 372-
377) ; puis sur la même ligne, le groupe de queue *(postremus)* :
Atlas (menant Caucasus) et Durius (menant Pélorus). C'est
exactement la situation des vaisseaux de la régate (*Aen.* 5, 159
sqq.) au moment où les concurrents parviennent au signal autour
duquel ils doivent tourner.

Panchates animosus equos super altior ire
et praecedentem iam iamque adscendere currum   375
pone uidebatur, curuatisque ungula prima
Callaicum quatiens pulsabat calcibus axem.
At postremus Atlas, sed non et segnior ibat
postremo Durio; pacis de more putares
aequata fronte et concordi currere freno.   380
  Sensit ut exhaustas, qui proximus ibat, Hiberus
Callaicas Cyrni uires, nec ut ante salire
praecipitem currum, et fumantes uerbere cogi
adsiduo uiolenter equos, ceu monte procella
cum subita ex alto ruit, usque ad colla repente   385
cornipedum protentus et in capita ardua pendens
concitat ardentem quod ferret lora secundus
Panchaten, uocesque addit cum uerbere mixtas :
«Tene, Astur, certante feret quisquam aequore palmam
erepto? consurge, uola, perlabere campum   390
adsuetis uelox pennis. Decrescit anhelo
pectore consumptus Lampon, nec restat hianti
quem ferat ad metas iam spiritus.» Haec ubi dicta,
tollit se sonipes, ceu tunc e carcere primo
corriperet spatium, et nitentem opponere curuos   395
aut aequare gradus Cyrnum post terga relinquit.
Confremit et caelum et percussus uocibus altis
spectantum circus. Fertur sublime per auras

  374 equos *L O V* : aeques *F* ‖ **378-380** *post 371 transp. Bothe* ‖
379 durio *L F CC Em. 1, 17* : claro *O V* durius *coni. Livineius* ‖
381 sensit *F O V* : sentit *F2s.l.* sentist *L* ‖ ut *L F V CM Ep. 19 CC*
Em. 1,17 : et *O* ‖ **382** cyrni *L CM l.c. CC l.c.* : crini *F* cerni *O V* ‖
388 panchaten *CC l.c.* : panchatem *L O V* pancatem *F* ‖
396 cyrnum *edd.* : crynum *L* cyrimum *F* currum *O V* ‖ **398** circus
L F : circum *O V*.

toute sa taille, il dresse encore plus haut sa tête
400 triomphante, entraînant derrière lui ses compagnons
d'attelage.

Mais, derniers tous les deux, Atlas et Durius tentent
tour à tour des manœuvres. Tantôt l'un essaie de passer
sur la gauche, tantôt l'autre vient tout près et lutte
pour s'insinuer à droite, et chacun à son tour essaie
405 en vain de tromper l'autre; à la fin, fort de sa belle
jeunesse, Durius se penche, fait obliquer son char d'une
conversion des guides, coupe la route, renverse et
pousse le char d'Atlas, affaibli par l'âge, mais qui
proteste avec raison : «Où fonces-tu? Quelle est cette
410 façon de courir comme un enragé? Tu cherches à nous
tuer tous, nos chevaux et nous[1]!» Pendant qu'il crie
ces mots, il bascule en avant hors de son char brisé,
et avec lui ses chevaux, — triste spectacle —, perdant
leur cohésion, s'abattent sur la piste. Vainqueur, ayant
le champ libre, Pélorus secoue les guides pour ses
415 compagnons et s'enfuit au milieu de l'arène, laissant
Atlas qui tente de se relever. Il a tôt fait de rattraper
l'attelage épuisé de Cyrnus; celui-ci ralentissait et
apprenait trop tard à ménager ses bêtes : sur sa lancée,
le char vole et le dépasse lui aussi à toute vitesse. Les
cris, les encouragements de ses partisans lui donnent
420 de l'élan. Et déjà le coursier vient poser sa bouche sur
le dos et sur les épaules d'Hibérus terrifié, et l'aurige
sent derrière lui la vapeur de son souffle et la chaleur
de son écume[2]. Durius s'est lancé dans la plaine, il a
fouetté ses chevaux pour les jeter en avant, et c'est
un succès : il semble venir, oui, il vient sur la droite
425 à la hauteur de l'attelage qui le précédait. Alors,
abasourdi d'une telle espérance, il s'écrie : «C'est le
moment, Pélorus, c'est le moment de montrer que tu
es le fils de Zéphyr! Fais voir à ceux qui doivent leur

---

1. Peut-être souvenir de l'*Iliade* (23, 418 sqq.), où Archiloque
dépasse aussi imprudemment Ménélas. La comparaison des deux
passages suggère que *nobis* désigne les deux auriges.

2. Pour ce motif de la chaude haleine d'un concurrent sur la
nuque de celui qu'il suit de près, cf. *Il.*, 23, 380-381; Virg., *Georg.*
3, 111; Stace, *Theb.*, 6, 438-439.

altius attollens ceruicem uictor ouantem
Panchates, sociosque trahit prior ipse iugales. 400
  At postremus Atlas, Durius postremus in orbem
exercent artes. Laeuos nunc appetit ille
conatus, nunc ille premit certatque subire
dexter, et alterni nequiquam fallere temptant,
donec confisus primaeuae flore iuuentae 405
obliquum Durius conuersis pronus habenis
opposuit currum atque euersum propulit axem
Atlantis senio inualidi, sed iusta querentis :
«Quo ruis? Aut quinam hic rabidi certaminis est mos?
et nobis et equis letum commune laboras.» 410
Dumque ea proclamat, perfracto uoluitur axe
cernuus, ac pariter fusi, miserabile, campo
discordes sternuntur equi. Quatit aequore aperto
lora suis uictor, mediaque Pelorus harena
surgere nitentem fugiens Atlanta reliquit. 415
Nec longum Cyrni defessos prendere currus.
Hunc quoque cunctantem et sero moderamina equorum
discentem rapido praeteruolat incitus axe.
Impellit currum clamor uocesque fauentum ;
iamque etiam dorso atque humeris trepidantis Hiberi 420
ora superposuit sonipes, flatusque uapore
terga premi et spumis auriga calescere sentit.
Incubuit campo Durius, misitque citatos
uerbere quadrupedes ; nec frustra : aequare uidetur
aut etiam aequauit iuga praecedentia dexter. 425
Attonitus tum spe tanta : «Genitore, Pelore,
te Zephyro eductum, nunc, nunc ostendere tempus.

402-403 laeuos ... conatus *S* : -uo...-tu : *coni. Heinsius* ∥
406 pronus *F O V* : premis *L* ∥ **412** cernuus *L* : cernius *F* gerimus
O V ∥ **416** cyrni *L* : cyrin *F* cirrin *O V* ∥ **417** hunc *V* : nunc *L F O* ∥
420 atque *L F* : ac *O* et *V* (ac *s.l.*) ∥ **426** pelore *dett.* : peloro *S*.

origine à des bêtes la supériorité d'avoir un géniteur
divin. Vainqueur, tu feras des offrandes à ton père, et
430 tu lui élèveras des autels.» Et, s'il n'avait pas été trahi
par son trop grand succès et par sa joie mêlée de crainte
en laissant échapper son fouet pendant qu'il parlait,
peut-être aurait-il consacré à Zéphyr les autels promis.
Mais, malchanceux comme un vainqueur dont la cou-
435 ronne tombe de la tête, il tourne sa colère contre
lui-même, déchire sur sa poitrine sa casaque dorée, et
laisse éclater jusqu'aux astres ses larmes et ses plaintes.
Sans les coups de fouet, l'attelage n'obéissait plus, et
les guides secouées sur leur dos ne réussissent pas à les
440 stimuler. Pendant ce temps, sûr déjà de sa palme,
Panchatès allait vers le but, et, tête haute, il réclamait
le premier prix. Sur son cou et sur ses épaules, la brise
fait doucement flotter ses crins déployés; il lève avec
souplesse ses jambes en un pas de seigneur, et triomphe
sous les ovations.
445   Tous les concurrents reçurent le même cadeau, une
hache aux ciselures d'argent massif, mais les autres
prix marquaient la hiérarchie des honneurs[1]. Le
premier eut un coursier aux pieds ailés, cadeau
considérable offert par le roi massyle[2]. Le second, lui,
eut deux coupes recouvertes de l'or du Tage, prises sur
450 l'énorme butin enlevé aux Tyriens[3]. La peau à longs
poils d'un lion féroce[4], ainsi qu'un casque sidonien
tout hérissé de plumes, récompensent le troisième. Atlas
enfin, le vieillard resté sous son char en morceaux, se
voit tout de même appelé par le général, pris de pitié
devant son âge et sa malchance[5], et reçoit un prix.

---

1. Pour le choix des lauréats et des récompenses, Silius
emprunte aussi bien à Homère qu'à Virgile. Scipion avait déjà
annoncé (*supra*, v. 301 = *Aen.* 5, 305) que chacun aurait un
présent : ce prix est une hache, comme celle que reçoivent d'Énée
tous les concurrents, mais il s'agit alors de la course à pied. On
notera que, chez Silius comme chez ses modèles, le donateur offre,
soit des cadeaux antérieurs reçus par lui, soit, plus souvent,
des prises de guerre. S'y ajoute ici un caractère local, africain ou
hispanique.

Discant, qui pecudum ducunt ab origine nomen,
quantum diuini praecellat seminis ortus.
Victor dona dabis statuesque altaria patri.»   430
Et ni successu nimio laetoque pauore
proditus elapso foret inter uerba flagello,
forsan sacrasset Zephyro quas uouerat aras.
Tum uero infelix, ueluti delapsa corona
uictoris capiti foret, in se uersus ab ira   435
auratam medio discindit pectore uestem,
ac lacrimae simul et questus ad sidera fusi.
Nec iam subducto parebat uerbere currus :
pro stimulis dorso quatiuntur inania lora.
Interea metis, certus iam laudis, agebat   440
sese Panchates, et praemia prima petebat
arduus. Effusas lenis per colla, per armos
uentilat aura iubas, *d*um mollia crura superbi
attollens gressus magno clamore triumphat.

Par donum solido argento caelata bipennis   445
omnibus, a*t* uario distantia cetera honore.
Primus equum uolucrem, Massyli munera regis
haud spernenda, tulit. Tulit hinc uirtute secundus
e Tyria, quae multa iacet duo pocula praeda,
aurifero perfusa Tago. Villosa leonis   450
terga feri et cristis horrens Sidonia cassis
tertius inde honor est. Postremo munere Atlant*em,*
quamuis perfracto senior subsederat axe,
accitum donat ductor miseratus et aeuum

---

431 ni *dett.* : tu *S* ‖ **433** uouerat *F sl.* : nou- *S* ‖ **439** quatiuntur
L F : patiuntur *O V* ‖ **440** certus *dett., edd.* : certis *S* ‖ **442** lenis
dett., edd. : leuis *S* ‖ armos *F (s.l.)* : amos *L* annos *O V (ut uid.)* ‖
443 dum *Ker* : tum *L F V* cum *O* ‖ **446** at *CH* : ac *S* ‖ **452** est *L F*
V : et *O* ‖ atlantem *Liuineius* : athlantis *S* ‖ **454** accitum *L F V*
CM Ep. 55 : acritum O.

455 On lui donne un jeune serviteur d'une grande beauté,
avec en supplément un casque de peau à la mode du
pays.

Cela fait, le général appelle à la course à pied[1], très
populaire, et, pour donner du cœur aux concurrents,
il présente les prix : « Voici, pour le premier, le casque
460 avec lequel Hasdrubal terrifiait les troupes d'Hibérie ;
voici, pour le vainqueur en second de la course, cette
épée ; mon père l'a prise sur le cadavre d'Hyempsa. Et
toi, le troisième, tu auras un taureau pour te consoler
de n'avoir que le dernier prix. Tous les autres, s'ils se
sont montrés combatifs, s'en iront satisfaits avec, pour
chacun, deux javelots en métal du pays[2]. »
465 Deux radieux jeunes gens, Tartessos et Hespéros[3],
se présentent ensemble sous les acclamations du public.
De famille tyrienne, ils étaient envoyés par Gadès, leur
illustre patrie. Derrière eux. Baeticus, dont un duvet
470 naissant parsème les joues ; Cordoue lui avait donné ce
nom d'après celui du fleuve, et, dès avant la compétition[4], elle nourrissait beaucoup d'espoir à son sujet.
Puis, avec ses cheveux de feu tranchant sur l'éclat d'un
corps de neige, c'est Eurytus, qui suscita sur les gradins
une clameur générale ; Saetabis, sur sa haute colline,
l'avait vu naître et grandir, et ses parents, que
475 l'affection faisait trembler, se trouvaient là. Et puis
Lamus et Sicoris, fils de la guerrière Ilerda, et Théron,
qui s'abreuve à l'eau du fleuve qu'on appelle Léthé et
dont le flot porteur d'oubli coule doucement le long
des rives.

Ils sont dressés à leurs marques, le torse en avant,
le cœur battant très fort du désir de la gloire[5], lorsque
la trompette leur ouvre l'espace ; alors ils bondissent
480 dans l'air, plus vite que des flèches lancées en avant
par la détente de la corde. La faveur et les cris du

---

1. Pour la course à pied, cf. Il., 23, 740 sqq., Aen., 5, 291 sqq.,
Stace, Theb., 6, 550. Les prix sont souvent annoncés avant le
départ, pour stimuler les concurrents (Il., 23, 259 ; Aen., 5, 109 ;
Theb., 6, 550).

et sortem casus. Famulus florente iuuenta   455
huic datur, adiuncto gentilis honore galeri.

His actis ductor laeta ad certamina plantae
inuitat, positisque accendit pectora donis :
« Hanc primus galeam (hac acies terrebat Hiberas
Hasdrubal), hunc ensem, cui proxima gloria cursus,   460
accipiet ; caeso pater hunc detraxit Hyempsae.
Tertius extremam tauro solabere palmam.
Cetera contenti discedent turba duobus
quisque ferox iaculis quae dat gentile metallum. »

Fulgentes pueri Tartessos et Hesperos ora   465
ostendere simul uulgi clamore secundo.
Hos Tyria misere domo patria inclita Gades.
Mox subit aspersus prima lanugine malas
Baeticus ; hoc dederat puero cognomen ab amne
Corduba, et haud parto certamine laeta fouebat.   470
Inde comam rutilus, sed cum fulgore niuali
corporis, impleuit caueam clamoribus omnem
Eurytus ; excelso nutritum colle crearat
Saetabis, atque aderant trepidi pietate parentes.
Tum Lamus et Sicoris, proles bellacis Ilerdae,   475
et Theron, potator aquae sub nomine Lethes
quae fluit immemori perstringens gurgite ripas.

Qui postquam arrecti plantis et pectora proni
pulsantesque aestu laudum exsultantia corda
accepere tuba spatium, exsiluere per auras   480
ocius effusis neruo exturbante sagittis.

---

460 cursus *L F CM l.c.* : currus *O V* ‖ **463** discedent *S* : -dens
CH ‖ **465** tartessos *dett.* : tarcessos *S* ‖ **467** inclita *Fpc O V* : indita
L Fac ‖ **468** mox *Fmg CM Ep. 55* : nox *L F V* nos *O* ‖ aspersus *S* :
asperus *CM l.c.* ; *hunc u. om. edd. uett.* ‖ **470** parto certamine *S* :
paruo -mina *CM l.c.* parce -mina *coni. Modius et alii alia* ‖
471 fulgore *dett.* : uulgore *S* ‖ **473** eurytus *L (ex u. 522)* : euritus *S*
‖ **474** saetabis *L F V* : saecabis *O* ‖ atque *om. O* ‖ **475** lamus *Fpc*
O : lanius *L Fac* lanus *V*.

public se partagent : on a son favori, on se penche sur
la pointe des pieds pour le stimuler, au gré des
sympathies de chacun, en criant son nom à perdre
haleine. La troupe des champions parcourt le terrain
485 sans laisser de traces sur le sable où elle court. Tous
sont de très jeunes gens au splendide teint de blonds,
tous ont une foulée légère, et tous sont dignes de
gagner.

Au moment de toucher la moitié du parcours,
Eurytus s'est détaché, et, en tête de quelques foulées,
490 mais en tête, il menait la course. Suivant de près, aussi
rapide, l'énergique Hespéros effleure du bout de son
pied les traces que laisse le talon du premier. L'un se
satisfait d'être en tête, l'autre d'espérer pouvoir passer
en tête. Leur foulée n'en a que plus d'énergie, et leur
force morale anime leurs corps ; l'effort même ajoute
495 à la beauté de leur jeunesse.

Mais voici que le dernier du peloton[1], qui courait
sans beaucoup se donner, sent qu'il a rassemblé suffisamment de force ; alors il se redresse, déploie dans un
élan inattendu sa vigueur toute fraîche, démarre
brusquement et va plus vite que le vent : c'est Théron.
500 On croirait voir courir dans l'air le dieu du Cyllène[2]
chaussé de sandales ailées. Il dépasse les uns, il dépasse
les autres, devant un public ébahi, et lui qui se trouvait
à l'instant le dernier, le voilà maintenant placé pour
le troisième prix, talonnant Hespéros et courant dans
505 ses traces. Et ce n'est plus seulement celui qu'il suit,
mais même le favori pour la victoire, Eurytus, qui
prend peur à voir venir ces foulées aériennes.

En quatrième position, se fatiguant pour rien si les
trois autres conservent leur place initiale dans la

1. Reprise de la situation à mi-parcours de la course de chars
(381 sqq.) : deux concurrents se suivent de très près, mais c'est un
troisième qui viendra prendre la seconde place.
2. Mercure, né, disait-on, sur le mont Cyllène en Arcadie.

Diuersa et studia et clamor, pendentque fauentes
unguibus atque suos, ut cuique est gratia, anheli
nomine quemque cient. Grex inclitus aequore fertur
nullaque tramissa uestigia signat harena.   485
Omnes primaeui flauentiaque ora decori,
omnes ire leues atque omnes uincere digni.

Extulit incumbens medio iam limite gressum
Eurytus et primus breuibus, sed primus, abibat
praecedens spatiis. Instat non segnius acer   490
Hesperos, ac prima stringit uestigia planta
praegressae calcis. Satis est huic esse priori,
huic sperare sat est fieri se posse priorem.
Acrius hoc tendunt gressus animique uigore
corpora agunt. Auget pueris labor ipse decorem.   495

Ecce leui nisu postremoque agmine currens
postquam sat uisus sibi concepisse uigoris,
celsus inexhaustas effundit turbine uires
non exspectato, subitusque erumpit et auras
praeuehitur Theron. Credas Cyllenida plantam   500
aetherio nexis cursu talaribus ire.
Iamque hos iamque illos populo mirante relinquit
et modo postremus, nunc ordine tertia palma
Hesperon infestat sua per uestigia pressum.
Nec iam quem sequitur tantum, sed prima coronae   505
spes trepidat tantis uenientibus Eurytus alis.

Quartus sorte loci, sed si tres ordine seruent
inceptos cursus nequiquam uana laborans,

484 inclitus *S* : incitus *coni. Heinsius* ‖ **488** extulit *edd.* : et tulit
S ‖ **489** eurytus *L (ex u. 522)* : euritus *S CH* ‖ **492** praegressae *L F
Liuineius* : pro- *O V* ‖ huic *V* : hinc *L F O* ‖ **493** huic *dett., edd.* :
hinc *S* ‖ **496** nisu *L F* : uisu *O V* ‖ currens *L F V CM Ep. 55* :
currus *O* ‖ **497** uisus *F* (u *s.l.*) *CM Ep. 55* : nisus *L* uisu *O V* ‖ **499** et
L F CH Liuineius : ad *O V* ‖ **500** theron *L F V* : thero *O* ‖
506 eurytus *L (ex u. 522)* : eurutus *L V* eurictus *F* euritus *O*.

course[1], le sort avait mis Tartessos, qui talonnait son
510 frère, avec Théron entre eux. Mais Théron, ardent et
à bout de patience, s'élance sur la piste et dépasse
Hespéros furieux. Restait un concurrent, et l'approche
du but les aiguillonnait malgré leur épuisement. A
toutes les forces que leur ont laissées à la fois la fatigue
515 et la peur qui pénètre leur cœur tous deux font appel,
tant que l'espoir subsiste, pour un bref et violent effort.
D'une même foulée, ils filaient à la même allure. Et
peut-être se seraient-ils partagé le premier prix en
arrivant ensemble au but si Hespéros, dans le dos de
520 Théron, n'avait vu ses cheveux bien étalés sur sa nuque
blanche et, dans un mouvement de violente colère, ne
s'en était saisi pour les tirer[2]. Joyeux et triomphant,
Eurytus passe devant son rival ainsi retardé, s'élance
en vainqueur vers le prix[3] et remporte le superbe
cadeau du casque étincelant. Les autres jeunes gens
525 reçurent les récompenses promises, leurs cheveux,
jamais encore coupés, furent couronnés de vertes
feuilles, et chacun brandit une paire de javelots en
acier du pays[4].

On passe alors à de plus sérieux affrontements
d'adultes[5]; les épées dégaînées sont croisées pour
simuler les durs combats. Ce n'est pas pour une faute
530 ou des crimes de sang[6], mais par courage et désir
forcené de la gloire qu'ils s'affrontent ainsi par paires
à l'épée; spectacle bien digne de la troupe des enfants
de Mars, image de leurs épreuves quotidiennes. Parmi
eux, deux frères jumeaux[7] (jusqu'où n'est pas allée
l'impudence des rois, et quel forfait n'a-t-on pas
535 commis pour un trône?) devant un cirque comble, où
le public condamnait leur folie, engagèrent, les armes
à la main, un duel sacrilège à qui prendrait le sceptre.
C'était la coutume barbare de ce peuple[8], et c'est au
péril de leur vie que les frères se disputaient le trône
du père qu'ils avaient perdu. Ils s'affrontent avec toute

1. Selon un usage qui s'est maintenu dans nos modernes
compétitions individuelles, seuls les trois premiers seront distingués; cf. *supra*, v. 459-462.

Tartessos fratrem medio Therone premebat.
Nec patiens ultra tollit sese aequore Theron   510
igneus et plenum praeteruolat Hesperon irae.
Vnus erat super, et metae propioribus aegros
urebat finis stimulis. Quascumque reliquit
hinc labor, hinc penetrans pauor in praecordia uires,
dum sperare licet, breuia ad conamina uterque   515
aduocat. Aequantur cursus, pariterque ruebant.
Et forsan gemina meruissent praemia palma
peruecti simul ad metas, ni terga secutus
Theronis fusam late per lactea colla
Hesperos ingenti tenuisset saeuus ab ira   520
traxissetque comam. Tardato laetus ouansque
Eurytus euadit iuuene atque ad praemia uictor
emicat et galeae fert donum insigne coruscae.
Cetera promisso donata est munere pubes
intonsasque comas uiridi redimita corona   525
bina tulit patrio quatiens hastilia ferro.

   Hinc grauiora uirum certamina, comminus ensis
destrictus bellique feri simulacra cientur.
Nec quos culpa tulit, quos crimina noxia uitae,
sed uirtus animusque ferox ad laudis amorem   530
hi creuere pares ferro, spectacula digna
Martigena uulgo suetique laboris imago.
Hos inter gemini (quid iam non regibus ausum,
aut quod iam regnis restat scelus?) impia circo
innumero fratres cauea damnante furorem   535
pro sceptro armatis inierunt proelia dextris.
Is genti mos dirus erat, patriumque petebant
orbati solium lucis discrimine fratres.

---

509 therone *dett.* : therona *S* ‖ **518** ni *Fpc (s.l.)* : in *L Fac O V* ‖
519 late *L F V* : lete *O* ‖ **522** eurytus *L Fpc* : euritus *Fac O V* ‖
529 crimina noxia uitae *S* : -ne n. uita *coni. Heinsius* ‖ **534** quod
V : quoque *L F O* ‖ **537** dirus *L O V* : durus *F*.

l'agressivité de ceux que pousse la folie du pouvoir
540　souverain, ils tombent ensemble, et portent chez les
ombres leurs cœurs rassasiés de tout ce sang versé.
Ils se fendent en même temps[1], les pointes pénè-
trent profondément dans les poitrines, à ces blessures
terribles ils ajoutent d'ultimes paroles, et sauvagement
leur dernier soupir s'exhale avec des injures dans
545　l'air qui les refuse. Et même leurs mânes ne purent
retrouver la paix : car lorsque, sur leur bûcher commun,
un même feu se mit à dévorer leurs corps, la flamme
sacrilège se sépara et leurs cendres se refusèrent à
reposer ensemble[2].

　　　Le reste de la troupe reçut des récompenses en
550　proportion du courage et de l'habileté de chacun.
Certains partirent avec de jeunes bœufs dressés à
tracer dans la terre les sillons de la charrue ; d'autres
avec de jeunes chasseurs, pris parmi les prisonniers
maures, habiles à débusquer les fauves de leurs tanières.
Il y eut aussi d'autres prix de valeur : objets d'argent,
555　vêtements tirés du butin, un coursier, un grand
panache sur un brillant cimier, dépouilles de guerre
enlevées aux Libyens.

　　　Ensuite on disputa le prix du javelot, dernier
spectacle dans le cirque ; s'affrontèrent alors pour
dépasser la ligne[3] : Burnus, de grande lignée, venu
560　des rives métallifères du Tage que trouble et jaunit le
sable chargé d'or ; Glagus, célèbre pour lancer plus vite
que le vent ; un chasseur dont jamais les cerfs à
la fuite rapide n'ont pu éviter la pique, Aconteus ;
Indibilis[4], longtemps heureux de faire la guerre aux
Romains, puis devenu leur allié ; un homme entraîné
565　à toucher de son javelot, dans les nuages, un oiseau
en plein vol, mais aussi bon guerrier, Ilerdès. La

---

1. Ce dénouement est très différent de celui qu'on lit chez Tite-
Live et Valère-Maxime, où l'aîné triomphe du cadet : il est inspiré
du dernier affrontement entre Étéocle et Polynice dans la
Thébaïde (11, 524-572), où les deux frères s'injurient après s'être
mutuellement blessés à mort.

Concurrere animis, quantis confligere par est,
quos regni furor exagitat, multoque cruore   540
exsatiata simul portantes corda sub umbras
occubuere. Pari nisu per pectora adactus
intima descendit mucro; superaddita saeuis
ultima uulneribus uerba, et conuicia uoluens
dirus in inuitas effugit spiritus auras.   545
Nec manes pacem passi : nam corpora iunctus
una cum raperet flamma rogus, impius ignis
dissiluit, cineresque simul iacuisse negarunt.

Cetera distincto donata est munere turba,
ut uirtus et dextra fuit. Duxere iuuencos   550
impressis dociles terram proscindere aratris,
duxere adsuetos lustra exagitare ferarum
uenatu iuuenes, quos dat Maurusia praeda.
Necnon argenti, necnon insignia uestis
captiuae pretia et sonipes et crista nitenti   555
insurgens cono, spolia exuuiaeque Libyssae.

Tum iaculo petiere decus, spectacula circi
postrema, et metae certarunt uincere finem
Burnus auis pollens, quem misit ripa metalli
qua Tagus auriferis pallet turbatus harenis,   560
et Glagus insignis uentos anteire lacerto,
et, cuius numquam fugisse hastilia cerui
praerapida potuere fuga, uenator Aconteus,
Indibilisque diu laetus bellare Latinis,
iam socius, uolucresque uagas deprendre nube   565
adsuetus iaculis, idem et bellator, Ilerdes.

---

539 animis *Fpc V* : -mus *L Fac* -mas *O* ‖ **545** inuitas *S* : -isas
coni. Blass ‖ **546** iunctus *F O CM Ep. 55* : uinctus *L V* ‖
547 flamma *dett.* : -mam *S* ‖ **559** burnus *F* : burinis *L V* burius *O* ‖
561 lacerto *dett.* : -tos *S* ‖ **562** cerui *dett.* : cerni *S* ‖ **564** indibilisque *dett., edd.* : ludibi- *S*.

première palme fut pour Burnus, qui a fiché son arme
dans le but ; il eut une esclave habile à faire perdre
aux laines leur blancheur dans la pourpre de Gétulie.
570 Le second prix récompensa celui dont la lance était
arrivée tout près du but, Ilerdès, tout joyeux de partir
avec un jeune esclave pour qui c'était un jeu de saisir
à la course n'importe quel daim. Aconteus, lui, put
faire admirer son troisième prix, une couple de chiens
qui ne craignaient pas de débusquer le sanglier en
donnant de la voix.

575   Cris et applaudissements approuvèrent ces marques
d'honneur ; puis le frère du chef, et Lélius resplendissant sous la pourpre[1], prononcent avec plaisir les
grands noms des disparus et évoquent leurs mânes,
tout en lançant leurs piques. Ils tenaient à honorer
ainsi des cendres sacrées et à donner aux jeux ce
580 supplément de lustre. Scipion, lui aussi, dont le visage
montrait la joie intérieure, commence par offrir à
ces cœurs fidèles des dons à la mesure de leurs mérites :
son frère eut une cuirasse à plusieurs couches d'or,
Lélius de rapides chevaux d'attelage asturiens ; puis il
se dresse, projette à toute volée sa lance victorieuse[2],
585 et déclare que c'est là son hommage aux ombres. Mais,
prodige !, en plein vol, au milieu du terrain, la lance,
aux yeux de tous, s'arrête et vient se ficher profondément en terre ; et soudain poussent des frondaisons, de
hautes branches, c'est un chêne qui, dès sa naissance,
donne une ombre très étendue. Les devins, lisant
590 l'avenir, conseillent à Scipion d'avoir encore plus
d'ambition ; voilà ce que les dieux veulent dire, ce qu'ils
laissent voir dans ces signes.

    Sur cette prophétie, Scipion, ayant chassé des côtes
de l'ouest tous les Carthaginois et vengé sa patrie et
sa famille[3], regagne l'Ausonie, et c'est la Renommée

---

1. Cet épisode, qui clôture et couronne les jeux, débute par une
reprise presque littérale de leur ouverture, et l'on comparera le
vers 577 aux vers 310-311. Mais la tristesse de Scipion (v. 311 :
cum fletu canit) a laissé place, après l'hommage des jeux, à une
attitude rassérénée des chefs romains (v. 577 : *laeti* ; v. 580 :
mentis testatus gaudia uultu).

Laus Burni prima, infixit qui spicula met*a*e,
et donum serua, albentes inuertere lanas
murice Gaetulo docta. At quem proxima honor*ant*
praemia, uicinam met*a*e qui propulit hastam,   570
accepto laetus puero discessit Ilerdes,
cui ludus nullam cursu non tollere dammam.
Tertia palma habuit geminos insignis Aconteus
nec timidos agitare canes latratibus aprum.

  Quos postquam clamor plaususque probauit honores, 575
germanus ducis atque effulgens Laelius ostro
nomina magna uocant laeti manesque iacentum
atque hastas simul effundunt. Celebrare iuuabat
sacratos cineres atque hoc decus addere ludis.
Ipse etiam mentis testatus gaudia uultu   580
ductor, ut aequauit meritis pia pectora donis
et frater thoraca tulit multiplicis auri,
Laelius Asturica rapidos de gente iugales,
contorquet magnis uictricem uiribus hastam
consurgens, umbrisque dari testatur honorem.   585
Hasta uolans, mirum dictu, medio incita campo
substitit ante oculos et terrae infixa cohaesit;
tum subitae frondes celsoque cacumine rami
et latam spargens quercus, dum nascitur, umbram.
Ad maiora iubent praesagi tendere uates :   590
id monstrare deos atque hoc portendere signis.

  Quo super augurio pulsis de litore cunctis
Hesperio Poenis ultor patriaeque domusque
Ausoniam repetit Fama ducente triumphum.

567-571 *om. O* ǁ **567** burni *F* : burin *L* byrin *V* ǁ metae *edd.* :
mente *L F V* ǁ **568** et *L F V* : est *edd.* ǁ **569** honorant *Marsus* : -re
L F V ǁ **570** metae *edd.* : mente *L F V (ut in 567)* ǁ propulit *F V* :
praep- *L* ǁ **585** testatur *F V* : -us *L O* ǁ **589** nascitur *L F* : nosc- *O*
V ǁ **591** portendere *L F* : praet- *O* prot- *V*.

595 qui lui suscitait un triomphe[1]. Le Latium n'a pas de
plus ardent désir que de confier à cet homme tout jeune
la Libye et la plus haute charge. Mais le groupe des
Anciens, étranger à cet enthousiasme, et peu favorable
aux hasards d'une guerre, ne voulait pas d'une stratégie audacieuse, et, dans leur prudence timorée, ils
frémissaient à la pensée de grands désastres.

600 Donc, grandi d'avoir reçu la charge de consul, il
porte le débat devant le sénat et prie qu'on lui donne
le pouvoir de détruire Carthage ; alors, reprenant les
choses de plus haut, le vénérable Fabius, de sa bouche
d'homme d'âge[2], s'exprima de cette manière[3] : « J'ai
605 eu tout mon content et d'années et d'honneurs, et je
n'aurais certes pas à craindre que le consul, qui a
devant lui tant de vie et de gloire, ne croie qu'un
mouvement de jalousie me fait rabaisser ses mérites.
Mon nom est bien assez porté par mon éclatante
renommée, et mes actes sont assez grands pour n'avoir
pas besoin d'une gloire nouvelle. Mais, tant que je
610 vivrai, je trouverai scandaleux de me désintéresser de
ma patrie, scandaleux aussi de garder un silence
coupable. Tu cherches à porter une nouvelle guerre sur
le sol libyen : l'ennemi nous manque-t-il donc en
Ausonie ? N'est-ce pas assez pour nous que de vaincre
Hannibal ? Quel surcroît de gloire vas-tu chercher sur
le rivage d'Élissa ? Si c'est l'aiguillon des louanges qui
615 nous fait agir, moissonne-les ici. La Fortune t'a fourni
un adversaire à ta mesure pour des exploits moins
éloignés. Ce que veut la terre italienne, oui, ce qu'elle
veut, c'est boire enfin le sang de ce chef si cruel. Où
entraînes-tu la guerre, où tes enseignes ? C'est l'Italie
en feu qu'il faut d'abord éteindre. Toi, tu prends une
mauvaise route : comme un ennemi[4], tu abandonnes
des gens épuisés, comme un traître, tu laisses à nu les

---

1. L'enthousiasme général remplace, pour Scipion, un triomphe qu'il espérait sans y croire, puisqu'il fallait avoir commandé
comme magistrat pour pouvoir l'obtenir. Cf. Tite-Live, 28, 38, 4 :
*Ob has res gestas, magis tentata est triumphi spes quam petita
pertinaciter, quia neminem ad eam diem triumphasse, qui sine
magistratu res gessisset, constabat.* Cf. aussi Val.-Max. 2, 8, 5.

Nec Latium curis ardet flagrantius ullis 595
quam iuueni Libyam et summos permittere fasces.
Sed non par animis nec bello prospera turba
ancipiti senior temeraria coepta uetabant
magnosque horrebant cauta formidine casus.
Ergo ubi delato consul sublimis honore 600
ad patres consulta refert deturque potestas
orat delendae Carthaginis, altius orsus
hoc grandaeua modo Fabius pater ora resoluit :
« Haud equidem metuisse queam, satiatus et aeui
et decoris, cui tam superest et gloria et aetas, 605
ne credat nos inuidiae certamine consul
laudibus obtrectare suis. Satis inclita nomen
gestat fama meum, nec egent tam prospera laude
facta noua. Verum et patriae, dum uita manebit,
desse nefas animumque nefas scelerare silendo. 610
Bella noua in Libyae moliris ducere terras :
hostis enim deest Ausonia, nec uincere nobis
est satis Hannibalem ? Petitur quae gloria maior
litore Elissaeo ? Stimuli si laudis agunt nos,
hanc segetem mete. Composuit propioribus ausis 615
dignum te Fortuna parem. Vult Itala tellus
ductoris saeui, uult tandem haurire cruorem.
Quo Martem aut quo signa trahis ? Restinguere primum est
ardentem Italiam. Tu fessos auius hostis

597 non *L F V²mg* : *om. O* ‖ **603** resoluit *F pc* (i *s.l.*) : -uet *L Fac*
O ‖ **604** satiatus *L F* : soc- *O V* ‖ **605** tam *S* : iam *coni. Heinsius* ‖
607 inclita *O V* : indita *L F* ‖ **611** in *L F* : tu *O V* ‖ **612** ausonia *S* :
-ae *coni. Heinsius* ‖ **615** propioribus *L F* : proprio- *O V* ‖ **619** auius
LF : obuius *O V* ‖ hostis *S* : hosti *coni. Håkanson.*

620 Sept Collines. Crois-tu que, lorsque tu seras en train
de dévaster la Syrte et les déserts de sable, cet horrible
fléau ne va pas se jeter sur les murailles, qu'il connaît
déjà, de la Ville, et envahir le siège de Jupiter laissé
vide d'hommes et d'armes ? Quel prix paierait-il pour

625 que tu partes en abandonnant Rome ! Et nous, frappés
par ce foudre de guerre, te rappellerons-nous des
rivages de la Libye, comme nous avons naguère fait
revenir Fulvius des hauts murs de Capoue[1] ? Sois donc
vainqueur dans ton pays, et libère de la guerre
l'Ausonie qui pleure ses morts depuis trois lustres. Pars

630 ensuite au loin chez les Garamantes et cherche des
triomphes sur les Nasamons[2]. La crise en Italie exclut
pour le présent un projet comme le tien. Lorsque ton
père, ce grand homme qui a tant fait pour ajouter à
la renommée de votre maison, se dirigeait comme
consul vers les rives de l'Ebre, il apprit qu'Hannibal,

635 ayant vaincu les Alpes, descendait sur nous plein de
convoitise ; aussitôt, il prit l'initiative de rappeler
ses troupes et de lui barrer le chemin. Et toi, comme
consul, tu te prépares à t'éloigner d'un ennemi victorieux[3], manœuvre destinée sans doute à éloigner de
nous le Carthaginois ? Mais alors, s'il reste en place
sans se troubler, sans suivre en Libye ni toi ni tes

640 armées, Rome sera prise, et tu maudiras ta tactique
hasardeuse. Suppose au contraire qu'il s'inquiète, fasse
mouvement, et suive les vaisseaux de ta flotte : eh
bien, ce sera le même Hannibal, le même dont tu as
vu le mur du camp du haut des remparts de la Ville ! »
Ainsi parla Fabius, et les sénateurs les plus âgés
l'approuvaient bruyamment[4].

645 Mais le consul leur répliqua[5] : « Lorsque naguère
des chefs très valeureux sont tombés tous les deux
ensemble, alors que la terre de Tartessos, tout entière

1. Cf. Liu. 28, 41, 13 : *si ... uictor Hannibal ire ad urbem perget,*
tum demum te consulem ex Africa sicut Q. Fuluium a Capua
arcessemus ? Le rappel de Fulvius lorsque Hannibal était sous les
murs de Rome est évoqué *supra*, 12, 570-571.

2. Sur les Garamantes et les Nasamons, cf. 1, 408 et 414. Ces
deux peuples représentent ici les lointaines peuplades africaines.

deseris ac septem denudas proditor arces. 620
An, cum tu Syrtim et steriles uastabis harenas,
non dira illa lues notis iam moenibus Vrbis
assiliet uacuumque louem sine pube, sine armis
inuadet? Quanti, ut cedas Romamque relinquas,
emerit! *Et* tanto percussi fulmine belli 625
sicine te, ut nuper Capua est accitus ab alta
Fuluius, aequoreis Libyae reuocabimus oris?
Vince domi et trinis maerentem funera lustris
Ausoniam purga bello. Tum tende remotos
in Garamantas iter Nasamoniacosque triumphos 630
molire. Angustae prohibent nunc talia coepta
res Italae. Pater ille tuus, qui nomina uestrae
addidit haud segnis genti, cum consul Hiberi
tenderet ad ripas, reuocato milite primus
descendenti auide superatis Alpibus ultro 635
opposuit sese Hannibali. Tu consul abire
a uictore paras hoste atque auellere nobis
scilicet hoc astu Poenum? Si deinde sedebit
impauidus nec te in Libyam tuaque arma sequetur,
capta damnabis consulta improuida Roma. 640
Sed fac turbatum conuertere signa tuaeque
classis uela sequi : nempe idem erit Hannibal, idem
cuius tu uallum uidisti e moenibus Vrbis!»
Haec Fabius, seniorque manus paria ore fremebat.

Tum contra consul : «Caesis ductoribus olim 645
magnanimis gemino leto, cum tota subisset
Sidonium possessa iugum Tartessia tellus,

621 et *L F V* : ac *O* ‖ **624** cedas *L F* : credas *O V* ‖ **625** emerit
Müller : emerito *S* ‖ et *Müller* : ast *S* aut *coni. Bailey* ‖ **626** accitus
L F : arcitus *O V* ‖ **629** tum *F O V* : cum *L* ‖ **631** angustae *O V* :
aug- *L F* ‖ **642** hannibal idem *LF Vmg* : h. erit *O V* ‖ **644** fremebat
L F V : -ant *O* ‖ **646** gemino leto *S* : l. g. *dett., edd.*

occupée, subissait le joug sidonien, ce n'est pas Fabius,
ni quelqu'un de ces gens qui pensent comme lui, qui
ont proposé leur concours ; c'est moi qui, très jeune,
650 je le reconnais, ai affronté l'orage de la guerre, moi
seul qui ai fait face au ciel qui s'écroulait, attirant tous
les coups sur moi. Alors le clan des Anciens disait qu'on
avait eu bien tort de confier la guerre à un enfant, et
ce même prophète dénonçait des plans téméraires. Je
loue et remercie les dieux qui nous ont, nous, la race
655 des Troyens, sous leur protection. L'enfant trop jeune
pour être utile, pas encore d'âge militaire et pas encore
mûr pour la guerre, Scipion, sans une défaite, a rendu
aux enfants de Troie les terres d'Hibérie ; il en a expulsé
les Puniques, il a suivi le soleil jusqu'à la fin de son
parcours, près d'Atlas, il a chassé du monde occidental
660 le nom des Libyens, et n'a pas fait faire demi-tour à
ses enseignes avant[1] d'avoir vu Phébus dételer au
bord de la mer ses chevaux fumants sur un rivage
devenu romain. Il a aussi gagné l'alliance de rois ; reste
à présent Carthage, dernière épreuve que nous ayons
à accomplir, comme m'y engage le créateur de l'éter-
665 nité, Jupiter[2]. Mais voici que devant Hannibal les
vieillards tremblent, ou qu'ils feignent seulement d'être
malades de peur, pour que ne me revienne pas le titre
de gloire d'avoir enfin mis un terme à une longue suite
de désastres. Et pourtant, j'ai prouvé la valeur de mon
bras, et bien accru la force que j'avais dans ma
670 jeunesse[3]. N'inventez donc pas des prétextes pour
atermoyer, mais laissez-moi courir ma chance de laver
la honte des anciennes défaites, cette chance que les
dieux m'ont réservée. C'est une assez belle gloire pour
la prudence de Fabius que d'avoir évité la défaite, et
le Temporisateur, en pratiquant l'expectative, a permis

1. Les mss. ont, en fin de vers, *auri*, qui n'est pas acceptable.
La correction des éditions anciennes que nous avons adoptée peut
sembler pléonastique, mais elle se réclame d'un précédent virgilien
(*Aen.*, 4, 24 sqq.) : *Sed mihi uel tellus optem prius ima dehiscat…
ante, pudor, quam te uiolo…* Voir aussi Properce, 2, 25, 25-26.
J. Soubiran suggère *acer* (« dans son acharnement »), fréquent en fin
d'hexamètre, ou *ausis* (« de son raid audacieux »), plus proche de
auri, et souvent aussi en fin d'hexamètre.

non Fabio, non quis eadem est sententia cordi
quoquam ad opem uerso, fateor, primoribus annis
excepi nubem belli solusque ruenti   650
obieci caelo caput atque in me omnia uerti.
Tum grandaeua manus puero male credita bella
atque idem hic uates temeraria coepta canebat.
Dis grates laudemque fero, sub numine quorum
gens Troiana sumus. Puer ille et futilis aetas   655
imbellesque anni necdum maturus ad arma,
Scipio, restituit terras illaesus Hiberas
Troiugenis, pepulit Poenos solisque secutus
extremas ad Atlanta uias exegit ab orbe
Hesperio nomen Libyae, nec rettulit a*nte*   660
signa prius quam fumantes circa aequora uidit
Romano Phoebum soluentem litore currus.
Adsciuit reges idem; nunc ultimus actis
restat Carthago nostris labor; hoc sator aeui
Iuppiter aeterni monet. Hannibali ecce senectus   665
intremit, aut aegros simulat mentita timores,
ne finem longis tandem peperisse ruinis
sit noster titulus. Certe iam dextera nobis
experta, et robur florentibus auximus annis.
Ne uero fabricate moras, sed currere sortem   670
hanc sinite ad ueterum delenda opprobria cladum,
quam mihi seruauere dei. Sat gloria cauto
non uinci pulchra est Fabio, peperitque sedendo

648 fabio *L F* : fabius *O V* ‖ non quis *om. O* ‖ **651** in me *F* :
mine *L O V* ‖ **652** bella *dett.* : bello *S* ‖ **654** numine *L F* : nom- *O V*
‖ **655** sumus *L F* : summus *O V* ‖ **660** ante *edd.* : auri *S* audi *coni.*
Livineius urbi *coni. Dausqueius* ora *coni. Bauer* acer *uel* ausis *coni.*
Soubiran, uide adn. ‖ **665** monet *L* : mouet *F O V* ‖ **670** fabricate *L*
F : -care *O V* ‖ **672** seruauere *dett.* : seruare *S*.

tout le reste. Mais, devant nous, ni Magon, ni Hannon,
675 ni le fils de Gisgon, ni celui d'Hamilcar, n'auraient
tourné le dos[1], si nous laissions s'enliser la guerre,
bien à l'abri derrière notre retranchement. Ainsi, un
Sidonien tout jeune, à peine sorti de l'enfance, a pu
arriver jusqu'aux peuples des Laurentes, aux remparts
troyens, au cours sacré du Tibre blond, il a pu pendant
680 de si longues campagnes, vivre sur le Latium, et nous,
nous répugnerions à faire passer nos enseignes en
territoire libyen, et à jeter le trouble dans les foyers
tyriens ? Leurs côtes, largement ouvertes, ne craignent
aucun danger, et leur terre est là, épargnée par une
paix qui la laisse riche. Qu'enfin Carthage, habituée à
685 être crainte, craigne à son tour, qu'elle comprenne que,
même si Hannibal n'a pas encore évacué les campagnes
de l'Œnotrie, nous pouvons disposer d'autres troupes.
Et moi, cet Hannibal que vous, avec votre prudence
et votre stratégie, vous avez laissé vieillir dans le
Latium, qui depuis trois lustres va répandant des flots
de notre sang, cet homme, je vais, moi, le faire revenir,
690 affolé mais prenant peur trop tard, vers le cœur
incendié de sa patrie. Rome verra-t-elle donc sur
ses murs les traces infamantes de la force des fils
d'Agénor[2], tandis que Carthage, épargnée, entendra
bien tranquille parler de nos malheurs et fera la guerre
695 toutes portes ouvertes ? Que l'ennemi s'acharne à
frapper de nouveau nos tours avec le bélier sidonien,
s'il n'a pas entendu, bien avant, les temples de ses
dieux crépiter dans les flammes rutules ! » Enthou-
siasmés par ces paroles[3], les sénateurs, à l'appel du
destin, approuvèrent le discours du consul, prièrent
pour que l'issue soit favorable à l'Ausonie, et auto-
700 risèrent à porter la guerre outre-mer.

1. Pour les victoires reportées par Scipion sur Magon, Hannon
et Hasdrubal fils de Gisgon, voir, *supra*, v. 23 sqq., Le fils
d'Hamilcar est Hasdrubal, frère d'Hannibal, le vaincu du
Métaure, déjà battu en Espagne (15, 410 sqq.). L'argumentation
de Scipion est que toutes ces victoires seraient vaines si les
Romains ne les exploitaient pas en poursuivant les opérations en
Afrique ; c'est le sens que donne à la phrase l'irréel du passé
(dedissel) de la principale et l'irréel du présent *(traheremus)* dans
la subordonnée.

omnia Cunctator. Nobis nec Mago nec Hannon
nec Gisgone satus nec Hamilcare terga dedisset,   675
si segnes clauso traheremus proelia uallo.
Sidoniusne puer uix pubescente iuuenta
Laurentes potuit populos et Troia adire
moenia flauentemque sacro cum gurgite Thybrim
et potuit Latium longo depascere bello,   680
nos Libyae terris tramittere signa pigebit
et Tyrias agitare domos? Secura pericli
litora lata patent, et opima pace quieta
stat tellus. Timeat tandem Carthago timeri
adsueta et nobis, quamuis Oenotria nondum   685
Hannibale arua uacent, superesse intellegat arma.
Illum ego, quem uosmet cauti consultaque uestra
in Latio fecere senem, cui tertia large
fundenti nostrum ducuntur lustra cruorem,
illum ego ad incensas trepidantem et sera pauentem   690
aduertam patriae sedes. An Roma uidebit
turpia Agenoreae muris uestigia dextrae,
Carthago immunis nostros secura labores
audiet interea et portis bellabit apertis?
Tum uero pulset nostras iterum improbus hostis   695
ariete Sidonio turres, si templa suorum
non ante audierit Rutulis crepitantia flammis.»
    Talibus accensi patres fatoque uocante
consulis annuerunt dictis, faustumque precati
ut foret Ausoniae, tramittere bella dederunt.   700

674 *ante* nobis *interp. Blass* ‖ **676** segnes *L F* : segne *O V* ‖
680 latium longo *L O V* : latio longum *F* ‖ depascere *Barth* :
deposc- *S* ‖ **690** pauentem *S* : cauentem *coni. Ruperti* ‖ **695** improbus *Fpc* : improbet *L Fac O V* ‖ **696** suorum *S* : deorum *coni. Bothe*
‖ **699** annuerunt *L F* : -rent *O V* ‖ **700** foret *dett.* : forte *S*.

LIVRE XVII

LIVRE XVII

LIVRE XVII

Pour qu'un ennemi extérieur abandonnât le sol de
l'Ausonie, il fallait, selon de très anciens oracles de la
Sibylle prophétique[1], qu'on allât chercher dans son
siège de Phrygie la Mère des dieux[2], et qu'on la
vénérât dans les murs de Laomédon[3]. A son arrivée,
5 la divinité devait être accueillie par l'homme que toute
l'assemblée du sénat choisirait comme le plus vertueux
de ses contemporains[4]. Quel titre plus beau, plus grand
que des triomphes ! On était allé chercher Cybèle, et
voici qu'elle était là[5], portée par le vaisseau latin. En
tête, devant le groupe imposant du sénat, Scipion[6]
10 s'empressait d'aller à la rencontre de cet objet sacré
venu de loin ; c'était le fils de l'oncle du chef alors élu
pour porter la guerre en Afrique, et il avait l'éclat
d'une longue suite de portraits d'ancêtres. Il accueillit
la divinité après sa longue traversée en s'inclinant,
paumes levées, puis, tête haute, il amena le vaisseau
15 jusqu'au bruyant estuaire du Tibre toscan. Alors les
mains des femmes[7] prirent la relève pour haler avec
des cordages la haute nef sur le fleuve. Tout autour
retentit le son aigu de l'airain creux[8], auquel se

---

1. Les livres sibyllins étaient un recueil d'oracles qui, d'après la
tradition, aurait été remis par une vieille femme au roi Tarquin
l'Ancien ; on y avait recours dans les périodes de crise. Silius
reprend ici Liu. 29, 10, 4-5 : *Ciuitatem eo tempore repens religio
inuaserat, inuento carmine in libris Sibyllinis ... quandoque hostis
alienigena terrae Italiae bellum intulisset, eum pelli Italia uincique
posse si Mater Idaea a Pessinunte Romam aduecta foret.*

LIBER SEPTIMVS DECIMVS

Hostis ut Ausoniis decederet aduena terris,
fatidicae fuerant oracula prisca Sibyllae
caelicolum Phrygia genetricem sede petitam
Laomedonteae sacrandam moenibus urbis;
aduectum exciperet numen qui lectus ab omni   5
concilio patrum praesentis degeret aeui
optimus. En nomen melius maiusque triumphis!
Iamque petita aderat Latia portante Cybele
puppe, atque ante omnes magno cedente senatu
obuius accitis properabat Scipio sacris,   10
qui, genitus patruo ductoris ad Africa bella
tunc lecti, multa fulgebat imagine auorum.
Isque ubi longinquo uenientia numina ponto
accepit supplex palmis Tuscique sonora
Thybridis adduxit sublimis ad ostia puppim;   15
femineae tum deinde manus subiere, per amnem
quae traherent celsam religatis funibus alnum.
Circum arguta cauis tinnitibus aera, simulque

1 decederet *L F* : disced- *O* descend- *V* ‖ **2** fatidicae *L F* : -dica
O V ‖ **3** genetricem *L F O* : -trice *V* ‖ **5** exciperet *L F V* : accip- *O* ‖
6 concilio *L F V* : consi- *O* ‖ degeret *edd.* : degerit *S* ‖ **7** en *Muller* :
heu *S* ‖ maiusque *Fs.l. O V* : manisque *L F* ‖ **8** cybele *Barth* :
cybeles *L* cybelen *F* (len *suprascr.*) cibelen *O V* ‖ **9** ante *om. O* ‖
cedente *L F V* : sedente *O* (c *suprascr.*) censente *coni. Heinsius et
alii alia* ‖ **13** uenientia *L F V* : trementia *O* ‖ **14** tuscique *L F V* :
tristique *O* ‖ **15** adduxit *L F* : adducit *O V* ‖ **16** subiere *V* : subire
L F O ‖ **17** alnum *F²(s.l.) V* : aluum *L F1 O* ‖ **18** cauis *dett.* : canis
S.

heurtent le bruit sourd des coups frappés sur les
tambourins et le chœur des eunuques qui vivent sur
20 la double montagne du chaste Dindyme, qui dansent la
bacchanale dans la grotte de Dicté, et qui connaissent
bien les sommets de l'Ida et le silence de leurs bois
sacrés. Au milieu de ce vacarme et des vœux d'une
liesse bruyante, la barque sacrée s'arrêta[1], refusant
d'avancer sous la traction des câbles, et resta immobile,
25 échouée sur un haut-fond inattendu[2]. Alors, du milieu
du bateau, un prêtre s'écria «Gardez-vous de toucher
aux câbles avec des mains souillées! Arrière, je
vous le dis, arrière, vous toutes qui n'êtes pas pures,
retirez-vous, et ne vous mêlez pas à ce chaste travail,
tant que la déesse se contente d'un avertissement. Mais
30 si l'une de vous est forte de sa chasteté, s'il s'en trouve
une ici sûre de l'intégrité de son corps, qu'elle offre sa
main, même seule, à cette mission sacrée[3].»
  Alors une femme dont le nom tirait origine de celui
de la vieille famille des Clausii[4], Claudia, à qui la
rumeur publique avait injustement fait une mauvaise
35 réputation, tourne ses mains et ses yeux vers la barque,
et déclare : «Mère des dieux, divinité qui crées pour
nous toutes les autres divinités, toi dont les enfants
ont obtenu pouvoir de gouverner et les terres, et la
mer, et les astres, et les Mânes[5], si mon corps n'a été
souillé d'aucune faute, viens en témoigner, déesse, et
40 montre mon innocence en faisant m'obéir la barque.»
Alors, sûre d'elle, elle saisit le câble[6], et, soudain, on
croit entendre rugir des lions, et les tambours de la

---

1. Tite-Live ne fait aucune mention de cet incident. Il dit
seulement que Claudia Quinta était l'une des dames romaines de
haute naissance *(matronae primores ciuitatis)* dont la réputation
était douteuse, et que sa participation à l'accueil de Cybèle prouva
l'inanité des soupçons qui pesaient sur elle (29, 14, 12). On ne
s'étonnera ni de trouver chez lui cette vue plus rationnelle des
événements, ni de lire chez Ovide et chez Silius une version qui
fait intervenir un prodige, dont on trouve d'ailleurs l'écho chez
Appien *(Han.* 56). Voir M. von Albrecht, *Claudia Quinta bei Silius
Italicus und Ovid,* in *Der Altsprachliche Unterricht,* 11, 1, 1968,
pp. 76-95.

certabant rauco resonantia tympana pulsu
semiuirique chori, gemino qui Dindyma monte   20
casta colunt, qui Dictaeo bacchantur in antro,
quique Idaea iuga et lucos nouere silentes.
Hos inter fremitus ac laeto uota tumultu
substitit adductis renuens procedere uinclis
sacra ratis, subitisque uadis immobilis haesit.   25
Tum puppe e media magno clamore sacerdos :
«Parcite pollutis contingere uincula palmis
et procul hinc, moneo, procul hinc, quaecumque
                                  profanae,
ferte gradus nec uos casto miscete labori,
dum satis est monuisse deae. Quod si qua pudica   30
mente ualet, si qua illaesi sibi corporis adstat
conscia, uel sola subeat pia munera dextra.»
Hic prisca ducens Clausorum ab origine nomen
Claudia, non aequa populi male credita fama,
in puppim uersis palmisque oculisque profatur :   35
«Caelicolum genetrix, numen, quod numina nobis
cuncta creas, cuius proles terramque fretumque
sideraque et manes regnorum sorte gubernant,
si nostrum nullo uiolatum est crimine corpus,
testis, diua, ueni, et facili me absolue carina.»   40
Tum secura capit funem, fremitusque leonum
audiri uisus subito, et grauiora per auras

23 hos *F O V* : nos *L* ‖ **25** subitisque *F O V* : -tique *L* ‖
30 monuisse *L F O* : munisse *V* ‖ **34** aequa ... fama *S* : aequae ...
famae *coni. Heinsius.* ‖ male *S* : mala *edd.* ‖ **38** sideraque *L F* :
sidera *O V* ‖ **42** auras *dett.* : auris *S* aera *coni. Heinsius.*

déesse, sans qu'aucune main ne les frappe, font vibrer
l'air d'un son plus grave. La barque part en avant (on
45 eût dit que les vents la poussaient), et dépasse Claudia
qui la menait contre le courant. Aussitôt, dans tous
les cœurs rassérénés, grandit l'espoir de voir enfin se
terminer la guerre et ses dangers.

Scipion, lui, quitte sans tarder la Sicile[1], et ses
vaisseaux, dans leur marche, couvrent largement la
50 plaine marine[2]. Il s'était concilié le dieu de la mer
par le sacrifice d'un taureau[3], dont les entrailles jetées
à l'eau flottaient sur le bleu des vagues. Alors, glissant
dans l'air limpide depuis le séjour des dieux, les oiseaux
porte-foudre de Jupiter apparurent, et se mirent à
montrer la route sur la mer et à guider la flotte[4].
55 Leurs cris donnaient un heureux présage ; on suivit
alors ces oiseaux volant dans le ciel clair, en avant de
la flotte, mais jamais hors de la vue des vigies[5], et
l'on toucha aux rivages de la terre perfide des enfants
d'Agénor[6].

L'Afrique ne restait pas inactive devant l'ouragan
60 qui fondait sur elle ; contre cette terrible masse[7]
commandée par un nom illustre, elle s'était assuré les
forces d'un roi et la puissance militaire massylienne,
et Syphax était l'unique espoir des Libyens[8], comme
l'unique terreur des Laurentes[9]. Les plaines, aussi bien
que les larges vallées et les côtes, étaient remplies de
65 Numides dont les coursiers n'avaient aucun tapis de
selle, et dont les javelots sifflaient dans les airs en épais
nuages qui cachaient le ciel. Oubliant la main donnée
et le traité passé devant les autels, le roi avait fait bon
marché des témoignages de commensalité[10], des droits
de l'hospitalité, de la loi divine, de la foi jurée ;
70 un amour mauvais[11] l'avait fait changer et payer de son
pouvoir royal son lit de noces[12]. La jeune fille était très

---

1. Silius passe sous silence les préparatifs du futur Africain,
ainsi qu'un certain nombre d'événements de l'année 204, notamment l'affaire des Locriens, venus se plaindre au Sénat des
exactions de Pléminius, lieutenant de Scipion, que celui-ci avait
chargé de gouverner la ville après sa reconquête. Cf. Tite-Live, 29,
ch. 15 à 26.

nulla pulsa manu sonuerunt tympana diuae.
Fertur prona ratis, (uentos impellere credas)
contraque aduersas ducentem praeuenit undas.   45
Extemplo maior cunctis spes pectora mulcet
finem armis tandem finemque uenire periclis.

Ipse alacer Sicula discedens Scipio terra
abscondit late propulsis puppibus aequor,
cui numen pelagi placauerat hostia taurus,   50
iactaque caeruleis innabant fluctibus exta.
Tunc a sede deum purumque per aethera lapsae
armigerae Iouis ante oculos coepere uolucres
aequoreas monstrare uias ac ducere classem.
Augurium clangor laetum dabat. Inde secuti   55
tantum praegressos liquida sub nube uolatus
quantum non frustra speculantum lumina seruant,
litora Agenoreae tenuerunt perfida terrae.

Nec segnis tanta in semet ueniente procella
Africa terribilem magno sub nomine molem,   60
regis opes contra et Massyla parauerat arma;
spesque Syphax Libycis una et Laurentibus unus
terror erat. Campos pariter uallesque refusas
litoraque implerat nullo decorare tapete
cornipedem Nomas assuetus, densaeque per auras   65
condebant iaculis stridentibus aethera nubes.
Immenor hic dextraeque datae iunctique per aras
foederis et mensas testes atque hospita iura
fasque fidemque simul prauo mutatus amore
ruperat, atque toros regni mercede pararat.   70
Virgo erat eximia specie claroque parente,

51 innabant *dett.* : iuuabant *S* ‖ **52** lapsae *L F* : laxae *O V* ‖
56 praegressos *L F V* : progr- *O* ‖ **57** speculantum *L F* : -latum *O*
V ‖ **60-61** : *post* opes *interpunxit Bauer* ‖ **61** massyla *edd.* : massila
F O maxila *L* massili *V* ‖ **67** iunctique *F O V* : uincti- *L*.

belle [1] et d'illustre famille, c'était la fille d'Hasdrubal.
Dès qu'il l'eut reçue dans sa couche royale, comme
embrasé par les feux et les torches d'un premier hymen,
il mit, comme gendre, sa puissance au service des
Puniques et, rompant son pacte d'amitié avec le
75 Latium, il fit changer ses troupes de camp comme
cadeau de mariage.

Mais le chef ausonien ne négligea pas de donner à
Syphax des avertissements [2]; ses émissaires le mettent
en garde : qu'il reste dans son royaume, qu'il songe
aux dieux, qu'il respecte le pacte conclu avec un hôte;
son mariage, son hymen tyrien, cela serait bien loin
80 au milieu des armées dardaniennes. Car s'il refusait,
ce mari trop tendre et trop faible, il verrait ses
complaisances et sa brûlante passion pour son épouse
payées au prix du sang. Le chef latin mêlait ainsi
menaces et conseils, mais en vain; car cet époux [3]
85 faisait la sourde oreille. Et donc, irrité de l'échec de
ses mises en garde pressantes, Scipion fait appel à
l'épée. Il prend à témoins les autels très saints de la
violation du traité et se met résolument à faire la guerre
par tous les moyens [4].

Le camp ennemi était couvert de roseaux légers et
de joncs des marais, comme les gourbis dispersés [5]
qu'affectionnent les Maures pasteurs. Scipion lance
90 contre lui une attaque surprise [6] à l'abri des ténèbres,
et fait secrètement répandre des brandons dans le
silence de la nuit. Puis ces foyers se rejoignent et
commencent à répandre rapidement le sinistre; trouvant un aliment de choix, le feu se propage, les
flammes, avec bruit, s'élèvent dans l'air qu'elles illu-
95 minent, et font monter des fumées devant leur clarté
dansante. Le fléau destructeur tourbillonne sur le camp
tout entier, Vulcain, avec des grondements saccadés,

---

1. Tite-Live (30, 12, 17) dit de la jeune femme : *forma erat
insignis et florentissima aetas.* La passion de Syphax n'est pas celle
d'un jeune homme; il n'en était pas à son premier mariage et avait
déjà plusieurs enfants, dont un fils, Vermina, en âge de se battre,
et trois filles (Liu. 29, 33, 1; 30, 40, 3; Appien, *Pun.* 17 et 26).

Hasdrubalis proles ; thalamis quam cepit ut altis,
ceu face succensus prima taedaque iugali
uertit opes gener ad Poenos, Latiaeque soluto
foedere amicitiae, dotalia transtulit arma.   75
    Sed non Ausonio curarum extrema Syphacem
ductori monuisse fuit, missique min*a*ntur :
stet regno, reputet superos, pacta hospita seruet.
Longe coniugia ac longe Tyrios hymenaeos
inter Dardanias acies fore. Sanguine quippe,   80
si renuat, blando nimium facilique marito
statura obsequia et thalami flagrantis amores.
Sic Latius permixta minis, se*d* cassa monebat
ductor ; nam surdas coniunx obstruxerat aures.
Ergo asper monitis frustra nitentibus enses   85
aduocat et castas polluti foederis aras
testatus, uaria Martem mouet impiger arte.
    Castra leui calamo cannaque intecta palustri
qualia Maurus amat dispersa mapalia pastor,
aggreditur furtum armorum tutantibus umbris   90
ac tacita spargit celata incendia nocte.
Inde ubi collecti rapidam diffundere pestem
coeperunt ignes et se per pinguia magno
pabula ferre sono, clare exspatiantur in auras
et fumos uolucri propellunt lumine flammae.   95
It totis inimica lues cum turbine castris,
atque alimenta uorat strepitu Vulcanus anhelo

73 succensus *L F* : -sis *O V* ‖ **77** missique *F O V* : nullique *L* ‖ minantur *Heinsius* : minentur *S* ‖ **79** longe *dett.* : longa *S* ‖ **83** minis *F²* (*s.l.*) : nimis *L F¹*, unius *O V* ‖ sed *Livineius* : et *S* ‖ monebat *L F* : mouebat *O V* ‖ **88** cannaque *L F* : carinaque *O V* ‖ intecta *L F V* : intorta *O* intexta *coni. Heinsius* ‖ palustri *L F V* : plaustri *O* ‖ **90** tutantibus *L F* : uitent- *O* nitent- *V* ‖ **92** collecti *S* : coniecti *coni. Heinsius, sed cf. 9, 602* ‖ rapidam *L O V* : rabidam *F* ‖ **95** fumos *L F* : frenos *O V* (*uersus saepe emendatus*) ‖ **96** cum *S* : ceu *coni. Heinsius* ‖ **97** uorat *dett.* : uolat *S*.

dévore cette proie bien sèche, et chaque cabane est une
100 source d'incendie. Tirés de leur sommeil, ils sentent
presque tous le feu avant de le voir[1], beaucoup, en
appelant à l'aide, inhalent des flammes. Mulciber
vainqueur coule de partout et son étreinte brutale saisit
les armes et les hommes ; la contagion gagne encore,
les débris calcinés du camp s'envolent en cendres
blanches jusqu'aux plus hauts nuages. Le feu, dans un
105 grand bond, se propage même jusqu'à la tente du roi
qu'il cerne avec un crépitement sinistre ; et l'homme y
aurait péri si un garde, affolé par ce désastre, ne l'avait
arraché à son sommeil et à sa couche[2], alors qu'il
criait au secours.

Mais bientôt les deux chefs, le Massyle et le Tyrien,
110 eurent réuni leurs forces dans un retranchement conti-
nu[3], et des renforts appelés du royaume eurent réparé
les pertes de cette funeste nuit ; la colère et la honte,
et son épouse aussi, troisième aiguillon[4], donnaient au
roi une détermination extrême, et ce barbare, brûlé au
115 visage dans l'incendie du camp, grondait et tempêtait
d'avoir été arraché de justesse et tout nu à l'ennemi
au milieu de ses bandes affolées[5] ; « mais de jour, en
pleine lumière et sous l'œil du soleil, nul n'aurait pu
vaincre Syphax ». Ainsi se vantait ce fou, mais déjà
120 Atropos allait mettre un terme à sa superbe et y couper
court, en déroulant rapidement l'écheveau de vie de
ce hâbleur. Car, dès qu'il a bondi hors du camp[6], pareil
à un torrent charriant des arbres et des pierres qui
dévale en trombe hors de son lit et élargit ses rives de
ses remous écumants, il galope en tête et crie à ses
125 bataillons de le suivre. En face, la vaillante troupe des
Rutules, armée pleine d'assurance[7], saute sur ses
armes et s'élance en voyant au loin venir le roi. Et

---

1. Cf. Liu. 30, 5, 10 : *multos in ipsis cubilibus semisomnos hausit
flamma.* Mulciber est l'une des épithètes de Vulcain.
2. Incident pittoresque, qui ne figure chez aucun historien ;
ceux-ci mentionnent simplement la fuite des deux chefs.

arida, et ex omni manant incendia tecto.
Sentitur plerisque prius quam cernitur ignis
excitis somno, multorumque ora uocantum   100
auxilium inuadunt flammae. Fluit undique uictor
Mulciber, et rapidis amplexibus arma uirosque
corripit; exundat pestis, semustaque castra
albenti uolitant per nubila summa fauilla.
Ipsius ingenti regis tentoria saltu   105
lugubre increpitans late circumuolat ardor,
hausissetque uirum trepidus ni clade satelles
e somno ac stratis rapuisset multa precantem.
    Verum ubi mox iuncto sociarant aggere uires
Massylus Tyriusque duces, accitaque regno   110
lenierat pubes infaustae uulnera noctis,
ira pudorque dabant et coniunx, tertius ignis,
immanes animos, afflataque barbarus ora
castrorum flammis et se uelamine nullo
uix inter trepidas ereptum ex hoste cateruas   115
frendebat minitans; sed enim non luce Syphacem
nec claro potuisse die nec sole tuente
a quoquam uinci. Iactarat talia uecors,
sed iam claudebat flatus nec plura sinebat
Atropos et tumidae properabat stamina linguae.   120
Namque ubi prosiluit castris ceu turbidus amnis,
qui siluas ac saxa trahens per deuia praeceps
uoluitur et ripas spumanti gurgite laxat,
ante omnes praeuectus equo trahit agmina uoce.
Contra naua manus Rutuli celsusque ruebat   125
uiso rege procul raptis exercitus armis,

---

101 fluit *S* : furit *coni. Heinsius* ‖ **102** mulciber *O V* : mulcifer *L F* ‖ **104** albenti *S* : ardenti *edd.* ‖ **107** ni *F₂* : in *L F₁ O V* ‖ **113** afflataque *L F V* : eff- *O* ‖ **120** properabat *edd.* : -rarant *L* -rabant *F* -rant *O* -rant *V* (ra *m₂ suprasc.*) **125** naua *F₂ Heinsius* : uana *L F₁ O V* sana *edd.*

chacun de se dire : «Tu vois, tu vois en tête de l'armée
caracoler le chef massyle qui vient demander à se
battre? O mon bras, donne-moi cette gloire! Il a
130 profané les autels des dieux et rompu le traité passé
avec un chef irréprochable. Qu'il lui suffise d'avoir
échappé une fois à l'incendie de son camp.» Voilà ce
qu'ils se disaient tout bas, en rivalisant d'ardeur pour
lancer leurs javelots. La première pique vint en volant
se planter dans les naseaux soufflant le feu du destrier
royal[1]; elle fait cabrer la bête, la bouche en sang,
135 battant l'air de ses sabots levés. Fou de douleur, le
cheval s'abat, secoue violemment son corps où s'est
fixée la pointe, et livre à l'ennemi son cavalier. On se
jette sur celui-ci, qui cherche en vain à fuir et tente
de se relever sur ses jambes épuisées; on s'empare de
140 lui en se gardant de le blesser[2]. On l'outrage de chaînes
et de menottes, on attache serré ces mains qui
portaient le sceptre, — bel avertissement de ne jamais
se fier au bonheur! Et on emmène, tombé du haut de
son pouvoir royal, cet homme qui naguère voyait à ses
pieds les terres et les rois, et tenait la mer sous sa
145 coupe jusqu'aux bords de l'Océan[3]. Après l'écrasement
des forces royales les rangs phéniciens sont fauchés, et
Hasdrubal, ce mal aimé de Mars célèbre pour ses fuites,
a tôt fait de tourner le dos après l'échec de son projet[4].

Amputée de tous ses membres, Carthage ne tenait
debout qu'en s'appuyant sur un seul homme; et cette
150 masse prête à crouler à grand fracas, c'était le nom
d'Hannibal qui, même en son absence, la retenait en
place. C'est l'ultime ressource, le dernier recours auquel
leur situation désespérée force ces gens épuisés à faire
appel. C'est vers lui qu'ils vont se réfugier dans leur

---

1. Cf. *Aen.* 10, 890-894 (défaite et mort de Mézence) : *inter* /
bellatoris equi caua tempora conicit hastam. / *Tollit se arrectum*
quadrupes et calcibus auras / *uerberat.*

ac sibi quisque : « Videsne ? uides ut < in > agmine
primo

Massylus uolitet deposcens proelia rector ?
Fac nostrum hoc, mea dextra, decus. Violauit et aras
caelicolum et casti ductoris foedera rupit.   130
Sit satis hunc castris semel effugisse crematis.»
Sic secum taciti et certatim spicula fundunt.
Prima in cornipedis sedit spirantibus ignem
naribus hasta uolans erexitque ore cruento
quadrupedem elatis pulsantem calcibus auras.   135
Corruit asper equus, confixaque cuspide membra
huc illuc iactans rectorem prodidit hosti.
Inuadunt uanumque fugae atque attollere fessos
annitentem artus reuocato a uulnere telo
corripiunt; tum uincla uiro manicaeque pudenda   140
addita, et, exemplum non umquam fidere laetis,
sceptriferas arta palmas uinxere catena.
Ducitur ex alto deiectus culmine regni
qui modo sub pedibus terras et sceptra patensque
litora ad Oceani sub nutu uiderat aequor.   145
Prostratis opibus regni Phoenissa metuntur
agmina, et inuisus Marti notusque fugarum
uertit terga citus damnatis Hasdrubal ausis.
  Stabat Carthago truncatis undique membris
uni *innixa* uiro, tantoque fragore ruentem   150
Hannibal absenti retinebat nomine molem.
Id reliquum fessos opis auxiliique ciere
rerum extrema iubent, huc confugere pauentes,

127 in *add. Heinsius* : *om. S* ‖ **131** sit *dett.* : sat *S* ‖ **138** uanumque fugae *Livineius* : uanamque fugam *S* clauduntque fugam *coni.*
Bauer ‖ **140** tum *V* : tunc *L F O* ‖ pudenda *S* : -ndum *coni.*
Livineius ‖ **142** uinxere *L F O* : iunxere *V* ‖ **145** ad *L F* : et *O V* ‖
147 et *S* : at *coni. Barth* ‖ fugarum *O V* : figurarum *L F* ‖ **150** uni
innixa *Heinsius* : uni nixa *S*.

panique, en se voyant privés de la protection des dieux.
On se hâte ; partis sur un vaisseau qui fend les étendues
155 salées, des messagers s'en vont le rappeler au nom de
la patrie et lui dire que, s'il tarde, il ne reverra plus
les hauts murs de Carthage.

La quatrième aurore avait fait aborder la nef au
rivage de Daunus[1], et le sommeil du chef était troublé
160 de cauchemars. Accablé de soucis, il prenait sur la
nuit un moment de repos, lorsqu'il avait rêvé[2] qu'il
voyait Flaminius et Gracchus, qu'il voyait Paul-Émile,
s'élancer contre lui tous ensemble, l'épée nue, et
le chasser de la terre italienne. Et toute l'armée
des ombres, venue de Cannes, venue des eaux de
165 Trasimène[3], s'avançait pour le repousser vers la mer.
Lui, cherchant à fuir, voulait gagner les Alpes qu'il
connaissait bien, et s'accrochait à la terre latine,
l'étreignant à pleins bras ; mais à la fin une force
impitoyable le poussait vers le large et le laissait
emporter par la violence des tempêtes.

170 Il était encore sous le coup de cette vision lorsqu'arrivent les envoyés avec leurs instructions ; ils lui
décrivent le danger mortel que court leur patrie : les
forces massyliennes se sont effondrées, le roi de Libye
a la corde au cou, on lui a refusé la mort[4], et on
le réserve pour un cortège exceptionnel consacré à
175 Jupiter[5]. Carthage souffre, ébranlée par les multiples
fuites d'Hasdrubal, ce poltron qui tenait les rênes du
pouvoir ; eux-mêmes, disent-ils tristement, ont vu
brûler les deux camps[6] dans le silence de la nuit, et
l'Afrique éclairée de flammes criminelles. Un chef jeune
et plus que rapide menace, pendant que le Punique
180 reste sur les côtes du Bruttium, de le priver dans un
noir brasier d'une patrie où revenir et du renom de ses
exploits. Après cet exposé où se révélaient leurs

1. La Daunie désigne ici l'Italie ; voir note à 1,291 (tome 1,
p. 16, n. 3).

postquam se superum desertos numine cernunt.
Nec mora ; propulsa sulcant uada salsa carina   155
qui reuocent patriaeque ferant mandata monentes
ne lentus nullas uideat Carthaginis arces.

   Quarta Aurora ratem Dauni deuexerat oras
et fera ductoris turbabant somnia mentem.
Namque grauis curis carpit dum nocte quietem,   160
cernere Flaminium Gracchumque et cernere Paulum
uisus erat simul aduersos mucronibus in se
destrictis ruere atque Itala depellere terra ;
omnisque a Cannis Thrasymennique omnis ab undis
in pontum impellens umbrarum exercitus ibat.   165
Ipse fugam cupiens notas euadere ad Alpes
quaerebat terraeque ulnis amplexus utrisque
haerebat Latiae, donec uis saeua profundo
truderet et rapidis daret asportare procellis.

   His aegrum uisis adeunt mandata ferentes   170
legati patriaeque extrema pericula pandunt :
Massyla ut ruerint arma, ut ceruice catenas
regnator tulerit Libyae, letoque negato
seruetur noua pompa Ioui, Carthago laboret
ut trepidi Hasdrubalis, qui rerum agitarit habenas   175
non una concussa fuga. Se, triste profatu,
uidisse, arderent cum bina in nocte silenti
castra et luceret sceleratis Africa flammis.
Praerapidum iuuenem minitari, Bruttia seruet
litora dum Poenus, detracturum ignibus atris   180
in quam se referat, patriam suaque inclita facta.

---

155 salsa *L F* : fulsa *O V* ‖ **156** monentes *L F V* : mouentes *O*
monentis *coni. Heinsius* ‖ **163** destrictis *L F V* : dist- *O* ‖
166 cupiens *L F V* : capiens *O* ‖ **169** rapidis *L F V* : -dus *O* -dum
edd. ‖ **170** ferentes *L Fpc O* : furentes *Fac V* ‖ **176** profatu *edd.* :
-tur *S*.

malheurs et leurs craintes, ils fondent en larmes et rendent hommage à sa main droite comme à celle d'un dieu.

185   Lui les écouta en détournant les yeux, tête baissée ; en silence [1], dans un douloureux débat intérieur, il se demande si Carthage vaut vraiment un tel prix. Puis il prend la parole : « Quel fléau pour l'humanité ! Elle ne laisse jamais rien grandir, ni s'élever une grande renommée, la jalousie [2] ! Depuis longtemps, j'aurais pu

190   renverser Rome, la détruire, la raser jusqu'au sol, déporter son peuple captif en esclavage et dicter des lois au Latium. Mais on m'a refusé subsides, armes, envoi de nouvelles recrues pour refaire mes troupes épuisées de victoires, et Hannon se plaît même à voler à mes hommes et leur blé et leurs vivres : et

195   voilà toute l'Afrique habillée de flammes, et la lance rhétéienne qui vient battre les portes d'Agénor ! Maintenant, la gloire de la patrie, maintenant, le défenseur de la patrie, c'est Hannibal et lui seul ! Maintenant, le dernier espoir, c'est notre bras ! On fera demi-tour, comme l'a décidé le sénat, et nous sauverons dans le même temps les remparts de Carthage et ta personne,

200   Hannon ! »

Après cet éclat, il fait quitter la côte à ses grands navires, et prend la mer avec sa flotte, le cœur navré. Personne n'ose attaquer ses arrières en retraite, personne n'ose le faire revenir [3] ; aux yeux de tous, c'était un présent des dieux de le voir partir de son propre

205   chef et libérer enfin l'Ausonie. On lui souhaite bon vent, il leur suffit de voir le rivage vide d'ennemis. Ainsi, lorsque l'Auster apaise ses violentes rafales, et, en se retirant, lui rend la mer, le marin limite ses vœux, ne demande pas une brise amie, se contente d'être

210   libéré du Notus [4], et juge les flots apaisés de la mer

---

1. Ce silence d'Hannibal, beaucoup plus pathétique que l'attitude que lui prête Tite-Live (30, 20, 1 : *Frendens gemensque ac uix lacrimis temperans dicitur legatorum uerba audisse*), rappelle celui de personnages de l'*Énéide* dans des situations semblables ; il en est ainsi de Didon aux livres 4 (362-364) et 6 (469-471), de Latinus (7, 249-251) ou d'Énée (8, 520-521).

Haec postquam dicta et casus patuere metusque,
effundunt lacrimas dextramque ut numen adorant.
   Audiuit toruo obtutu defixus et aegra
expendit tacite cura secum ipse uolutans   185
an tanti Carthago foret. Sic deinde profatur :
«O dirum exitium mortalibus! o nihil umquam
crescere nec magnas patiens exsurgere laudes
inuidia! euersam iam pridem exscindere Romam
atque aequasse solo potui, traducere captam   190
seruitum gentem Latioque imponere leges.
Dum sumptus dumque arma duci fessosque secundis
summisso tirone negant recreare maniplos,
dumque etiam Cerere et uictu fraudasse cohortes
Hannoni placet, induitur tota Africa flammis,   195
pulsat Agenoreas Rhoeteia lancea portas.
Nunc patriae decus et patriae nunc Hannibal unus
subsidium, nunc in nostra spes ultima dextra.
Vertentur signa, ut patres statuere, simulque
et patriae muros et te seruabimus, Hannon.»   200
   Haec ubi detonuit, celsas e litore puppes
propellit, multumque gemens mouet aequore classem.
Non terga est ausus cedentum inuadere quisquam,
non reuocare uirum. Cunctis praestare uidentur
quod sponte abscedat superi, tandemque resoluat   205
Ausoniam. Ventos optant, et litora ab hoste
nuda uidere sat est. Ceu flamina comprimit Auster
cum fera et abscedens reddit mare, nauita parco
interea uoto non auras poscit amicas,
contentus caruisse Noto, pacemque quietam   210

---

184 obtutu *L F V* : ab tutu *O* ‖ **187** dirum *L F* : durum *O V* ‖
203 cedentum *L* : tendentem *F*¹ cedentem *F*² redeuntum *O V* ‖
204 cunctis *Livineius* : cuncti *S*.

aussi bons pour lui qu'une course facile. Tous les soldats
sidoniens avaient leurs regards tournés vers le large ;
leur chef, lui, tenait ses yeux intensément fixés sur la
terre italienne[1] ; sur ses joues ruisselaient des larmes
215 silencieuses, et souvent il poussait un soupir, tout
comme si c'était sa patrie et ses chères pénates qu'on
le forçait à quitter pour le traîner vers l'exil sur de
sinistres bords[2].

Mais quand au souffle des vents la flotte gagna
du chemin, que s'abaissa peu à peu l'horizon des
220 montagnes, et qu'on ne vit plus l'Hespérie, qu'on ne
vit plus nulle part la terre de Daunus, il pensait en
rongeant son frein[3] : « Suis-je bien sain d'esprit, et
n'ai-je pas mérité ce retour, moi qui ai fini par quitter
le sol de l'Ausonie ! Mieux vaudrait que Carthage ait
été la proie des brûlots, et qu'ait disparu le nom
225 d'Élissa ! Oui, avais-je mon bon sens, moi qui n'ai pas,
après Cannes, porté mes traits de feu au temple
tarpéien, et jeté Jupiter à bas de son trône ! Que n'ai-je
semé les incendies sur les sept collines vidées par la
guerre, et donné à ce peuple orgueilleux la fin de
230 Troie et le destin de ses ancêtres ! Mais pourquoi ces
regrets poignants ? Maintenant, oui, maintenant, qui
m'empêche de passer à l'attaque, et de marcher une
seconde fois contre ces murailles ? Je vais partir,
retrouver la trace de mes anciens camps, passer par où
m'appelle un chemin connu et revenir aux eaux de
l'Anio. Mettez le cap sur l'Italie, que la flotte vire
de bord ! Je vais obliger Rome assiégée à rappeler
235 Scipion. »

Du large, Neptune[4] l'a vu brûler de ces fureurs, il
s'est aperçu que les vaisseaux revenaient à la côte ;
alors le père des eaux, secouant sa tête couleur de mer,

---

1. Sur la répugnance d'Hannibal à quitter l'Italie, cf. Liu. 30,
20, 7-8.
2. Silius a déjà évoqué (16, 291 et n.) ce sentiment paradoxal
des Puniques qui se sentent exilés en regagnant leur propre patrie.

pro facili cursu reputat salis. Omnis in altum
Sidonius uisus conuerterat undique miles;
ductor defixos Itala tellure tenebat
intentus uultus, manantesque ora rigabant
per tacitum lacrimae, et suspiria crebra ciebat,   215
haud secus ac patriam pulsus dulcesque penates
linqueret et tristes exul traheretur in oras.

   Vt uero affusis puppes procedere uentis
et sensim coepere procul subsidere montes
nullaque iam Hesperia et nusquam iam Daunia tellus,   220
hic secum infrendens : «Mentisne ego compos et hoc
                                      nunc
indignus reditu, qui memet finibus umquam
amorim Ausoniae? Flagrasset subdita taedis
Carthago et potius cecidisset nomen Elissae!
Quid? Tunc sat compos, qui non ardentia tela   225
a Cannis in templa tuli Tarpeia Iouemque
detraxi solio? Sparsissem incendia montes
per septem bello uacuos gentique superbae
Iliacum exitium et proauorum fata dedissem.
Cur porro haec angant? Nunc, nunc inuadere ferro   230
quis prohibet, rursumque ad moenia tendere gressus?
Ibo, et castrorum relegens monumenta meorum,
qua uia nota <uoca>t, remeabo Anienis ad undas.
Flectite in Italiam proras, auertite classem!
Faxo ut uallata reuocetur Scipio Roma.»   235
   Talibus ardentem furiis Neptunus ut alto
prospexit uertique rates ad litora uidit,
quassans caeruleum genitor caput aequora fundo

211 salis *S, Delz* : satis *coni. Scaliger, edd., sed cf. Verg. Aen. 5,
848* ‖ **212** miles *L F* : nubes *O V* ‖ **221** hic *S* : haec *edd.* ‖ mentisne
F V : -ue *L O* ‖ **233** nota uocat *Postgate* : notat *S* nota mihi est *edd.*
‖ anienis *F O V* : amenis *L (ut uid.)* ‖ **234** auertite *L F V* : a
uertice *O* ac uertite *coni. Livineius* ‖ **236** ut *L F O* : ab *V.*

arrache les flots à leurs profondeurs et lance un raz de
240 marée au-delà du rivage. Aussitôt, il fait sortir de leur
rocher les vents, les pluies et les tempêtes d'Éole[1], et
cache le ciel sous les nuages. Puis, de son trident, il
fouille jusqu'au fond les abîmes de son royaume,
ébranle Téthys à l'occident, à l'orient, et trouble à sa
source tout l'Océan. Les vagues écumantes se dressent,
245 et tous les écueils tremblent sous l'impact des eaux.
Le premier, se levant de chez les Nasamons, l'Auster[2]
a laissé nue la Syrte dont il emporte les eaux dans un
nuage; après lui, c'est Borée, transportant dans l'air
sur ses ailes sombres une masse arrachée à la mer; tout
noir, soufflant en sens contraire, gronde et prend sa
250 part des flots l'Eurus. Les pôles brisés renvoient le
bruit du tonnerre[3], les éclairs ne cessent de luire,
et le ciel sans pitié s'écroule sur la flotte. Tout
s'additionne, le feu, les nuages, les vagues, la colère
des vents, et les ténèbres ont fait tomber la nuit sur
255 les flots. Mais voici que, lancé par le Notus, un coup de
mer vient par l'arrière faire craquer les vergues (les
cordages sifflent avec un bruit sinistre), et tire des
grands fonds noirs une montagne d'eau qu'il brise
au-dessus de la tête du chef épouvanté. Parcourant du
260 regard le ciel et la terre, il s'écrie : «Heureux
Hasdrubal[4], mon frère, que la mort a égalé aux dieux !
Tu as reçu un beau trépas d'une main valeureuse, sous
les armes, tu as obtenu du destin de marquer de tes
dents une dernière fois le sol de l'Ausonie ! Moi, ce n'est
pas dans les plaines de Cannes, où sont tombés
Paul-Émile et tant d'autres héros, que le sort a permis
265 que je perde la vie, ni quand je lançais le feu contre
le Capitole, que j'ai pu descendre aux Enfers, abattu
par Jupiter Tarpéien.»

---

1. Éole, gardien des vents, a son siège tantôt sur l'île Strongylé
(auj. Stromboli), tantôt sur l'île Lipari (P. Grimal, *Dictionnaire de
mythologie, s.u.* Éole).

eruit et tumidum mouet ultra litora pontum.
Extemplo uentos imbresque et rupe procellas   240
concitat Aeolias ac nubibus aethera condit.
Tum penitus telo molitus regna tridenti
intima ab occasu Tethyn impellit et ortu
ac totum Oceani turbat caput. Aequora surgunt
spumea, et illisu scopulus tremit omnis aquarum.   245
Primus se attolens Nasamonum sedibus Auster
nudauit Syrtim correpta nubilus unda.
Insequitur sublime ferens nigrantibus alis
abruptum Boreas ponti latus. Intonat ater
discordi flatu et partem rapit aequoris Eurus.   250
Hinc rupti reboare poli atque hinc crebra micare
fulmina et in classem ruere implacabile caelum.
Consensere ignes nimbique et fluctus et ira
uentorum, noctemque freto imposuere tenebrae.
Ecce intorta Noto ueniensque a *puppe* procella   255
antemnae immugit (stridorque immite rudentum
sibilat) ac similem monti nigrante profundo
ductoris frangit super ora trementia fluctum.
Exclamat uoluens oculos caeloque fretoque :
«Felix, o frater, diuisque aequate cadendo,   260
Hasdrubal! Egregium fortis cui dextera in armis
pugnanti peperit letum, et cui fata dedere
Ausoniam extremo tellurem apprendere morsu.
At mihi Cannarum campis, ubi Paulus, ubi illae
egregiae occubuere animae, dimittere uitam   265
non licitum, uel, cum ferrem in Capitolia flammas,
Tarpeio Iouis ad manes descendere telo.»

---

241 nubibus *L F* : imbribus *O V* ‖ **247** syrtim *V* : syrtem *L F O*
‖ nubilus *edd.* : nubibus *S* ‖ **251** poli *om. O* ‖ **255** a puppe
Heinsius : a rupe *S* ‖ **261** fortis *F O V* : furtis *L* ‖ **264** at *F* : ac *L O*
V.

Au milieu de ces plaintes, la mer sous l'effet des
vents contraires[1] attaque les deux bords du navire,
270 qu'elle enserre entre deux noirs murs d'eau comme au
fond d'un tourbillon. Puis, poussé vers le haut par les
sombres remous du sable qui remonte, le vaisseau
rejaillit très haut dans les airs et reste suspendu
au-dessus des vagues par les forces des vents qui
275 s'équilibrent. Mais le Notus entraîne à leur perte deux
birèmes sur des écueils et d'effrayants récifs, triste et
pitoyable sort. Les proues résonnent sous le choc, puis
les coques éclatent sur un brisant pointu[2] avec un
bruit de membrures rompues. On voit alors des objets
disparates[3] : sur toute la surface de l'eau parmi les
armes, les casques, et les cimiers écarlates, flottent
280 le trésor de la florissante Capoue et le butin laurente
réservé pour le triomphe du chef, les trépieds et
les tables des dieux, et les statues auxquelles les
malheureux Latins ont rendu un culte inutile. Alors
Vénus, épouvantée de voir les eaux si grosses, s'adresse
en ces termes au roi de la mer[4] : « C'est assez pour
285 l'instant de ta colère, père ; ces menaces suffisent à
indiquer bien davantage. Épargne maintenant la mer[5],
je t'en prie, sinon l'âpre Carthage pourra se targuer
d'avoir engendré un fils invincible, et dira que mes
enfants, les Énéades, ont eu besoin, pour faire périr
Hannibal, de toutes les eaux de la mer profonde. » Ainsi
290 parle Vénus, et les flots soulevés retombent dans leur
gouffre[6] ...

. . . .

Et ils poussent leurs troupes l'une vers l'autre, depuis
leurs camps qui se font face.

Hannibal, en vieux capitaine, savait par des éloges
échauffer les courages[7] ; avec des paroles incendiaires,
il exacerbait la colère, et embrasait les cœurs d'un brû-
295 lant désir de gloire : « Toi, tu m'apportes la tête ensan-

---

1. Contenu et expression littérale sont imités d'*Aen.* 1, v. 102-
108 ; le début reprend le vers 102 : *Talia iactanti stridens Aquilone
procella / uelum aduersa ferit*, etc. Pour les vers 274-275, cf. *Aen.*,
1, 108 : *Tris Notus abreptas ... torquet ...* et 111 : *miserabile uisu!*.

Talia dum maeret, diuersis flatibus acta
in geminum ruit unda latus puppimque sub atris
aequoris aggeribus tenuit ceu turbine mersam.   270
Mox nigris alte pulsa exundantis harenae
uerticibus ratis aetherias remeauit ad auras
et fluctus supra uento librante pependit.
At geminas Notus in scopulos atque horrida saxa
dura sorte rapit, miserandum et triste, biremes.   275
Increpuere ictu prorae. Tum murice acuto
dissiliens sonuit rupta compage carina.
Hic uaria ante oculos facies : natat aequore toto
arma inter galeasque uirum cristasque rubentes
florentis Capuae gaza et seposta triumpho   280
Laurens praeda ducis, tripodes mensaeque deorum
cultaque nequiquam miseris simulacra Latinis,
cum Venus emoti facie conterrita ponti
talibus adloquitur regem maris : «Hoc satis irae
interea, genitor, satis ad maiora minarum.   285
Cetera parce, precor, pelago, ne tollat acerba
hoc Carthago decus, nullo superabile bello
progenuisse caput, nostrosque in funera Poeni
Aeneadas undis totoque eguisse profundo.»
Sic Venus, et tumidi considunt gurgite fluctus   290
. . . .
obuiaque aduersis propellunt agmina castris.
Dux uetus armorum scitusque accendere corda
laudibus ignifero mentes furiabat in iram
hortatu decorisque urebat pectora flammis :
«Tu mihi Flaminii portas rorantia cae*si*   295

283 cum *S* : tum *coni. Bauer* ǁ **292** scitusque *L F* : cit- *O V* ǁ
295 caesi *Ernesti* : caede *S*.

glantée du consul Flaminius abattu[1] ; je reconnais ton
bras. Toi, tu bondis pour être le premier à frapper le
grand Paul-Émile, et tu le perces de ton glaive,
jusqu'aux os. Toi, tu portes les dépouilles opimes
du vaillant Marcellus[2]. Toi, tu as ton épée teinte du
300 sang de Gracchus abattu[3]. Cette main-là, belliqueux
Appius[4], lorsque tu attaquais les murs de la haute
Capoue, t'a abattu, blessé à mort, d'une lance jetée du
sommet du rempart. Et voici encore le bras fulgurant
qui a criblé de blessures la poitrine du noble Fulvius[5].
305 Avance ici, en première ligne, toi qui en plein combat
as abattu le consul Crispinus. Et toi, viens avec moi
à travers les rangs ennemis : je te revois à Cannes,
m'apportant, rageur et triomphant, la tête du chef
Servilius au bout d'une pique. Et je te vois, avec tes
yeux brûlants et ta mine aussi redoutable que ton épée,
310 toi le plus brave des jeunes Carthaginois, comme je
t'ai vu, dans les eaux meurtrières de la fameuse Trébie,
serrer dans tes bras puissants, et enfoncer sous l'eau,
un tribun qui se débattait sans succès. Et toi qui, le
premier, sur les bords glacés du Tessin[6], as rougi ton
315 fer du sang du père de Scipion, achève ton action, et
offre-moi le sang de son fils. Et les dieux eux-mêmes,
s'ils venaient au combat[7], pourraient-ils me faire
frissonner d'effroi, alors que vous êtes à vos postes,
vous les escadrons que j'ai vu fouler des crêtes qui
touchaient au ciel, lorsque vous évoluiez sur les
sommets des Alpes, et que je vois ceux qui ont mis à

1. Le souci du mouvement épique l'emporte dans tout ce
discours sur l'histoire et la vraisemblance. Hannibal énumère les
chefs romains tués au combat pendant cette guerre, et reconnaît
ceux de ses soldats qui les ont tués, ce qui supposerait qu'ils ont
tous survécu. L'emploi de l'indicatif présent actualise le souvenir,
comme si Hannibal revivait ces scènes. On comparera cette
énumération à celle qui figure, avec un contexte tout différent,
dans le discours de Scipion à ses soldats révoltés chez Tite-Live,
28, 28, 12. — Flaminius a été tué à Trasimène, mais aucun texte
ne dit que sa tête fut coupée, et Tite-Live précise même
qu'Hannibal ne put retrouver son cadavre (22, 7, 5). Paul-Émile, à
Cannes, est mort sous une grêle de traits d'après Tite-Live (22, 49,
12) et Silius lui-même (*Pun.* 10, 303-308).

ora ducis; nosco dextram. Tu primus in ictus
ingentis Pauli ruis ac defigis in ossa
mucronem. Tibi pugnacis gestantur opima
Marcelli. Gracchusque cadens tibi proluit ensem.
Ecce manus quae pulsantem te, belliger Appi,   300
moenia sublimis Capuae de culmine muri
excelso fusa moribundum perculit hasta.
Ecce aliud fulmen dextrae, quo nobile nomen
Fuluius excepit non unum pectore uulnus.
Huc prima te siste acie, cui consul in armis   305
Crispinus cecidit. Me tu comitare per hostes,
qui nobis, memini, ad Cannas laetissimus irae
Seruili fers ora ducis suffixa ueruto.
Cerno flagrantes oculos uultumque timendum
non ipso minus ense tuum, fortissime Poenum   310
o iuuenis, qualem uidi, cum flumine saeuo
insignis Trebiae complexum ingentibus ulnis
mersisti fundo luctantem uana tribunum.
At tu, qui gelidas Ticini primus ad undas
Scipiadae patris tinxisti sanguine ferrum,   315
incepta exsequere et nati mihi redde cruorem.
Horrescamne ipsos, ueniant si ad proelia, diuos,
cum stetis, turmae, uidi contermina caelo
quas iuga calca*ntes* summas uolitare per Alpes,

---

296 nosco *L F* : nos quo *O V* ‖ **300** pulsantem te *S* : te puls- *edd*.
‖ **302** perculit *dett.* : pertulit *L F* prot- *O V* ‖ **305** cui *F O V* : cur *L*
‖ **306** comitare *edd.* : -tante *L O V* -tate *F* ‖ **307** nobis *F* : uobis *L*
O V ‖ **317** si *L F* : *om. O V* ‖ **318** contermina *L F* : certam- *O V* ‖
319 calcantes *Lefebvre* : calcastis *S*.

320 feu et à sang les vastes plaines d'Argyripe[1]? Et
toi, vas-tu maintenant me suivre avec moins de cœur,
toi qui as lancé le premier trait contre les murs
dardaniens, et qui ne voulais pas me laisser cette
gloire? Et toi, là-bas, oui, toi, pourquoi t'encoura-
325 ger? Quand j'affrontais les foudres, les orages, le tonnerre et la colère du plus puissant des dieux[2], tu me
disais de résister à ce vain fracas de tempête, et tu
voulais arriver avant ton chef sur le sommet du Capito-
330 le! Et à vous, que pourrait-on dire, à vous dont les faits
d'armes ont détruit Sagonte, et dont la gloire remonte
aux débuts de la guerre! Soyez dignes de moi et dignes
de vous-mêmes, défendez vaillamment notre gloire
passée : voilà ce que je vous demande. Et moi qui,
grâce à la faveur des dieux, ai vieilli en gagnant des
batailles, je viens, en comptant sur vous, retrouver
335 après trois lustres une patrie chancelante, un foyer que
je suis si longtemps resté sans revoir, un fils, et les
traits d'une épouse tout ce temps demeurée fidèle[3].
La Libye ne peut plus livrer d'autre bataille, et les
Dardaniens ne le peuvent pas plus. C'est aujourd'hui
que le monde, enjeu de notre combat, reçoit son
maître[4].» Ainsi parla Hannibal. Mais, du côté ausonien, le soldat, chaque fois que son chef ouvrait
340 la bouche pour parler, voyait là un insupportable
retard, et réclamait le signal du combat[5].

Du haut d'un nuage, dans le ciel, Junon observait
tout de loin[6]. Le père des dieux, voyant l'air triste
de sa sœur[7] et ses regards intenses, lui dit avec sympathie : «Quels tourments te rongent le cœur[8]? Dis-les
moi, chère épouse. Les malheurs du chef punique et le
345 souci de ta chère Carthage, est-ce là ce qui t'angoisse[9]?
Mais alors, réfléchis à la folie des Sidoniens. Dans son

---

1. Argyrippa est une ville d'Apulie ; associé à *capaces ... campi*,
son nom fait donc allusion à la bataille de Cannes, comme le note
Spaltenstein, *ad loc.*
2. Sur cette tempête, voir *Pun.* 12, 605 sqq. et note au v. 317.

cum uideam, quorum ferro manibusque capaces   320
arsere Argyripae campi? Num segnior ibis
nunc mihi, qui primus torques in moenia telum
Dardana nec nostrae facilis concedere laudi?
Te uero, te, te exstimulem, qui fulmina contra
et nimbos tonitrusque ac summi numinis iras   325
cum starem, perferre sonos ac uana iubebas
nubila, et ante ducem Capitolia celsa petebas?
Quid uos, quis claro deletum est Marte Saguntum,
exhorter, quos nobilitant primordia belli?
Vt meque et uobis dignum, defendite, quaeso,   330
praeteritas dextra laudes. Diuum ipse fauore
uincendoque senex patriam post trina labantem
lustra et non uisos tam longa aetate penates
ac natum et fidae iam pridem coniugis ora
confisus uobis repeto. Non altera restat   335
iam Libyae nec Dardaniis pugna altera restat.
Certatus nobis hodie dominum accipit orbis.»
Hannibal haec. Sed non patiens remorantia uerba
Ausonius miles, quotiens dux coeperat ora
soluere ad effatus, signum pugnamque petebant.   340
    Haec procul aeria speculantem nube sororem
ut uidit diuum genitor maestosque sub acri
obtutu uultus, sic ore effatus amico est :
«Qui te mentis edunt morsus? Da noscere, coniunx.
Num Poeni casus ducis et Carthaginis angit   345
cura tuae? Sed enim reputa tecum ipsa furores

---

322 torques *om. O* ‖ in moenia *L F* : minoenia *O* mino... *V* ‖ **324** te te *L O V* : tete *F* tene *coni. Scaliger, Heinsius* ‖ **326** sonos *L F V* : seuos *O* ‖ **328** uos *L F* : nos *O V* ‖ **329** exhorter *dett.* : exortes *L F V* exsortes *O* ‖ **331** dextra *L F* : dextrae *O V* ‖ **333** uisos *edd.* : uictos *S* ‖ **336** *hunc u. scr.* F²pc *O V* : *om. L* F¹ ‖ **339** quotiens *Livineius* : quatiens *S* ‖ **340** effatus *L F V* : aff- *O Heinsius* ‖ **346** reputa *L F V* : rupta *O.*

hostilité envers la race des Troyens et son hégémonie
voulue par les Destins[1], ce peuple cessera-t-il un jour
de violer les traités? Peux-tu répondre, ma sœur?
350 Carthage elle-même n'a pas souffert plus de malheurs
ou subi plus d'épreuves que tu n'en as supporté en te
dépensant pour la race des Cadméens! Tu as bouleversé
mers et continents, et fait envahir le Latium par ce
jeune chef impétueux; les remparts de Rome ont
tremblé, et, pendant seize années, Hannibal a été le
355 premier de tous les humains. Il est temps de ramener
ce peuple[2] à la raison; le terme est atteint[3], il faut
fermer la porte de la guerre.»

Alors Junon lui fit cette prière[4] : «Ce n'est pas pour
tenter de changer le cours d'événements dont le temps
est déjà fixé que j'ai pris place sur cette nuée en
position dominante : je ne cherche ni à ramener les
armées en arrière, ni à prolonger la guerre. Puisque
360 j'ai désormais sur toi moins d'influence, et que tu ne
m'aimes plus comme au début[5], je ne te demande que
ce que tu peux m'accorder, car rien n'y va contre les
Sœurs fileuses. Qu'Hannibal tourne le dos à l'ennemi,
comme tu le veux, et que les cendres de Troie[6] règnent
sur Carthage! Mais comme gage de la double affection
qui nous lie, voici, comme sœur et comme épouse, ce
365 que je te demande : permets à ce chef au grand cœur
de traverser les dangers[7], accorde-lui la vie, ne souffre
pas qu'il soit tenu captif dans les chaînes ausoniennes.
Et puis, que les remparts de ma cité, même battus en
brèche, restent debout après la ruine du nom sidonien,
et qu'ils soient préservés pour qu'on m'y rende
hommage[8].»

370 Ainsi parla Junon[9], et Jupiter lui fit cette brève
réponse : «J'accorde, comme tu le veux, un répit aux
murs de l'altière Carthage. Qu'ils restent debout grâce à
tes larmes et à tes prières. Mais sache, ô mon épouse[10],
jusqu'où peut aller ma complaisance : les jours de
cette ville sont comptés; un chef viendra[11], portant

---

1. La domination de Rome sur le monde est inscrite dans les
destins (cf. *Aen.* 6, 851-854).

Sidonios. Gentem contra et fatalia regna
Teucrorum quis erit, quaeso, germana, rebelli
fractis foederibus populo modus? Ipsa malorum
non plus Carthago tulit exhausitque laboris   350
quam pro Cadmea sub*i*isti exercita gente.
Turbasti maria ac terras iuuenemque ferocem
immisti Latio. Tremuerunt moenia Romae,
perque bis octonos primus fuit Hannibal annos
humani generis. Tempus componere gentem.   355
Ad finem uentum; claudenda est ianua belli.»

 Tum supplex Iuno : « Neque ego haec mutare laborans
quis est fixa dies, pendenti nube resedi,
nec reuocare acies bellumue extendere quaero.
Quae donare potes, quoniam mihi gratia languet   360
et cecidit iam primus amor, nil fila sororum
aduersus posco. Vertat terga Hannibal hosti,
ut placet, et cineres Troiae Carthagine regnent.
Illud te gemini per mutua pignora amoris
et soror et coniunx oro : tranare pericla   365
magnanimum patiare ducem uitamque remittas,
neue sinas captum Ausonias perferre catenas.
Stent etiam contusa malis mea moenia fracto
nomine Sidonio et nostro seruentur honori.»

 Sic Iuno, et contra breuiter sic Iuppiter orsus :   370
« Do spatium muris, ut uis, Carthaginis altae.
Stent lacrimis precibusque tuis. Sed percipe, coniunx,
quatenus indulsisse uacet. Non longa supersunt
fata urbi, uenietque pari sub nomine ductor,

---

351 subiisti *Withof* : tulisti *S* (re *suprascr. in O*) tolerasti *coni.*
Heinsius et alii alia ‖ **353** immisti *F O V* : immixti *L* ‖ **355** gentem
S : gentes *coni. Bothe* ‖ **356** uentum claudenda *F*[1] : uentum et cl. *L*
F[2] *O V* uentum est cl. *coni. Bauer* ‖ **357** haec *L F V* : hoc *O* ‖
363 troiae *L F V* : *om. O* ‖ regnent *V* (n.*s.l.*) : regent *L F O* ‖
369 sidonio *dett.* : -donie *S*.

375 le même nom, qui rasera les forts pour l'instant
épargnés. Hannibal aussi peut, comme tu le réclames,
être arraché à la bataille et respirer l'air d'en-haut. Il
voudra bouleverser le ciel et la mer, et remplir les terres
de conflits renouvelés. Je connais le cœur de cet
homme, il n'est gros que de guerres. Mais voici la
380 condition que je mets à cette faveur : qu'il ne voie
plus désormais le royaume de Saturne, qu'il ne revienne
plus jamais en Ausonie. Prends-le, arrache-le dès
maintenant à la mort qui le menace, car, s'il s'engage
dans la lutte acharnée sur le vaste champ de bataille,
tu risques de ne plus pouvoir le soustraire aux coups
du jeune chef romuléen.»

385   Pendant que le Tout-Puissant fixait le sort de la ville
et de son capitaine, les armées engagent le combat et
leurs cris de guerre vont frapper les étoiles. Jamais
jusque-là la terre n'avait vu s'affronter de peuples plus
puissants, ni de plus grands chefs à la tête des troupes
de leurs pays[1]. L'enjeu de ce moment décisif est
390 capital, c'est tout ce que, partout, couvre la voûte du
ciel. Le chef agénoréen marchait en tête, splendide dans
sa pourpre, et sa tête portée haut était encore grandie
par un rouge cimier aux plumes ondulantes. La force
de son nom propage devant lui une terreur cruelle, et
son épée qui brille est bien connue des Latins. En face,
395 c'est Scipion, dans l'éclat rayonnant de son manteau
d'écarlate ; il portait bien en vue son redoutable
bouclier, où il avait fait ciseler l'image de son père et
de son oncle respirant la violence des combats, et de
son front altier jaillissaient d'intenses reflets de feu[2].
Et dans ce grand rassemblement d'hommes et d'armes,
c'est en leurs chefs, et en eux seuls, que tous placent
400 l'espoir de la victoire. Bien plus, pour la plupart, selon
la sympathie ou la crainte qui les possède, ils croient
que si Scipion était né sur les bords libyens, le pouvoir

---

1. Cf. Polybe, 15, 9, 2, et Liu. 30, 32, 4 : *Ad hoc discrimen
procedunt, postero die, duorum opulentissimorum populorum duo
longe clarissimi duces, duo fortissimi exercitus ...*

qui nunc seruatas euertat funditus arces. 375
Aetherias quoque, uti poscis, trahat Hannibal auras,
ereptus pugnae. Miscere hic sidera ponto
et terras implere uolet redeuntibus armis.
Noui feta uiri bello praecordia. Sed lex
muneris haec esto nostri : Saturnia regna 380
ne post haec uideat, repetat neue amplius umquam
Ausoniam. Nunc instanti raptum auehe leto
ne, latis si miscebit fera proelia campis,
Romulei nequeas iuuenis subducere dextrae.»

Dum statuit fata Omnipotens urbique ducique, 385
inuadunt acies pugnam et clamore lacessunt
sidera. Non alio grauiores tempore uidit
aut populos tellus, aut, qui patria arma mouerent,
maiores certare duces. Discriminis alta
in medio merces, quicquid tegit undique caelum. 390
Ibat Agenoreus praefulgens ductor in ostro,
excelsumque caput penna nutante leuabat
crista rubens. Saeuus magno de nomine terror
praecedit, Latioque micat bene cognitus ensis.
At contra ardenti radiabat Scipio cocco 395
terribilem ostentans clipeum, quo patris et una
caelarat patrui spirantes proelia dira
effigies; flammam ingentem frons alta uomebat.
Sub tanta cunctis ui telorumque uirumque
in ducibus stabat spes et uictoria solis. 400
Quin etiam, fauor ut subigit plerosque metusue,
Scipio si Libycis esset generatus in oris,

---

379 feta *L F* : fera *O V* ‖ **383** latis si miscebit *L F* : si m. l. *O V* ‖
388 mouerent *F* : mouerunt *L* nouerunt *O V* ‖ **391** in *L F* : et *O V* ‖
394 micat *F V* : nutat *L O* ‖ **399** ui *O V* : in *L F* ‖ uirumque *L F*
V : -rorumque *O*.

passerait aux enfants d'Agénor, et que si Hannibal
avait vu le jour en terre ausonienne, le monde, à coup
405   sûr, serait sous la coupe de l'Italie.

L'air se mit à trembler lorsque les javelots vibrants
passèrent en tempête, et traversèrent le ciel en horrible
nuage[1]. Puis ce fut le combat rapproché, à l'épée,
visage contre visage, les yeux brûlant d'une flamme
410   sauvage. Ils tombent, tous ceux qui, au mépris du
danger, se sont élancés entre les lignes, au-devant des
premiers traits ; et la terre à regret boit le sang de ses
fils. Avec l'ardeur de son caractère et de son âge,
Massinissa[2] lance son corps puissant contre la première
ligne de Macédoniens, et galope autour du champ de
415   bataille en faisant voler les javelots. Ainsi l'habitant
de Thulé[3], marqué de bleu pour la bataille, tourne
autour des lignes compactes avec son char armé de
faux[4]. La phalange des Grecs avait pris sa formation
traditionnelle en rangs serrés, et présentait un bloc de
420   lances impénétrable. Oubliant sa parole, Philippe les
avait envoyés à la guerre après avoir signé un traité[5],
réconfortant ainsi la cité d'Agénor ébranlée. Accablés

1. Polybe (15, 9-16) et Tite-Live (30, 33-35) s'accordent sur le
déroulement de la bataille de Zama : Scipion avait rangé son
infanterie de façon très classique en *hastati, principes* et *triarii*, et
placé des vélites entre les lignes ; la cavalerie était aux ailes, avec
Lélius et les Italiens à gauche, Massinissa et ses Numides à droite.
En face, Hannibal avait mis en première ligne quatre-vingts
éléphants ; ensuite venaient les fantassins auxiliaires, puis les
Carthaginois et les Africains, auxquels seuls Tite-Live et Silius
ajoutent le contingent macédonien. En réserve, des soldats
italiens, notamment du Bruttium, qui semblent n'avoir pas tous
été là de leur plein gré. A l'aile droite, la cavalerie carthaginoise, à
gauche, les Numides, complétaient le dispositif. Le récit d'Appien
(*Pun.* 43-46) est passablement différent : il mentionne notamment
deux duels d'Hannibal, l'un avec Scipion, l'autre avec Massinissa.
Silius, lui, donne du déroulement de la bataille une version très
modifiée, plus conforme à ses modèles épiques qu'à ses sources
historiques. A la charge des éléphants qui marque le début du
combat chez Polybe et Tite-Live, il substitue une tactique plus
classique chez les Romains, la volée des *pila*, et une attaque
frontale et assez impulsive lancée par les troupes autochtones
(v. 412), ce qui semble faire allusion aux Carthaginois et aux
Africains dont les historiens font la deuxième ligne d'infanterie.

sceptra ad Agenoreos credunt uentura nepotes,
Hannibal Ausonia genitus si sede fuisset,
haud dubitant terras Itala in dicione futuras.   405
   Contremuere aurae rapido uibrantibus hastis
turbine, et horrificam traxere per aethera nubem.
Inde ensis propiorque acies et comminus ora
admota, ac dira flagrantia lumina flamma.
Sternitur in medium contemptrix turba pericli   410
quae primis se praecipitem tulit obuia telis,
gentilemque bibit tellus inuita cruorem.
Feruidus ingenii Masinissa et feruidus aeui
in primas Macetum turmas immania membra
infert et iaculo circumuolat alite campum.   415
Caerulus haud aliter, cum dimicat, incola Thyles
agmina falcigero circumuenit arta couinno.
Graia phalanx patrio densarat more cateruas
iunctisque adstabat nulli penetrabilis hastis.
Immemor has pacti post foedus in arma Philippus   420
miserat, et quassam refouebat Agenoris urbem.

410 turba *dett*. : pugna *S* ‖ **412** bibit *L F* : uiuit *O V* ‖ inuita *Livineius* : -uisa *S* ‖ **413** ingenii *dett*. : ingenti *L O V legi nequit F* ‖ **414** macetum *L F* : -dum *O V* ‖ turmas *Oac* : turbas *L F Opc V* ‖ **416** aliter *L F V²* : om. *O V¹* ‖ thyles *edd*. : tile L tyles *F* tiles *O V* ‖ **417** falcigero *S* : -ifero *edd*. ‖ couinno *L F V* : camino *O* ‖ **419** iunctisque *Bauer* : inuictisque *L V²mg* inuictusque *F* (i *suprascr*.) inuitisque *O* immitisque *V* ‖ adstabat *L O V* : has- *F* ‖ **420** has *S* : hos *coni. Heinsius* ‖ pacti *S* : pactum *coni. Bothe*.

sous mille blessures, ces soldats voient leurs rangs
s'éclaircir, et les corps écroulés ouvrent entre les
425 traits de larges passages. Une masse d'Ausoniens s'y
engouffre comme une énorme avalanche, et met un
terme aux parjures des Grecs. Tombent Archémorus,
tué par Rutilus, Teucer par Norbanus (tous deux en
pleine jeunesse, envoyés par Mantoue, leur patrie),
Samius abattu par le bras du belliqueux Calénus,
Clytius aussi, tué par Sélius, Clytius de Pella si vain
430 du nom de sa patrie. Mais la gloire de Pella ne put
rien pour défendre ce malheureux contre les traits
dauniens.

Un Latin, plus fougueux encore, décimait les rangs
des Bruttiens[1]; c'était Lélius, qui les apostrophait :
«Avez-vous eu une telle haine de la terre d'Œnotrie
pour la quitter sur une galère tyrienne, sur la mer
435 cruelle aux vagues déchaînées? Mais vous auriez dû
vous contenter de fuir! Cherchez-vous, en plus, à faire
couler le sang latin sur des terres étrangères?» Sur ces
mots, il jette le premier un trait sur Silarus, qui se
préparait à frapper; la pique vole et vient se ficher au

1. Les épisodes qui suivent ne recoupent que par hasard les
données des historiens, bien que l'on ait parfois le sentiment que
Silius soit plus proche des sources dont s'est servi Appien que de
Tite-Live ou de Polybe. Mais, en fait, Silius reconstruit la bataille
selon le schéma épique, et notamment celui du dernier livre de
l'*Énéide* : exploits des chefs, exhortations aux soldats qui reculent,
affrontement souhaité entre les deux protagonistes, mais évité par
le stratagème de Junon qui soustrait Hannibal aux coups de
Scipion, malheurs du héros ainsi éloigné du champ de bataille,
défaite finale.

D'après Polybe et Tite-Live, les cavaliers de Lélius et ceux de
Massinissa effectuèrent un mouvement tournant qui prit les
Puniques à revers. Il est donc conforme à ces indications de voir
ici Lélius s'attaquer aux soldats du Bruttium qu'Hannibal avait
placés à l'arrière de son dispositif (Liu. 30, 33, 6 ; Polybe, 15, 11).
Était-ce par défiance, comme le pense Tite-Live (*l.c.* : *modico
deinde interuallo relicto, subsidiariam aciem Italicorum militum —
Bruttii plerique erant, ui ac necessitate plures quam sua uoluntate
decedentem ex Italia secuti — instruxit)*? Cette hypothèse semble
plus probable que celle d'Appien (*Pun.* 40), pour qui c'était en eux
qu'Hannibal mettait le plus de confiance, tant ils avaient à perdre
s'ils étaient vaincus.

Rarescit multo lassatus uulnere miles
atque aperit patulas prostrato corpore late
inter tela uias. Irrumpit mole ruinae
Ausonius globus et periuria Graia resignat.   425
Archemorum Rutilus, Teucrum Norbanus (et ambo
Mantua *pu*benti genetrix dimiserat aeuo),
obtruncat Samium bellacis dextra Caleni,
at Clytium Selius, Pellaeum et uana tumentem
ad nomen patriae Clytium; sed gloria Pellae   430
haud ualuit misero defendere Daunia tela.

Saeuior his Latius uastabat Bruttia signa
Laelius increpitans : «Adeone Oenotria tellus
detestanda fuit, quam per maria aspera perque
insanos Tyrio fugeretis remige fluctus?   435
Sed fugisse satis fuerit. Latione cruore
insuper externas petitis perfundere terras?»
Haec dicens Silarum meditantem in proelia telo
praeuenit : hasta uolans imo sub gutture sedit

---

422 lassatus *L O V* : lax- *F* ‖ uulnere *S* : funere *coni. Heinsius* ‖ miles *S* : limes *coni. Bentley* ‖ **425** globus *L F* : rogus *O V* ‖ resignat *dett.* : resignant *S* ‖ **426** archemorum *L F* : arte- *O V* ‖ **427** pubenti *Schrader* : bibenti *S* ‖ **428** samium *F* : sanium *L V* senium *O* ‖ **429** clytium *dett.* : clitium *L F*² ditium *F*¹ decium *O V* ‖ **430** ad *S* : ob *coni. Schrader* ‖ clytium *F* : clitium *L O V* ‖ **432** latius *Oac* : latios *L F Opc V* ‖ **436** fuerit *S* : fuerat *coni. Livineius* ‖ latione *L F* : -ue *O V* ‖ **437** perfundere *L F* : eff- *O V*.

fond de sa gorge, et le coup rapide lui ferme à la fois
440 le chemin de la voix et celui de la vie[1]. Vergilius
abat Caudinus, le farouche Amanus abat Laüs. Leur
fureur s'enflamme à retrouver chez leurs adversaires
des traits et un armement familiers, et un parler proche
de leur langage. Quand le fils d'Hamilcar les vit
découvrir leur dos en fuyant, il leur cria en remontant
445 vers eux[2] : «Tenez bon! Ne trahissez pas notre peuple!» et sa valeur fit changer le cours du combat. Ainsi,
dans les plaines torrides des Garamantes, un serpent
parétonien[3] nourri de sable brûlant hausse son cou
plein de venin et lance haut dans les airs le fluide
450 empoisonné dont il inonde les nuages. Dans son élan,
Hannibal vole au-devant d'Hérius qui veut le blesser
d'un coup de sa lance, et l'arrête net, Hérius, qui devait
sa noblesse à une maison des Marrucins dans la fameuse
Téaté[4]. Il cherchait un exploit contre un adversaire
dont la renommée le stimule, mais une épée rapide
455 entra en lui jusqu'à la garde. Le malheureux, de son
regard d'agonisant, cherchait son frère : le jeune
Pléminius arrive jusqu'à lui, exaspéré par cette mort
tragique ; il fait tournoyer sauvagement son glaive
devant la face d'Hannibal, et, avec de grands cris de
460 menace, lui réclame son frère. «Si tu veux», lui dit le
Barcide, «que je te rende ton frère, j'accepte, pourvu
que tienne un pacte entre nous, et que vous rappeliez
Hasdrubal du monde des ombres. Comment cesser
jamais de haïr violemment les Romains, comment

1. Passage inspiré d'*Aen.* 7, 533 : *haesit enim sub gutture uolnus
et udae | uocis iter tenuemque inclusit sanguine uitam*, et 10, 346 :
*hasta | sub mentum grauiter pressa pariterque loquentis | uocem
animamque rapit traiecto gutture.* Cf. aussi *supra* (tome I), 4, 630-
631.

2. Appien (*Pun.* 45) dit qu'Hannibal essaya sans succès de
rallier ses réserves italiennes. Mais il est difficile d'apprécier la
véracité de son récit, et l'on ne saurait affirmer que Silius utilise la
même source ; il s'agit plutôt ici d'une adjonction du poète,
d'ailleurs aussi naturelle que traditionnelle dans les récits épiques
de combat.

et uitae uocisque uias simul incita clausit.   440
Vergilio Caudinus, acerbo *Laus* Amano
sternitur. Accendunt iras uultusque uirorum
armorumque habitus noti et uox consona linguae.
Quos ubi nudantis conspexit Hamilcare cretus
terga fuga : «State, ac nostram ne prodite gentem!»   445
uociferans subit, et conuertit proelia dextra,
qualis in aestiferis Garamantum feta ueneno
attollit campis feruenti pastus harena
colla Paraetonius serpens lateque per auras
undantem torquet perfundens nubila tabem.   450
Continuo infesta portantem cuspide uulnus
impedit anteuolans Herium, cui nobile nomen
Marrucina domus clarumque Teate ferebat.
Atque illi magnum nitenti et laudibus hostis
arrecto capuli ad finem manus incita sedit.   455
Quaerebatque miser morienti lumine fratrem,
cum iuuenis subit et leto stimulatus acerbo
Pleminius saeuum mucronem ante ora coruscat
ac fratrem magno minitans clamore reposcit.
Huic proles Barcae : «Germanum reddere uero,   460
si placet, haud renuo ; maneant modo foedera nostra :
Hasdrubalem reuocate umbris. Egone aspera ponam
umquam in Romanos odia? Aut mansuescere corda

441 uergilio *L F* : uir- *O V* ‖ [acerbo] laus *Blass, Bauer* : acerbo sans *L F* (u *super* n *scr. in F*) acerbosans *O V* a. saris *dett. edd.* acerbo Sarnus *coni. Heinsius* ‖ **442** uultusque *S* : cult- *coni. Schrader* ‖ **443** habitus *L F V* : bitus *O* ‖ noti *L F V* : om. *O* ‖ uox *F s.l. O V* : nox *L F* ‖ **444** nudantis *L F Scaliger* : nutantis *O V* ‖ **445** terga *L F* : hannibal terga *O V* ‖ **447** in aestiferis *dett.* : maestiferis *S* ‖ **452** impedit *S* : impetit *coni. Heinsius* ‖ herium *L F* : herum *O V* ‖ **454** nitenti *dett.* : intenti *S* ‖ **455** incita *S* : inguina *coni. Livineius* ‖ sedit *L F V* : fodit *O Livineius* ‖ **458** pleminius *L* : plae- *F* flamm- *O* flem- *V* ‖ **460** huic *edd.* : hinc *S* ‖ barcae *L F* : bratee *O* bratre *V* ‖ **461** haud *Fpc O V* : aut *L Fac.*

laisser mon cœur s'ouvrir à la pitié et épargner un
465 homme né de la terre d'Italie ? C'est alors que les Mânes
pourraient dans leur colère me chasser de l'éternel
séjour, et mon frère refuser ma présence à ses côtés
dans l'Averne.» Il dit, et de tout le poids de son
bouclier, il heurte Pléminius dont le sol glissant, inondé
du sang de son frère, contrariait les assauts mal assurés,
470 il l'abat et le frappe de son épée. En tombant, l'homme
tend les bras, étreint Hérius gisant à terre, et souffre
moins ainsi, en mourant uni avec lui. Alors le Libyen
se lance au cœur de la mêlée, et son assaut fait fuir
au loin les ennemis ; ainsi, lorsque les coups de tonnerre
475 accompagnés d'éclairs sèment la terreur sur le monde,
et que chancelle la haute demeure du suprême créateur,
toutes les races humaines tremblent sur la terre, la
lueur terrible éblouit leurs visages, et chaque homme
affolé croit voir se dresser devant lui Jupiter en
personne qui le menace de ses feux.

Ailleurs[1], comme si, sur le terrain, seules pour-
480 raient compter les actions décisives où Scipion déchaî-
nerait sa violence guerrière, de durs affrontements
donnent à la mort une suite de visages nouveaux. L'un
gît à terre, une épée au travers du corps ; un autre
gémit et pleure, les os brisés par une pierre ; en voici
que la peur a fait fuir : déshonorés[2], ils sont étendus
face contre terre ; d'autres au contraire, avec courage,
485 ont offert leur poitrine à Gradivus. Le chef rhétéen,
lui, domine ce massacre, pareil à Mars qui se complaît
dans les carnages[3], lorsque, debout sur son char qu'il
lance sur l'Hébre gelé, il fait fondre sous la chaleur du
sang les neiges du pays des Gètes, et que le char de

1. Suite du schéma canonique de la bataille épique. La
transition par *parte alia* est fréquente pour introduire l'aristie d'un
héros de l'autre camp (ici Scipion) : voir *Pun.* 1, 426 ; 5, 429 ; *Aen.*
10, 362 ; 12, 346. Cette description des exploits de Scipion se
déroule en trois phases : premières victoires (479-490) ; revanche
sur les vétérans puniques (491-507) ; recherche de l'affrontement
avec le chef ennemi (507-521). A la fin des deux premiers volets,
Scipion est comparé d'abord à Mars (487-490), puis à un feu
dévorant (504-506), comme Hannibal, à la fin de sa propre aristie
(474-478), l'avait été à un ouragan.

nostra sinam, parcamque uiro quem terra crearit
Itala? *T*um manes inimic*i* sede repellant 465
aeterna socioque abigat me frater Auerno.»
Sic ait, et clipei propulsum pondere toto,
lubrica qua tellus lapsantes sanguine fratris
fallebat nisus, prosternit et occupat ense.
Extendit labens palmas Heriumque iacentem 470
amplexus iuncta leniuit morte dolores.
Tum Libys inuadit mixtae certamina turbae
conuertitque ruens per longum hostilia terga,
ut, cum fulminibus permixta tonitrua mundum
terrificant, summique labat domus alta parentis, 475
omne hominum terris trepidat genus, ipsaque ob ora
lux atrox micat, et praesens adstare uiritim
creditur intento perculsis Iuppiter igne.

Parte alia, ceu sola forent discrimina campo
qua misceret agens truculentum Scipio Martem, 480
aspera pugna nouas uaria sub imagine leti
dat formas. Hic ense iacet prostratus adacto,
hic saxo perfracta gemit lacrimabilis ossa ;
ast hos, turpe, pauor fusos proiecit in ora,
horum aduersa dedit Gradiuo pectora uirtus. 485
Ipse super strages ductor Rhoeteius instat,
qualis apud gelidum currus quatit altior Hebrum
et Geticas soluit feruenti sanguine Mauors

464 parcamque *O V* : paream- *L F (ut uid.)* ‖ **465** tum
Livineius : dum *S* ‖ inimici *Blomgren* : -ca *S* -cos *coni. Livineius* ‖
repellant *S* : -at *dett.*, *edd.* ‖ **469** nisus *F* : uisus *L* nixus *O V* ‖
471 dolores *S* : -rem *edd.* ‖ **476** terris *S* : in t. *edd.* ‖ **478** perculsis *L*
F : -sus *O V* ‖ **480** misceret *dett.* : miseret *S* miscebat *edd.* ‖
truculentum *L F* : -tus *O V* ‖ **483** hic *L F* : is *O* his *V*.

guerre, grinçant sous le poids, brise les congères qu'a
490 formées l'Aquilon.

Mais voici que Scipion, plein d'une ardeur sauvage,
repère et couche sous son fer les plus valeureux des
grands noms[1] ; ces jeunes gens célèbres dans le monde
entier pour leurs exploits meurtriers, tombent partout
sous ses coups : ceux qui ont pris d'assaut les murailles,
495 et qui par malheur, en te détruisant, Sagonte, ont
déclenché l'abominable guerre, ceux qui ont souillé de
sang ton lac sacré, Trasimène, et les eaux calmes de
Phaéton, ceux qui, trop sûrs d'eux, ont attaqué le trône
et la demeure du roi des dieux pour les piller, tous,
500 dans ce corps à corps, ont le même trépas. Rendent
l'âme aussi ceux qui déclaraient avoir violé le domaine
réservé des dieux et ouvert les premiers les Alpes
interdites aux hommes[2]. Remplis de crainte devant lui,
les rangs pris de panique refluaient en courant, tout
comme on voit, lorsque le fléau de Vulcain s'est
répandu sur les constructions d'une ville, qu'un vent
505 violent attise l'incendie et propage les flammes en les
faisant voler de toit en toit, les gens affolés par une
panique soudaine s'élancer au dehors, et la peur se
répandre dans toute la ville, comme si l'ennemi l'avait
prise.

Mais Scipion se lasse de perdre du temps à livrer ces
510 duels dispersés, et d'être arrêté par des combats
mineurs. C'est contre le fauteur de guerre, responsa-
ble de ces malheurs, qu'il décide enfin de tourner toutes
ses forces[3]. «Tant qu'Hannibal, et lui seul, reste en
vie, on peut mettre le feu aux remparts de Carthage,
on peut exterminer toutes ses troupes, rien ne sera
acquis pour le Latium. A l'inverse, si ce seul homme
515 tombe, toutes leurs armes et tous leurs guerriers seront

---

1. Ce massacre des vétérans d'Hannibal venge la série des
grandes défaites romaines des débuts de la guerre, que Silius
mentionne ici dans un ordre chronologique imparfait : prise de
Sagonte, défaites sur le Tessin et la Trébie, désastre du lac
Trasimène, menace contre Rome elle-même, passage des Alpes. Le
Tessin et la Trébie sont deux affluents du Pô, appelé ici «fleuve de
Phaéton» comme en 7, 149 (voir note *ad loc.*).

laetus caede niues, glaciemque Aquilonibus actam
perrumpit stridens sub pondere belliger axis.   490
   Iamque ardore truci lustrans fortissima quaeque
nomina obit ferro. Claris spectata per orbem
stragibus occumbit late inter tela iuuentus.
Qui muros rapuere tuos miserasque nefandi
principium belli fecere, Sagunte, ruinas,   495
qui sacros, Thrasymenne, lacus Phaethontia quique
polluerant tabo stagna, ac fiducia tanta
quos tulit ut superum regi soliumque domosque
irent direptum, mactantur comminus uno
exitio. Redduntque animas temerata ferebant   500
qui secreta deum et primos reserasse negatas
gressibus humanis Alpes. Formidinis huius
plena acies propere retro exanimata ruebat,
haud secus ac tectis urbis Vulcania pestis
cum sese infudit rapidusque incendia flatus   505
uentilat et uolucres spargit per culmina flammas,
attonitum erumpit subita formidine uulgus,
lateque ut capta passim trepidatur in urbe.
   Verum ubi cunctari taedet dispersa uirorum
proelia sectantem et leuiori Marte teneri,   510
omnes in causam belli auctoremque malorum
uertere iam uires tandem placet. Hannibal unus
dum restet, non, si muris Carthaginis ignis
subdatur, caesique cadant exercitus omnis,
profectum Latio. Contra, si concidat unus,   515

   489 caede *dett.* : sede *L O V* saede *F* ‖ **500** ferebant *dett.* : -bat *S*
‖ **501** primos *Heinsius* : -mo *S* ‖ **515** profectum *L F* : -tu *O V* ‖
concidat *L F* : -citet *O V*.

inutiles aux fils d'Agénor.» Scipion fait donc des yeux
le tour du champ de bataille, et cherche leur chef. Il
brûle de marcher vers le duel suprême, et voudrait
affronter son adversaire sous les yeux de l'Ausonie
520 entière ; de toute sa hauteur, il défie l'ennemi en hurlant
des menaces, et réclame un combat nouveau[1].

Quand Junon entendit ces cris[2], elle eut grand peur
qu'ils ne viennent aux oreilles de l'intrépide chef
libyen ; alors elle façonne un simulacre du Latin,
rehausse bien vite sa tête d'une aigrette scintillante, y
525 ajoute le bouclier et le casque à cimier du chef romuléen, et pare ses épaules de son brillant manteau de
commandement ; elle lui donne sa démarche et son
attitude au combat, et anime de gestes hardis ce fantôme sans corps[3]. Puis, pour cette ombre de guerrier,
elle crée un autre simulacre, aussi inconsistant, celui du
530 coursier fantôme qu'il mènera sur des voies détournées,
au galop, vers une illusion de combat. Ainsi, devant
les yeux du chef carthaginois, caracole et brandit par
défi ses armes le Scipion créé par Junon. Tout heureux
d'avoir devant lui le chef latin, et de voir s'approcher
535 enfin de grands exploits, le Punique, d'un bond, saute
prestement sur son cheval et lance contre lui, comme
un éclair, sa javeline. Comme s'il avait des ailes, le
fantôme fait volte-face, s'enfuit en volant sur le terrain
et traverse la mêlée. Alors, se croyant déjà vainqueur
540 et comblé dans ses plus hautes ambitions, le Punique
fait saigner son coursier de son talon de fer, et secoue
sans pitié ses rênes laissées longues. «Où t'enfuis-tu ?
Oublies-tu que c'est dans notre domaine que tu
t'échappes ? En Libye, tu n'as nulle part où te cacher,
Scipion.» Voilà ce qu'il crie en poursuivant l'épée au
poing l'ombre qui vole, et qui finit par l'emmener,
545 frustré, bien loin dans la campagne, très à l'écart du

---

1. Ainsi Turnus réclame (*Aen*. 12, 45-80) qu'un combat
singulier entre Énée et lui mette fin à la guerre.

nequiquam fore Agenoreis cuncta arma uirosque.
Illum igitur lustrans circumfert lumina campo
rimaturque ducem. Iuuat in certamina summa
ferre gradum, cuperetque uiro concurrere tota
spectante Ausonia. Celsus clamore feroci   520
prouocat increpitans hostem et noua proelia poscit.

   Quas postquam audiuit uoces conterrita Iuno,
ne Libyci ducis impauidas ferrentur ad aures,
effigiem informat Latiam propereque coruscis
attollit cristis, addit clipeumque iubasque   525
Romulei ducis atque umeris imponit honorem
fulgentis saguli ; dat gressum habitusque cientis
proelia, et audaces adicit sine corpore motus.
Tum par effigies fallacis imagine uana
cornipedis moderanda cito per deuia passu   530
belligerae datur ad speciem certaminis umbrae.
Sic Poeni ducis ante oculos exsultat et ultro
Scipio Iuno*i* simulatus tela coruscat.
At uiso laetus rectore ante ora Latino
et tandem propius sperans ingentia Poenus,   535
quadrupedi citus imponit uelocia membra
et iacit aduersam properati turbinis hastam.
Dat terga et campo fugiens uolat ales imago
tramittitque acies. Tum uero ut uictor et alti
iam compos uoti ferrata calce cruentat   540
cornipedem, et largas Poenus quatit asper habenas.
«Quo fugis, oblitus nostris te cedere regnis?
Nulla tibi Libyca latebra est, o Scipio, terra.»
Haec ait, et stricto sequitur mucrone uolantem,
donec longinquo frustratum duxit in arua   545

---

   528 adicit *L V* : adigit *F* addicit *O* ‖ **533** iunoni *edd.* : -ne *S* ‖
534 at *dett. Livineius* : ac *S* ‖ **535** propius *L O* : -prius *O V* ‖
538 uolat *L F V* : *om. O.*

cœur de la mêlée ; alors, brusquement, le fantôme
trompeur s'évanouit dans l'atmosphère. « Quel est
donc le dieu », fulmine Hannibal, « qui s'est mesuré à
moi en dissimulant sa divinité ? Pourquoi se cache-t-il
derrière ce phénomène ? Ma gloire fait-elle tant d'ombre
550 aux dieux ? Mais qui que tu sois, toi qui, parmi les
habitants du ciel, protèges l'Ausonie, jamais tu ne
pourras me prendre, ou m'arracher par ta magie, mon
ennemi bien réel ! » Puis, furieux, il fait volter son cheval
au galop et cherche à regagner le champ de bataille ;
555 mais soudain son puissant destrier, pris des frissons
d'un mal inconnu, s'écroule, halète, et rend dans l'air
son dernier souffle ; c'était là l'œuvre de Junon. Alors,
exaspéré, il s'écrie[1] : « Encore une traîtrise qui vient
de vous, ô dieux ! Vous ne m'abusez pas ! Mon cadavre
aurait dû rester pris, noyé, sous les écueils, et la mer
560 m'engloutir dans ses vagues ! Voilà donc le trépas qui
m'était réservé ? Ceux qui ont suivi mes enseignes, à
qui nous avons donné le signal du combat, se font tuer ;
et moi, loin d'eux, j'entends leurs plaintes, leurs cris,
et leurs appels à Hannibal ! Quel torrent du Tartare
565 pourra suffisamment me laver de ma faute ? » Tout en
laissant échapper ces paroles, il contemplait sa main
armée et brûlait du désir de mourir[2].

Alors Junon, le prenant en pitié, se transforme en
berger, sort brusquement de l'ombre d'un bois, et dit
à Hannibal qui méditait sur son sort sans gloire :
570 « Quelle raison t'a donc poussé à venir vers nos bois en
attirail de guerre ? Cherches-tu la dure bataille où le

---

1. Ces imprécations d'Hannibal reprennent les plaintes de
Turnus (*ibid.*, v. 668 sqq.), mais avec plus de violence. Le chef
punique regrette maintenant la mort par noyade qu'il refusait
comme indigne de lui aux vers 260 sqq. : c'est qu'il lui semble
encore plus ignominieux que ses compagnons d'armes puissent
penser qu'il a fui en les abandonnant (la même préoccupation était
exprimée par Turnus, *loc. cit.*, v. 672 sqq. : *Quid manus illa uirum
qui me meaque arma secuti, | quosque (nefas) omnis infanda in
morte reliqui | et nunc palantis uideo gemitumque cadentum |
accipio?*). C'est ce déshonneur qu'il considère comme sa faute
impardonnable (v. 564-565).

diuersa spatio procul a certamine pugnae;
tum fallax subito simulacrum in nubila cessit.
Fulmineus ductor : «Quisnam se numine caeco
composuit nobis», inquit, «deus? aut latet idem
cur monstro? tantumne obstat mea gloria diuis? 550
Sed non auelles umquam, quicumque secundus
caelicolum stas Ausoniae, non artibus hostem
eripies uerum nobis.» Frena inde citati
conuertit furibundus equi, campumque petebat,
cum subito occultae pestis collapsa tremore 555
cornipedis moles ruit atque efflauit anhelo
pectore Iunonis curis in nubila uitam.
Tum uero impatiens : «Vestra est haec altera, uestra
fraus,» inquit, «superi. Non fallitis. Aequore mersum
texissent scopuli, pelagusque hausisset et undae! 560
Anne huic seruabar leto? Mea signa secuti,
quis pugnae auspicium dedimus, caeduntur, et absens
accipio gemitus uocesque ac uerba uocantum
Hannibalem. Quis nostra satis delicta piabit
Tartareus torrens?» Simul haec fundebat et una 565
spectabat dextram ac leti feruebat amore.

Tunc Iuno miserata uirum pastoris in ora
uertitur, ac siluis subito procedit opacis
atque his alloquitur uersantem ingloria fata :
«Quaenam te siluis accedere causa subegit 570
armatum nostris? Num dura ad proelia tendis

546 diuersa *S* : -sae *coni. Heinsius* ‖ **548** fulmineus *dett.* : flam-
S ‖ numine *L F* : lum- *O V* ‖ **553** citati *Heinsius* : -tis *S* ‖ **554** equi
L F : equis *O V* ‖ **555** subito *L F O* : -tae *V* ‖ occultae *L F* : -ta *O V*
‖ **558** uestra ... uestra *V* : uestra ... nostra *L F* nostra ... nostra *O* ‖
559 fallitis *O V* : full- *L* fullicis *F* ‖ **561** huic *dett.* : hinc *S, ut saepe* ‖
seruabar *F O V* : -at *L* ‖ **562** caeduntur *F O* : ceduntur *L V* ‖
563 ac *L F O* : et *V* ‖ **565** tartareus *L F* : -reos *O V* ‖ **567** tunc *L*
F : tum *O V* ‖ **569** atque *F O V* : at *L* ‖ his *L O V* : is *F* ‖ **571** num
F O V : unum *L*.

grand Hannibal écrase de ses armes ce qui reste des
Ausoniens[1]? Si tu souhaites t'y rendre vite, et veux
prendre des raccourcis, je vais te conduire au cœur de
575 la mêlée par un sentier tout proche.» Il accepte, fait
au berger promesses sur promesses, et l'assure que les
sénateurs de l'altière Carthage le récompenseront riche-
ment, et que lui-même ne sera pas en reste. Alors il
s'élance et parcourt à grandes enjambées les alentours,
mais Junon le fait tourner en rond, le trompe sur la
direction des chemins, et, sans se montrer, lui préserve
580 une vie dont il ne voulait pas, et dont il ne lui sait
pas gré[2].

Pendant ce temps, les troupes cadméennes, aban-
données et prises de panique[3], ne voient plus d'Hannibal, et nulle part non plus les célèbres combats de
ce chef sans pitié. Certains le croient tué, d'autres
pensent qu'il a désespéré de la bataille et cédé devant
585 l'hostilité des dieux. Sur eux s'abat le chef ausonien,
qui les fait fuir par toute la plaine. Déjà même tremblent les hauts murs de Carthage; l'Afrique entière,
après la déroute de ses troupes, est envahie d'une peur
diffuse. Une fuite éperdue[4] précipite ces gens, affolés,
en désordre, vers les côtes les plus lointaines, et ces
590 fugitifs se dispersent jusqu'aux rivages de Tartessos.
D'autres gagnent la ville de Battus, d'autres le fleuve
de Lagos. Ainsi, lorsque le Vésuve, finissant par céder
à une pression sourde, a vomi jusqu'aux astres des feux
couvés depuis des siècles, et que le fléau de Vulcain
s'est répandu sur la mer et les terres, les Sères d'Orient,
595 par un étonnant phénomène, voient leurs bois où pousse
la laine blanchir sous la cendre ausonienne[5].

Mais la reine Junon finit par arrêter Hannibal épuisé
sur un tertre proche, d'où l'on avait sous les yeux une

---

1. Pour mieux arriver à ses fins, Junon prend non seulement
l'aspect d'un berger, mais trompe Hannibal sur la situation réelle
de la bataille en cours.
2. Cf. *Aen.* 9, 385 : *fallitque timor regione uiarum*, et *ibid.*, 10,
666 : [Turnus] *ignarus rerum ingratusque salutis*.

magnus ubi Ausoniae reliquos domat Hannibal armis?
Si uelox gaudes ire et compendia grata
sunt tibi, uicino in medios te tramite ducam.»
Annuit, atque onerat promissis pectora largis   575
pastoris, patresque docet Carthaginis altae
magna repensuros nec se leuiora daturum.
Praecipitem et uasto superantem proxima saltu
circumagit Iuno, ac fallens regione uiarum
non gratam inuito seruat celata salutem.   580
    Interea Cadmea manus deserta pauensque
non ullum Hannibalem, nusquam certamina cernit
saeui nota ducis. Pars ferro occumbere credunt,
pars damnasse aciem et diuis cessisse sinistris.
Ingruit Ausonius uersosque agit aequore toto   585
rector, iamque ipsae trepidant Carthaginis arces.
Impletur terrore uago cuncta Africa pulsis
agminibus, uolucrique fuga sine more ruentes
tendunt attonitos extrema ad litora cursus,
ac Tartessiacas profugi sparguntur in oras;   590
pars Batti petiere domos, pars flumina Lagi.
Sic, ubi *ui* caeca tandem deuictus ad astra
euomuit pastos per saecula Vesbius ignes,
et pelago et terris fusa est Vulcania pestis,
uidere Eoi, monstrum admirabile, Seres   595
lanigeros cinere Ausonio canescere lucos.
    At fessum tumulo tandem regina propinquo
sistit Iuno ducem, facies unde omnis et atrae

---

572 armis *dett.* : arma *S* ‖ **578** superantem *L F* : proper- *O V* ‖
579 ac *L F* : et *O* at *V* ‖ **584** diuis *L F* : superis *O V* ‖ **588** more
Heinsius : morte *S* marte *dett.* ‖ **590** tartessiacas *F* : carc- *L*
cartesiacas *O* cartessiacas *V* ‖ **591** batti *V* : bacci *L F* bacchi *O* ‖
lagi *dett.* : largi *S* ‖ **592** ui caeca *Calderinus in ed. Lipsiae 1695* : in
caeca *L* inceca *F V* incelta *O* ‖ **593** uesbius *L F* : nosbius *O* uosbius
V uesuius *edd.* ‖ **597** at *edd.* : et *S*.

vue générale de l'affreuse bataille et de ses résultats.
Comme il avait vu la plaine du Garganos, les marais
600 de la Trébie, le lac tyrrhénien et le fleuve de
Phaëton[1] débordant sous les corps massacrés, ainsi
s'offre, pitoyable spectacle, le terrible tableau de ses
bataillons abattus. Alors Junon, toute troublée, rentre
605 dans le séjour d'En-Haut. Et les ennemis déjà s'appro-
chaient, ils étaient presque au pied du tertre ; Hannibal
se dit alors : «Ah, la voûte du ciel peut bien se défaire
et s'écrouler sur ma tête, les terres peuvent bien
s'ouvrir, jamais dans l'avenir, Jupiter, tu n'effaceras
le nom de Cannes, et tu perdras ta souveraineté avant
que les nations ne fassent le silence sur le nom ou sur
610 les exploits d'Hannibal ! Et toi, Rome, tu n'as pas fini
d'avoir peur de moi[2] ! Je durerai plus que ma patrie,
et vivrai dans l'espoir de te faire la guerre. Tu n'as
gagné qu'une bataille, tes ennemis demeurent. A moi,
il me suffit amplement que les mères dardaniennes et
615 la terre italienne s'attendent à mon retour aussi
longtemps que je vivrai, et que leur cœur ne connaisse
pas la paix.» Alors il s'élance, se mêle à quelques
fugitifs, et s'en va vers l'arrière chercher sur les
hauteurs une cachette sûre[3].

Ainsi finit la guerre. Aussitôt, la haute cité s'ouvre
spontanément au chef ausonien. Elle perdit les droits
dont elle faisait mauvais usage[4], ses armes, on grava
620 des clauses de paix, la puissance qui faisait son orgueil
fut brisée, et les éléphants déposèrent les tours qu'ils
portaient. Puis les navires de haut bord donnèrent aux
Carthaginois un bien cruel spectacle[5] lorsqu'on y
porta la torche incendiaire ; une tempête soudaine
embrasa la mer, et Nérée prit peur de cette clarté.

---

1. Deux fois déjà dans ce dernier livre (v. 292 sqq. et 495-496)
Silius a énuméré les grandes défaites qui ont marqué pour les
Romains les premières années de la guerre. Il reprend ici ce thème,
mais avec une valeur inversée : Zama efface tous les revers
romains. Le mont Garganus est en Apulie, il renvoie donc à la
bataille de Cannes ; le lac tyrrhénien est celui de Trasimène ; sur le
fleuve de Phaëton, voir, *supra,* 7, 149 et 17, 496.

apparent admota oculis uestigia pugnae.
Qualem Gargani campum Trebiaeque paludem   600
et Tyrrhena uada et Phaethontis uiderat amnem
strage u*irum* undantem, talis, miserabile uisu,
prostratis facies aperitur dira maniplis.
Tunc superas Iuno sedes turbata reuisit.
Iamque propinquabant hostes tumuloque subibant,   605
cum secum Poenus : «Caelum licet omne soluta
in caput hoc compage ruat terraeque dehiscant,
non ullo Cannas abolebis, Iuppiter, aeuo,
decedesque prius regnis quam nomina gentes
aut facta Hannibalis sileant. Nec deinde relinquo   610
securam te, Roma, mei, patriaeque superstes
ad spes armorum uiuam tibi. Nam modo pugna
praecellis, resident hostes ; mihi satque superque
ut me Dardaniae matres atque Itala tellus,
dum uiuam, exspectent, nec pacem pectore norint.»   615
Sic rapitur paucis fugientum mixtus et altos
inde petit retro montes tutasque latebras.

   Hic finis bello. Reserantur protinus arces
Ausonio iam sponte duci ; iura improba adempta
armaque, et incisae leges, opibusque superbis   620
uis fracta, et posuit gestatas belua turres.
Excelsae tum saeua rates spectacula Poenis
flammiferam accepere facem, subitaque procella
arserunt maria, atque expauit lumina Nereus.

   600 gargani *edd*. : -nii *S* ‖ **601** phaethontis *L F* : frontis *O*
fetontis *V* ‖ **602** uirum *edd*. : uera *S* ‖ **604** tunc *L F* : tum *O V* ‖
607 dehiscant *V* : -cat *L F O* ‖ **610** sileant *L Fs.l. O V* : sinent *F* ‖
612-613 nam ... hostes : *hunc locum spurium putauerunt multi
editores* ‖ **613** praecellis *L F V* : proc- *O* ‖ **624** nereus *F O V* : neruis
L.

625   Assuré d'une gloire éternelle, premier à adjoindre à
son nom celui d'une terre vaincue, le chef, sans qu'on
puisse l'accuser d'aspirer au trône[1], regagne Rome
par la mer[2], et rentre dans sa patrie avec un grandiose
triomphe[3]. En tête, Syphax[4], assis sur un brancard,
fermait ses yeux de prisonnier et portait au cou des
630 chaînes d'or ; puis Hannon[5], avec la fleur de la
noblesse phénicienne, les chefs macédoniens, les Maures
à la peau brûlée, les Numides, les Garamantes coureurs
de désert que le dieu Hammon connaît bien, et
les éternels naufrageurs des Syrtes[6]. Ensuite venait
635 l'image de Carthage[7] tendant vers les astres ses mains
de vaincue, celle de l'Hibérie désormais tranquille,
Gadès, le bout du monde, Calpé, point extrême, jadis,
des exploits d'Hercule[8], et le Bétis qui lave régu-
lièrement de l'eau douce de son cours les chevaux du
soleil ; portant haut vers les astres son front couronné
640 de ramures marchait la mère des guerres[9], la farouche
Pyréné, puis l'Èbre si violent lorsqu'il pousse tous à
la fois vers la mer les cours d'eau qu'il a recueillis.
Mais ce qui, plus que tout, captivait les cœurs et les
regards, c'était de voir l'image d'Hannibal[10] fuyant
645 sur le champ de bataille. Scipion, lui, debout sur son
char, resplendissant d'or et de pourpre[11], offrait à la
vue des Quirites une physionomie martiale, pareil à
Liber[12] descendant des Indes parfumées et conduisant
son char orné de pampres et tiré par des tigres, ou au

---

1. Le sens de l'expression *securus sceptri* a fait difficulté, et elle
est généralement comprise, depuis Ruperti, comme signifiant «sûr
de la victoire.» Mais si l'on tient compte de la suspicion
d'*adfectatio regni* qui pouvait toujours à Rome atteindre quicon-
que avait, comme ici Scipion, des titres éminents à la faveur
populaire, si l'on rapproche aussi ce passage de celui du livre 16
(v. 278 sqq.) où Scipion refuse le titre de roi que voulaient lui
donner les Espagnols, on peut comprendre, en donnant à l'adjectif
un de ses sens bien attesté («à l'abri de»), que, malgré la gloire
immortelle qu'il vient d'acquérir, l'Africain ne risque pas d'être
accusé d'aspirer au sceptre. L'indication n'est pas hors de propos
au moment où Silius va longuement décrire la marche glorieuse de
l'Africain et son triomphe : tout cela reste dans la légalité
républicaine.

Mansuri compos decoris per saecula rector,   625
deuictae referens primus cognomina terrae,
securus sceptri repetit per caerula Romam
et patria inuehitur sublimi tecta triumpho.
Ante Syphax feretro residens captiua premebat
lumina, et auratae seruabant colla catenae.   630
Hinc Hannon clarique genus Phoenissa iuuentus
et Macetum primi atque incocti corpora Mauri,
tum Nomades notusque sacro, cum lustrat harenas,
Hammoni Garamas et semper naufraga Syrtis.
Mox uictas tendens Carthago ad sidera palmas   635
ibat et effigies orae iam lenis Hiberae
terrarum finis Gades ac laudibus olim
terminus Herculeis Calpe Baetesque lauare
solis equos dulci consuetus fluminis unda,
frondosumque apicem subigens ad sidera mater   640
bellorum fera Pyrene, nec mitis Hiberus
cum simul illidit ponto quos attulit amnes.
Sed non ulla magis mentesque oculosque tenebat
quam uisa Hannibalis campis fugientis imago.
Ipse adstans curru atque auro decoratus et ostro   645
Martia praebebat spectanda Quiritibus ora,
qualis odoratis descendens Liber ab Indis
egit pampineos frenata tigride currus,

---

634 hammoni *F O V* : hannoni *L* ‖ **636** lenis *dett.* : leuis *S* ‖
638 herculeis *F O V* : -cideis *L* ‖ calpe *L F* : *om. O* calpi *V* ‖
baetesque *L F* : -teque *O V* ‖ **640** subigens *L F V* : sibi gens *O* ‖
647 odoratis *L F V* : ador- *O*.

héros de Tirynthe, vainqueur des énormes Géants,
marchant dans les plaines de Phlégra en touchant du
650 front les étoiles.

Salut, Père invaincu de la patrie[1] ! Ta gloire et tes
mérites n'ont rien à envier à ceux de Quirinus, rien à
envier à ceux de Camille ! Non, Rome ne ment pas
lorsqu'elle te donne une origine divine, et qu'elle te
dit le fils du dieu tarpéien du Tonnerre.

1. Dans cet envoi final, Scipion reçoit la plus belle marque
d'affection et de gratitude que les Romains pouvaient donner à
l'un des leurs, en l'appelant « Père de la patrie » *(Parens patriae)*,
comme le fondateur divinisé Romulus-Quirinus (Liu. 1, 16), puis
Camille (*id.* 5, 49, 7 : *Romulus ac parens patriae conditorque alter
Vrbis*). Les deux derniers vers confirment sa filiation divine, dont
le récit est en 13, 615 sqq.

aut cum Phlegraeis confecta mole Gigantum
incessit campis tangens Tirynthius astra.   650
   Salue, inuicte parens, non concessure Quirino
laudibus ac meritis, non concessure Camillo.
Nec uero, cum te memorat de stirpe deorum,
prolem Tarpei, mentitur Roma, Tonantis.

651-652 : quirino ... concessure *om. O.*

NOTES COMPLÉMENTAIRES

Page 4.

2. L'île qui porte le même nom que la primitive Délos est le premier établissement des colons corinthiens qui fondèrent Syracuse.

3. Cf. *Pun.* 1, 291, n. 3, tome 1, p. 16.

4. La terre aux trois pointes (cf. *Pun.* 5, 489, n.) ; la théorie de la séparation de la Sicile d'avec l'Italie est courante (cf. Ovide, *Mét.* 15, 290-292 ; Pline, *H.N.* 2, 204 : *namque et hoc modo insulas rerum natura fecit, auellit Siciliam Italiae :* «et c'est en effet de cette manière que la nature créa les îles, sépara la Sicile de l'Italie») ; on la trouve chez Virgile (*Aen.* 3, 414 sqq.) ; Silius, à son habitude, réécrit en les développant les v. 417-419 : *uenit medio ui pontus et undis | Hesperium Siculo latus abscidit, aruaque et urbes | litore diductas angusto interluit aestu.* «la mer avec violence est venue au milieu, ses ondes ont déchiré un flanc de l'Hespérie au flanc de la Sicile, placé champs et villes sur des rives différentes qu'un détroit resserré lave de ses bouillons», (trad. J. Perret) ; la description de la Sicile doit beaucoup à Cicéron (*De re frum.* et *De signis*).

Page 5.

4. Stésichore, Empédocle, Épicharme, Théocrite ; les Siciliens étaient aussi célèbres par leur faconde (Cicéron, *De orat.* 2, 54).

5. Roi des Lestrygons (cf. *Pun.* 7, 276, n, et 8, 530, n.). Les premiers occupants d'une terre ont souvent une réputation de sauvagerie ; ainsi, pour la Sicile, les Cyclopes et les Lestrygons anthropophages (que Silius d'ailleurs, en 7, 276, localise en Italie même, à Caïète).

6. Après les occupations mythiques, Silius cite les premières populations connues de l'île : Sicanes, au centre, venus d'Espagne (Pyrène symbolise l'Espagne, cf. *Pun.* 3, 420-440), selon Thucydide (6, 2) ; Sicules à l'est, rattachés à l'Italie continentale (ils sont en effet issus des Ligures), Crétois (Minos poursuivit Dédale en Sicile, cf. *Pun.* 12, 89, mais fut ébouillanté au bain par les filles du roi Cocalos, tandis que ses soldats s'établissaient à Héracléa Minoa) ; Phrygiens venus avec Aceste (à qui l'on attribuait la fondation de

Ségeste) et avec Hélymus (des Élymes de Ségeste, Eryx et Entella seront alliés des Carthaginois) ; cf. v. 45-46.

7. La Crète était l'île aux cent villes ; cf. Virgile, *Aen* : 3, 106 : *Centum urbes habitant magnas*.

Page 6.

4. Cf. Ovide, *Met.* 5, 494-641 ; Virgile, *Buc.* 10, 1-5, *Aen.* 3, 694 ; la source Aréthuse qui jaillissait dans l'île d'Ortygie était pure et très poissonneuse (Cicéron, *De signis,* 118) et passait pour une résurgence de l'Alphée, le petit fleuve qui passe à Olympie ; une légende que rapporte aussi Strabon (6, 190) qui prétend que des couronnes de vainqueurs d'Olympie jetées dans l'Alphée auraient été transportées sous la mer jusqu'à Ortygie, suivant le parcours accompli par le fleuve lui-même quand il poursuivait la nymphe dont il était amoureux.

5. Cf. *Pun.* 12, 141, n. ; Silius s'émerveille du volcanisme dont il fait une description analogue en 12, 133 sqq. ; il ne se contente pas de reprendre la description de Virgile (*Aen.* 3, 57 sqq.), mais l'enrichit de la lutte du chaud et du froid ; sur ces *mirabilia* et leur traitement poétique, cf. aussi, à propos de Claudien, P. Laurens, *Bulletin A.G.B.,* 1986, 4, p. 358 sqq.

6. Les îles Lipari, au nord de la Sicile, font partie du royaume d'Éole (cf. *infra,* v. 70, et Virgile, *Aen.* 8, 416, *Aeoliamque Liparem*).

7. Cf. *Pun.* 2, 610, n. 3, t. 1, p. 62.

Page 8.

2. Silius rappelle maintenant l'histoire récente de la Sicile, tout en condensant les événements politiques dont Syracuse a été le théâtre ; Hiéron, fidèle allié de Rome, avait de plus en plus de peine à résister au parti pro-carthaginois ; son fils Gélon étant mort avant lui en 216, c'est Hiéronyme son petit-fils qui lui succède en 215 ; revendiquant au nom de sa mère Néréïs, fille de Pyrrhus, l'ensemble de la Sicile, il fut soutenu par Carthage dont il avait pris le parti, mais il fut assassiné à Léontini en même temps que toute la famille royale (cf. Liv. 24, 5-7) ; la république restaurée à Syracuse vit s'affronter les partisans des Romains et deux stratèges, Hippocrate et Épicydès, qui entraînèrent Léontini d'abord, puis Syracuse dans le camp des Carthaginois. Marcellus prit en un tournemain Léontini, qu'il châtia très durement, mais se heurta aux solides défenses de Syracuse à la suite de laquelle presque toute la Sicile fit défection aux Romains (Liv. 24, 31-33).

3. M. Claudius Marcellus (qui avait été consul en 222, 215 et 214, cf. *Pun.* 15, 347) ; Silius est assez mal à l'aise pour le présenter, car ses deux sources les plus importantes sont

contradictoires : Tite-Live, tout en montrant une volonté de modération chez Marcellus (25, 25, 7), note les violences commises par les Romains, notamment lors de la prise de Syracuse, quartier par quartier (25, 25, 9 et 25, 31, 8 ; cf. n. à *Pun.* 14, 681). Cicéron, lui, insiste sur la modération et la magnanimité du vainqueur dont il oppose la conduite à celle de Verrès (*de Signis,* 115).

4. Cf. *supra,* v. 48, n. 1, p. 6; peut-être, métonymie pour «Sicile».

Page 9.

4. *Viso uincitis* ; Silius s'inspire sans doute ici de la fameuse parole que prononça César au soir du 2 août 47, à Zela : *ueni, uidi, uici* (Suétone, *Iul.* 37, 2).

5. Rappel du triomphe célébré par Marcellus en 222 ; les *spolia opima* à proprement parler sont les dépouilles du chef ennemi emportées, en combat singulier, par le général romain ; il en existait jusqu'alors trois exemples : Romulus, C. Cossius sur Tolumnius (428 av. J.-C.) et Marcellus lui-même sur l'Insubre Viridomarus en 222 ; l'expression est employée ici par emphase.

6. Le cap Capharée est situé au sud-est de l'île d'Eubée. L'Euripe, chenal qui sépare l'Eubée de la Grèce continentale, est célèbre pour la force des courants qui s'inversent plusieurs fois par jour et pour la violence des tempêtes qui l'agitent, de la même façon que la Propontide, actuelle mer de Marmara ; cf. Liv. 26, 6, 10 : *uenti ab utriusque terrae praealtis montibus subiti ac procellosi se deiiciunt et fretum ipsum Euripi (...) temere in modum uenti nunc huc, nunc illuc uerso mari uelut monte praecipiti torrens rapitur* ; «les vents descendant des monts très hauts de chacune des deux terres s'abattent en tempêtes soudaines, et le détroit de l'Euripe lui-même voit la mer, au hasard, à la façon d'un vent tournant tantôt d'un côté tantôt de l'autre, s'y précipiter comme un torrent roulant du haut d'une montagne escarpée».

Page 11.

2. Cette volonté de clémence de Marcellus est notée par Tite-Live (25, 24, 11), mais elle ne se manifeste qu'après la prise des Épipoles, c'est-à-dire très près de l'assaut final, alors que seules l'Achradine et Ortygie résistaient encore.

3. Rivière de Lydie célèbre pour ses cygnes.

4. Silius énumère les cités ennemies et celles qui sont demeurées les alliées de Rome en Sicile ; il présente cette énumération sous la forme d'un catalogue qui évoque la tradition homérique ; mais tandis que chez Homère (cf. *Iliade,* 2, 494 sqq.) le nom de chaque cité n'est illustré que par un adjectif épithète, Silius développe la description sur deux vers, comme une sorte d'épigramme, caractérisant ainsi chaque ville par une «vignette» qui parfois

s'apparente à la simple louange des avantages touristiques : la façon de vanter les charmes de Panorme-Palerme (261-263) en est sans doute l'exemple le plus frappant : chasse aux fauves et aux oiseaux, pêche, en sont les aimables ressources, et il faut bien dire que le compliment est mieux fait pour attirer et séduire le touriste que pour chanter la vaillance des soldats mobilisés ; notons toutefois que Silius s'efforce à la *uariatio* (il a sous les yeux le catalogue de Virgile, *Aen.* 7, 641 sqq.) en soignant particulièrement la composition du passage : les alliés de Syracuse qui ont fait défaut à Rome sont cités des v. 194 à 247 et de 258 à 276, enserrant ainsi ceux de Rome, à qui sont réservés les seuls vers 248-257 et dont la victoire paraîtra d'autant plus méritoire que leur nombre est plus petit.

5. Les Mamertins qui habitaient la Campanie, pays des Osques, occupèrent Messine, *ciuitas Mamertina,* qui aurait été auparavant fondée par les Messéniens du Péloponnèse.

Page 12.

2. Ses habitants, gênés par les miasmes d'un marais voisin, demandèrent à l'oracle d'Apollon s'ils pouvaient assécher ce marécage : Apollon répondit « de ne pas faire bouger Camarine, car sans changement cela valait mieux » : μὴ κίνει Καμάριναν· ἀκίνητος γὰρ ἀμείνων. En dépit de l'oracle, ils asséchèrent le marais et donnèrent ainsi aux ennemis le passage pour s'emparer de la ville ; Silius reprend presque mot pour mot le vers de Virgile qui évoque cette légende, au moment où Énée longe les côtes de Sicile, *Aen.* 3, 700 : *fatis nunquam concessa moueri* : « que les destins ont fixée pour toujours ».

3. Cf. *Aen.* 3, 705, *palmosa Selinus.*

4. La ville est située au pied de l'Etna, cf. la carte en fin de volume.

5. Fondée par un Troyen ami d'Aceste, Entellus, qui a précédé Énée en Sicile (cf. *Aen.* 5, 387-485, le pugilat qui oppose Entellus à Darès).

6. Thapsos et Acré étaient deux cités très voisines de Syracuse, au Nord et à l'Est.

7. Castor et Pollux étaient fils de Léda et de Tyndare, roi de Lacédémone.

8. Le taureau de Phalaris, tyran d'Agrigente ; pour Agrigente, cf. *Aen.* 3, 704, *magnaninum quondam generator equorum,* « nourricière jadis de chevaux magnanimes ».

9. Fut fondée en 688 par des Crétois ; en 280, Phintias d'Agrigente en déporta les habitants à « Phintias » (Licata), et les Mamertins détruisirent la cité vide. L'érudition géographique de Silius a ici pour source Virgile (cf. Introd. pp. LXXVI-LXXVII) qu'il cite presque mot à mot une fois encore : *Immanisque Gela fluuii cognomine dicta* (*Aen.* 3, 702).

10. Les Palici, fils jumeaux de Jupiter et de la nymphe Thalie, furent mis au monde à l'abri de la colère de Junon près de deux marais par lesquels ils juraient et où les parjures étaient noyés (cf. Macrobe, *Sat.* 5, 19).

11. Cf. Ovide, *Met.* 13, 750 sqq.

Page 14.

6. Thoas, roi de Tauride (cf. *Pun.* 4, 769, n.) voulut faire sacrifier selon la coutume Oreste et Pylade par Iphigénie, prêtresse d'Artémis ; mais ils s'enfuirent avec Iphigénie et la statue de la déesse dissimulée dans un fagot (φάκελος), d'où le surnom de Diane et de son sanctuaire situé entre Myles et Nauloque, non loin du promontoire du Pélore ; c'est à Nauloque qu'Agrippa remporta la victoire navale qui contraignit Sextus Pompée à fuir vers l'Asie (36 av. J.-C.).

7. Cf. Tite-Live, 26, 27, 5, qui fait de cette ville un port alors qu'il ne peut s'agir que de Morgentia/Morgantina, à une quinzaine de kilomètres au nord-est de Piazza Armerina.

8. Ville de l'ouest de la Sicile dont Cicéron (*De suppliciis,* 10) rappelle qu'elle a été occupée par des esclaves fugitifs au moment de la guerre des esclaves ; pour situer toutes ces villes, cf. la carte en fin de volume. Tabas et Arbela sont de localisation inconnue.

Page 15.

3. En hiver, en pleine saison des tempêtes, la mer passait pour connaître le calme aussi longtemps que durait la couvaison des fabuleux alcyons (Pline, *Hist. Nat.* 2, 125).

4. Athènes, dont la gloire maritime s'appuyait sur la victoire de Salamine remportée sur l'Orient de Xerxès (480 av. J.-C.), connut lors de la deuxième guerre du Péloponnèse l'échec ; Démosthène et Nicias furent battus par le Spartiate Gylippe (413) devant Syracuse ; cette défaite mit fin à l'expédition de Sicile qu'Alcibiade avait conseillée à Athènes, avant de se ranger lui-même aux côtés des Spartiates.

5. Tite-Live (24, 23-24 et 27-28) rapporte l'affaire avec beaucoup de détail ; ces deux frères sont Hippocrate et Épicydès (cf. v. 156, n. 1, p. 10) ; l'historien fait ressortir la rigueur de l'ultimatum romain exprimé au cours des pourparlers, à la différence de Silius qui atténue plutôt les choses.

Page 18.

1. Allusion à la sphère armillaire mécanisée qu'avait construite Archimède pour rendre sensibles les mouvements du ciel et des planètes (cf. Cic. *De rep.* I, 21, sq.) ; Archimède avait aussi écrit un

traité, *l'Arénaire*, perfectionnant l'arithmétique des grands nombres et démontrant la possibilité de calculer le nombre de grains de sable *(arena)* contenus dans une sphère de la dimension de l'univers ; comme Virgile souhaiterait l'être *(Georg.* 2, 475-482), comme l'est Iarbas *(Aen.* 1, 742 sqq), Archimède est initié au fonctionnement du monde ; cf. Prop. II, 34, 51 sq. ; *Pan. Mes.* 18-23.

2. C'est un « miracle » réalisé par la science d'Archimède ; on verra une scène analogue *(Pun.* 17, 16) quand Claudia Quinta dégagera le bateau apportant à Rome la pierre noire, représentation de la Magna Mater. En fait, Archimède serait l'inventeur d'une grue à triple poulie permettant de démultiplier la traction exercée sur la corde (cf. *Histoire générale des techniques,* t. 1, p. 195, P.U.F. 1962).

3. La bataille navale que décrit Silius n'est pas historique (cf. Introd. p. XLI) ; l'intention du poète est sans doute de rivaliser avec la longue bataille navale qui oppose, pendant le siège de Marseille, la flotte de Brutus à celle de César (Lucain, 3, 510-774) ; il s'autorise de quelques mots de Tite-Live (25, 27, 10) : *Duae classes infestae circa promunturium Pachynum stabant, ubi prima tranquillitas maris in altum euexisset, concursurae* ; « deux flottes parées à combattre se tenaient dans les parages du cap Pachynum, prêtes à l'abordage dès la première accalmie qui leur permît de gagner le large », pour développer la description de cette bataille navale ; mais en réalité, l'amiral carthaginois Bomilcar prit peur, refusa le combat et regagna l'Afrique.

4. Allusion à la source qui jaillissait à Syracuse (cf. v. 53, n. 12) ; Silius imagine que la flotte des Syracusains *(Arethusia proles)* se joint à celle de Carthage.

5. Silius aime peindre des « marines », les couleurs de la mer et de l'écume, le bruit des vagues et les cris des équipages (cf. *Pun.* 11, 485-490).

6. La forme du combat est assez clairement décrite par Silius : sans doute faut-il comprendre que la flotte carthaginoise et syracusaine est beaucoup plus nombreuse que la flotte romaine (Liv. 25, 27, 4 ; Bomilcar a quitté Carthage avec 130 navires de guerre et 700 cargos) ; la flotte romaine répond à une manœuvre d'encerclement (v. 367) en formant le « cercle » *(cyclos* ou *gyrus,* v. 370), qui permet de ne présenter à l'ennemi que les rostres des navires ; il ne semble pas d'ailleurs que Silius imagine qu'elle ferme complètement le cercle ; néanmoins, s'ensuit un premier engagement marqué surtout par des salves de traits (v. 375-380) ; puis, profitant, comme les Grecs à Salamine, de la maniabilité supérieure de leurs bateaux (v. 392), les Romains déroulent le cercle et transforment leur manœuvre défensive en attaque rapide selon la tactique du « périplous » : les deux lignes étant face à face, l'attaquant déborde l'ennemi par l'aile, grâce à sa vitesse supérieure, et au moment de croiser les bâtiments adverses,

chaque bateau romain se rabat sur le flanc de l'ennemi, brisant au moins ses rames, parfois même l'éperonnant, en tout cas, s'efforçant de l'immobiliser ; dans la mêlée devenue alors générale, deux types de combat se déroulent : ou bien le combat purement naval se poursuit, chaque navire continuant à manœuvrer pour attaquer et esquiver, subissant les ravages de l'artillerie et du feu, coulant, avec les suites malheureuses pour l'équipage qui se noie (v. 395-515) ; ou bien, après l'abordage, la bataille sur les ponts des navires prend la forme d'un combat d'infanterie où les soldats tentent de s'emparer de l'unité adverse comme on ferait d'une place forte (v. 516-540) ; une fois obtenue la décision générale, à la fin de la bataille, on décompte les bâtiments qui restent à flot, et qui sont capturés et pris en remorque par les vainqueurs (v. 562-579), ce qui donne une fois encore à Silius l'occasion d'esquisser une marine, avec sur l'horizon les navires en feu et les reflets de l'incendie sur la mer.

Page 19.

2. *Libycis :* La trière grecque comportait 170 rameurs, un par rame ; le *deceris* romain (44 m de long), postérieur aux guerres puniques, mais que connaissait Silius, comptait 572 rameurs, mais trois ou quatre hommes tiraient sur la même rame.

3. *Cornu,* la vergue, élément horizontal de la mâture, auquel est suspendue la voile ; le mot « corne » ne s'emploie en français que pour les vergues obliques.

4. Silius en fait un amiral, sans doute en souvenir du navigateur du Ve siècle ; selon Tite-Live (24, 36) Himilcon mit à terre à Héraclée, à l'Ouest d'Agrigente, vingt-cinq mille fantassins avec une partie desquels il tenta de poursuivre la légion que les Romains avaient eux-mêmes débarquée à Palerme et qui rejoignait Syracuse. Mais c'est Bomilcar qui est préfet de la flotte, Himilcon gardant le commandement des opérations terrestres contre les Romains et leurs alliés (été 214 av. J.-C.).

5. *Plectrum,* la barre horizontale qui réunit les deux rames de gouverne fixées de part et d'autre du bordage, à la poupe du bateau (le gouvernail d'étambot n'existait pas).

Page 20.

2. Silius s'inspire étroitement de la description de Tite-Live, 24, 34 : « Les autres quinquérèmes qu'on avait jointes deux à deux portaient des tours à étage et des machines pour battre les murs ». Corbulon a échappé au naufrage de son navire, et, par un exploit personnel, il se hisse sur une autre unité romaine pour, de là, en jetant des brandons, mettre à feu le vaisseau amiral punique.

Page 21.

1. Cornes de bélier, (cf. *Pun.* 1, 415, n.) ; la représentation du dieu, peinte ou sculptée, orne la poupe du bateau qu'il protège.

2. Cf. *Pun.* 8, 541 ; Télon porte le nom d'un ancien roi téléboen de Caprée-Capri (cf. *Pun.* 7, 418, n.), et d'un pilote chez Lucain (3, 592), un marin confirmé donc.

3. Cf. *Aen.* 5, 680 et 9, 539 ; Silius combine deux visions d'incendie reprises de Virgile, l'incendie des vaisseaux d'Énée et celui de la tour d'attaque.

4. Cf. *Pun.* 3, 665, n. ; la Petite Ourse ; *obscuro ... cursu,* parce qu'elle décrit autour du pôle céleste un cercle d'un très court rayon.

Page 22.

2. Ajax, fils d'Oïlée, fit violence à Cassandre, qui pourtant s'était réfugiée auprès de la statue d'Athéna. Quand il revint en Grèce, la déesse se vengea du sacrilège en provoquant une tempête près de l'île de Myconos ; et comme Ajax se flattait déjà d'échapper à la noyade, Athéna emprunta l'arme de son père Zeus pour le foudroyer.

3. Cf. *Pun.* 2, 57, n. 4, tome 1, p. 40 et 152.

4. Cf. *Pun.* 1, 115, n. 1, tome 1, p. 9.

Page 23.

2. Rivière proche de Syracuse, de même que Cyané, source dont les exhalaisons contribueront à répandre la peste (cf. v. 586).

Page 24.

2. Les rameurs débutants connaissent ce mouvement maladroit et inachevé qui laisse la pelle de la rame effleurer sans effet la surface en soulevant une gerbe d'eau.

3. Comme pour un combat d'infanterie ; dans *La Pharsale*, faute de réussir le siège de Marseille, César décide de «tenter la fortune sur la mer», selon Lucain auquel Silius emprunte de nombreuses images (Lucain, 3, 647).

Page 25.

3. Les Syracusains et les Carthaginois.

Page 26.

2. Les noms de navires sont empruntés soit à une réalité

géographique (source Cyané, fleuve Anapus, cf. v. 196, n. 1, p. 12), soit à un personnage mythologique (Néréide, Python, Triton) dont la représentation ou l'histoire sert de thème à la décoration de la proue ou de la poupe du bateau qui porte son nom (*La Néréide* mouillée d'embruns, aux cheveux dans le vent, ou l'enlèvement d'Europe ; cf. les figures de proue des bâtiments de ligne jusqu'au XIXe siècle, par exemple la frégate *La Belle-Poule*) ; pour Sidon et Cadmus, cf. *Pun.* 1, v. 6 et n. 4 et 5.

3. Cette peste, que Silius attribue en partie à l'infection apportée par les cadavres rejetés au rivage après la bataille navale, est relatée par Tite-Live (25, 26) ; le poète enrichit les détails de la maladie tels que les donne l'historien, dont il faut avoir sous les yeux le chapitre entier, de couleurs empruntées aux descriptions de pestes célèbres dans la littérature antique, Thucydide (2, 47 sqq.), Lucrèce (6, 1136 sqq.), Virgile (*Ge.* 3, 474 sqq. et *Aen.* 3, 137 sqq.), Ovide (*Met.* 7, 518 sqq.), Sénèque (*Oed.* 35 sqq.).

4. Tite-Live dit : *Nam tempore autumni ... intoleranda uis aestus,* «à l'automne, l'insupportable violence de la chaleur» (Liv. 25, 26, 7).

5. Les animaux qui respirent les couches les plus basses de l'air sont les premiers touchés par une infection qui vient du sous-sol et du sol.

Page 27.

2. Cf. Liv. 25, 26 : *Multo tamen uis maior Poenorum castra quam Romana adorta est,* «et bien plus grande cependant fut la violence avec laquelle le fléau attaqua le camp des Puniques que celui de Rome».

Page 28.

2. Cf. *Pun.* 14, 180, n. 1, p. 11; là encore on notera les libertés que prend Silius avec sa source principale Tite-Live (25, 23, 1 à 25, 31, 11) ; selon l'historien, Syracuse fut prise par la ruse et non à la suite d'un assaut ; la notation *conuulsis moenibus* (v. 638) est purement imaginaire ; d'autre part la ville fut prise en plusieurs étapes, quartier par quartier : les Épipoles d'abord, puis Tycha et Néapolis, puis l'Euryale ; l'épidémie de peste se déclencha alors que l'Achradine et Ortygie refusaient encore d'ouvrir leurs portes, mais des négociations obtinrent leur reddition ; enfin l'affrontement naval entre Bomilcar et les Romains, qui faillit avoir lieu après que les Romains se furent rendus maîtres de la ville, fut évité par les Carthaginois. On voit que Silius recompose les éléments que lui fournit l'histoire pour donner à son récit plus de tension dramatique : le siège entraîne la peste (selon le schéma de la peste d'Athènes), l'assaut est héroïquement livré malgré les

séquelles de la maladie, et la fin s'auréole de la lueur tragique des incendies qui ravagent les vaisseaux vaincus.

3. Syracuse fut fondée par des Corinthiens (cf. v. 2, n. 2) ; pour la description de la ville, Silius s'inspire étroitement de Cicéron, *de Signis*, 52-59 ; une partie de la cité en effet occupe l'île d'Ortygie, reliée à la terre par un isthme, à l'image de l'isthme de Corinthe.

4. Il n'y avait en fait que deux ports.

5. On peut penser à des installations du type de la grande palestre à Pompéï.

6. Cf. *Pun*. 14, 287, n. 4, p. 15.

Page 29.

2. Le texte des manuscrits ne peut se construire et les conjectures ont été nombreuses ; la plus simple et qui porte le plus de sens est celle de Bauer ; elle reprend une idée que développait Cicéron (*de Signis*, 21, 46) : la richesse et les capacités artistiques de la Sicile sont telles qu'elle n'a plus besoin d'importer de Corinthe-Éphyré sa métropole (cf. *Pun*. 14, 52, n. 3, p. 6) ces fameux bronzes, qui étaient ce qui pouvait se faire de mieux au monde ; sa propre production les égale ou même les dépasse en qualité.

3. Ici encore, le texte est corrigé et difficile : *uestis certaueril (iis) quae...* ; la broderie d'or avait été inventée à la cour d'Attale III de Pergame.

4. Cf. Cic. *de Signis*, 23, 52 ; Verrès faisait dessertir pierres et statuettes *(emblemata)* incrustées, rendant aux Siciliens leur argenterie ancienne «nue» (*argentum purum,* dit ironiquement Cicéron).

5. Cf. *Pun*. 6, 4, n. ; les Romains croyaient que la soie était une production végétale (cf. Pline, *H.N.* 6, 54).

Page 30.

2. Silius reprend l'expression à Cicéron (*De Signis,* 115) : *ab illo qui cepit conditas ... dicetis Syracusas* : «Vous prendrez le conquérant pour le fondateur de Syracuse».

3. Adulation de Domitien, certes, mais aussi justification de l'Empire qui a mis fin aux pratiques d'un personnel politique corrompu ; ces pratiques, tristement illustrées par Verrès, ont été condamnées par Cicéron, que Silius admire. Domitien au contraire s'est efforcé de choisir de bons gouverneurs de provinces et de punir les mauvais. Cependant il paraît contraire à la vérité historique de donner en exemple Marcellus ; le pillage de Syracuse avait été d'une telle ampleur (Liv. 25, 31, 8 à 11) que, lorsque, en 210, la Sicile échut comme province à Marcellus, les Siciliens osèrent venir se plaindre au Sénat, à Rome : *Quae sors uelut iterum captis Syracusis ... exanimauit Siculos,* «Ce coup du sort, comme une seconde prise de Syracuse, abattit les Siciliens» (Liv. 26, 29, 2).

Page 34.

2. Cf. *Pun.* 13, 674, n.
3. Cf. Liu. 26, 18, chapitre consacré au choix difficile du commandant en chef.

Page 35.

2. Dans le jardin entouré d'un portique sur lequel donnent les pièces intimes de la maison ; on peut penser que cette maison de Scipion à Rome est imaginée par Silius, sans doute de façon un peu anachronique, à l'image des maisons campaniennes (cf. Liu. 23,8, les confidences de son fils à Pacuvius Calavius : *ubi in secretum — hortus erat posticis aedium partibus — peruenerunt...* «quand ils furent parvenus à l'écart — il y avait en effet un jardin dans la partie arrière de la maison».

3. Scipion a reçu aux Enfers la révélation de son avenir (*Pun.* 13, 507-515); cette révélation ne lui dicte pas un choix qui demeure encore à faire par lui ; les images de l'avenir qui lui ont été proposées ne valent pas prédestination et son libre-arbitre doit encore s'exercer. Pour exprimer la difficulté de ce choix Silius utilise le très célèbre apologue de Prodicos (cf. Xénophon, *Mémor.* 2, 1, 21 sqq. ; Cic. *De Off.* 1, 32); Silius a toute facilité pour substituer le personnage de Scipion à celui d'Hercule hésitant entre le Vice et la Vertu ; d'une part, en effet, Scipion se prétendait d'ascendance divine comme Hercule (cf. *Pun.* 13, 637-644, d'après Liu. 26, 19, 6-8 : sa mère lui fait la révélation de sa naissance et précise même qu'elle réside désormais au même séjour qu'Alcmène, mère d'Hercule); d'autre part, si Hannibal est le héros de Carthage, il n'y a pas de héros romain à lui opposer jusqu'à ce que Scipion se soit révélé comme tel ; tout au long de l'œuvre, c'est la présence d'Hercule qui, par allusion, a suppléé à cette absence (cf. *Pun.* 11, 187, n., et tome 3, *Appendice,* pp. 259-260); sur le thème d'Hercule dans les *Punica,* cf. E. L. Bassett, *Hercules and the Hero of the Punica,* Stud. in honour of H. Caplan, p. 258-273).

4. Fard et parfum des dieux et des déesses, comme pour Vénus (*Aen.* 1, 403) *ambrosiaeque comae diuinum uertice odorem / spirauere,* «de sa tête les cheveux parfumés d'ambroisie exhalèrent une odeur divine» (trad. J. Perret).

5. Les vêtements de la Volupté font penser à la tenue de chasseresse de Didon (*Aen.* 4, 138-139) au matin de la chasse, lorsqu'elle veut séduire Énée : même profusion d'or et de pourpre : *cui pharetra ex auro, crines nodantur in aurum / aurea purpuream subnectit fibula uestem* : «son carquois est d'or, d'or est le nœud de ses cheveux, une agrafe d'or retient sa robe de pourpre» (trad. J. Perret).

6. Le lac Trasimène ; cf. *Pun.* 4, 525, n.

7. L'Espagne bordée par l'océan Atlantique; cf. *Pun.* 13, 200, n., et *Pun.* 10, 173-184, n.; *Atlanticus incola*, «riverain de l'Atlantique», désigne Phorcys, originaire de Calpé-Gibraltar et né aux bords du Bétis.

8. Paullus : Lucius Aemilius Paullus, le vaincu de Cannes; P. Décius Mus, fournit un exemple célèbre de *deuotio* dans une bataille contre les Latins en 340; le geste a été réitéré par son fils contre les Samnites en 295 à Sentinum (cf. *Pun.* 11, 158, n.).

9. Argument typiquement épicurien : l'âme étant mortelle comme le corps, il ne peut exister de sensation après la mort (cf. Lucr. 3, 161 sqq. et 870 sqq.); à l'opposé sont les conceptions dualistes de l'Académie et du Portique (cf. Cic. *Somn. Scip.* passim et *Pun.* 13, 664-665) qui proposent la satisfaction de jouir après la mort, dans l'empyrée, de la gloire acquise au cours de la vie.

Page 36.

2. La volonté du dieu organisateur du monde; la Volupté infléchit la doctrine épicurienne en nommant la nature *Deus*, «divinité» ou «Providence», concept stoïcien, pour mieux séduire et tromper Scipion en jouant sur les mots; la morale pratique qu'elle lui proposera, opposée à celle du stoïcisme, mais paraissant découler d'une interprétation métaphysique du monde identique à celle du stoïcisme, ne devrait pas, dès lors, le rebuter.

3. Rivière proche de Troie; autre tentative de séduction que la Volupté adresse à Scipion en se fondant sur l'origine de Rome, thème patriotique par excellence; Vénus est ici implicitement présentée non comme la respectable Génétrix, mais comme la Vénus-Aphrodite inspiratrice des passions, lesquelles ont pour caution le père même des dieux (v. 62); Silius se souvient ici de Virgile (*Aen.* 1, 617 sq.).

4. Jupiter prit la forme d'un cygne pour s'unir à Léda et celle d'un taureau pour s'unir à Europe.

5. Cf. Horace, *O.*, 1, 4, 5-14.

6. Dès l'exorde, la Vertu évoque la conception stoïcienne de l'âme qui renferme les parcelles de feu qui l'apparentent à la nature de la Providence régissant le monde (Cic. *Ac.* 1, 11); Virgile, *Aen.* 6, 730-731).

Page 37.

3. Les exemples de héros choisis par Silius conviennent particulièrement bien à la personnalité du jeune Scipion : Hercule (cf. v. 22, p. 35, n. 3) et Dionysos-Bacchus, les Dioscures, Romulus-Quirinus ont tous connu, dans leur histoire personnelle, un changement de condition intervenu après un choix qu'ils ont dû faire; ce changement s'est parfois manifesté par une mort

suivie d'une résurrection ; on connaît pour Hercule l'apologue de Prodicos qui fut enté sur les légendes concernant Héraclès, et qui montre le héros devant le «bivium», choix à faire entre Vice et Vertu ; Héraclès après sa mort devint «portier du ciel». Dionysos-Bacchus, illustré par son épithète Liber en latin, dieu tué par les Titans et miraculeusement ressuscité, finit par étendre sa puissance jusqu'aux extrémités de l'Orient. Les Dioscures, Castor et Pollux, que les marins adoraient dans les deux aigrettes de feu (que nous appelons «feux Saint-Elme») qui paraissent parfois à la pointe des mâts (cf. Catulle, 4, 21), associent dans leur couple gémellaire à la condition humaine la condition divine ; et c'est la même héroïsation que connut Romulus au panthéon romain (Liv. 1, 15, 6 ; Ovide, *Met.* 14, 827-828). C'est une mutation de cet ordre que la Vertu voudrait déclencher chez Scipion : le passage de l'état de guerrier, homme courageux (cf. la conduite du jeune homme à la bataille du Tessin, *Pun.* 4, 460, *intrepidus puer*), mais homme, à l'état de héros, à la fois premier rôle du récit et personnage doté d'une condition qui l'élève au-dessus de l'humanité.

4. Cf. Ovide, *Met.* 1, 85-86 *Os homini sublime dedit caelumque tueri/ iussit et erectos ad sidera tollere uultus* : «il a donné à l'homme un visage redressé, lui a fait contempler le ciel et lever ses regards haut vers les étoiles» (cf. Cic. *de Leg.* 1, 9).

5. Cf. Sall., *Cat.* I, 1.

6. Sur la *Via Salaria,* Fidène fut longtemps, dans les débuts du Latium, l'ennemie de Rome avec qui elle rivalisait, car elle contrôlait, à 10 km au nord de Rome, un autre point de franchissement du Tibre.

Page 38.

2. Cf. Virgile, *Ge.* 2, 465. ; *alba neque Assyrio fucatur lana ueneno*, «la blanche laine n'est pas fardée avec la drogue assyrienne». Silius reprend le thème de la corruption venue d'Orient, et plus précisément de la métropole de Carthage.

3. La prédiction de la décadence de Rome ne doit pas se rapporter seulement à la décadence morale de la société romaine, décadence contre laquelle luttèrent, sinon par leur exemple, du moins par leurs édits les empereurs (y compris Domitien, particulièrement rigoureux dans l'exercice de sa censure); c'est aussi un lieu commun de la conception de l'histoire (cf. la préface de Tite-Live, 12.), et, plus tard, Florus.

Page 39.

1. Ces mouvements de l'opinion, l'inquiétude succédant à l'enthousiasme sont repris presque mot à mot de Tite-Live, 26, 18,

11 : *aetatis maxime paenitebat*, «on regrettait surtout son âge»; et 26, 41, 24 *noscitatis in me patris patruique similitudinem oris uultusque et lineamenta corporis*, «vous retrouvez en moi la ressemblance du visage, le regard et la silhouette de mon père et de mon oncle»; Scipion a alors vingt-quatre ans (cf. Tite-Live, 26, 18, 7 et 28, 43, 11); simple tribun militaire, il n'a encore géré que l'édilité curule quand lui est conféré l'*imperium* proconsulaire en Espagne, en 210 av. J.-C. (cf. P. Jal, Introduction, Tite-Live 26, Coll. des Universités de France, Paris, 1991).

2. Le même sans doute que celui dont Jupiter prit la forme pour «visiter» la mère de Scipion (cf. *Pun.* 13, 637-646); Tite-Live rapporte ces bruits que Scipion laissait courir sur sa naissance, et qu'il encourageait par l'habitude qu'il avait adoptée d'aller se recueillir au Capitole avant d'entreprendre un acte important (Liv. 26, 19, 6-7) : *hic mos retulit famam in Alexandro Magno prius uulgatam anguis immanis concubitu conceptum*, «cette habitude fit revivre le bruit répandu d'abord à propos d'Alexandre le Grand, qu'il avait été conçu par un serpent monstrueux».

3. On trouve en *Aen.* 2, 692-698 un prodige augural du même ordre, lorsque Jupiter fait apparaître dans le ciel une étoile pour entraîner Anchise hors de Troie.

4. La traînée lumineuse de la comète montre à Scipion la route du sud, de l'Atlas, lui désignent ainsi l'Afrique comme futur champ de bataille.

5. C'est un vent du nord-ouest qui, soufflant sur l'isthme de Corinthe, ferait passer les embruns de la mer Ionienne, par dessus l'isthme, vers la mer Égée, cf. Lucain, *Pharsale*, 1, 100 sqq.

Page 40.

2. Le voyage de Scipion est un développement du récit de Tite-Live (26, 19, 11-12) qui montre cependant Scipion quittant la flotte à Ampurias pour continuer par terre jusqu'à Tarragone, célèbre pour son vignoble (cf. *Pun.* 3, 369, n.).

3. Cf. Virgile, *Aen.* 6, 278 : *consanguineus Leti Sopor*; et 6, 522 : *dulcis et alta quies, placidaeque simillima morti*.

4. Tite-Live (26, 41, 18) fait dire à Scipion : *di immortales auguriis auspiciisque et per nocturnos etiam uisus omnia laeta ac prospera portendunt* : «les dieux immortels avec les augures et les auspices, et même par l'intermédiaire de visions nocturnes, ne me présagent que réussites et succès»; selon Polybe, il affirme à ses soldats que Neptune lui est apparu en songe pour lui promettre le succès (Pol. 10, 2, 7).

Page 41.

2. Hasdrubal fils de Gisgon était à proximité du Tage, Magon

en Bétique près de Castulo et Hasdrubal Barca non loin de Segontia.

3. Silius attribue au père de Scipion ce conseil dont Tite-Live fait crédit à la réflexion du jeune général (26, 42, 2) : *Ibi quibusdam suaedentibus ut, quoniam in tres tam diuersas regiones discessissent Punici exercitus, proximum aggrederetur, periculum esse ratus ne eo facto in unum omnes contraherent, nec par esset unus tot exercitibus, Carthaginem Nouam interim oppugnare statuit* : «Là, comme d'aucuns, puisque les corps d'armée carthaginois s'étaient séparés vers trois régions si opposées, lui conseillaient d'attaquer le plus proche, lui, pensant que, ce faisant, il courait le danger de les voir se réunir en une seule armée et de n'être pas, à lui seul, l'égal de tant de forces, décida d'attaquer entre temps Carthagène.»

4. Fils de Télamon (cf. *Pun.* 3, 368, n.) ; la cité que Teucer a, selon la légende, fondée s'appelait Mastia ; elle a été refondée en 228 sous le nom de Carthago Noua par Hasdrubal ; mais le nom du premier fondateur justifie l'attaque de Scipion qui va restituer la ville aux descendants de Teucer.

5. La richesse de Carthagène est rappelée par Tite-Live (26, 42, 3) : *urbem cum ipsam opulentam suis opibus, tum etiam hostium omni bellico apparatu plenam — ibi arma, ibi pecunia, ibi totius Hispaniae obsides erant —* : «ville en soi riche de ses propres ressources, mais aussi remplie par l'ennemi de toute sorte de matériel de guerre — là étaient les armes, le trésor, les otages de l'Espagne entière».

6. Silius ne manquera pas de décrire ces jeux (*Pun.*, 16, 293 sqq.) en s'inspirant d'Homère et de Virgile.

Page 42.

2. La description de Carthagène est fidèle à celle qu'après Polybe en donne Tite-Live (26, 42, 8) : *Huius in ostio sinus parua insula, obiecta ab alto, portum ab omnibus uentis praeterquam Africo tutum facit. Ab intimo sinu paene insula excurrit tumulus is ipse in quo condita urbs est, ab ortu solis et a meridie cincta mari ; ab occasu stagnum claudit paulum etiam ad septentrionem fusum, incertae altitudinis utcumque exaestuat aut deficit mare.* «A l'entrée de cette baie, une petite île qui la barre du côté de la haute mer protège le port de tous les vents, le vent d'Afrique excepté. Du fond de la baie s'avance une presqu'île, la colline même sur laquelle a été bâtie la ville, baignée par la mer à l'orient et au midi ; à l'occident l'accès est interdit par une lagune qui s'étend même un peu vers le nord et d'une profondeur variable, selon que la mer monte ou descend». Mais pas plus que celle de Tite-Live, la description de Silius n'est exacte ; quant à Polybe (10, 2), qui se targue d'avoir vu le site de ses propres yeux, il ne rend compte qu'imparfaitement de la topographie ; en fait la rade de Carthagène est fermée vers le sud par l'île d'Escombrera (*Scombraria* doit son nom aux pêcheurs

de scombres-maquereaux dont on faisait le garum ; cf. Strabon, 3,
159) ; d'autre part, plus encore que Polybe, Tite-Live, et Silius
après lui, font une erreur d'orientation de 90° : Carthagène voit en
effet ses murs, au sud, baignés par la mer (l'eau de la rade), mais la
lagune s'étend non pas à l'ouest en direction du nord, mais au nord
de la ville et vers l'est ; la ville elle-même est située sur une
presqu'île reliée vers l'est à la terre par un isthme de 350 m de
large environ sur lequel Scipion a installé son camp ; à ces erreurs
Silius ajoute des exagérations ; Carthagène ne se présente que pour
partie en hauteur : si elle enferme entre ses murs cinq petites
éminences (la plus haute, au sud, face à la mer, a une cinquantaine
de mètres de haut), l'accès de la ville se fait du côté de l'isthme,
sans qu'on ait à escalader un escarpement ; c'est de ce côté que
Scipion portera l'attaque. Enfin Silius invente : Tite-Live montre
les Romains grimpant aux murs avec des échelles, et les
Carthaginois renversant échelles et assaillants : *Quidam, stantibus
scalis, cum altitudo caliginem oculis offendisset, ad terram delati
sunt; et cum passim homines scalaeque ruerent et ipso successu
audacia atque alacritas hostium cresceret, signum receptui datum est*;
(26, 45, 3). «Certains, sur les échelles dressées, eurent les yeux
brouillés par la hauteur et le vertige, et chutèrent ; et comme un
peu partout hommes et échelles tombaient, l'audace et la vivacité
de l'ennemi se nourrissait de ses succès, et l'on sonna la retraite».
C'est cet épisode qui permet à Silius de décrire des corps roulant
sur des rochers à bas de la pente.

3. Tite-Live dit (26, 46, 9) que le commandant de la citadelle
s'appelait Magon, mais note (26, 49, 5) : *Arinem praefuisse Punico
praesidio deditumque Romanis Valerius Antias, Magonem alii
scriptores tradunt*, «c'était Aris qui commandait la garnison
punique et qui se rendit aux Romains, selon Valérius Antias,
Magon selon d'autres auteurs».

Page 43.

1. Cf. Tite-Live, 26, 45, 8 : *cedente in mare aestu, trahebatur
aqua, acer etiam septemtrio ortus inclinatum stagnum eodem quo
aestus ferebat et adeo nudauerat uada ut alibi umbilico tenus aqua
esset, et alibi genua uix superaret :* «la marée se retirant vers la mer,
l'eau était entraînée, et même, un vif vent du nord qui s'était levé
faisait baisser l'eau de la lagune qu'elle emportait du même côté
que la marée, et les hauts-fonds étaient découverts au point que
par endroits l'eau arrivait jusqu'au nombril, ailleurs elle dépassait
à peine les genoux». Les soldats qui ont attaqué le mur du côté de
la lagune ne venaient pas des bateaux de Lélius, mais du camp de
Scipion ; pour tout ce qui concerne le siège de Carthagène, cf.
F. W. Walbank, *A historical commentary on Polybius*, t. 2, pp. 205-
220, Oxford Clarendon Press, 1967.

2. L'Hespérie, terre du couchant, ne désigne pas ici l'Italie, mais l'Espagne, au delà de laquelle le soleil plonge dans l'Océan.

3. La couronne murale récompensait le guerrier qui le premier était monté sur le mur de la ville ennemi : *praecipuum muralis coronae decus eius esse qui primus murum ascendisset*; et Tite-Live précise (Liv., 26, 48, 5-13) que, pour apaiser une longue et violente contestation entre légionnaires et soldats de marine, Scipion accordera finalement deux couronnes murales, une à un représentant de chaque arme.

4. Cf. Tite-Live, 26, 48 : *tum reliquos, prout cuiusque meritum uirtusque erat donauit, ante omnes C. Laelium, praefectum classis, et omni genere laudis sibimet ipse aequauit, et corona aurea ac triginta bubus donauit*, «puis selon mérite et valeur de chacun il récompensa le reste des soldats, et avant tous, c'est C. Lélius, préfet de la flotte qu'il égala à lui-même par des louanges de toutes sortes, et il lui fit don d'une couronne d'or et de trente bœufs». Phalères, torques et couronnes murales sont les décorations données aux soldats qui se sont distingués dans la mêlée ou à l'assaut des murailles.

Page 44.

2. Fleuve et dieu d'Argolide, père d'Io, considéré comme l'ancêtre des Argiens ; en évoquant la rupture de l'alliance, Silius fait allusion à la colère d'Achille : l'Argien Agamemnon et le Thessalien Achille s'opposèrent à propos de la captive Briséïs.

3. C'est Cassandre, à qui Apollon avait donné le don de prophétie ; après le sac de Troie et le partage du butin, elle fut donnée comme captive à Agamemnon, le maître de Mycènes ; Achielle est, lui, originaire de Phthie en Thessalie.

4. Province de Macédoine, mais le nom (cf. Lucain, *passim*) désigne la Macédoine elle-même ; Philippe V de Macédoine avait, dès 215, fait alliance avec les Carthaginois ; il s'opposait aux Étoliens, alliés de Rome ; Silius, résumant à grands traits les opérations complexes de Grèce et multipliant les indications géographiques, veut donner l'impression que l'activité de Philippe était désordonnée et brouillonne (sur les opérations de Grèce, cf. Piganiol, *La conquête romaine, Peuples et Civilisations*, P.U.F., Paris 1967, pp. 268-270 et Tite-Live, 26, 25).

Page 45.

2. Place forte d'Épire ; Leucate, le promontoire sud de l'île de Leucade, aujourd'hui Cap Ducato.

3. Le Péloponnèse ; l'étymologie en était bien connue.

4. Oenée, roi de Calydon, au sud-ouest de l'Étolie, (à qui Dionysos fit présent de la vigne et du vin, οἶνος, ainsi appelé

d'après son nom), avait oublié lors d'un sacrifice de nommer Diane-Artémis parmi les divinités à qui étaient adressées les prémices des récoltes ; d'où la colère de Diane, qui fit s'abattre sur Calydon les ravages causés par un terrible sanglier que le fils d'Oenée, Méléagre, finit par tuer ; Étoliens et Curètes (un peuple voisin) se disputèrent les dépouilles de la bête, et les Curètes faillirent l'emporter en incendiant Calydon (cf. Ovide, *Met.* 4, 282 et 8, 270).

5. Ici, à la différence du v. 249, le mot désigne l'Italie (cf. *Pun,* 1, 4), située à l'occident par rapport à la Grèce ; Patras et Éphyré-Corinthe sont situées le long du golfe de Corinthe, Pleuron est en Étolie. Orestes d'Épire et Dolopes de Thessalie sont en rébellion contre Philippe ; les mots *Orestes* et *Sarmaticus* ont été contestés, les questions qui se posent étant de savoir si *Orestes* est le nom d'un roi ou d'un peuple, et ce que signifie l'adjectif « sarmate » ; Tite-Live, rapportant ces campagnes de Philippe (27, 30-33 et 28, 5-7), note les soulèvements des Dardaniens (peuple proche du Danube au nord-ouest de la Thrace) qui se rendent maîtres de l'Orestide ; peut-être faut-il voir là un raccourci de Silius qui note par le nom de *Orestae* l'origine de l'invasion, et, usant du vocabulaire habituel à la poésie pour désigner les pays froids (cf. aussi *Thracius*), signifie par l'adjectif *Sarmaticus* qu'il s'agit d'un peuple barbare proche des régions froides du nord ; cela lui permet en outre d'éviter la confusion avec les Dardaniens du v. 319 *(foedera Dardana)* qui sont, selon l'acception qui lui est coutumière, les Romains issus des Troyens descendants de Dardanus.

6. Le sanctuaire de Delphes, au pied des roches Phédriades.

Page 46.

2. Cf. *Pun.* 7, 665, n. et 11, 16, n. ; Phalantus, fondateur de Tarente, est originaire de Sparte, et Tyndare est un héros lacédémonien.

3. Tite-Live raconte l'histoire avec les mêmes détails (27, 15, 9-19).

4. Silius reprend les mots que Virgile prête à Didon (*Aen.* 1, 568) ; cf. la note détaillée de J. Perret sur le sens de *auersos iungere equos.*

Page 48.

2. Cf. Virg. *Aen.* 6, 33 : *bis patriae cecidere manus.*

3. La construction du bûcher s'inspire étroitement de celle du bûcher de Misène (*Aen.* 6, 176-182).

Page 49.

2. Les Asturiens (cf. *Pun.* 1, 231 et 3, 334 sqq.) possédaient des chevaux petits, rapides et endurants, peut-être semblables aux «pottoks» du Pays basque actuel.

Page 50.

2. Ganymède, l'échanson des dieux.
3. Ulysse dans la grotte de Polyphème.
4. Le manteau décrit est analogue à celui dont Énée fait présent au vainqueur des régates (*Aen.* 5, 250-257); s'y ajoutent des traits empruntés au récit d'Achéménide décrivant l'antre de Polyphème (*Aen.* 3, 618-638); ces deux motifs sont choisis à dessein pour illustrer la sanguinaire cruauté prêtée aux Carthaginois dont le sacrifice du «molk», si typique de la religion de Ba'al Hammon, est toujours présent comme une tare inexpiable, aux esprits romains (cf. F. Décret, *Carthage ou l'empire de la mer*, Seuil, 1977, p. 141 sqq.).
5. L'arrivée inopinée d'un messager en pleine cérémonie abolit l'efficacité du sacrifice; les prêtres romains, pour éviter ce désagrément, et afin de ne pas croiser un regard hostile, se voilaient la tête (cf. *Aen.* 3, 405-407).

Page 51.

3. Roi de Pylos, père de Nestor; l'*Iliade* célèbre les sages avis et la douce et persuasive éloquence de Nestor ἡδυεπὴς (1, 248).
4. Encore une utilisation de la puissance incantatoire du *carmen* à laquelle croit Silius; cf. Tome 3, Appendice, p. 259-260.
5. Car sa mère l'a dérobé à la divinité (Ba'al Hammon) à qui il était promis pour le sacrifice du «molk»; il paraît difficile de comprendre, comme certains, «qui se battait en se dérobant à la lumière».

Page 52.

2. Les Anciens se représentaient la fuite du castor de cette manière (cf. Juvénal, 12, 34 sqq. et Pline, *Hist. Nat.* 8, 30).
3. L'éclatante victoire de Baecula valut à Scipion d'être proclamé *imperator* par ses troupes, et c'est le premier exemple de salutation «impériale» connu; il est étonnant que Silius ne le note pas (à la différence de Liu. 27, 19, 4); mais il simplifie et encore une fois condense en un seul épisode deux victoires, Baecula en 208 et Carmo en 207, qui donnèrent à Rome la maîtrise de l'Andalousie-Bétique; c'est alors que se place la fondation par

Scipion, pour ses vétérans, d'Italica (ville natale de Trajan, supplantée par sa voisine Hispalis-Séville ; on en a cru, à tort, Silius issu) ; on notera combien Silius raccourcit les distances en conduisant Scipion directement de la Bétique aux Pyrénées ; en faisant suivre par Scipion la route d'Hercule, Silius crée un nouveau rapprochement entre le Romain et le héros qui est son modèle ; cf. *Pun.* 15, 22, p. 35, n. 3.

4. Cf. *Pun.* 3, 420, n.

Page 53.

2. Les Carthaginois, descendants de Didon-Elissa ; cf. *Pun.* 1, 81, n.

3. La prosopopée de l'Italie exprime, en style épique, les craintes que Tite-Live (24, 40, 1 à 7) prête aux habitants de Rome.

4. Saturne, détrôné par Jupiter, aurait régné sur le Latium en y faisant briller les derniers reflets de l'âge d'or (cf. *Aen.* 8, 319 sqq.).

Page 54.

2. C. Claudius Nero, après avoir participé au siège de Capoue, avait été préteur en 212 ; il fut envoyé en Espagne et pacifia la rive gauche de l'Èbre en 210 ; consul en 207 en même temps que Livius Salinator son adversaire politique, il commandait six légions face à Hannibal dans le sud de l'Italie, près de Canusium, en Apulie, enchaînant une série d'opérations qui le menèrent en Lucanie et en Apulie, entre Venouse et Canusium ; il prit le risque de ne laisser qu'un rideau de troupes en face d'Hannibal, et par une marche forcée de près de quatre cents kilomètres, accomplie en six jours, avec sept mille hommes d'élite, il rejoignit son collègue, qui était lui-même à la tête de six légions (vingt-cinq à trente mille hommes), près des rives du Métaure, sur la côte d'Ombrie, au nord du Picénum, exactement à Sena Gallica (Sinigaglia) ; l'audace de la manœuvre lui valut la célébrité ; cf. Tite-Live, 27, 40 à 43 et 27, 46, 4.

Page 56.

2. Tite-Live (27, 46, 4-5) précise que Néron attendit caché derrière une colline la tombée de la nuit avant de faire entrer ses troupes dans le camp de son collègue.

3. Même remarque chez Tite-Live (27. 47, 1) : *scuta uetera hostium notauit, quae ante non uiderat, et strigosiores equos*, «il remarqua les boucliers abîmés des ennemis qu'il n'avait pas vus

auparavant, et les chevaux efflanqués»; même notation aussi sur la double sonnerie consulaire (Liu. 27, 47, 5).

Page 57.

2. Hasdrubal a en effet perdu du temps à chercher un gué pour mettre le Métaure entre lui et les Romains : *et per tortuosi amnis sinus flexusque cum errorem uoluens haud multum processisset, ubi prima lux transitum opportunum ostendisset transiturus erat*, «et comme, suivant les courbes et les méandres du fleuve tortueux, en déroulant son errance il n'avait pas beaucoup progressé, il s'apprêtait à traverser dés que le point du jour lui aurait montré un passage approprié».

3. Le Dicté est une montagne de Crète; les archers crétois étaient particulièrement réputés (cf. *Pun.* 2, 90, n.).

Page 58.

2. En fait, si l'on suit Tite-Live (27, 38, 5), Livius, revenu à Rome après sept ans d'exil volontaire, siégeait au Sénat sans parler jusqu'au jour de 208 où la nécessité de la situation le ramena au consulat, soit dix ans après son premier consulat, alors qu'il avait autour de la cinquantaine (quarante-sept ans sans doute); ce n'est qu'avec une certaine exagération qu'Hasdrubal peut le traiter de «vieillard déconsidéré»; Livius sait d'ailleurs mettre à profit les marques de son âge en exhibant ses cheveux blancs.

Page 59.

2. Le poison dont il a enduit la pointe de ses flèches lui donne un avantage détestable au regard des conventions habituelles, et ce d'autant plus que Nabis porte les insignes *(infula)* de la prêtrise; Silius ne ménage aucun effet pour montrer que rien n'est sacré pour la tricherie punique.

3. On peut s'étonner de voir entre les mains d'un Punique une pique de quatre à cinq mètres de long propre aux Sarmates (cf. Tacite, *Hist.* 1, 79, l'écrasement des Sarmates Rhoxolans en Mésie en 69 de notre ère); sans doute est-ce parce qu'il veut varier les aristies et donner plus de pittoresque à sa description, que Silius transforme un cavalier berbère en uhlan polonais.

Page 60.

2. Les Philènes, deux frères carthaginois qui acceptèrent d'être enterrés vivants pour permettre à Carthage d'étendre ses frontiè-

res, lors d'une contestation territoriale entre elle et Cyrène (cf. Salluste, *Iug.* 79) ; la région qui porte le nom d'Autel des Philènes (Φιλαίνων βωμοί) se trouve au fond de la Grande Syrte, entre Leptis Magna et Cyrène (cf. Strabon, liv. 3, 5, 5-6 ; Pline, *Hist. Nat.* 5, 4).

3. Derrière Rutulus et ses bergeries on peut retrouver Galésus (*Aen.* 7, 535-539), lui aussi riche en brebis et qui, au premier rang des Rutules, tombe lors des prodromes de la guerre du Latium.

Page 61.

2. Peut-être s'agit-il du goître endémique dans les régions montagneuses et granitiques privées d'iode comme les Alpes (les « crétins des Alpes ») ; cf. Juvénal, 13, 162.

3. Erreur, sans doute volontaire, de Silius ; il ne s'agit pas de M. Porcius Caton, Caton l'Ancien ; Tite-Live (27, 48.1) dit : *Porcius deinde adsecutus cum leui armatura*, Porcius alors le suivit avec l'infanterie légère ; c'est le préteur L. Porcius Licinus (Liu. 27, 46, 5) ; Caton lui-même, âgé de vingt-sept ans, était d'ailleurs présent, mais comme simple tribun militaire.

Page 62.

4. La comparaison fait allusion aux thiases bachiques et au diasparagmos, réel ou simulé (sacrifice d'une victime, faon ou chevreau, par déchirement collectif grâce aux ongles des femmes), pendant lequel on voyait les ménades en transe danser et bondir au son des tambourins, des castagnettes et de la flûte, *tibia* (cf. H. Jeanmaire, *Dionysos*, ch. 5, Le ménadisme, Payot, Paris, 1978) ; dans ce contexte, le mot *cornua* ne présente pas de difficulté de sens, si l'on en accepte l'emploi par à-peu-près, la *tibia* phrygienne en usage dans les thiases étant de forme recourbée ; cf. Ov. *Met.* 3, 533 : *adunco tibia cornu* : « la flûte phrygienne au pavillon recourbé » ; cf. aussi Ov. *Met.* 11, 15 sqq. *sed ingens / clamor et infracto Berecynthia tibia cornu / tympanaque et plausus et Bacchei ululatus / obstrepuere sono citharae*, « mais l'immense cri des Bacchantes et la flûte du Bérécynthe au pavillon recourbé, les tambourins, les mains qui claquent et les hurlements du thiase ont couvert le son de la cithare ».

Page 63.

2. Diane ; cf. *Pun.* 2, 71, n. ; Virgile (*Aen.* 1.502) montre de la même façon la joie de Latone à contempler la triomphante réussite de sa fille.

3. L'allusion au thiase bachique a entraîné la comparaison avec la chasse de Diane-Dictynne (cf. *Pun.* 2, 71, n.), et certains traits

de la description sont imités de la présentation de Didon comparée à Diane au chant 1 de l'*Énéide* (*Aen.* 1, 498).

4. En 211, Hasdrubal, bloqué dans une gorge par le même Néron, alors préteur en Espagne, feignit d'entrer en pourparlers avec le Romain, et en profita pour faire échapper son armée, par petits groupes, nuit après nuit, de sorte que Néron se trouva un matin devant un camp punique vide d'ennemis (Tite-Live, 26, 17).

Page 64.

2. Silius ne fait pas le bilan de la bataille, pourtant si important pour Rome (Liu. 27, 49, 5-9) et se contente de faire comprendre que Néron revient prendre son poste devant le camp d'Hannibal, en Apulie : *Nero ea nocte quae secuta est pugnam profectus, citatiore quam inde uenerat agmine, die sexto ad statiua sua atque hostem peruenit,* «Néron partit la nuit qui suivit le combat, et, en brûlant les étapes plus encore qu'à l'aller, en cinq jours il revint à son camp de base, face à son ennemi» (Liu. 27, 50, 1).

3. Tite-Live (27, 51, 11) dit que Néron ordonna de jeter devant les portes du camp d'Hannibal la tête d'Hasdrubal (tête qu'il avait fait rapporter, soigneusement conservée, *quod seruatum cum cura attulerat*) et qu'il lui envoya deux prisonniers africains, libérés à l'occasion, pour l'informer de ce qui s'était passé ; Silius s'écarte de la vérité historique, ou de la vraisemblance, et conclut le chant sur une scène dont il juge que le caractère convient mieux à l'épopée : l'apostrophe de chef à chef, adressée d'un camp à l'autre.

Page 70.

2. Reprise de deux thèmes constants dans le poème : la haine inexpiable d'Hannibal envers Rome, qui l'empêche de jamais interrompre la lutte, et son caractère rusé de Punique.

3. Cette comparaison d'Hannibal avec un taureau momentanément évincé par un rival, et qui se prépare furieusement, à l'écart, à prendre sa revanche, est empruntée aux *Géorgiques* (3, 224-236) et se trouve aussi chez Lucain (2, 601-607), Valérius Flaccus (2, 546 sqq.) et Stace (*Theb.*, 2, 323-330). Silius insiste sur la rage du fauve en le faisant s'attaquer même aux pierres ; les *noua bella* du v. 10 rappellent le v. 3 et annoncent la suite, en résumant *Georg.* 3, 235-236 : *Post, ubi collectum robur uiresque refectae, | signa mouet praecepsque oblitum fertur in hostem.*

4. Tite-Live (28, 12, 9 : *nec a domo quicquam mittebatur, de Hispania retinenda sollicitis, tanquam omnia prospera in Italia essent*) met en avant un choix stratégique, non dépourvu d'arrière-pensées politiques. Silius insiste sur les dissensions internes à

Carthage, et sur la haine que porte à Hannibal le parti d'Hannon (cf. *supra*, 8, 21 sqq. et 11, 542 sqq.).

5. Cf. *supra*, 2, 457 : *iamque senescebat uallatis moenibus hostis*, à propos des Sagontins retranchés derrière leurs murailles.

Page 71.

3. Figure d'opposition *(corda | discordantia)* familière à Silius.

4. Retour au théâtre d'opérations espagnol. Silius s'écarte ici complètement des données historiques connues, et il faut sans doute considérer ces six vers comme une annonce générale de la victoire romaine en Espagne, qui n'interviendra que progressivement. Faut-il penser qu'il a suivi une autre source? Il semble plutôt qu'il s'est contenté de remanier librement ce qu'il trouvait à sa disposition, pour résumer en une seule bataille spectaculaire les opérations en Espagne et concentrer l'intérêt sur Scipion.

Chez Tite-Live (28, 2), les armées réunies de Magon et d'Hannon sont vaincues, non par Scipion, mais par son lieutenant Silanus. Hannon est fait prisonnier, Magon s'enfuit à Gadès mais reste aux côtés d'Hasdrubal fils de Giscon, avant de passer en Ligurie (chap. 46), où il sera battu et blessé. Rappelé, comme Hannibal, à Carthage, il mourra pendant la traversée (30, 18-19). Mais pour Appien (*Pun.* 49), il était encore en Italie au moment de la bataille de Zama, et Cornélius Népos (*Han.* 8) le fait mourir en 193, dans un naufrage ou tué par ses propres esclaves.

Silius distingue donc deux combats, et attribue à Scipion le mérite de ces victoires (v. 28 : *ecce aliud decus, haud uno contenta fauore*). Mais les éléments majeurs de son récit étaient déjà, quoique différemment présentés, chez Tite-Live (28, 1, 4 : *cum in Celtiberia... breui magnum hominum numerum armasset*, cf. ici v. 29-31), il fait aussi jonction avec une autre armée punique (comme Hannon avec Hasdrubal aux vers 78 sqq.), mais cette armée est celle de Magon. Silius arme ces indigènes du cètre, bouclier de cuir en usage chez les Espagnols et les Africains, d'après Servius, alors que Tite-Live (*ibid.*, 2, 4) signale au contraire leurs *scuta*. *Crepitantibus* (v. 30) fait allusion à leur coutume de frapper leurs boucliers de leurs lances; c'est le genre de détails exotiques que Silius affectionne (cf. *supra*, 3, 278, 348; 10, 230).

Enfin le retard d'Hannon (v. 31 : *serus*) renvoie à la phrase de Tite-Live (*l.c.*, § 11) : *Hanno, alter imperator, cum eis qui postremi iam profligato proelio aduenerant, uiuus capitur*. Mais Hannon commande, non les Celtibères, mais une troupe de Carthaginois.

5. Comparaison proche d'Ovide, *Met.*, 2, 722 : *quanto splendidior quam cetera sidera fulget | Lucifer, et quanto quam Lucifer aurea Phoebe;* cf. aussi Horace, *Odes*, 1, 12, 46-48. Phébé (la lune) est sœur du Soleil.

6. Cette description d'attaque au crépuscule ne se trouve dans aucune source connue. La scène est d'ailleurs, comme plus haut l'arrivée soudaine d'Hannon avec ses troupes, suffisamment spectaculaire pour pouvoir être de l'invention de Silius.

Page 72.

2. Les Cantabres habitaient la côte nord de l'Espagne (cf. *supra,* 3, 326 ; 5, 197, 639, etc.). Le nom de Larus est déjà celui d'un guerrier gaulois à la bataille du Tessin (4, 234).

3. La hache de guerre n'est pas une arme particulière aux Cantabres, et c'est notamment celle dont se sert la vierge africaine Asbyté en 2, 189. Ici, elle représente surtout une arme non romaine. Le combat épique aime à mettre en présence, comme dans l'amphithéâtre, des adversaires à l'armement fort différent (cf. la massue de Théron en 2, 148 sqq.).

4. Le détail macabre de la main tranchée qui tombe avec ce qu'elle tient est déjà dans l'*Énéide,* 10, 545, chez Lucain (3, 612-613) et *supra,* 4, 208.

5. Cette image du guerrier rempart des siens reprend l'*Iliade,* 1, 284, et Ovide, *Met.,* 13, 281, *Graium murus Achilles.*

6. Cf. Tite-Live, 28, 16, 6 : *Inde non iam pugna, sed trucidatio uelut pecorum fieri ;* mais il s'agit de la bataille de Baecula (dans la Sierra Morena), où Scipion défait Hasdrubal et Magon ; cf. note au v. 78.

Page 73.

2. Cf. Tite-Live 28, 13-16, et Polybe, 11, 20-24. Silius continue de transformer les données historiques : il enchaîne les deux combats (v. 78-80) et l'engagement est immédiat, alors que des mois les séparent, et que les deux armées se rangent face à face pendant plusieurs jours, mais sans en venir aux mains (Liu. 28, 14, 1-4).

3. En traitant les Carthaginois de fuyards *(profugos),* Scipion fait probablement allusion à leur déroute lors du précédent combat (v. 68-69).

4. Certains critiques ont proposé une ponctuation à la fin du v. 85, le début du v. 86 se lisant alors : *uota ... rapite. Ite ...* Il nous semble plus difficile de rendre compte de l'expression *uota ... rapere* que de l'emploi sans complément de ce verbe, surtout à l'impératif. Le même procédé (deux impératifs juxtaposés, dont le premier est celui d'un verbe généralement transitif) se retrouve deux vers plus loin *(ducite, adeste)* et marque le caractère inspiré du discours de Scipion.

5. L'expression peut être rapprochée de celle que Tite-Live prête (au style indirect) aux sénateurs romains les plus âgés à

l'annonce que les Puniques ont quitté le sol italien (30, 21, 8) : *En umquam ille dies futurus esset quo uacuam hostibus Italiam ... uisuri essent !*

6. Silius résume et modifie les péripéties de la bataille et la conduite d'Hasdrubal, telles que les rapportent Tite-Live (28, 15-16), Polybe (11, 23-24) et Appien (*Hisp.* 25-28). Scipion inversa la disposition habituelle de ses troupes ; il mit au centre ses alliés espagnols, en face des Carthaginois, et aux ailes les troupes romaines, devant les auxiliaires des Puniques. L'épuisement eut raison des troupes d'Hasdrubal qui lâchèrent pied et se réfugièrent dans leur camp (Liu. 28, 15, 8-10). La nuit suivante, Hasdrubal battit en retraite, harcelé par les Romains qui firent un carnage, et il finit par quitter son armée pour s'enfuir par mer à Gadès (*ibid.* ch. 16).

7. L'étoile Sirius se lève avec la constellation du Grand Chien à la période de la Canicule (fin de juillet), réputée pour les effets dévastateurs de sa chaleur, génératrice d'épidémies.

Page 74.

2. Chez Tite-Live, au contraire, ce sont la pluie et la nuit qui interrompent le combat (28, 15, 12).

3. Tartessos est située à l'embouchure du Bétis (Guadalquivir). Tite-Live (28, 16, 8) parle d'une fuite à Gadès, ville que Pline (*H.N.* 3, 21) ne distingue d'ailleurs pas de Tartessos.

4. Première mention de Massinissa dans le poème. Tite-Live a déjà signalé sa présence dans le camp punique (24, 49, 1-6 ; 25, 34, 1-2 ; 28, 13, 6). Silius transforme et résume, ici encore, les données des historiens. Chez Tite-Live, Massinissa rencontre d'abord Silanus, sur les lieux mêmes de la bataille (28, 16, 11-12) ; il ne verra Scipion lui-même que beaucoup plus tard (28, 35).

Les raisons de ce ralliement sont d'abord vagues et hypothétiques chez Tite-Live (28, 16, 12 : *ne tum quidem eum sine probabili causa fecisse*) ; mais, lors de l'entrevue avec Scipion (chap. 35), Massinissa déclare que c'est le geste généreux de Scipion libérant son neveu Massiva (incident relaté en 27, 19, 8-12) qui est à l'origine de son attitude. Pour Appien (*Pun.* 10), il agit par dépit amoureux, lorsqu'il apprit que la fille d'Hasdrubal fils de Giscon, Sophonisbe, qui lui avait été promise, avait été fiancée à Syphax pour des motifs politiques.

5. Cf. Liu. 28, 35, 12 : *cum [Scipio] caput rerum in omni hostium equitatu Masinissam fuisse sciret,* et 28, 16, 12 : *post id tempus constantissimae ad ultimam senectam fidei.*

6. Cette explication miraculeuse est une invention de Silius, qui reprend des passages bien connus de Virgile et Tite-Live, avec le même schéma : la chevelure d'un être jeune (Ascagne, *Aen.* 2, 680-691 ; Lavinia, *ibid.,* 7, 71-80 ; Servius Tullius, Tite-Live 1, 39,

1-4) s'embrasse spontanément de flammes inoffensives ; on s'empresse pour les éteindre, mais l'incident est interprété par une personne avisée (Anchise, Tanaquil, ici la mère de Massinissa) comme l'annonce d'un grand destin.

7. *Condere* a ici son sens de « fonder, établir », et indique le passage souhaité de la promesse à la réalisation.

Page 75.

2. Silius ajoute donc aux encouragements que donnent à Massinissa les signes des dieux des motifs plus humains, et le fait pencher du côté du vainqueur probable, malgré ce qu'il lui fera dire à Scipion quelques vers plus loin (145-147). Sur la situation d'Hannibal, cf. *supra*, v. 1 sqq.

3. Les filles d'Atlas sont les Pléiades.

4. Le récit de cette entrevue est nettement transformé par Silius. Chez Tite-Live (28, 35), elle a lieu bien après la bataille, et Massinissa rejoint Scipion depuis Gadès, où il retournera après l'entretien. L'historien rapporte au style indirect les propos du chef numide, et ne cite aucune réponse de Scipion.

5. Reprise du thème, constant dans le poème, de la *perfidia Punica*.

6. C'est-à-dire : « aux limites de l'Espagne, dans le pays tout entier ».

Page 76.

3. Syphax est en réalité roi des Masaesuli, peuplade de l'ouest de la Numidie. Les Massyli vivaient plus à l'est ; leur nom est souvent, chez les poètes, un terme générique qui renvoie de façon imprécise aux tribus africaines ; la confusion entre Masaesyles et Massyles se généralisera par la suite (cf. J. Desanges, *Catalogue des tribus africaines...*, Dakar, 1962, p. 34, 62, 109).

4. Développement, par l'énumération des richesses traditionnelles de l'Afrique, de l'indication de Tite-Live (28, 17, 10) : *Syphax ... opulentissimus eius terrae rex*. Cf. aussi Appien, *Pun.* 10.

5. Cf. Tite-Live (28, 17, 4 à 18, 12) et Appien (*Hisp.* 29-30). Chez les historiens la chronologie est différente : l'entrevue est antérieure au ralliement de Massinissa (Liu. 28, 35 ; Appien, *Hisp.* 37). Chez Tite-Live, Scipion sachant Syphax lié à Carthage par un traité, mais faisant peu de cas de la loyauté des Barbares, (Liu. 28, 17, 6-7 : *Foedus ea tempestate regi cum Carthaginiensibus erat ; quod haud grauius ei sanctiusque quam uulgo barbaris, quibus ex fortuna pendet fides, ratus fore ...*) lui envoie Lélius avec des présents ; mais le roi, qui sent que la fortune des armes tourne en faveur des Romains, ne veut traiter qu'avec Scipion lui-même. Appien (*Hisp.*

29) dit qu'après l'ambassade de Lélius, Scipion prit l'initiative de se rendre chez Syphax.

6. Tite-Live (*l.c.*, § 13) attribue cette rencontre au hasard. (Hasdrubal, fils de Giscon, fuyait l'Espagne). Appien *(l.c.)* dit qu'Hasdrubal vint voir Syphax à la nouvelle de l'ambassade de Lélius. Les deux historiens font état d'une tentative avortée des vaisseaux puniques pour s'emparer des deux quinquérèmes de Scipion et l'empêcher d'aborder.

Page 77.

3. Tite-Live (24, 48) dit que P. et Cn. Scipion envoyèrent en 213 une ambassade à Syphax, mais le voyage de celui-ci en Espagne est inventé, sans doute par parallélisme avec le passage cité de l'*Énéide* que Silius imite ici, et où Évandre dit avoir rencontré Anchise dans la suite de Priam lors d'un voyage du roi de Troie. Erythia est une île légendaire aux confins de l'Occident où Hercule alla tuer Géryon. On la plaçait près de Tartessos ou de Gadès, non loin de l'embouchure du Baetis (auj. Guadalquivir). Pour l'attrait que pouvait exercer sur un Méditerranéen le phénomène des marées, cf. *supra*, 3, 45 (Hannibal). Cette indication semble prouver que Silius place le royaume de Syphax loin de l'Océan.

4. Aucun historien ne mentionne de cadeaux. Mais Silius suit ici l'*Énéide* (8, 166-168), où Évandre rappelle les présents qu'il a reçus d'Anchise : un carquois et des flèches, une chlamyde, des freins d'or. Ces cadeaux sont d'ailleurs des pièces d'équipement dont les Africains ne se servent pas et qui sont mal connues d'eux : armes défensives *(arma)*, mors *(frena)* inusités en équitation numide (*supra*, 1, 215), arcs, auxquels les Maures préfèrent, comme armes de jet, les javelots, adaptés au combat de cavalerie, et qu'ils ont la réputation de lancer avec une habileté particulière (*supra*, 3, 339).

Ces raisons nous ont paru permettre de conserver le texte des manuscrits, généralement considéré comme corrompu, et que les éditeurs modernes se sont efforcés de corriger : Syphax découvre les mors (ce qui ne signifie pas qu'il va les utiliser) et reçoit en cadeau des arcs, armes que ses troupes n'échangeront pas contre leurs javelines.

5. (Cf. Liu. 24, 48, 5-7 : Syphax demande que l'un des trois centurions envoyés en ambassade par les Scipions reste comme instructeur de ses troupes, mal organisées et ignorant tout du combat d'infanterie (§ 5 *unus apud sese magister rei militaris resisteret : rudem ad pedestria bella Numidarum gentem esse, equis tantum habilem ...* § 7 : *multitudine hominum regnum abundare, sed armandi ornandique et instruendi eos artem ignorare ; omnia, uelut forte congregata turba, uasta ac temeraria esse.*

Page 78.

3. Liu., *l.c.*, § 3 : *Scipione abnuente ... de re publica quicquam se cum hoste agere iniussu senatus posse.*

4. Tite-Live (*l.c.*, § 6) et Polybe (11, 24 a) insistent sur le charme et la force de conviction de Scipion au cours de cette rencontre.

5. Ce tête-à-tête du lendemain est de Silius. Tite-Live dit simplement : *Scipio, foedere icto cum Syphace, profectus ex Africa ...* (28, 18, 12).

6. Silius a déjà évoqué le don des Africains pour domestiquer les lions (*Pun.* 1, 406 ; 2, 439-440).

Page 79.

2. Jupiter Corniger est Ammon, représenté avec une tête de bélier ; même expression en 3, 667 : *cornigeri Iouis.* Syphax appelle donc en garantie du traité les «interprétations» romaine et africaine du plus grand des dieux.

3. Ces deux signes funestes annoncent la chute du royaume de Syphax (v. 270-271). L'incident du taureau échappant à la hache du sacrificateur est déjà en 5, 63 (voir la note *ad loc.*) ; il est imité de Virgile (*Aen.* 2, 223-224). Cf. aussi Tite-Live, 21, 63, 13, Sénèque, *Herc. Oet.,* 798 sqq., Lucain, *B.C.,* 7, 165 sqq., Suétone, *Galba,* 18, 2. Pour le bandeau tombant de la tête pendant un sacrifice, cf. Sénèque, *Thyeste,* 701-702, Suétone, *ibid.,* 18, 7, Stace, *Theb.* 11, 226-230 (qui réunit, comme Silius, les deux mauvais présages), et Appien, *Syr.,* 56, où, dans un contexte différent, Alexandre perd sa couronne.

Page 80.

2. Chez Polybe (10, 38, 3 et 40, 2-6) et Tite-Live (27, 19, 3-6), c'est après la bataille et bien avant l'entrevue de Scipion avec Syphax, que les Espagnols saluent Scipion du titre de roi. Son refus courtois est ici exprimé par *mili ... uultu, ... edocuit, ... monstrauit :* il apprend en quelque sorte ce qu'est la démocratie romaine à des peuples encore barbares, pour qui le titre de roi, si haï des Romains, est le plus grand qu'ils connaissent ; l'idée est encore plus développée chez les deux historiens.

3. L'indication de Tite-Live (28, 21, 1 : *... in barbaros, si qui nondum perdomiti erant ...*) et sa reprise ici aux vers 288-91, nous ont incité à conserver la leçon des manuscrits *(nullo super hoste relicto)* contre la conjecture de van Veen *(nulla* [sc. *cura*] *super hoste relicta),* acceptée par les deux éditeurs de la *Bibliotheca Teubneriana.*

4. Les jeux funèbres : dans tout ce développement, Silius se souvient évidemment de l'*Iliade* et de l'*Énéide,* mais son garant

historique est Tite-Live (28, 21) qui décrit les jeux donnés par
Scipion à Carthagène à la mémoire de son père et de son oncle.
Mais Silius transforme sa source selon ses modèles épiques : Tite-
Live parle surtout de combats de gladiateurs originaux où les
combattants sont tous des volontaires, sans aucun professionnel ;
le reste des jeux est simplement évoqué, et de façon vague (§ 10 :
*Huic gladiatorum spectaculo ludi funebres additi pro copia prouin-
ciali et castrensi apparatu*). Silius, au contraire, consacrera
240 vers aux *ludi* (course de chars, course à pied, lancer du
javelot), et seulement 50 aux combats à l'épée, épreuve où il
reprendra à Tite-Live le motif du duel fratricide pour le pouvoir.

5. Les Puniques chassés d'Espagne se sentent exilés dans leur
propre patrie, tant ils s'étaient habitués à considérer comme leur
le territoire qu'ils avaient conquis. Il en sera de même d'Hannibal
pour la terre italienne (cf. *infra,* 17, 217).

6. Silius a présenté au livre 13 les mânes des deux Scipions aux
Champs-Élysées, bien que les deux chefs romains n'aient pas reçu
les honneurs funèbres rituels. Cn. Scipion, d'après Appien
(*Hisp.* 16), aurait été brûlé dans une tour où il s'était réfugié ;
cette tradition est aussi citée par Tite-Live (25, 36, 13) : peut-être
cette crémation semblait-elle suffisante ? Quoi qu'il en soit, ce sont
des obsèques de remplacement que Scipion conduit ici (v. 304-
305 : *simulatas ... exsequias*) devant des *tumuli* qui doivent être des
levées de terre sur lesquelles sont des bûchers (v. 306 : *tumulis ...
flagrantibus*) et des autels de gazon (v. 309 : *odoriferis adspergit
floribus aras*).

Page 81.

5. Silius imite ici Virgile (*Aen.* 5, 104-602), en remplaçant
évidemment la régate par une course de chars, pour laquelle il
s'inspire de l'*Iliade* (23, 257 sqq.). Ce thème épique des jeux
funèbres est encore plus longuement traité par Stace (*Theb.* 6, 249-
946). Silius place la course dans un cirque, comme le montre
l'existence de loges de départ (*carceres,* v. 315) et de gradins où le
public prend place.

6. Cf. *Aen.* 5, 148 : *tum plausu fremituque uirum studiisque
fauentum / consonat omne nemus.*

7. Silius consacre tout ce premier mouvement de l'épisode à
une description des passions qui agitent le public. On sait combien
les courses de chars déchaînaient d'enthousiasme, et avec quelle
violence le public prenait parti (cf. Pline le Jeune, 9, 6). Les
spectateurs se penchent en avant comme des auriges *(similes
certantibus)* et encouragent les concurrents de leurs cris. Plusieurs
éditeurs ont pensé que le passage s'appliquait aux auriges eux-
mêmes, et ont été amenés à proposer des corrections que nous
n'avons pas retenues.

8. La conjecture de Bentley *(hortantum)* est préférable à la leçon des manuscrits *(certantum)*, sans doute influencée par *certantibus* du v. 320.

Page 82.

4. La course de chars :

Cet épisode, comme beaucoup d'autres dans les *Punica*, peut donner une bonne idée de la façon dont Silius écrit. Outre les références ponctuelles, attendues, à la course de chars de l'*Iliade* (XXIII), c'est essentiellement le cinquième livre de l'*Énéide* que Silius imite ici. On signalera quelques-unes des principales reprises formelles dans les notes *ad loc.*, mais la composition même du passage suit de très près celle de la régate des Troyens d'Énée (*Aen.* 5, 114-285) :

— Virgile limite à quatre le nombre des navires engagés ; Silius, respectant en cela l'usage le plus courant dans le cirque, aligne aussi quatre quadriges.

— Virgile signale le nom de chaque vaisseau, et celui de son capitaine. Silius donne un nom aux quatre auriges, ainsi qu'à l'un des chevaux de chaque équipage, comme on le voit parfois sur les mosaïques où figure seulement le nom du *funalis* (ou cheval de volée) de gauche, c'est-à-dire celui qui aura le rôle le plus important lorsqu'il faudra passer au plus près de la borne. Ces noms sont généralement des toponymes ou des ethnonymes : ainsi pour les chevaux, Caucasus et Pelorus — cap de la Sicile orientale —, pour les auriges Cyrnus — nom grec de la Corse —, Atlas, Hiberus — comme en 1, 392 — et Durius — comme en 1, 438, d'après le fleuve espagnol, auj. Douro — ; Lampon et Panchates sont des hapax.

— Dans les deux cas, au début de la course, un concurrent se détache (Gyas / Cyrnus), suivi de près par un rival (Cloanthe / Hibérus), alors que les deux autres concurrents (Mnesthée et Sergeste / Durius et Atlas) courent côte-à-côte sans pouvoir se départager.

— A mi-course (*Aen.* 159 / *Pun.* 372), le second dépasse le premier à la faveur d'une erreur de celui-ci (le pilote de Gyas tourne trop largement autour du signal, Cyrnus est parti trop vite et ses chevaux sont épuisés). Les deux derniers ne parviennent toujours pas à se départager.

— Un accident élimine l'un de ces deux concurrents : Sergeste brise son navire sur le rocher, Atlas voit son char accroché et détruit par celui de Durius.

— Le troisième dépasse alors l'ancien premier, devenu second (Mnesthée dépasse Gyas, Durius Cyrnus), et se prend à espérer la victoire. Mais il ne peut l'obtenir à cause d'un événement inattendu : Mnesthée ne peut rien contre l'appui que les dieux accordent à son rival, Durius perd son fouet.

— La victoire ira donc à Cloanthe et à Hibérus.

Cette comparaison présente l'intérêt supplémentaire de justifier l'existence et la place de certains vers contestés par la critique. On en trouvera la mention *ad loc.*

5. Cf. *Aen.* 5, 320 : *proximus huic, longo sed proximus interuallo ...*

6. D'après Pline (*N.H.* 8, 166), les chevaux asturiens *(Asturcones)* étaient de petite taille et trottaient naturellement à l'amble.

Page 83.

3. Les concurrents couraient sur la piste « corde à gauche », et tous leurs efforts tendaient à tourner le plus court possible autour des bornes *(metae)* qui marquaient les deux extrémités de la *spina*, arête centrale qui divisait en deux la piste.

4. Cf. *Pun.* 3, 378-383. La légende des cavales fécondées par les vents est déjà chez Homère (*Iliade*, 20, 223-224), et chez Aristote (*H.A.* 6, 18), chez Varron (*R.R.* 2, 1, 19), qui place le phénomène en Lusitanie, près d'Olisipo (Lisbonne) et chez Virgile (*Georg.* 3, 272 sqq.) ; cf. aussi Pline (8, 166) et Columelle (6, 27). Silius reprend même à Virgile l'expression d'un étonnement émerveillé (v. 363, *mirabile dictu !* = *Georg.*, 3, 275). Les Vettones sont un peuple de Lusitanie.

5. Cf. *Il.*, 5, 302-327 et 23, 290-292. Tydé est une ville de Galice *(Callecia)*, dont Silius attribue la fondation, par assimilation onomastique, à Diomède, fils de Tydée, roi d'Étolie. Cf. 3, 367 et note 8 (tome 1, p. 157).

6. Cf. Virg., *Georg.* 1, 512-513 : *ut, cum carceribus sese effudere quadrigae,* / *addunt in spatia;* mais la leçon *spatia*, retenue par l'éditeur de la *C.U.F.* sur le témoignage de Servius, n'est pas celle de tous les manuscrits (voir l'apparat critique de cette édition, *ad loc.*). Nous avons gardé celle des manuscrits *LFOV (spatio)*. Il s'agit très probablement d'une expression propre au langage du cirque.

Page 84.

2. L'expression est empruntée à l'*Énéide* (3, 542) : *et frena iugo concordia ferre,* où elle s'applique aux chevaux dressés à tirer ensemble sous un même joug. Ici, les deux chars sont si bien alignés que leurs auriges semblent être dans un carrousel plutôt que dans une course, et leurs deux chars paraissent n'en faire qu'un.

3. Panchates est un des deux chevaux de volée *(funales equi)*

du quadrige, reliés au char par de simples traits *(lora)* ; les deux timoniers, attelés au joug central, sont appelés *iugales*.

Page 86.

2. Ce cheval doit être un cadeau de Syphax (la confusion entre Massyles et Masaesyles est constante), car c'est Scipion qui avait offert une monture à Massinissa *(supra,* v. 164-165), et non l'inverse. C'est aussi un coursier qui récompense, dans l'*Énéide,* le vainqueur de la course à pied.

3. Chez Homère et Virgile, une coupe est presque un prix de consolation : c'est celui du dernier aurige et du vaincu de la lutte dans l'*Iliade,* et, dans l'*Énéide,* du troisième concurrent de la régate ; il est vrai qu'ici les coupes sont au nombre de deux, et recouvertes d'or ; le Tage avait, disait-on, des eaux aurifères (cf. *supra,* 1, 234 sqq.), comme le Durius (auj. Douro) dont justement le récipiendaire porte le nom.

4. De même Énée donne une peau de lion à Salius *(l.c.,* 351-52 : *tergum Gaetuli immane leonis | dat Salio uillis onerosum atque unguibus aureis.* La *cassis* est un casque rond de cavalier, le *galerus* (v. 456) une coiffure de peau, comme en portaient au combat les Africains. Un casque argien est offert par Énée au troisième arrivé à la course à pied *(l.c.,* v. 314).

5. Achille et Énée ont, eux aussi, pitié des malheureux éliminés de la compétition : comme lot de consolation, Achille donne une cuirasse à Eumèle, arrivé dernier, Énée offre une captive à Sergeste, comme ici Scipion à Durius. Des esclaves sont aussi attribuées à l'aurige vainqueur et au lutteur vaincu dans l'*Iliade.*

Page 87.

2. Cf. *Aen.* 5, 306 : *Gnosia bina dabo leuato lucida ferro | spicula...* (ces deux javelots, avec une hache, seront le lot que chaque concurrent emportera), et *ibid.,* 314 : *tertius Argolica hac galea contentus abito.* Cf. aussi *Theb.* 6, 645.

3. Hespéros est «l'homme de l'ouest», Tartessos porte le nom d'une ville célèbre, presque légendaire, souvent mentionnée ; Gadès était une fondation phénicienne (d'où *Tyria*) ; Corduba (Cordoue) est arrosée par le Bétis (Guadalquivir), elle nomme donc son champion Béticus. Saetabis (Jativa), en Tarraconaise, est sur une hauteur dominant le Sucro (Jucar, cf. 3, 373-74). Ilerda (Lérida, cf. 3, 359) est sur le Sicoris (Segre) dont elle donne le nom à son champion. Sur le Léthé (Minho) confondu avec le fleuve de l'oubli aux Enfers, cf. 1, 236 et note.

4. Il semble que la leçon de *S (haud parto certamine)* puisse être conservée, malgré les suspicions qu'elle a suscitées chez les critiques, depuis la Renaissance : Cordoue a envoyé un champion

auquel elle a donné, pour mieux la représenter, le nom du fleuve qui la baigne, et, dès avant le résultat de la compétition, elle nourrit d'agréables perspectives *(laeta fouet)* à son sujet.

5. Cf. *Georg.* 3, *105* : *exsultantiaque haurit / corda pauor pulsans*, et *Aen.* 5, 137 : *corda pauor pulsans laudumque arrecta cupido*.

Page 89.

2. Cf. *supra*, v. 431 sqq., où Durius est bien près de se classer premier, mais perd son fouet.

3. Ce renversement de la situation dans la phase finale de la course à pied intervient de façon semblable dans l'*Iliade* (23, 774 sqq.), l'*Enéide* (5, 328 sqq.) et la *Thébaïde* (6, 614 sqq.). Ainsi, Ajax glisse dans la boue et perd sa première place, Nisus glisse dans le sang des victimes, mais réussit à gêner Salius et à faire gagner Euryale, Idas tire les cheveux de Parthénopée et lui ravit la palme. On rapprochera cette péripétie de celles qui marquent la fin des courses de chars dans l'*Iliade* et la *Thébaïde*, ou de la régate de l'*Énéide* (voir *supra* la note aux vers 333 sqq.).

4. Cf. *supra*, note au v. 463.

5. Les jeux de l'*Iliade* comportent déjà un début de duel entre Ajax et Diomède (23, 798), auquel les Achéens mettent rapidement fin ; de même, chez Stace *(Theb.* 6, 911), Agréus et Polynice sont séparés par Adraste ; seule l'*Énéide* ne présente aucun épisode de ce type. Voir, *infra*, la note au v. 533.

6. Silius suit ici Tite-Live, 28, 21, 2. Les combattants, dit l'historien, n'étaient pas des gladiateurs ordinaires, esclaves ou condamnés, mais des volontaires désireux de confirmer la réputation de bravoure de leur peuple *(ad specimen insitae genti uirtutis ostendendum)*. L'expression *crimina noxia uitae* signifie littéralement «des crimes attentatoires à la vie».

7. L'épisode est chez Tite-Live (28, 21, 6-10) et chez Valère-Maxime (9, 11, *ext.* 1), identique à quelques détails près : les combattants sont cousins chez l'historien, frères chez le mémorialiste, mais, dans les deux cas, une différence d'âge les sépare. Il semble que Silius ait voulu pousser encore plus loin le caractère odieux de cette rivalité familiale en faisant des deux adversaires des frères jumeaux ; d'où *cauea ... damnante*, et plus loin, *inuitas ... auras*. Scipion aurait d'ailleurs voulu éviter ce combat (Liu., *l.c.*, § 8 ; Val.-Max., *l.c.*).

8. Cette coutume, que Silius attribue à une tribu ibérique, n'est attestée nulle part ailleurs.

Page 90.

2. Cf. *Theb.* 12, 429 sqq. Mais la légende selon laquelle le feu refusa de brûler ensemble les corps d'Étéocle et de Polynice est

déjà chez Ovide (*Ibis*, 35-36, *Tristes* 5, 5, 33-40) ; cf. aussi Lucain, 1, 550-552 et Hygin, *Fab*. 68.

3. L'épreuve consiste donc, comme de nos jours, à lancer le javelot le plus loin possible au-delà d'une ligne de but *(metae uincere finem)*.

4. Le personnage que Silius place ici au nombre des concurrents pourrait bien être l'Indibilis, roi des Ilergètes, d'abord adversaire des Romains (Liu. 22, 21, 3 ; 25, 34, 6, etc.), puis rallié à eux (28, 34, 3-10) ; il fit ensuite défection, prit la tête d'une révolte, et fut tué au combat (*id*. 29, 2, 14-15) : voir aussi Appien, *Hisp*. 37 sqq.

Page 91.

2. Cf. *Theb*. 6, 924 sqq., où Adraste, président des jeux, descend lui aussi dans l'arène au moment le plus solennel du rituel : la flèche qu'il a tirée revient d'elle-même vers lui. Dans l'*Énéide*, c'est au cours de l'épreuve du tir à l'arc que la flèche du roi Aceste s'enflamme spontanément sur sa trajectoire (5, 519-540). Ici, le prodige rappelle celui de la lance arborescente de Romulus (Ovide, *Met*. 15, 560-564).

3. La victoire de Scipion en Espagne a vengé la mort de son père et celle de son oncle.

Page 92.

2. Cf. Virg., *Georg*. 4, 452 : *sic fatis ora resoluit*. L'expression donne aux paroles de Fabius une portée quasi oraculaire.

3. Silius suit ici de près le discours de Fabius dans Tite-Live, 28, 40, 3 sqq.

4. La leçon *hostis* des manuscrits a fait difficulté. Il est vrai que le contexte, et surtout l'expression *a uictore... hoste*, du vers 637, dissuade de rattacher *hostis* (acc. plur.) à *fessos*. On a donc proposé de corriger la forme en *hosti* (Håkanson), correction adoptée dans le texte de l'édition de Delz *(Bibl. Teubneriana)*. Mais il est possible de voir en *hostis* un nominatif apposé à *tu*, comme *proditor* dans la proposition qui suit : Fabius reproche à Scipion de trahir sa patrie, donc de se conduire en ennemi, en quittant le sol italien.

Page 93.

3. Cf. Liu. 28, 42, 20 : *ille consul profectus in Hispaniam, ut Hannibali ab Alpibus descendenti occurreret, in Italiam ... rediit; tu, cum Hannibal in Italia sit, relinquere Italiam paras.*

4. Cf. *Aen*. 1, 559 : *cuncti simul ore fremebant*; Liu. *ibid*. 43, 1.

5. La réponse de Scipion est étroitement inspirée de Tite-Live, 28, 43-44.

Page 94.

2. Jupiter est ici considéré comme le créateur de l'univers, c'est-à-dire du temps infini.

3. Cf. Liu. 28, 43, 13 : *an aetas mea tunc maturior bello gerendo fuit quam nunc est?*

Page 95.

2. Agénor est, dans la légende, roi de Tyr ou de Sidon. Les «fils d'Agénor» sont donc chez Silius les Carthaginois, colons phéniciens.

3. L'accueil réservé par les sénateurs au discours de Scipion est bien différent dans Tite-Live (28, 45, 1) : *minus aequis animis auditus est Scipio quia uulgatum erat, si apud senatum non obtinuisset, ad populum extemplo laturum.* Le jeune âge de Scipion, ses succès, et l'ambition qu'on lui devinait, lui valaient la faveur du peuple, mais la méfiance des sénateurs.

Page 100.

2. Le culte de la déesse Cybèle (aussi appelée Magna Mater ou Mère des Dieux) était passé de Crète en Phrygie, particulièrement à Pessinonte où elle était honorée sous la forme d'une pierre noire. Beaucoup d'auteurs anciens évoquent son arrivée à Rome, soit par allusions (Cicéron, *Har. resp.*, 27, Properce, 4, 11, 51-52, Stace, *Silves*, 1, 2, 245), soit pour en relater les circonstances. Silius se réfère ici à Tite-Live, (29, 10, 4 et 14, 5 sqq.) sur le plan historique (cf. aussi Appien, *Hann.*, 56), mais il s'inspire surtout d'un long passage des *Fastes* d'Ovide (4, 249-348), qu'il modifie notablement, comme il l'avait fait pour l'épisode d'Anna au livre 8 (v. 44-201).

3. Laomédon était roi de Troie et père de Priam. La forme adjectivale renvoie généralement aux Troyens (cf. *Aen.* 4, 542), mais ici, par une qualification particulièrement indirecte, elle s'applique à Rome elle-même, par allusion à son origine troyenne (cf. aussi le même emploi de *Laomedontiadum* en 10, 629).

4. Silius abrège Tite-Live : la prescription est ici comprise dans l'oracle sibyllin, alors que l'historien précise que les ambassadeurs chargés de négocier avec le roi Attale la venue de la déesse firent escale à Delphes, où l'oracle d'Apollon leur prédit le succès pour leur mission s'ils veillaient à faire accueillir Cybèle par «l'homme le meilleur de Rome» (29, 11, 6 : *curarent ut eam qui uir optimus*

Romae esset hospitio acciperet). Le débat au sénat pour choisir cet homme est au ch. 14, § 6-9.

5. La transition brusque par *iamque aderat* fait l'ellipse de toutes les circonstances que détaille Ovide (*l.c.*, 262-290) : refus d'Attale, qui ne cède que devant la volonté expresse de la déesse, et étapes du voyage par mer jusqu'à Ostie. Toutes ces péripéties sont ici résumées par *longinquo... ponto* au vers 13.

6. Il s'agit de P. Cornelius Scipio Nasica, fils du Cn. Scipion tué en Espagne, et cousin germain du futur Africain. Dans les *Fastes* (4, 293-294), sénateurs et chevaliers vont accueillir Cybèle à Ostie, mais Scipion n'est pas mentionné ; il ne le sera qu'en deux mots, tout à la fin de l'épisode, lorsque le cortège arrive à Rome (v. 347 : *Nasica accepit*). Chez Tite-Live, Scipion est accompagné seulement des matrones romaines (*ibid.* 14, 10 : *P. Cornelius cum omnibus matronis Ostiam obuiam ire deae iussus ...*).

7. Chez Tite-Live, Scipion porte la déesse à terre, puis les femmes la font passer de main en main (§ 13 : *per manus, succedentes aliae aliis*), jusqu'à Rome, alors que chez Ovide, ce sont les hommes qui halent péniblement le navire sur le Tibre. Silius combine les deux indications en faisant tirer la nef par les femmes.

8. Ce cortège bruyant, avec ses instruments rituels, est brièvement évoqué dans les *Fastes* (v. 341-342). Les prêtres de Cybèle, Corybantes et Curètes, étaient des castrats (v. 20) : *semiuiri*, cf. *Fastes*, 4, 183 : *semimares*). Le Dindyme est une montagne de Phrygie, les monts Ida et Dicté se trouvent en Crète ; la grotte du mont Dicté, où la tradition faisait naître Jupiter, était un sanctuaire de Cybèle *Dictynna*.

Page 101.

2. Cf. *Fasti*, v. 299-300 : *Sicca diu fuerat tellus, sitis usserat herbas, | sedit limoso pressa carina uado.*

3. Cette intervention d'un prêtre est une adjonction de Silius. D'autre part, chez Ovide, Tite-Live et Appien, c'est de sa fidélité conjugale, et non de sa virginité, que Claudia fait la preuve contre les calomnies.

4. Cf. *Fasti*, 4, 305 : *Claudia Quinta genus Clauso referebat ab alto.* La gens Claudia tirait son origine romaine du Sabin Attus Clausus, passé à Rome en 498 av. J.-C. (Tite-Live, 2, 16, 4).

5. Allusion au partage du pouvoir par tirage au sort entre les fils de Cronos après leur victoire sur celui-ci et sur les Titans : Zeus obtint le ciel et la terre, Poséidon la mer et les eaux, et Hadès le monde souterrain. Cybèle est donc présentée ici comme la mère de ces dieux.

6. Chez Appien (*Han.* 56), c'est avec sa ceinture pour cordage que Claudia tire le navire.

Page 102.

2. La flotte de Scipion comptait quatre cents navires de transport (Tite-Live, 29, 26, 3 ; Appien, *Pun.* 13) et quarante vaisseaux de guerre (cinquante-deux d'après Appien).

3. Cf. Appien *(loc. cit.)* et Tite-Live (29, 27, 5) : *cruda exta caesae uictimae, uti mos est, in mare proiecit.* Ce rite se retrouve dans l'*Énéide,* (5, 235-238) : Cloanthe promet de sacrifier aux dieux marins un taureau blanc et d'en jeter les entrailles à la mer. Le taureau, victime majeure, était un animal lié à Neptune.

4. Ce prodige, présage de succès, est imité du livre 6 de l'*Énéide* (v. 190-204) : le héros y est guidé vers l'Averne par deux colombes ; ce sont les oiseaux de sa mère Vénus, comme les aigles sont ceux de Jupiter, dont Scipion est supposé le fils (cf. *supra*, 13, 628 sqq., et *infra*, v. 653-654).

5. Reprise quasi littérale de Virgile (l.c., v. 199-200) : *Pascentes illae tantum prodire uolando | quantum acie possent oculi seruare sequentum.*

6. Comme plus haut (voir notes aux v. 8 et 48), Silius, sans doute pressé par sa mauvaise santé de terminer son poème, ne donne aucun des détails que Tite-Live mentionne sur la traversée (29, 27, 6-15).

7. *Terribilem ... molem* se rattache à *contra* (inversion et disjonction qui se trouvent déjà chez Virgile, et dont Silius est coutumier). L'expression fait allusion aux forces que Scipion emmène en Afrique : Tite-Live (29, 25) hésite à choisir entre les chiffres donnés par ses sources : 10 000 fantassins et 2 200 cavaliers, ou 16 000 fantassins et 1 600 cavaliers, (effectifs cités aussi par Appien, *Pun.* 13), ou même 35 000 hommes. *Magno sub nomine* renvoie à la gloire qui auréole déjà Scipion.

8. Cf. Liu. 29, 23, 1-2 : *Carthaginienses quoque, cum, speculis per omnia promuntoria positis, percunctantes pauentesque ad singulos nuntios sollicitam hiemem egissent, haud paruum et ipsi tuendae Africae momentum adiecerunt societatem Syphacis regis, cuius maxime fiducia traiecturum in Africa Romanum crediderunt.*

9. *Laurentibus = Romanis*, car les Laurentes habitaient le Latium à l'arrivée d'Énée.

10. Sur le séjour de Scipion chez Syphax et sur les accords passés avec lui, voir *supra*, 16, 168 sqq. Silius reprend à Tite-Live les objurgations de Scipion au roi (29, 24, 3 : *ne iura hospitii secum, neu cum populo Romano initae societatis, neu fas, fidem, dexteras, deos testes atque arbitros conuentorum fallat.*)

11. L'histoire de Sophonisbe est bien connue : fille d'Hasdrubal fils de Giscon, fiancée à Massinissa, elle fut mariée à Syphax, qui la convoitait et qui passa dès lors dans le camp carthaginois. Après la défaite et la capture de Syphax, Massinissa la reprit ; mais les Romains, qui se défiaient d'elle, s'opposèrent à cette union, et

Sophonisbe but le poison que lui donna Massinissa. Cf. Tite-Live, 29, 23 ; 30, 12-15 ; Appien, *Pun.* 10 ; 27-28.

12. L'alliance du roi avec Carthage lui fait perdre son indépendance ; cette idée est reprise au v. 75 : *dotalia transtulit arma.*

Page 103.

2. Silius condense ici la longue suite de négociations que Scipion poursuivit avec Syphax : en Sicile, des émissaires du roi avaient tenté de le dissuader de passer en Afrique (Tite-Live, 29, 23, 6 à 24, 7). Puis, pendant l'hiver 204-203, alors que les Romains étaient devant Utique, les pourparlers continuèrent ; Syphax proposait que les Romains quittent l'Afrique et les Carthaginois l'Italie (ce plan de paix est anticipé dans le poème en 16, 217 sqq., lors de l'entrevue des deux hommes). Scipion avait l'espoir que Syphax fût, avec le temps, moins sensible aux charmes de Sophonisbe ; mais ces négociations étaient aussi pour lui un moyen d'espionner le camp ennemi. Voir, sur ce moment de la campagne, Polybe, 14, 1-2, Tite-Live, 30, 3-4, Appien, *Pun.* 17.

3. Nous voyons en *coniunx* une apposition qui précise les raisons conjugales de l'obstination de Syphax (comme *gener* au v. 74 expliquait son revirement). Mais on pourrait aussi penser que le terme désigne Sophonisbe, qui avait joint ses efforts à ceux de son père pour détacher Syphax des Romains (Liu. 29, 23, 7). Le roi essaiera d'ailleurs, après sa défaite, de lui faire porter la responsabilité de son ralliement aux Puniques (*id.* 30, 13, 10-12).

4. Polybe (14, 2, 13-14) et Tite-Live (30, 4, 10), malgré leur admiration pour Scipion et pour la *fides Romana*, semblent gênés pour justifier l'attitude du chef romain, qui décide d'attaquer pendant cette période de négociations. Peut-être faut-il voir dans *uaria arte* une allusion discrète à cette difficulté.

5. L'épithète — au demeurant traditionnelle — *dispersa*, fait allusion à l'implantation désordonnée des cabanes, ce qui les rend vulnérables. Tite-Live insiste sur cet aspect en 30, 3, 9.

6. Silius simplifie ses sources : d'après Polybe (14, 4-5) et Tite-Live (30, 5-6), non seulement le camp de Syphax, mais celui d'Hasdrubal, furent incendiés, et les Romains profitèrent du désordre pour infliger à l'ennemi des pertes sérieuses. Appien (*Pun.* 21) précise même que seul le camp d'Hasdrubal fut incendié ; Syphax lui envoya un renfort de cavalerie, qui fut mis en déroute par Massinissa ; alors le roi s'enfuit à l'intérieur des terres, abandonnant son camp dont Massinissa s'empara.

Page 104.

3. La suite des événements, jusqu'à la défaite et à la capture de Syphax, est bien moins simple chez les historiens (Polybe, 14, 7-9 ;

Tite-Live, 30, 7-12 ; Appien, *Pun.* 24). Après l'incendie, Syphax se
retranche à huit milles de là, et Hasdrubal rentre à Carthage. Le
sénat carthaginois décide de continuer la guerre et d'inciter
Syphax à en faire autant. Celui-ci s'y décide sur les instances de
Sophonisbe, mais aussi à la nouvelle de l'arrivée en renfort de
quatre mille Celtibères. Le vers 109 renvoie à Liu. 30, 7, 13 : *post
dies paucos rursus Hasdrubal et Syphax copias iunxerunt.*

Scipion livre alors un premier combat contre les deux chefs,
qu'il écrase et contraint à la fuite (Liu. 30, 8, 5-9) ; puis, tandis
qu'il s'installe à Tunis et doit affronter un assaut de la flotte
punique, — ce dont Silius ne dit rien — (Liu., *ibid.*, ch. 10, Polybe,
14, 10, Appien *Pun.* 24-25), il envoie Laelius et Massinissa à la
poursuite de Syphax et d'Hasdrubal. Malgré l'importance de ses
forces reconstituées, Syphax est vaincu et fait prisonnier dans un
second combat (Liv. 11, 4-12, 2). Appien (*Pun.* 26) ne mentionne
que ce second combat, Polybe (14, 8) relate seulement la défaite
d'Hasdrubal et de Syphax.

4. Tite-Live revient sur l'influence de Sophonisbe dans la
détermination de Syphax lorsqu'il le décrit dans son royaume, en
face de Laelius et de Massinissa (30, 11, 3 : *Stimulabat aegrum
amore uxor ...*).

5. Caricature du passage correspondant de Tite-Live (30, 7, 12),
où Syphax dit notamment aux députés envoyés par Carthage :
*scire incendio, non proelio cladem acceptam ; eum bello inferiorem
esse qui armis uincatur.* Cette attitude de forfanterie ridicule
correspond bien à l'image que Silius donne habituellement du
Barbare (v. 113 : *barbarus*).

6. Cf. Liu, 30, 11, 6 à 12, 1. Silius ne dit rien du combat, que
décrit l'historien, mais développe le court épisode final où le roi,
pour tenter d'arrêter la fuite des siens, galope vers l'ennemi ; son
cheval est blessé, et lui-même capturé (12, 1 : *Ibi Syphax, dum
obequitat hostium turmis, si pudore, si periculo suo fugam sistere
posset, equo grauiter icto effusus, opprimitur capiturque ...*).

7. Certains éditeurs ont suivi l'interprétation d'Ernesti, qui
pense que *celsus ... exercitus* désigne la cavalerie, et *naua manus*
l'infanterie, et renvoient à Stace, (*Theb.* 8, 563 : *nunc pedes ense
uago, prensis nunc celsus habenis ...*). Mais là, l'opposition joue
entre *celsus* et *pedes*, et s'applique à un individu, comme en *Pun.*
4, 237-238 : *aequat celsus residentis consulis ora / ipse pedes ...*, où
celsus indique que le fantassin se hausse jusqu'au consul en selle.
Ici, en revanche, il faudrait supposer que Silius donne à *exercitus*
un sens exactement contraire à celui qu'il a notamment chez
César, où il désigne expressément l'infanterie, par opposition à la
cavalerie (cf. *B.G.* 1, 48, 4 : *Ariouistus ... exercitum castris
continuit, equestri proelio cotidie contendit ; 2, 11, 2 : exercitum
equitatumque castris continuit,* etc. Voir l'édition de la *C.U.F.*,
tome 1, p. 56, n. 2. Cf. aussi Liu. 40, 52, 6).

Page 105.

2. Phrase diversement comprise : pour la plupart des commentateurs, depuis Ruperti, et des éditeurs, les deux accusatifs objets *uanum* et *annitentem* renvoient à Syphax lui-même et *reuocato a uulnere telo* marque son effort pour prendre appui sur l'arme qui a blessé son cheval, après l'avoir retirée de là blessure. Mais Ernesti pensait que c'était le cheval qui tentait vainement de se relever, après avoir lui-même fait tomber le trait. Cette interprétation intègre parfaitement la phrase dans le contexte, puisque, dans les vers précédents, on voit la bête blessée essayer de faire tomber le fer qui l'a frappée, et qu'au vers 140 *uiro* ramène l'intérêt sur Syphax. Mais nous avons suivi Håkanson et Spaltenstein, qui s'appuient sur un exemple chez Lucain (2, 102) : *a nullo reuocatum pectore ferrum :* «le fer ne fut écarté d'aucune poitrine». Les Romains veulent prendre le roi vivant, notation corroborée par les vers 173-174, *infra.*

3. Exagération épique amenée par le *topos* de la puissance déchue. Cf. aussi, *supra,* 16, 172, où Silius donne déjà à Syphax une influence s'étendant jusqu'à l'Océan, mais le montre un peu plus loin (v. 195) observant avec curiosité le phénomène des marées à Gadès.

4. Les défaites d'Hasdrubal en Espagne et en Afrique lui valent, chez Tite-Live (30, 28, 3) le qualificatif de *fugacissimus dux.* Silius y fera plus loin une seconde allusion (v. 176).

Page 106.

2. Ce songe prémonitoire est très proche des visions d'épouvante que Silius plaçait au livre 12 (v. 545-550) devant les yeux des Romaines affolées par l'arrivée d'Hannibal. Les ombres de Flaminius, de Paul-Émile et de Gracchus s'y trouvaient déjà réunies. Ces trois grands Romains disparus seront encore cités ensemble dans le discours d'Hannibal à ses vétérans, avant Zama (*infra,* v. 295 sqq.). Tous trois sont des consuls tués au combat, Flaminius à Trasimène, Paul-Émile à Cannes ; Gracchus est Ti. Sempronius Gracchus, l'arrière-grand-père des Gracques, consul en 215 et en 213, tué en 212. Il ne s'agit pas ici du vaincu de la Trébie, le consul Ti. Sempronius Longus, que Silius appelle Gracchus en 4, 699, car il n'est pas mort au combat ; or le vers 549 du livre 12 présente des personnages «couverts de sang» (*cruenti*), indication reprise *infra,* v. 299. Sur les songes chez Silius, voir A. Grillone, *Il sogno nell'epica latina,* Palerme, 1967, pp. 119-138, et, pour un rapprochement de ce passage avec Lucain, 3, 8 sqq., l'article de H. Macl. Currie in *Mnemosyne,* XI, 1958, p. 49-52.

3. Cf. *Pun.* 12, 547-548 : *Ante oculos adstant lacerae trepantibus umbrae, / quaeque grauem ad Trebiam quaeque ad Ticina fluenta / oppetiere necem ...*

4. Cf. note au vers 139.

5. La présence de ce roi puissant et redouté sera un élément exceptionnel *(noua)* de la procession du triomphe promis au général vainqueur (cf. *infra*, v. 629 sqq.). La cérémonie était placée sous le signe de Jupiter Capitolin, auquel le triomphateur était, pour quelques heures, assimilé.

6. Silius n'avait pourtant parlé plus haut que d'un seul camp (voir note au v. 109). Mais il suit ici Tite-Live (30, 5-6), et notamment le chap. 6, § 6 : *binaque castra clade una deleta.*

Page 107.

2. Cf. Liu. 30, 20, 2-4, où Hannibal rejette avec violence sur Hannon et sur son parti la responsabilité de la crise. Silius a déjà évoqué plus haut (notamment en 2, 276-278 et 16, 11-14), la haine d'Hannon pour les Barcides et ses conséquences : Hannibal fut privé d'approvisionnements et de renforts.

3. L'emploi de *reuocare* peut surprendre, et même paraître absurde, comme le pense Spaltenstein, *ad loc*... Le contexte et la comparaison qui suit l'expliquent cependant : personne n'ose rappeler Hannibal pour le provoquer à une bataille qui pourrait détruire ses forces, tant les Romains sont soulagés de le voir libérer le sol d'Italie. Cette demi-victoire est comparée à l'attitude des marins qui se contentent du calme après la tempête, c'est-à-dire de la suppression du mal, sans exiger le bienfait d'un vent favorable.

4. L'Auster (v. 207) et le Notus, ici assimilés, sont deux vents du quartier sud, souvent violents. La conjecture de Scaliger *(satis)* adoptée par nombre d'éditeurs, ne s'impose pas. Ruperti garde le texte des manuscrits *(salis)*, comme l'éditeur de la *Bibl. Teubneriana*, qui renvoie à *Aen.*, 5, 848 : *salis placidi uoltum fluctusque quietos.*

Page 108.

3. Cf. Liu., *loc. cit.* : *Respexisse saepe Italiae litora, et, deos hominesque accusantem, in se quoque ac suum ipsius caput execratum, quod non cruentum a Cannensi uictoria militem Romam duxisset.* Mais ce discours d'Hannibal et sa tentative, brisée par la tempête, pour rebrousser chemin sont un développement épique (voir note suivante).

4. Silius reprend ici le thème épique de la tempête qui vient contrecarrer les entreprises du héros. Tout le passage imite de près le récit correspondant du livre 1 de l'*Énéide* (50-156), jusque dans la suite des différentes phases : Éole, à la demande de Junon, lance les vents contre la flotte d'Énée ; la lutte des vents produit de terribles tourbillons ; les éléments se déchaînent ; Énée sent le

froid de la mort et regrette de n'être pas tombé sous les murs de Troie ; une bourrasque plus forte met en pièces plusieurs vaisseaux, des naufragés et des épaves flottent sur la mer ; Neptune s'oppose aux manœuvres de Junon, rappelle Éole à l'ordre, et calme les flots ; Énée et les Troyens rescapés abordent en Afrique.

Page 109.

2. Cf. *Aen.* 1, 84-86, où s'affrontent l'Eurus, le Notus et l'Africus. Le thème apparaissait déjà dans les *Punica*, en 3, 652 sqq. (heurt entre Africus et Corus dans les sables du désert, et tempêtes des Syrtes), et dans la comparaison de 7, 570 (Africus et Borée). L'Auster, ou vent du sud, désigné sous le nom de Notus au v. 255, prend ici la place de l'Africus, qui souffle du sud-ouest. Borée est le vent du Nord, l'Eurus souffle du sud-est. Sur la Syrte et les Nasamons, voir note à 1, 408.

3. Cf. *Aen.* 1, 87 sqq. : *Insequitur clamorque uirum stridorque rudentum.* / *Eripiunt subito nubes caelumque diemque* / *Teucrorum ex oculis ; ponto nox incubat atra.* / *Intonuere poli et crebris micat ignibus aether* / *praesentemque uiris intentant omnia mortem.*

4. Cf. *Aen.* 1, 94-101 : *O terque quaterque beati...* etc. La tempête est un phénomène cosmique envoyé par les dieux qui peut inspirer la panique aux guerriers les plus valeureux, et les menace d'une mort sans gloire et sans sépulture. — Hasdrubal a été tué à la bataille du Métaure (cf. *supra*, 15, 794 sqq.).

Page 110.

2. Le murex, coquillage dont on tire la teinture de pourpre, a une forme aiguë ; d'où, par extension, le sens de « brisant », repris à *Aen.* 5, 205 : *acuto in murice.*

3. Cf. *Aen.*, 1, 118-119 : *Apparent rari nantes in gurgite uasto* / *arma uirum tabulaeque et Troia gaza per undas.* La mention d'un butin pris à Capoue peut surprendre ; en revanche, celle des objets sacrés renvoie probablement au pillage du temple de Féronia (*supra*, 13, 90-94).

4. Même conclusion dans l'*Énéide* (1, 124 sqq.), voir note au v. 236. Vénus est fille de Jupiter (cf. 3, 558), mais Neptune est déjà appelé *genitor* au v. 238. L'expression *satis ad maiora minarum* a été diversement comprise : Lenz, cité par Ruperti, la glose : *tantas tempestates concitasti quae uel maioribus rebus quam eiiciendo ex Italiae finibus Hannibali subfecissent.* Spaltenstein, *ad loc.*, voit dans *maiora* une allusion à la bataille de Zama. Nous comprenons que la tempête suffit pour avertir Hannibal de l'hostilité de Neptune, dieu sous la protection duquel Scipion s'est d'ailleurs déjà placé (*supra*, 15, 159 sqq.).

5. Cf. *Aen.* 9, 656 : *cetera parce, puer, bello.*

6. Le texte présente ici une coupure manifeste, comme en témoigne la coordination par *-que* au v. 291. Silius en vient directement au récit de la bataille de Zama, en passant sous silence les événements militaires et diplomatiques dont parlent Polybe (15, 1-8), Tite-Live (30, 21-31), et Appien (*Pun.* 33-40), et notamment l'entrevue de Scipion et d'Hannibal. On peut penser à une lacune dans les manuscrits. Mais cette coupure brutale, s'ajoutant à d'autres silences surprenants déjà signalés, permet aussi de retenir l'hypothèse de Bickel, selon laquelle l'économie originelle du poème prévoyait une composition en dix-huit livres, à l'imitation des *Annales* d'Ennius (voir sur ce point notre *Introduction*, tome 1, page LIV). Silius, miné par la maladie qui devait l'emporter, n'aurait pas eu le temps de composer la fin prévue pour le livre 17, ni les vers du début du livre 18. Mais si, comme nous le suggère J. Soubiran, l'apothéose finale (bataille de Zama et victoire définitive), se trouvait déjà composée, Silius agonisant ou ses éditeurs auraient pu publier ce dénouement indispensable à la suite du chant 17 inachevé.

7. Cf. Polybe (15, 10 et 11), Tite-Live (30, 32, 6-10) et Appien (*Pun.*, 42) qui rapportent la teneur des discours que Scipion et Hannibal adressent tous deux à leurs troupes. Chez les trois historiens, le Punique rappelle les victoires passées, et Polybe cite la Trébie, Trasimène et Cannes. Silius développe ici de façon très rhétorique une phrase de Tite-Live (*loc. cit.*, § 6) : *Poenus sedecim annorum in terra Italia res gestas, tot duces Romanos, tot exercitus occidione occisos, et sua cuique decora, ubi ad insignem alicuius pugnae memoria militem uenerat, referebat.*

Page 111.

2. Marcellus est tombé en Apulie, dans une embuscade (Liu. 27, 27, 1-7 ; *Pun.* 15, 366-380) ; ses dépouilles sont improprement qualifiées d'*opima* parce que lui-même avait offert à Jupiter les troisièmes et dernières dépouilles opimes de l'histoire de Rome en 222 (cf. *supra*, 1, 131 et note).

3. Sur Gracchus, voir note au v. 161. Tite-Live (25, 16-17) donne plusieurs versions de sa mort, dont celle que suit Silius (12, 475-478 : il aurait succombé à une traîtrise des Lucaniens).

4. Appius Claudius Pulcher fut blessé devant Capoue (Liu., 26, 6, 5), et en mourut (*ibid.* 16, 1 et *Pun.* 13, 450 sqq.).

5. Cn. Fulvius Centumalus, consul en 211, fut tué par Hannibal à Herdonéa (Liu. 27, 1, 4-15). T. Quinctius Crispinus était le collègue de Marcellus et fut blessé en même temps que lui (Liu. 27, 27, 7 : *duobus iaculis icto* ; cf. *Pun.* 15, 397-98) ; il en mourut quelque temps après (Liu. 27, 33, 6). Servilius, ancien consul, fut

tué à Cannes comme tribun militaire ; voir 9, 271 et 10, 222, et notes *ad loc.* Sa décollation, comme celle de Flaminius, n'est mentionnée qu'ici.

6. Cf. *Pun.* 4, 445 sqq..

7. Rappel de l'attitude de *contemplor diuum* que Silius prête à Hannibal (cf. *Pun.* 12, 635 : *descendat Iuppiter ipse,* lors de la tempête suscitée par ce dieu pour contraindre Hannibal à lever le siège de Rome).

Page 112.

3. D'après Tite-Live (24, 41, 7) Hannibal aurait épousé une femme de Castulo, en Espagne. Diodore (25, 12) en fait même une princesse ibère. Silius (3, 62 sqq.) reprend cette indication, invente le nom d'Imilcé et la présence d'un tout jeune fils, et décrit la scène d'adieux au cours de laquelle Hannibal les renvoie en Afrique avant de se mettre en marche.

4. Cf. Liu. 30, 32, 2-3 ; *Roma an Carthago iura gentibus daret ante crastinam noctem scituros ; neque enim Africam aut Italiam, sed orbem terrarum uictoriae praemium fore... Nam neque Romanis effugium ullum patebat in aliena ignotaque terra, et Carthagini, supremo auxilio effuso, adesse uidebatur praesens excidium.*

5. Silius contredit ici les données des historiens anciens (cf. note au v. 292), qui mentionnent tous un discours d'encouragement de Scipion.

6. Cet épisode est imité du dialogue entre Jupiter et Junon au livre 12 de l'*Énéide* (v. 791-842). Même place dans l'économie du poème, même fonction (fixer les conditions de la défaite des protégés de Junon), même structure rhétorique, classique dans l'épopée : la négociation se développe en trois volets, comme, par exemple, dans le dialogue Didon-Énée d'*Aen.* 4. La longueur même de l'ensemble, et de chacune des interventions, est comparable : Junon contemple tristement la scène des combats (*Aen.* 12, 791-792 = *Pun.* 17, 341-343) ; Jupiter demande à Junon de cesser de faire obstruction aux Destins (793-806 = 344-356) ; Junon s'incline, mais demande des compensations pour ses protégés (806-828 = 357-369) ; Jupiter accepte, mais y met des conditions (829-840 = 370-384) ; seul manque chez Silius l'accord explicite de Junon (*Aen.*, 841-842). A son habitude, Silius imite même souvent son modèle dans l'expression ; nous signalerons quelques-unes de ces reprises *ad loc.*

7. Junon est à la fois la sœur et l'épouse de Jupiter. Cf. *Aen.* 1, 46-47 : *ast ego, quae diuom incedo regina Iouisque / et soror et coniunx...* et 10, 607 : *O germana mihi atque eadem gratissima coniunx.* Ce double lien sera rappelé plus bas (v. 364--365) par la déesse.

8. Cf. *Aen.* 12, 801 : *ne te tantus edit tacitam dolor...*

9. Junon a une prédilection pour Carthage, d'où son hostilité envers les Troyens d'Énée et leurs descendants en guerre contre cette cité (*Aen.* 1, 12-28 ; *Pun.*, 1, 26-33).

Page 113.

2. La plupart des éditeurs modernes ont retenu dans le texte la correction de Bothe, et écrit *gentes* au lieu de *gentem* des manuscrits. Il est vrai que, si l'on donne à *componere* le sens (bien attesté, et six fois dans les *Punica*), de «mettre aux prises», on attend ici le pluriel. Mais on trouve aussi fréquemment ce verbe avec le sens général d'«apaiser» (six occurrences dans le poème) ; surtout, en 11, 350, on trouve à la même place métrique *componere mentem*, avec le sens indéniable de «modérer», d'ailleurs proche du précédent. Cette référence, et le contexte où Jupiter insiste sur la démesure d'Hannibal, nous a amené à conserver le texte des manuscrits, et à donner au verbe le sens de «ramener à la raison».

3. Cf. *Aen.* 12, 803 : *uentum ad supremum est.* La phrase suivante renvoie à un rite spécifiquement romain : on fermait les portes du temple de Janus lorsque Rome n'était en guerre avec aucun autre peuple.

4. Cette attitude de soumission est déjà dans l'*Énéide*, 12, 806 sqq.. *Pendenti nube resedi* reprend les v. 810-811 : *nec tu me aeria solam nunc sede uideres...* .

5. Cf. *Aen.* 10, 613 : *Si mihi, quae quondam fuerat quamque esse decebat | uis in amore foret...* .

6. La périphrase méprisante par laquelle Junon désigne Rome marque bien son dépit, et renvoie à ce qu'elle disait de cette ville en 1, 43 : *bis numina capta penates ;* cf. aussi *Aen.*, 9, 599 *(bis capti Phryges)* et 11, 402 *(gentis bis uictae).*

7. Ce souci de Junon pour la vie d'Hannibal, qui fut son instrument comme Turnus dans l'*Énéide*, rappelle sa tentative pour sauver ce dernier de la mort (*Aen.* 10, 611 sqq., passage auquel Silius fait plusieurs emprunts dans cet épisode).

8. Silius joue sans doute sur l'expression *nomen Sidonium* pour faire de la demande de Junon le calque inversé de celle qu'elle formule dans l'*Énéide* (12, 823-824 : *ne uetus indigenas nomen mutare Latinos | neu Troas fieri iubeas Teucrosque uocari.* Ici, c'est le nom qui peut disparaître, pourvu que la cité reste debout.

9. Cf. *Aen.* 10, 621 : *Cui rex aetherii breuiter sic fatur Olympi.*

10. Expression calquée sur *Aen.*, 10, 625 : *hactenus indulsisse uacat* : «ma complaisance peut aller jusque là» (trad. J. Perret, *C.U.F.*). Jupiter accorde seulement un sursis à Turnus, comme ici à Carthage.

11. Annonce, volontairement obscure comme une prophétie, de la destruction de Carthage par Scipion Émilien lors de la troisième guerre punique (149-146).

Page 114.

2. Cf. Liu. 30, 32, 11 (après la relation, au style indirect, des encouragements de Scipion à ses troupes) : *Celsus haec corpore uultuque ita laeto ut uicisse iam crederes dicebat* [*Scipio*].

Page 115.

2. Polybe et Tite-Live signalent effectivement, au moment de la charge des éléphants, des escarmouches de cavalerie, au cours desquelles Massinissa mit en fuite les Numides de l'aile gauche punique (Liu. 30, 33, 13 ; Polybe, 15, 12), et non les troupes macédoniennes. D'ailleurs, seul Tite-Live signale l'envoi en Afrique de ce renfort de quatre mille hommes par Philippe de Macédoine (30, 26, 3) et sa présence à Zama (*ibid.* 33, 5). Les historiens modernes sont partagés sur l'exactitude de cette information.

3. Sur l'île de Thulé, le point le plus septentrional connu des Anciens, voir, *supra*, 3, 597 et la note. Dans les deux passages, Silius l'identifie au nord de la Bretagne (Écosse ?).

4. La peinture de guerre et l'emploi des chars étaient deux des principales caractéristiques des Bretons au combat (Caes., *B.G.* 5, 14, 2 ; 4, 33). *Couinnus* est un terme celte, rare en latin, qui désigne un char breton (plus souvent appelé *essedum*) ou belge (Lucain, 1, 426). Ces chars servaient surtout, comme à l'époque de l'*Iliade*, à transporter les combattants ; c'étaient aussi des moyens de transport pour les Romains (Martial, 12, 24, 1).

5. Le traité entre Philippe de Macédoine et les Romains est celui dont parle Tite-Live en 29, 12, 8-16 (paix de Phoinikè : 205), et non celui de *Pun.* 15, 318 sqq., postérieur de plusieurs années (après Cynoscéphales : 197).

Page 117.

3. Comparaison très proche de celle de 12, 6 sqq. (voir note *ad loc.*), et empruntée à *Aen.* 2, 471-475. La ville de Paraetonium est dans le désert de Libye, et l'adjectif est mis ici pour « africain », comme en 3, 225 et 5, 356.

4. Sur les Marrucins et Téaté, voir 8, 520 et la note.

Page 118.

2. Il est infamant d'être trouvé mort couché face contre terre, car on meurt de blessures reçues dans le dos, ce qui implique une présomption de fuite ; sont honorables, en revanche, les blessures reçues de face *(aduersa uulnera)*. Cf. *Aen.* 11, 55-56 : *At non,*

Euandre, pudendis | uolneribus pulsum aspicies ... et Pun. 4, 194 : *placebat ... exceptum pectore letum; ibid.,* 5, 594 : *Cerno aduerso pulchrum sub pectore uolnus.*

3. Cf. *Pun.,* 1, 433, où c'est Hannibal qui est, dans des termes analogues, comparé à Mars. L'Hébre (auj. la Maritza), est un fleuve de Thrace, le pays des Gètes, terre favorite de Mars.

Page 119.

2. Cf. *Pun.* 3, 496 sqq. : la tradition voulait que seul Hercule ait passé les Alpes avant Hannibal.

3. Cette recherche d'un affrontement final est dans la logique du schéma épique : après les «obscurs, les sans grade», après les glorieux vétérans, c'est maintenant le chef suprême que Scipion veut affronter. Même si Appien (*Pun.* 45-46) a pu écrire que Scipion se battit contre Hannibal et contre Massinissa, le modèle de Silius est ici bien évidemment à chercher dans les derniers livres de l'*Énéide.*

Page 120.

2. Pour tout cet épisode, Silius s'inspire du livre 10 de l'*Énéide* (633-688), avec une situation sensiblement parallèle : Junon avait obtenu un délai pour Turnus, elle l'attire hors du champ de bataille en fabriquant un leurre à l'image d'Énée. Ici, Jupiter a accordé la grâce d'Hannibal : Junon va, par le même procédé, l'éloigner des combats.

3. Cf. *Aen.* 10, 640 : *dat sine mente sonum gressusque effingit euntis...* Les reprises plus ou moins littérales du livre 10 de l'*Énéide* sont constantes dans tout le passage. Ainsi le v. 532 renvoie aux v. 643-644 : *At primas laeta ante acies exsultat imago | inritatque uirum telis et uoce lacessit,* le v. 537 aux v. 645 sqq. : *Instat cui Turnus, stridentemque eminus hastam | conicit, illa dato uertit uestigia tergo,* l'apostrophe du v. 542 au «*Quo fugis, Aenea?*» du v. 649 et la disparition du simulacre dans l'atmosphère (v. 547) au v. 664 : *sublime uolans nubi se immiscuit atrae.*

Page 121.

2. Cf. *Aen.* 10, 681 sqq. : Turnus, dans la même situation, tente par trois fois de se donner la mort ; il en est empêché par Junon, qui a pitié de lui (*ibid.* 10, 686 : *iuuenemque animi miserata repressit*).

Page 122.

3. La déroute finale de l'armée d'Hannibal est décrite par Polybe (15, 13-15) et, plus brièvement, par Tite-Live (30, 35, 1-4). Appien (*Pun.*, 46) dit que la débâcle fut causée par une absence momentanée d'Hannibal, parti rameuter des Espagnols et des Celtes : les autres soldats crurent qu'il avait fui et se débandèrent. Mais, ici, l'épisode est la suite logique de l'éloignement d'Hannibal, qui permet à Silius de donner à la bataille décisive une fin conforme aux données épiques, où tout repose sur la personne des chefs (voir, *supra*, les vers 401-405 et 512-516).

4. Exagération épique de la panique des troupes d'Hannibal, que Silius disperse dans toute l'Afrique, des côtes espagnoles, à l'extrême ouest (sur Tartessos, voir la note à 16, 114), à la Libye (le royaume de Battus) et au Nil égyptien (le fleuve de Lagos, l'un des lieutenants d'Alexandre, placé par lui à la tête de l'Égypte).

5. La comparaison avec le Vésuve en éruption (cf. *supra*, 8, 654) se trouve aussi chez Valérius Flaccus (3, 209 sqq. ; 4, 507 sqq.) et peut avoir été inspirée aux épiques de l'époque flavienne par la catastrophe de 79. Sur les Sères (qui représentent ici l'Extrême-Orient) et leurs arbres à laine, voir *supra,* note à 6, 4.

Page 123.

2. On sait qu'Hannibal, exilé de Carthage en 195 a.C. et réfugié auprès d'Antiochus de Syrie, s'employa à créer des difficultés aux Romains et à pousser le roi à leur faire la guerre.

3. Polybe et Tite-Live disent tous deux qu'Hannibal se réfugia à Hadrumète (auj. Sousse). Tite-Live rapporte aussi (30, 37, 13) une version divergente selon laquelle il aurait immédiatement pris un bateau pour gagner la Syrie.

4. Cf. Liu. 30, 37, 2 sqq. et Polybe, 15, 18. Les deux historiens s'accordent pour l'essentiel sur les clauses du traité imposé à Carthage. Celle-ci conserverait ses lois, mais reviendrait aux limites territoriales antérieures au début des hostilités ; elle remettrait aux Romains les prisonniers et les déserteurs ; elle livrerait ses éléphants et ses vaisseaux de guerre, sauf dix trirèmes ; son droit de faire la guerre, en Afrique et hors d'Afrique, serait limité ; elle devrait restituer à Massinissa les territoires conquis sur lui. Enfin, elle paierait un tribut de dix mille talents en cinquante ans. On voit que Silius est bien moins précis. Contredit-il, au vers 619, l'indication de Tite-Live (30, 37, 2 : *liberi legibus suis uiuerent*) en parlant de *iura improba adempta? Iura* n'est pas un synonyme de *leges,* et l'on peut penser que cet oxymore fait allusion au droit de faire la guerre, dont Carthage avait usé frauduleusement contre Sagonte, puis contre Rome. Quant aux *leges incisae*, on peut les comprendre comme les clauses

du traité, gravées dans la pierre ou le bronze pour tenter d'éviter leur contestation ultérieure par les *foedifragi Poeni.*

5. Cf. Liu. 30, 43, 12 : *quarum* [sc. *nauium*] *conspectum repente incendium tam lugubre fuisse Poenis quam si ipsa Carthago arderet.*

Page 124.

2. *Contra,* Liu. 30, 45, 2, pour qui le retour triomphal de Scipion se fait par voie de terre depuis la Sicile. Pour son *cognomen,* Silius suit Tite-Live, *ibid.,* § 7 : *Primus certe hic imperator nomine uictae a se gentis est nobilitatus.* Est-ce une inadvertance de l'historien, qui signalait dès son livre 2 (chap. 40) le surnom de Coriolanus obtenu par Cn. Marcius après ses exploits devant Corioles ? On peut cependant penser que Scipion fut vraiment le premier *imperator* à recevoir un titre tiré non pas du nom d'une simple cité, mais de celui d'un peuple (*gentis,* Liu.) ou d'un territoire (*terrae,* Silius).

3. Le triomphe de Scipion est mentionné par Polybe (16, 23), Tite-Live (30, 45), et surtout Appien (*Pun.* 66), qui fait une description longue et détaillée de la *pompa triomphalis.*

4. La présence de Syphax dans le cortège est attestée par Polybe *(l.c.),* Valère-Maxime (6, 2, 3), Tacite (*Ann.* 12, 38, 1), et déjà par Silius lui-même (16, 273). Tite-Live (*loc. cit.,* § 4-5), tout en signalant comme digne de considération l'indication de Polybe, dit que le roi mourut à Tibur avant le triomphe. Combinant peut-être les deux traditions, Silius le montre ici sur un brancard (alors que les captifs précédaient à pied le triomphateur), et chargé de chaînes d'or, accentuant ainsi sa déchéance par une parodie de grandeur, où les éléments forment une sorte d'oxymore concret (l'or et les chaînes, le brancard indigne d'un roi).

5. Sur la capture d'Hannon en Espagne, cf. *supra,* 16, 72 sqq. Les autres troupes de prisonniers, dont le détail n'est donné par aucune source historique (Appien parle simplement de chefs carthaginois et numides), forment un catalogue final qui constitue une sorte de clôture glorifiante du poème. Les peuples cités, avec leurs caractéristiques traditionnelles, sont ceux que Silius mentionnait au début des *Punica,* auxquels s'ajoutent les Macédoniens pris à la bataille de Zama.

6. Sur les Garamantes, peuple des oasis, parmi lesquelles la plus célèbre est celle qui abritait le sanctuaire d'Hammon, voir note à 1, 414. Le peuple naufrageur des Syrtes est celui des Nasamons, que Silius présente comme pilleurs d'épaves en 1, 408-409.

7. Dans la procession du triomphe, on représentait par des tableaux les villes conquises. En 4, 409, Rome était déjà représentée comme une figure de suppliante : *credite summissas Romam nunc tendere palmas.*

8. Gadès et Calpé, (auj. Cadix et Gibraltar), sont l'extrême ouest du monde ; c'est la limite occidentale des expéditions d'Hercule, qui y passa avec les bœufs pris à Géryon (cf. 1, 141 ; 1, 276 et notes). Le Bétis (Guadalquivir) se jette dans l'Océan, où le Soleil vient chaque soir baigner les chevaux de son char.

9. L'Espagne, représentée ici par les Pyrénées et le fleuve Hiberus (Ebre), est célèbre pour le caractère belliqueux de ses habitants : cf. 1, 190 : *bellator Hiberus,* et 15, 184 : *bellorum dira creatrix... tellus.*

10. Les chefs ennemis vaincus, et qui ne figuraient pas en personne dans le cortège, pouvaient être représentés par leurs portraits, comme ce fut le cas aussi pour Mithridate et Tigrane lors du triomphe de Pompée en 61 a.C. (Appien, *Mithr.* 117).

11. D'après Appien (*Pun.,* 66), Scipion portait une couronne d'or ornée de joyaux et un manteau de pourpre constellé d'or.

12. Cette comparaison de Scipion triomphateur avec Bacchus et Hercule est inspirée du passage de l'*Énéide* (6, 800 sqq.) où Auguste est comparé à ces deux divinités, dont les statuts dans le panthéon antique sont assez comparables. Le triomphe de Bacchus revenant des Indes sur un char tiré par des tigres est un motif bien connu. Il a déjà été évoqué dans le poème, en 3, 614 (éloge de Domitien) et 15, 79-81 (Scipion entre le Vice et la Vertu, voir la note *ad loc.*). Pour Hercule, associé à la bataille des Champs Phlégréens lors de la Gigantomachie, cf., *supra,* n. à 4, 275.

INDEX NOMINVM

Aeacides *(adj.)* : 1 : 627; 13 : 796, 800; 14 : 95; 15 : 292.

Aeetes, *roi de Colchide* : 8 : 498; *cf.* Angitia.

Aegaeus *(adj.)* : 1 : 468; 15 : 157.

Aegates, *îles* : 1 : 61, 622; 2, 310; 4, 80, 800; 5 ; 246; 6 : 685; 11 : 527.

Aegyptius *(adj.)* : 13 : 474; *cf.* Lageus, Pellaeus.

Aeneades : 1 : 2; 2 : 55, 295, 420, 428; 3 : 70, 560; 4 : 133, 817; 5 : 187; 6 : 610; 8 : 2, 47, 175, 193; 11 : 551; 12 : 521, 639, 734; 13 : 153, 500, 767, 891; 14 : 4; 16 : 117; 17 : 289.

Aeneas : 2 : 413; 7 : 474; 8 : 71, 87, 104, 143; 9 : 74; 16 : 370; *cf.* Anchisiades, Dardanus, Iliacus, Phryx, Troius.

Aeneius *(adj.)* : 7 : 562; 10 : 50, 643.

Aeolides : 14 : 492.

Aeolius *(adj.)* : 1 : 193; 9 : 525; 14 : 70, 234; 15 : 424; 17 : 241.

[Aeolus] : 9 : 491.

Aequanus *(adj., de Aequa, v. de Campanie)* : 5 : 466.

Aequanus, *g. romain* : 5 : 176, 182.

Aequi, *p. d'Italie* : 8 : 489.

Aequiculus *(adj., de Aequi)* : 8 : 369.

Aesernia, *v. du Samnium* : 8 : 566.

Aesis, *roi des Pélasges* : 8 : 444.

Aesis, *fl. d'Ombrie* : 8 : 448.

Aethiopes, *p. d'Afrique* : 3 : 265; 12 : 605.

Aetna : 8 : 614; 9 : 497; 12 : 154; 14 : 58.

Aetnaeus *(adj.)* : 8 : 653; 9 : 196, 448, 459; 14 : 221, 527.

Aetne, *navire* : 14 : 578.

Aetolus *(adj.)* : 1 : 125; 3 :

367, 707; 7 : 484; 8 : 351; 9 : 99, 495; 10 : 184, 266; 11 : 505; 12 : 673; 13 : 32; 15 : 286; 16 : 368.

Afer : 3 : 257, 599; 4 : 722; 11 : 18; 15 : 412, 538.

Africa : 1 : 211; 6 : 302; 7 : 491; 10 : 311; 17 : 60, 178, 195, 587.

Africus, *vent* : 3 : 659; 7 : 571; 12 : 617.

Africus *(adj.)* : 16 : 179; 17 : 11.

[Agamemnon] : *cf.* Atrides, Mycenaeus.

Agamemnonius : 1 : 27.

Agathocleus : 14 : 652.

Agathyrna, *v. de Sicilie* : 14 : 259.

Agenor : 1 : 88; 6 : 387; 17 : 421.

Agenoreus : 1 : 15; 3 : 631; 6 : 303; 7 : 642; 8 : 671; 11 : 239; 12 : 167, 282; 13 : 3; 15 : 343, 741; 16 : 692; 17 : 58, 196, 391, 403, 516.

Agenoridae : 8 : 1, 214.

Agylle, *nymphe* : 5 : 17.

Agyrinus *(adj., d'Agyrium, v. de Sicile)* : 14 : 207.

Ajax : 13 : 801; cf. Oïliades.

Alabis, *fl. de Sicile* : 14 : 227.

Alabis, *g. carthaginois* : 15 : 467.

Alba (Fucens), *v. des Marses* : 8 : 507.

Albanus *(adj.)* : 6 : 598.

Albanus, *g. d'Aricie* : 4 : 381, 383; *cf.* Capys, Virbius.

Albula, *fl. Tibre* : 6 : 391; 8 : 455; *cf.* Thybris.

Alcides : 1 : 276, 505, 511; 2 : 150; 3 : 32, 91, 421, 429; 13 : 633; *cf.* Hercules.

Alcmena : 2 : 493.

Alecto : 2 : 673; 13 : 432, 592.

[Alexander magnus] : 13 : 763, 767.

[Alexandria] : 13 : 766.

Algidus, *fl.* : 12 : 537.

Allia, *fl.* : 1 : 547; 6 : 555; 8 : 647.

Allifae, *v. du Samnium :* 8 : 535.

Allifanus *(adj.) :* 12 : 526.

Allius, *g. romain :* 4 : 554, 566.

Almo, *fl. :* 8 : 363.

Alpes, *monts :* 1 : 65, 117, 370, 487, 546, 589; 2 : 313, 314, 333, 353; 3 : 92, 211, 469, 478, 503, 563, 645; 4 : 34, 66, 75, 407, 746, 818; 5 : 160, 386; 6 : 106, 703; 8 : 648; 9 : 187, 550; 11 : 135, 217; 12 : 15, 70, 513, 696; 13 : 741; 15 : 168, 474, 504, 529, 662, 731, 818; 16 : 635; 17 : 166, 319, 502; *cf.* Alcides.

Alpheos, *fl. :* 14 : 54.

Alpinus : 1 : 629; 3 : 447; 492, 544.

Alsium, *v. d'Étrurie :* 8 : 475.

Amanus, *g. romain :* 17 : 441.

Amastra, *v. de Sicile :* 14 : 267.

[Amazones] : *cf.* Martius, Thermodontiacus, Threicius.

Amazonius *(adj.) :* 8 : 430.

Ambracius *(adj.) :* 15 : 300.

Amerinus *(adj.) :* 8 : 460.

Amiternus *(adj.) :* 8 : 414.

Amorgus, *g. carthaginois :* 10 : 200.

[Amphinomus et Anapus], *héros de Catane :* 14 : 197.

Amphionius *(adj.) :* 11 : 443; *cf.* Orpheus.

Amphitryonades : 2 : 582; 4 : 64; 6 : 183; 9 : 293; 12 : 119; 15 : 79; *cf.* Hercules.

Amulius : 8 : 295.

Amyclae, *v. du Latium :* 8 : 528.

Amyclae, *v. de Laconie :* 2 : 434; 4 : 358; 13, 44.

Amyclaeus *(adj.) :* 6 : 504, 681; 7 : 665; 11, 431; 15 : 543.

Anactorius *(adj.) :* 15 : 299.

Anagnia, *v. du Latium :* 5 : 543; 8 : 392; 12 : 533.

Anapus, *fl. de Sicile :* 14 : 515.

Anapus, *navire :* 14 : 575.

Anchises : 15 : 59.

Anchisiades : 13 : 71.

Ancon, *v. du Picenum :* 8 : 436.

Angitia, *divinité des Marses :* 8 : 498.

Anguis, *constellation :* 3 : 193.

Anienicola : 4 : 225; 12 : 751.

Anio, *fl. du Latium :* 1 : 606; 8 : 368; 10 : 363; 12 : 540; 17 : 233.

Anna : 8 : 28, 43, 55, 79, 106, 115, 161, 185; *cf.* Elissa, Sidonis.

Antaeus, *chef africain :* 3 : 264.

Antenor : 8 : 603.

Antenoreus *(adj.) :* 12 : 214.

Antenorides : 12 : 258.

Antiphates : 8 : 530; 14 : 33; *cf.* Laetrygo.

Anxur *ou* Axur, *v. du Latium :* 4 : 532; 8, 390.

Aonides : 11 : 463; 12 : 409.

Aonius : 8 : 594; 11 : 436; 12 : 220.

Apenninicola : 5 : 626; 6 : 167.

Apenninus, *mont d'Italie :* 2 : 314, 333, 354; 4 : 742; 5 : 206; 8 : 649.

Apollineus : 5 : 179.

Apollo : 4 : 400; 5 : 204; 9 : 290; 12 : 406, 409, 711; *cf.* Arcitenens, Delius, Phoebus.

Aponus : 12 : 218.

Appius, *g. romain :* 5 : 268, 292, 300, 316, 330, 373.

Appius, cf. Claudius.

Apulus : 4 : 557; 7 : 131; 11 : 10; *cf.* Aetolus, Argyripa,

Dauniacus, Daunius, Daurus, Diomedes, Garganus, Graïus, Iapyx.

Aquileia, *v. de Vénétie* : 8 : 604.

Aquilo, *vent* : 12 : 7 ; 17 : 489.

Aquinas *(adj., d'Aquinum, v. des Volsques)* : 12 : 538.

Aquinum, *v. des Volsques* : 8 : 403.

Aquinus, *g. romain* : 6, 166, 201.

Arabes : 3 : 374.

Arabus, *g. romain* : 15 : 693.

Aradus, *g. carthaginois* : 1 : 380.

Arar, *fl. de Gaule* : 3 : 452 ; 15 : 501.

Arauricus, *chef espagnol* : 3 : 403 ; 5 : 557.

Arbacus, *p. d'Espagne* : 3 : 362.

Arbela, *v. de Sicile* : 14 : 271.

Arcadia : 13 : 345.

Arcadius *(adj)* : 6 : 631 ; cf. Parrhasius.

Arcas : 6 : 636 ; *cf.* Euander.

Archemorus, *g. grec* : 17 : 426.

[Archimedes] : 14 : 301, 341, 676.

Arcitenens (Apollo) : 5 : 177.

Arctos, *constellation* : 1 : 198, 590 ; 3 : 192 ; 15 : 227.

Arctous : 3 : 614 ; 15 : 49.

Ardea, *v. des Rutules* : 1 : 293, 667 ; 8 : 359 ; *cf.* Acrisioneus, Rutulus.

Arethusa : 5 : 490 ; 14 : 53, 117, 295, 515.

Arethusius *(adj.)* : 14 : 356.

Arganthoniacus *(adj.)* : 3 : 396 ; *cf.* Carteia.

Argiuos Maior (la Grande Grèce) : 11 : 21 ; *cf.* Inachius.

Argo : 12 : 399 ; *cf.* Pagasaeus.

Argolicus : 8 : 474 ; 11 : 440.

Argos, *v. du Péloponnèse* : 1 : 26.

[Argus] : 10 : 346.

Argyripe, *v. d'Apulie* : 4 : 554 ; 13 : 30 ; 17 : 321 ; *cf.* Arpi.

Aricia, *v. du Latium* : 4 : 367 ; *cf.* Egeria, Triviae.

Arion, *citharède* : 11 : 448.

Aris, *chef carthaginois* : 15 : 232, 244.

Arisbas, *prêtre d'Hammon* : 3 : 668.

Aristaeus : 12 : 368.

Ariusius *(adj.)* : 7 : 210.

Arna, *v. d'Ombrie* : 8 : 456.

Arnus, *roi d'Étrurie* : 5 : 7 ; 6 : 109.

Arpi, *v. d'Apulie* : 8 : 242 ; 12 : 481 ; *cf.* Argyripa.

Arpinas *(adj., d'Arpinum, v. des Volsques)* : 8 : 401.

Arretium, *v. d'Étrurie* : 5 : 123 ; 7 : 29.

Arsacides : 8 : 467.

Arses, *g. carthaginois* : 7 : 598.

Asbyte, *guerrière garamante* : 2 : 58, 166, 197, 209, 258 ; 3 : 299.

Ascanius, *g. capouan* : 13 : 244.

Asclum, *v. du Picénum* : 8 : 438.

Ascraeus *(adj., d'Hésiode)* : 12 : 413.

Asia : 1 : 195.

Asilus *(adj., d'un p. du Picénum)* : 8, 445.

Asilus, *g. romain* : 14 : 149 ; *cf.* Beryas.

Aspis, *port africain* : 3 : 244.

Assaracus : 3 : 566, 701 ; 5 : 145 ; 8 : 295, 296, 347 ; 11 : 296.

Assyrius : 11 : 41, 402 ; 13 : 886.

Astur *(adj.)* : 16 : 348, 389.

Astur, *p. d'Espagne* : 1 : 231, 252 ; 5 : 192 ; 10 : 304 ; 12 : 748 ; 15 : 413.

Asturicus : 16 : 583.

Astyr, *écuyer de Memnon :* 3 : 334.

Atella, *v. de Campanie :* 11 : 14.

Athenae : 14 : 286 ; *cf.* Cecropidae, Marathonius.

Athesis, *fl. de Vénétie :* 8 : 595.

Athos, *mont :* 3 : 494.

Athyr, *g. carthaginois :* 1 : 412.

Atina, *v. du Latium :* 8 : 397.

Atlans, *g. espagnol :* 5 : 271.

Atlantiacus *(adj.) :* 13 : 200.

Atlantiades : 16 : 136.

Atlanticus : 10 : 184 ; 15 : 37.

Atlantis : 11 : 292 ; *cf.* Dardanus.

Atlas, *fils de Japet :* 1 : 201, 202 ; 15 : 142 ; 16 : 659.

Atlas, *mont :* 7 : 434 : 12 : 658 ; 16 : 36.

Atlas, *aurige espagnol :* 16 : 367, 378, 401, 408, 415, 452.

Atrides : 13 : 802.

Atropos : 17 : 120.

Attalicus *(adj.) :* 14 : 659.

Aueia, *v. du Samnium :* 8 : 518.

Auens, *g. romain :* 6 : 167, 191.

Auentinus, *mont :* 12 : 713.

Auernus *(adj.) :* 6 : 154 ; 13 : 601 ; 15 : 76.

Auernus *(subst.) :* 10 : 136 ; 11 : 452 ; 12 : 121 ; 13 : 397, 414 ; 17 : 466.

Aufidus, *fl. d'Apulie :* 1 : 52 ; 7 : 482 ; 8 : 630, 670 ; 9 : 228 ; 10 : 208, 319 ; 11 : 508.

Aufidus *(adj.) :* 10 : 170.

[Aulocrene] : 8 : 503 ; *cf.* Crenai.

Aurora : 3 : 332 ; 10 : 525 ; 12 : 575 ; 15 : 251, 440 ; 16 : 135, 230 ; 17 : 158 ; *cf.* Tithonius.

Auruncus *(adj., d'un p. de Campanie) :* 4 : 516.

Ausonia : 1 : 302, 332 ; 2 : 272 ; 3 : 511 ; 4 : 1, 11, 184, 220, 703, 730 ; 6 : 104, 244, 390, 596 ; 7 : 3, 107 ; 8 : 201, 333, 407 ; 9 : 2 ; 10 : 51, 572, 582 ; 11 : 39, 522 ; 12 : 208, 284, 436 ; 13 : 264, 887 ; 14 : 11 ; 15 : 153, 399, 572 ; 16 : 23, 219, 594, 612, 629, 700 ; 17 : 206, 223, 382, 520, 552, 572.

Ausonidae : 7 : 80 ; 13 : 348.

Ausonius *(subst.) :* 3 : 119 ; 7 : 529 ; 8 : 300 ; 9 : 179 ; 11 : 541 ; 12 : 288 ; 14 : 84, 358 ; 15 : 720 ; 16 : 137.

Ausonius *(adj.) :* 1 : 51 ; 2 : 10, 47, 331, 455 ; 3 : 709 ; 4 : 46, 124, 243, 366, 445, 530, 609, 734, 787, 813 ; 7 : 215, 227 ; 8 : 673 ; 9 : 92, 188, 210, 368, 521 ; 10 : 256, 552 ; 11 : 17 ; 12 : 687 ; 14 : 666 ; 15 : 165, 173, 290, 344, 385, 539 ; 16 : 34, 213, 282 ; 17 : 1, 76, 263, 339, 367, 404, 425, 585, 596, 619,

Auster, *vent :* 1 : 193 ; 6 : 321 ; 12 : 374, 657 ; 14 : 259, 455 ; 16 : 97 ; 17 : 207, 246.

Autololes, *p. d'Afrique :* 2 : 63 ; 3 : 306 ; 5 : 547 ; 6 : 675 ; 9 : 69 ; 11 : 192 ; 13 : 145 ; 15 : 671.

Autonoe, *sibylle :* 13 : 401, 489.

Babylon, *v. de Chaldée :* 14 : 658.

Bacchus : 1 : 237 ; 3 : 101, 423, 615 ; 4 : 777 ; 5 : 465 ; 7 : 162, 192, 205 ; 11 : 285, 301, 414 ; 13 : 434 ; 14 : 24 ; 15 : 177 ; *cf.* Iacchus, Liber, Lyaeus.

Bactra, *v. d'Asie :* 3 : 613 ; 8 : 414 ; 13 : 764.

Baeticola : 1 : 146.

Baeticus : 16 : 469.

Baetigena : 9 : 234.

Baetis, *fl. d'Espagne :* 3 : 405 ; 12 : 687 ; 13 : 676 ; 15 : 750 ; 16 : 196, 286 ; 17 : 638.

Bagas, *g. carthaginois :* 2 : 111 ; 5 : 235.

Bruttius, *porte-enseigne romain :* 6 : 15.
Brutus (L. Iunius Collatinus)
cos. 509 : 8 : 361; 11 : 95;
13 : 721.
Brutus, *g. romain :* 7 : 644,
652; 8 : 607; 9 : 415.
Burnus, *athlète espagnol :* 16 :
567.
Buta, *g. romain :* 5 : 540.
Butes, *g. carthaginois :* 7 : 598.
Buxentius *adj. de Buxentum, v.
de Lucanie :* 8 : 583.
Byrsa, *citadelle de Carthage :* 2 :
363; 3 : 242; 9 : 209.
Byzacius *(adj., de Byzacène) :*
9 : 204.

Cadmeus : 1 : 6, 106; 14 : 579;
17 : 351, 581; *cf.* Carthago.
Cadmus : 7 : 637; *cf.* Carthago.
Caere, *v. d'Étrurie :* 8 : 472.
Caesar (C. Iulius) : 13 : 864.
Caeso, *chef espagnol :* 3 : 377.
Caicus, *g. sagontin :* 1 : 306.
Caieta, *port du Latium :* 7 :
410; 8 : 529.
Calaber, *p. du Sud de l'Italie :*
8 : 573, 632; 12 : 396.
Calaber *(adj.) :* 7 : 365; *cf.*
Messapus, Rudiae.
Calacte, *v. de Sicile :* 14 : 251.
Calais, *fils de Borée :* 8 : 513; *cf.*
Orythyia.
Calatia, *v. de Campanie :* 8 :
542; 11 : 14.
Calchas, *devin :* 13 : 38, 41.
Caledonius *(adj.) :* 3 : 598.
Calenus, *g. campanien :* 13 :
219.
Calenus, *g. romain :* 17 : 428.
Cales, *v. de Campanie :* 8 : 512;
12 : 525; *cf.* Calaïs, Orithyia.
Callaecia (la Galice) : 3 : 345.
Callaicus *(adj.) :* 2 : 397, 417,
602; 3, 353; 4 : 326; 10 :
118; 16 : 334, 377, 382.

Calliope, *Muse :* 3 : 222; 12 :
390.
Callipolis, *v. de Sicile :* 14 : 249.
Calpe, *mont de Bétique :* 1 : 141,
644; 3 : 102; 5 : 395; 7 : 171,
434; 9 : 320; 10 : 174; 17 :
638; *cf.* Herculeus.
Calydon, *v. d'Étolie :* 15 : 307.
Camarina, *v. de Sicile :* 14 :
198.
Camers, *p. d'Ombrie :* 4 : 157;
8 : 461.
Camillus (M. Furius) : 1 : 626;
7 : 559 : 13 : 722; 17 : 652.
Campania : 6 : 651; 8 : 525.
Campanus *(adj.) :* 1 : 663; 7 :
158; 11 : 111, 124, 215, 299;
13 : 96, 301.
Campanus *(subst.) :* 11 : 428.
Cancer, *constellation :* 1 : 194;
12 : 374; 15 : 50.
Cannae, *v. d'Apulie :* 1 : 50; 8 :
27, 256, 622; 9 : 343; 10 : 30,
225, 336, 366, 516; 11 : 77,
171, 345, 574; 12 : 41, 82,
514; 13 : 718; 15 : 34, 814;
17 : 164, 226, 264, 307, 608.
Canopus, *v. d'Égypte :* 11 : 431.
Cantaber, *p. d'Espagne :* 3 :
326, 5 : 197, 639; 9 : 232;
10 : 16; 15 : 413; 16 : 46.
Canthus, *g. africain :* 15 : 700.
Canusinus *(adj.) :* 10 : 388.
Capenas, *fl. d'Étrurie :* 13 : 85.
Caphareus, *cap. de l'Eubée :*
14 : 143.
Capitolinus *(adj.) :* 3 : 86; 13 :
339.
Capitolium : 1 : 64, 270, 384;
3 : 623; 4 : 151, 288, 758; 5 :
654; 7 : 493, 558; 9 : 216,
546; 11 : 86; 12 : 640, 741;
15 : 803; 17 : 266, 327.
[Caprea] : *cf. :* Telon.
Capua : 8 : 544; 11 : 29, 74,
115, 128, 151, 158, 174, 195,
207, 256, 317, 425; 12 : 5, 87,

113, 194, 204, 287, 453, 491, 498, 506, 515, 571, 602; 13 : 258, 266, 381, 454; 16 : 626; 17 : 280, 301; *cf.* Campanus, Troianus.

Capys, *fondateur de Capoue :* 11 : 179, 297; 13 : 117, 321.

Capys, *g. d'Aricie :* 4 : 381, 385; *cf. :* Albanus, Virbius.

Caralis, *g. carthaginois :* 9 : 380.

Carmelus, *g. romain :* 7 : 662, 672.

Carmens, *uel* Carmenta : 7 : 18; 13 : 816.

Carpathius *(adj.) :* 3 : 681.

Carteia, *v. d'Espagne :* 3 : 396.

Carthago : 1 : 3, 678, 693 : 2 : 303, 326, 365, 373, 406, 573, 703; 3 : 69, 138, 143, 231, 592; 4 : 79, 130, 472, 763, 790, 811; 5 : 595; 6 : 83, 89, 344, 410, 479, 507, 582, 701, 712; 7 : 37, 281, 491, 576; 8 : 133, 144, 229, 676; 9 : 126, 211, 539; 10 : 88, 523, 658; 11 : 76, 97, 116, 129, 239, 372, 425, 531; 12 : 30; 13 : 13, 100, 510, 698, 880; 14 : 115, 287; 15 : 193, 220, 340, 383, 400, 417, 464, 664, 750; 16 : 92, 162, 169, 211, 602, 664, 684, 693; 17 : 149, 157, 174, 186, 224, 287, 345, 350, 363, 371, 513, 576, 586, 635; *cf. :* Agenor, Agenoreus, Byrsa, Cadmeus, Poenus, Punicus, Phoenissa, Sidonius, Tyrius.

Carthago noua : 3 : 368; 15 : 193, 220.

Casca, *g. romain :* 7 : 649.

Casilinus *(adj.) :* 12 : 426.

Casinum, *v. du Latium :* 4 : 227; 12 : 527.

Casper, *g. romain :* 9 : 401; *cf. note ad v.*

Casperia, *v. de Sabine :* 8 : 415.

[Cassandra] ⟧ 15 : 282.

Castalius *(adj.) :* 11 : 482; 14 : 468.

Castalius *(ancêtre d'Imilcé) :* 3 : 98; *cf.* Imilcé.

Castor : 9 : 295; 13 : 804; *cf.* Lacon, Ledaeus, Pollux.

Castrum, *v. des Rutules :* 8 : 359.

Castulo, *v. d'Espagne :* 3 : 99, 391.

Catane, *v. de Sicile :* 14 : 196.

Catilina, *g. romain :* 15 : 448.

Catillus, *fondateur de Tibur :* 4 : 225; 8 : 364.

Cato (M. Porcius) : 7 : 691; 10 : 14.

Cato (L. Porcius Licinus) : 15 : 730.

Catus, *g. romain :* 4 : 139.

Caucaseus *(adj.) :* 4 : 331; 5 : 148; 15 : 81.

Caucasus : 12 : 460; 16 : 356, 367.

Caudinus *(adj.) :* 8 : 565.

Caudinus, *g. du Bruttium :* 17 : 441.

Caunus, *g. gaulois :* 4 : 233.

Caurus *uel* Corus, *vent :* 1 : 469, 688; 2 : 290; 3 : 523, 659; 9 : 493; 14 : 74; 15 : 154.

Cayster, *fl. d'Ionie :* 14 : 189.

Cecropidae : 13 : 484.

Cecropius : 2 : 217; 14 : 26.

Celtae : 3 : 340, 418, 448; 4 : 63, 153, 300; 8 : 17; 9 : 236; 10 : 304; 11 : 25, 28; 13 : 79, 482; 15 : 715; *cf.* Boii, Galli, Senones.

Celticus : 1 : 46; 4 : 190; 5 : 143; 6 : 23; 15 : 503.

Centaurus : 3 : 42; 11 : 451; 13 : 590.

Centenius (M. Paenula), *centurion :* 12 : 463.

Centuripae, *v. de Sicile :* 14 : 204.

Cephallenes, *h. de Céphallénie :* 15 : 305.

Cephaloedias, *h. de Céphalédie, v. de Sicile :* 14 : 252.

Ceraunia, *monts d'Épire :* 5 : 386 ; 8 : 631.

Cerbereus : 6 : 178.

Cerberus : 2 : 538 ; 13 : 574, 591 ; *cf.* Ianitor.

Ceres : 1 : 214, 237 ; 9 : 205 ; 11 : 266 ; 12 : 375 ; 13 : 535 ; 14 : 130 ; 17 : 194 ; *cf.* Hennaeus.

Cerillae, *v. du Bruttium :* 8 : 579.

Cerretani, *p. d'Espagne :* 3 : 357.

Cethegus (M. Cornelius, *cos. 204*) : 8 : 575.

Chalcidicus : 12 : 161.

Chaonius : 3 : 679.

Charon : [9 : 251] ; 13 : 671.

Charybdis : 2 : 308 ; 14 : 256, 474.

Chimaera, *navire :* 14 : 497.

Choaspes, *chef des Garamantes :* 3 : 317 ; 4 : 824.

Chremes, *g. carthaginois :* 1 : 403.

Chromis, *g. de Sagonte :* 1 : 439.

Chrysas, *fl. de Sicile :* 14 : 229.

[Cicero] : 8 : 406.

Cicones, *p. de Thrace :* 2 : 75 ; 11 : 475.

Cilix *(adj. de Cilicie) :* 13 : 882.

Cilnius, *g. d'Arretium :* 7 : 29.

Cimber, *g. romain :* 14 : 305.

Ciminus, *lac d'Étrurie :* 8 : 491.

Cimmerius *(adj.) :* 12 : 132.

Cingulus *(adj., de Cingulum, v. du Picénum) :* 10 : 34.

Cinna (L. Cornelius) : 10 : 476.

Ciniphius *(adj., de Ciniphios, fl. d'Afrique) :* 2 : 60, 3 : 275 ; 5 : 185, 288, 296 ; 16 : 354.

Cinyps, *g. carthaginois :* 12 : 226, 227.

Circaeus *(adj.) :* 7 : 692 ; 8 : 390.

Circe : 8 : 440.

Cirrha, *v. de Phocide :* 12 : 320.

Cirrhaeus *(adj.) :* 3 : 9, 97.

Cirta, *v. de Numidie :* 15 : 447.

Clanis, *fl. d'Étrurie :* 8 : 453.

Clanius, *g. romain :* 4 : 188.

Clanius, *fl. de Campanie :* 8 : 535.

Claudia (Quinta) : 17 : 34.

[Claudii] ; *cf.* Appius, Nero.

Claudius (Asellus) *g. romain :* 13 : 149 ; *cf.* Aeneades, Rutulus.

Claudius (Appius Caudex), cos. 264 : 6 : 661.

[Claudius (Appius Caecus)], cos. 307, 296 : 13 : 725.

Claudius (Appius Pulcher), cos. 212 : 13 : 453 ; 17 : 300.

Clausus : 8 : 412 ; 13 : 466 ; 15 : 547 ; 17 : 33.

Cleadas, *g. carthaginois, descendant de Cadmus :* 7 : 637.

Cleonaeus *(adj., de Cléone, v. de l'Argolide) :* 3 : 34.

Clitumnus, *fl. d'Ombrie :* 4 : 545 ; 8 : 451.

Cloelia, *otage de Porsenna :* 10 : 492 ; 13 : 830.

Cloelius, *g. romain, descendant de Clélie :* 10 : 456.

Clotho, *Parque :* 4 : 369 ; 5 : 404.

Clusinus *(adj., de Clusium, v. d'Étrurie) :* 5 : 124 ; 8 : 478 ; 10 : 483.

[Clypea] : *cf.* Aspis.

Clytius, *g. grec :* 17 : 429, 430.

Cocalides, *filles de Cocalus, roi de Sicile :* 14 : 43.

Cocles (Horatius) : 10 : 484 ; [13 : 726].

Cocytos, *fl. des Enfers :* 12 :

Flauinius : 13 : 85.
Fontanus, *g. de Frégelles :* 5 : 540.
[Formiae] : 8 : 530 ; *cf.* Laestrygonius.
Fors : 2 : 5 ; 6 : 46 ; 15 : 105.
Fortuna : 1 : 8 ; 3 : 93 ; 4 : 38, 57, 448, 607, 730, 732 ; 5 : 93, 265 ; 6 : 368 ; 7 : 10, 93, 245, 387 ; 8 : 365 ; 9 : 48, 157, 162, 328, 354, 409 ; 10 : 215, 574 ; 11 : 4, 39, 168 ; 12 : 554 ; 13 : 189, 265, 383 ; 15 : 640, 736 ; 16 : 29, 616.
Foruli, *v. de Sabine :* 8 : 415.
Fregellae, *v. du Latium :* 5 : 542 ; 12 : 529.
Fregenae, *v. d'Étrurie :* 8 : 475.
Frentanus, *p. du Samnium :* 8 : 519 ; 15 : 567.
Frusino, *v. des Herniques :* 8 : 398 ; 12 : 532.
Fucinus, lac : 4 : 344.
Fulginia, *v. d'Ombrie :* 4 : 545 ; 8 : 460.
Fuluius (Q. Flaccus, *cos.* 212) : 11 : 114 ; 12 : 571, 600 ; 13 : 96, 137, 156, 187, 361 ; 16 : 627.
Fuluius (Cn. Flaccus, *prét.* 212) : 12 : 471.
Fuluius (Cn. Centumalus, *cos.* 211) : 17 : 304.
Fundi, *v. du Latium :* 8 : 529.
Furiae : 1 : 444 ; 9 : 265, 563 ; 13 : 604 ; *cf.* Eumenis, Megaera, Tisiphone.
Furnius, *g. romain :* 7 : 619.
Furor : 4 : 325.

Gabar, *g. africain :* 9 : 385, 387.
Gabinus *(adj., de Gabii, v. du Latium) :* 12 : 537.
Gades, *v. d'Espagne :* 1 : 141 ; 3 : 4 ; 16 : 194, 467 ; 17 : 637 ; *cf.* Erythius, Herculeus.

Gaetulia : 3 : 288.
Gaetulus *(adj.) :* 16 : 176, 569.
Gaetulus *(subst.) :* 2 : 64 ; 9 : 79.
Gala : *g. d'Hasdrubal :* 15 : 464.
Galaesus, *g. de Sagonte :* 1 : 438.
Galatea, *nymphe :* 14 : 226.
Galba, *chef étrusque :* 8 : 469 ; 10 : 194, 403.
Galli : 1 : 625 ; 4 : 216 ; 8 : 642 ; 15 : 553, 736 ; *cf.* Brennus, Celtae, Rhodanus.
Gallia : 1 : 656.
Gallicus : 4 : 644 ; *cf.* Bebrycius.
Ganges, *fl. de l'Inde :* 8 : 408 ; 12 : 460 ; 13 : 765.
Gangeticus : 3 : 612.
[Ganymedes] : 15 : 425.
Garadus, *g. d'Hannibal :* 7 : 601.
Garamanticus : 1 : 142, 414, 4 : 445 ; 5 : 357, 363 ; 7 : 628 ; 14 : 440.
Garamantis : 14 : 498 ; 15 : 676.
Garamas, *p. de Lybie :* 2 : 58 ; 3 : 10, 313, 648 ; 4 : 452 ; 5 : 194 ; 6 : 676, 705 ; 8 : 267 ; 9 : 222 ; 10 : 304 ; 11 : 181 ; 12 : 749 ; 13 : 479 ; 16 : 630 ; 17 : 447, 634.
Garamus, *g. d'Hannibal :* 2 : 110.
Garganus, *mont d'Apulie :* 4 : 561 ; 7 : 366 ; 8 : 223, 629 ; 9 : 212, 483 ; 13 : 59 ; 17 : 600.
Garganus *(adj.) :* 9 34.
Garganus, *cheval de Scipion :* 4 : 266.
Gargenus, *roi des Boïens :* 5 : 137.
Gaulum, *île :* 14 : 274.
Gaurus, *mont de Campanie :* 8 : 532 ; 12 : 160.
Gela, *v. de Sicile :* 14 : 218.

Gelesta, *g. maure :* 10 : 85.
Germanicus (Domitien) : 3 : 607.
Geryones, *géants :* 1 : 277; 3 : 422; 13 : 201.
Gestar, *sénateur de Carthage :* 2 : 327.
Gestar, *g. d'Hannibal :* 4 : 627; 12 : 262.
Getae, *p. de Thrace :* 2 : 75.
Geticus : 1 : 324; 4 : 244; 8 : 514; 11 : 475; 17 : 488.
Gigantes : 6 : 181; 12 : 143, 529; 13 : 590; 17 : 649.
Gisgo, *g. d'Hannibal :* 2 : 111.
Gisgo, *père d'Hasdrubal :* 16 : 675.
Glagus, *athlète espagnol :* 16 : 561.
Gloria, *personn. :* 15 : 98.
Gorgo : 3 : 314; 9 : 462; 10 : 174; *cf.* Medusa.
Gorgoneus : 4 : 234; 9 : 442; 10 : 435; 14 : 576; *cf.* Medusaeus.
Gortyna, *v. de Crète :* 2 : 101.
Gortynius : 2 : 90, 148; 5 : 447.
Gracchi : 4 : 495, 515; 7 : 106.
Gracchus (Ti. Sempronius Longus, *cos. 218*) : 4 : 699; 7 : 34.
Gracchus (Ti. Sempronius, *cos. 215*) : 12 : 63, 76, 477, 549; 13 : 717; 17 : 161, 299.
Gradiuicola : 4 : 222.
Gradiuus (Mars) : 1 : 433; 3 : 702; 4 : 201, 419, 460; 6 : 340; 9 : 290, 457, 486, 527, 553; 10 : 14, 527, 550; 11 : 101, 399, 581; 12 : 222, 329, 716; 13 : 365, 532; 15 : 15, 337, 492; 17 : 485.
Graecia : 11 ; 21.
Graius *(adj.) :* 1 : 289; 3 : 178; 4 : 358; 6 : 327; 8 : 257, 533; 9 : 63; 12 : 41, 49, 69, 358; 14 : 127, 338; 15 : 316; 17 : 418, 425.
Graius *(subst.) :* 1 : 378; 3 : 366; 14 : 301, 562; 15 : 168, 177, 309.
Grauii, *p. d'Espagne :* 1 : 235; 3 : 366.
Grauiscae, *v. d'Étrurie :* 8 : 473.
Grosphus, *chef sicule :* 14 : 211.
Gyas, *g. de Sagonte :* 1 : 439.

Hadranum, *v. de Sicile :* 14 : 250.
Hadria, *v. du Picenum :* 8 : 438.
Hadriacus : 1 : 54; 7 : 480; 10 :˙214; 11 : 509.
Haemonius : 10 : 11.
Haemus, *mont de Thrace :* 3 : 495; 11 : 464.
Halaesa, *v. de Sicile :* 14 : 218.
Halaesus : 8 : 474.
Hamilcar : 1 : 77, 100, 398; 2 : 429; 3, 254; 4 : 542; 5 : 566, 575, 598; 6 : 689; 11 : 371; 13 : 732; 15 : 747; 16 : 675; 17 : 444.
Hammon *(divinité) :* 2 : 59; 3 : 10; 5 : 357, 365; 9 : 298; 13 : 768; 14 : 438, 459; 15 : 672, 688; 17 : 634.
Hammon, *navire :* 14 : 572.
Hammon, *p. de Libye :* 6 : 675; 12 : 749.
Hampsagoras, *prince sarde :* 12 : 345.
Hampsicus, *g. d'Hannibal :* 7 : 671.
Hannibal : 1 : 39, 79, 99, 184, 346, 400, 429, 451, 639; 2 : 12, 29, 135, 209, 426, 451; 3 : 132, 239, 248, 712; 4 : 730, 771, 810; 5 : 209, 635; 6 : 61, 310, 640, 644; 7 : 25, 36, 213, 379, 389, 578; 8 : 3, 31, 277, 331, 606; 9 : 48, 426, 533, 639, 655; 10 : 43, 53, 266, 286, 419, 444, 452, 552, 568; 11 : 76, 113, 133, 230, 248, 326, 547, 589, 604; 12 : 465,

417; 2 : 26, 66, 115, 364, 484, 535, 674; 3 : 510, 630, 647, 667, 676, 677; 4 : 113, 126, 476; 5 : 168, 385; 6 : 595, 600, 620, 642, 648, 693; 7 : 240; 8 : 116, 254, 296, 342, 645, 666; 9 : 308, 537, 542; 10 : 68, 83, 108, 166, 388, 345, 362; 11 : 84, 179, 291, 380; 12 : 21, 56, 151, 333, 340, 605, 619, 635, 643, 656, 672, 691, 721, 743; 13 : 326, 512, 615, 631, 642, 841; 14 : 569; 15 : 120, 364, 804; 16 : 261, 623, 665; 17 : 53, 174, 226, 267, 370, 478, 608; *cf.* Omnipotens, Tarpeius, Tonans.

Kartalo, *g. africain :* 1 : 406; 15 : 450.

Labarus, *g. gaulois :* 4 : 232.
Labici, *p. du Latium :* 8 : 366.
Labicum, *v. du Latium :* 12 : 534.
Labicus, *g. romain :* 5 : 565.
Labienus, *g. romain :* 10 : 32, 34, 37.
Lacon *(adj.) :* 3 : 295; 4 : 361; 14 : 207.
Lacon *(subst.) :* 2 : 305; 6 : 336, 345; 7 : 666.
Ladmus, *g. carthaginois :* 1 : 397.
Laelius (C., *préfet de la flotte de Scipion*) : 15 : 217, 258, 274, 453; 16 : 576, 583; 17 : 439.
Laenas, *g. romain :* 15 : 447.
Laertes, *père d'Ulysse :* 7 : 693; *cf.* Tusculus.
Laertius *(adj.) :* 1 : 290; 15 : 303, 431.
Laestrygo : 14 : 126; *cf.* Antiphates.
Laestrygonius : 7 : 276, 410.
Laeuinus, *g. romain :* 5 : 544.
Laeuinus, *centurion :* 6 : 42.

Lageus *(adj.) :* 1 : 196; 10 : 321; *cf.* Aegyptius.
Lagus : 17 : 591; *cf.* Nilus.
Lampon, *nom de cheval :* 16 : 334, 392.
Lamus, *roi de Caiète :* 8 : 529.
Lamus, *athlète espagnol :* 16 : 475.
Lanuuium, *v. du Latium :* 8 : 361; 13 : 364.
Laomedonteus *(adj.) :* 1 : 543; 7 : 437; 8 : 172; 13 : 55; 17 : 4.
Laomedontiades : 10 : 629.
Larinas, *de Larinum, v. d'Apulie :* 8 : 402; 15 : 565.
Larinatius : 12 : 174.
Laronius, *g. romain :* 14 : 534.
Larus, *g. gaulois :* 4 : 234.
Larus, *g. cantabre :* 16 : 47.
Lateranus, *g. romain :* 5 : 229, 251.
Latinus, *g. romain :* 15 : 447.
Latinus, *roi des Latins :* 1 : 40; 3 : 223, 644.
Latinus *(adj.) :* 5 : 59; 6 : 603; 17 : 534.
Latinus *(subst.) :* 6 : 489, 641, 693; 7 : 21, 694; 8 : 33; 11 : 78; 13 : 745, 810; 15 : 447; 16 : 250, 264; 17 : 282.
Latium : 1 : 42; 2 : 379; 3 : 588, 591, 700; 4 : 729; 6 : 339, 594; 7 : 17; 8 : 204, 234, 252, 651; 9 : 1; 10 : 48, 267, 429, 656; 11 : 566; 13 : 616, 655, 741; 14 : 257; 15 : 393, 640, 733; 16 : 11, 214, 595, 680, 688; 17 : 191, 353, 394, 515.
Latius *(adj.) :* 1 : 112, 567, 603; 3 : 175, 370; 4 : 76, 502, 512; 5 : 10, 120; 6 : 43, 444, 470; 7 : 74; 8 : 7, 43, 70, 276, 676; 9 : 79, 437; 10 : 338, 388; 11 : 511; 12 : 199, 293, 394, 412, 466, 545; 13 : 34, 821, 869; 14 : 112, 393, 618;

71, 86, 94, 112, 257; *cf.* Satricus, Solimus.

Mandonius, *chef espagnol :* 3 : 376.

Mantua, *v. de Cisalpine :* 8 : 592, 593; 17 : 427.

Marathonius *(adj.) :* 14 : 650; *cf.* Athenae.

Maraxes, *chef punique :* 7 : 324.

Marcellus (M. Claudius, *cos. IV 210*) : 3 : 587; 8 : 255; 11 : 99; 12 : 166, 179, 198, 256, 279, 420; 14 : 113, 179, 339, 503, 626; 15 : 336, 346, 347, 353, 393, 548; 17 : 299.

Marcia, *femme de Régulus :* 6 : 403, 576.

Marcius (L. Septimus) : 13 : 700.

Marius, *ami de Scipion :* 13 : 231.

Marius, *g. romain :* 9 : 401.

Marius (C. *cos. 107, etc.) :* 13 : 853.

Marmaricus : 2 : 57; 3 : 687; 7 : 84; 8 : 215; 11 : 182.

Marmarides, *p. de Libye :* 2 : 165; 3 : 300; 5 : 184, 437; 7 : 629; 9 : 222; 14 : 482.

Maro, *g. romain :* 15 : 448.

Marrucinus, *p. d'Italie centrale :* 8 : 519; 15 : 566; 17 : 453.

Marrus, *éponyme de Marruuium :* 8 : 505.

Marruuium, *v. des Marses :* 8 : 505.

Mars : 1 : 8, 116, 118, 160, 302, 457, 549, 569, 619, 635, 640, 680; 2 : 4, 40, 79, 381, 393, 555; 3 : 85, 89, 217, 317, 330, 335, 352, 573; 4 : 100, 228, 265, 361; 5 : 31, 186, 228, 233, 247, 430, 442, 476, 570, 660, 664; 6 : 16, 25, 47, 208, 210, 307, 333, 345, 445, 477, 665; 7 : 41, 113, 125, 222,

298, 543, 661; 8 : 4, 238, 253, 260, 302, 305, 355, 462, 579, 613; 9 : 136, 334, 436, 468, 522, 525, 552; 10 : 135, 328, 383, 386, 399, 420, 545, 553, 564, 618; 11 : 23, 24, 143, 375, 502; 12 : 105, 197, 274, 278, 286, 291, 299, 325, 422; 13 : 155, 213, 456, 463, 508, 670, 699, 742, 772; 14 : 266; 15 : 2, 118, 132, 265, 360, 440, 518, 594, 610, 663, 801, 808, 823; 16 : 11, 54, 106, 115, 147, 174, 203, 618; 17 : 87, 147, 328, 480, 510, 588; *cf.* Mavors.

Marsicus *(adj., des Marses) :* 8 : 495.

Marsus, *p. d'Italie centrale :* 4 : 220.

Marsus *(adj.) :* 9 : 269; 10 : 315.

Marsya, *satyre :* 8 : 503.

Martigena : 12 : 582; 13 : 811; 16 : 532.

Martius : 1 : 222; 4 : 505; 5 : 171, 278; 7 : 717; 8 : 269, 429, 559; 10 : 217, 312; 13 : 707; 15 : 261, 407; 17 : 646.

Marus, *compagnon de Régulus :* 6 : 74, 98, 136, 261, 425, 431, 551, 575, 579.

Masinissa, *roi numide :* 16 : 117, 158; 17 : 413; *cf.* Nomas.

Massagetes, *p. de Scythie :* 3 : 360.

Massicus *(adj.) :* 7 : 166.

Massicus, *mont de Campanie :* 7 : 207, 263.

Massicus, *g. romain :* 4 : 346.

Massilia, *v. de Gaule :* 15 : 169.

Massylius : 16 : 183.

Massylus *(adj.) :* 2 : 108, 298; 5 : 413; 8 : 99; 9 : 223; 12 : 276; 16 : 170, 234, 252, 447; 17 : 61, 110, 128, 172.

Monoecus, *promontoire (Mona-co)* : 1 : 586.

Mopsus, *g. crétois de Sagonte* : 2 : 89, 95, 138 ; *cf.* Gortynius, Meroe.

Morgentia, *v. de Sicile* : 14 : 265.

Morinus, *trompette d'Hannibal* : 7 : 605.

Morinus, *g. gaulois* : 15 : 723.

Mors, *personn.* : 2 : 548 ; 13 : 560.

Mosa, *g. gaulois* : 15 : 727.

Mucius (Scaeuola) : 8 : 386.

Mulciber : 4 : 668 ; 12 : 141 ; 14 : 55, 450, 566 ; 17 : 102 ; *cf.* Vulcanus.

Munda, *v. d'Espagne* : 3 : 400.

Murranus, *g. romain* : 4 : 529, 532 ; 5 : 172, 461.

Murrus, *g. de Sagonte* : 1 : 377, 457, 479, 482, 499, 504 ; 2 : 556, 563, 570, 670.

Murrus, *g. d'Hasdrubal* : 15 : 467.

Musa : 1 : 3 ; 3 : 619 ; 5 : 420 ; 7 : 217 ; 8 : 593 ; 12 : 31, 219 ; 13 : 789 ; 14 : 28, 467 ; *cf.* Aonis, Helicon.

Mutina, *v. de Cisalpine* : 8 : 591.

Mutyce, *v. de Sicile* : 14 : 268.

Mycenae, *v. d'Argolide* : 1 : 27 ; 8 : 620.

Mycenaeus : 15 : 277.

Myconus, *g. d'Hasdrubal* : 15 : 447.

Mygdonius *(adj., d'un p. de Macédoine)* : 8 : 504.

Mylae, *v. de Sicile* : 14 : 202.

Myrice, *nymphe* : 3 : 103 ; *cf.* Imilce, Milichus.

Nabis, *prêtre d'Hammon* : 15 : 672.

Naiades : 5 : 21 ; 6 : 289 ; 15 : 772.

Nar, *fl. de Sabine* : 8 : 451.

Naris, *g. d'Hannibal* : 7 : 598.

Narnia, *v. d'Ombrie* : 8 : 458.

Nasamon *(adj.)* : 1 : 408 ; 6 : 44 ; 9 : 221.

Nasamon, *p. de la Grande Syr-te* : 2 : 62 ; 3 : 320 ; 11 : 180 ; 13 : 481 ; 17 : 246.

Nasamoniacus : 16 : 630.

Nasamonias *(adj.)* : 2 : 117.

Nasamonius *(adj.)* : 7 : 609.

Nasidius, *g. romain* : 15 : 450.

Natura, *personn.* : 11 : 187 ; 15 : 75.

Naulocha, *v. de Sicile* : 14 : 264.

Nealces, *chef punique* : 9 : 226, 268, 363, 392 ; 15 : 448.

[Neapolis] : *cf.* Parthénope.

Nebrissa, *v. d'Espagne* : 3 : 393.

Nebrodes, *mont de Sicile* : 14 : 236.

Neleius *(Nestor, fils de Nélée)* : 15 : 456.

Nemea : 2 : 483 ; *cf.* Hercules.

Nepesinus *(adj., de Népété, v. d'Étrurie)* : 8 : 489.

Neptunicola : 14 : 443.

Neptunius : 3 : 50 ; 14 : 363 ; 16 : 37.

Neptunus : 3 : 412 ; 7 : 255 ; 12 : 575 ; 15 : 253 ; 17 : 236.

Nereis : 3 : 413 ; 14 : 222 ; *cf.* Galatea, Thetys.

Nereis, *navire* : 14 : 571.

Nereius : 7 : 416.

Nereus, *père des Néréides* : 3 : 49 ; 4 : 298 ; 14 : 18, 414 ; 15 : 240 ; 17 : 624.

Neritius *(adj. de Neritos)* : 2 : 317 ; 3 : 318.

Neritos, *île proche d'Ithaque* : 15 : 305.

Nerius, *g. romain* : 5 : 260.

Nero (C. Claudius, *cos. 207)* : 8 : 413 ; 12 : 173, 483 ; 15 : 548, 578, 592, 652, 779, 794, 813 ; *cf.* Amyclaeus, Clausus.

Nessus, *navire :* 14 : 500.

Nestor, *roi de Pylos :* 13 : 801 ; *cf.* Pylius.

Netum, *v. de Sicile :* 14 : 268.

Niloticus : 11 : 430.

Nilus : 3 : 265 ; 9 : 224 ; 13 : 766 ; 16 : 36 ; *cf.* Lageus.

Niphates, *fl. d'Arménie :* 13 : 765.

Nola, *v. de Campanie :* 8 : 534 ; 12 : 161, 162, 481.

Nolanus *(adj.) :* 12 : 293.

Nomas, *p. de Numidie :* 2 : 186, 264 ; 5 : 194 ; 6 : 675, 705 ; 8 : 56, 157a ; 9 : 275 ; 10 : 304 ; 11 : 31 ; 12 : 562 ; 15 : 368 ; 16 : 116, 154 ; 17 : 65, 633.

Norbanus, *g. de Mantoue :* 17 : 426.

Notus, *vent :* 1 : 288 ; 9 : 493 ; 12 : 617, 661 ; 14 : 12, 422, 623 ; 16 : 97 ; 17 : 210, 255, 274.

Nox : 2 : 531 ; 15 : 284, 542, 562, 602, 612.

Nuba, *p. d'Éthiopie :* 2 : 269 ; 7 : 664.

Nuceria, *v. de Campanie :* 8 : 532 ; 12 : 424.

Nucrae, *v. du Samnium :* 8 : 564.

Numana, *v. du Picenum :* 8 : 431.

Numicius, *uel* Numicus, *fl. du Latium :* 1 : 666 ; 8 : 179, 190, 358.

Numidae, *p. d'Afrique :* 1 : 215 ; 9 : 242.

Numitor, *g. capouan :* 13 : 194, 212.

Nursia, *v. de Sabine :* 8 : 417.

Nymphae : 4 : 691 ; 6 : 171 ; 7 : 428 ; 8 : 182 ; *cf.* Naiades, Nereis.

Nysaeus : 3 : 393 ; 7 : 198 ; 12 : 160 ; *cf.* Bacchus.

Oceanus : 2 : 396 ; 3 : 52, 392 ; 5 : 395 ; 7 : 109, 639 ; 12 : 247 ; 13 : 554 ; 14 : 349 ; 16 : 37 ; 17 : 145, 244.

Ocnus, *héros étrusque :* 8 : 599.

Ocres, *g. romain :* 10 : 32.

Odrysius *(adj., de la Thrace) :* 4 : 431 ; 7 : 570 ; 13 : 441.

Oea, *v. d'Afrique :* 3 : 257.

Oeagrius : 5 : 463 ; *cf.* Orpheus.

Oebalius *(adj., d'Oebalus, roi de Lacédémone) :* 12 : 451.

Oeneus *(adj., d'Oenée, roi de Calydon) :* 3 : 367 ; 13 : 31 ; 15 : 308.

Oenotrius *(adj., d'Oenotrie) :* 1 : 2 ; 2 : 57 ; 12 : 587, 650 ; 13 : 713 ; 15 : 522 ; 16 : 685 ; 17 : 433 ; *cf.* Italus.

Oenotrus *(adj.) :* 8 : 220 : 9 : 473 ; 13 : 51.

Oenotrus *(subst.) :* 8 : 46 ; *cf.* Italus.

Oete, *mont de Thessalie :* 3 : 43 ; 6 : 452.

Oiliades (Ajax) : 14 : 479.

Olpaeus *(adj., d'Olpé, v. d'Épire) :* 15 : 300.

Olympus, *mont de Thessalie :* 3 : 671 ; 4 : 417 ; 9 : 551 ; 10 : 350 ; 11 : 267, 457, 518 ; 12 : 665 ; 16 : 38.

Omnipotens (Jupiter) : 7 : 372 ; 11 : 122 ; 17 : 385.

Opiter, *g. romain :* 10 : 33.

Orestes, *p. de l'Orestide, province d'Épire :* 15 : 313.

Orfitus, *g. romain :* 5 : 166.

Oricos, *v. d'Épire :* 15 : 293.

Orithyia, *nymphe :* 8 : 514 ; 12 : 526 ; *cf.* Calais.

Ornytos, *g. carthaginois :* 14 : 478.

Orpheus : 11 : 460 ; *cf.* Bistonius, Oeagrius, Thracius.

[Orsua], *cf.* Corbis, *g. espagnols.*

Pelasgi, *p. d'Italie :* 8 : 443.

Peleius *(adj.) :* 13 : 803 ; *cf.* Achilles.

Peliacus *(adj., de Pelion, mont de Thessalie) :* 11 : 449.

Pelignus *(adj.) :* 9 : 80, 116.

Pelignus, *p. du Samnium :* 8 : 510.

Pelion, *mont de Thessalie :* 3 : 495.

Pella, *v. de Macédoine :* 17 : 430.

Pellaeus : 11 : 381 ; 13 : 765 ; 17 : 429.

Pelopeus : 3 : 252 ; 4 : 628 ; 14 : 72.

Pelops : 15 : 306.

Pelorus, *promontoire de Sicile :* 4 : 494 ; 14 : 78.

Pelorus, *g. d'Hannibal :* 4 : 167.

Pelorus, *cheval :* 16 : 355, 359, 414, 426.

Pelusiacus *(adj., de Péluse, v. d'Égypte) :* 3 : 25, 375.

Pergama : 3 : 569 ; 12 : 362 ; 13 : 37, 50, 64.

Pergameus : 1 : 47 ; 9 : 113.

Perseus : 3 : 315 ; *cf.* Gorgo.

[Perseus, *roi de Macédoine*] : *cf.* Aeacides.

Perseus, *navire :* 14 : 516.

Perusinus *(adj., de Pérouse, v. d'Étrurie) :* 6 : 71.

Perusinus, *g. ombrien :* 10 : 156.

Petilia, *v. du Bruttium :* 12 : 431.

Petraea, *v. de Sicile :* 14 : 248.

Phacelina, *v. de Sicile :* 14 : 260.

Phaeaces : 15 : 297.

Phaethon : 6 : 3 ; 11 : 369 ; 13 : 458 ; 17 : 496, 601.

Phaethontius : 7 : 149, 206 ; 10 : 110, 540 ; 17 : 496.

Phalanteus : 11 : 16 ; *cf.* Tarentus.

Phalantus, *g. d'Hannibal :* 4 : 529, 533.

Phalantus, *lacédémonien :* 7 : 665 ; *cf.* Tarentus.

[Phalaris, *tyran d'Agrigente*] : 14 : 213.

Pharius *(adj., de Pharos, île) :* 1 : 214 ; *cf.* Aegyptus.

Pheretyades, *habitants de Puteoli :* 12 : 159.

Philaeni, *héros carthaginois :* 15 : 701.

Philippus *(V de Macédoine) :* 15 : 289 ; 17 : 420.

Phlegethon, *fl. des Enfers :* 2 : 610 ; 12 : 714 ; 13 : 564, 836, 871 ; 14 : 61.

Phlegraei (campi) : 4 : 275 ; 8 : 538, 655 ; 9 : 305 ; 17 : 649.

Phocaicus *(adj., de Phocée) :* 3 : 369 ; 4 : 52.

Phocais *(adj., de Phocée) :* 1 : 335 ; 15 : 172 ; *cf.* Massilia.

Phoebas *(adj., de Phoebus) :* 15 : 282 ; *cf.* Cassandra.

Phoebe : 15 : 563 ; 16 : 35 ; *cf.* Diana.

Phoebeus : 3 : 99, 411 ; 4 : 113 ; 5 : 78 ; 7 : 662 ; 9 : 62 ; 10 : 111 ; 13 : 412 ; *cf.* Hyperionius.

Phoebus : 1 : 193 ; 3 : 399, 481, 621 ; 4 : 526 ; 5 : 181 ; 7 : 87, 206 ; 8 : 492, 504 ; 9 : 34, 225, 345 ; 10 : 537 ; 11 : 267 ; 12 : 103, 222, 323, 413, 732 ; 13 : 400, 539, 789 ; 14 : 28, 468 ; 15 : 224, 302, 311, 334 ; 16 : 662.

Phoenissus : 3 : 362 ; 6 : 313 ; 7 : 409, 666 ; 8 : 184 ; 11 : 597 ; 17 : 146, 631.

Phoenix, *fils d'Agénor :* 1 : 89.

Phoenix : 1 : 33 ; 3 : 274 ; 7 : 576 ; 13 : 730 ; 16 : 25 ; *cf. :* Poenus, Pygmalioneus.

Pholus, *g. de Sagonte :* 1 : 437.

Phorcynis *(adj., de Phorcys, fils de Neptune)* : 2 : 59.

Phorcys, *chef espagnol :* 3 : 402 ; 10 : 173.

Phrygius : 1 : 91, 514 ; 2 : 352 ; 7 : 120, 437 ; 8 : 134, 163, 503 ; 9 : 73 ; 11 : 430 ; 12 : 706 ; 13 : 52, 748 ; 14 : 45 ; 15 : 280 ; 17 : 3.

Phryx, *p. d'Asie Mineure :* 1 : 106 ; 7 : 465 ; 8 : 241 ; 359 ; 13 : 64 ; *cf.* Troianus.

Picanus, *mont d'Apulie :* 4 : 302.

Picens, *g. romain :* 4 : 175, 176.

Picentes, *p. du Picénum :* 5 : 208 ; 9 : 273 ; 10 : 312.

Picentia, *v. de Campanie :* 8 : 578.

Picenus *(adj.) :* 8 : 424.

Picenum, *région d'Italie :* 6 : 649.

Picus, *ancien roi du Latium :* 8 : 439.

Pierius *(adj., des Piérides) :* 11 : 415, 481 ; *cf.* Musa.

Pindus, *mont d'Épire :* 4 : 520 ; 9 : 605 ; 12 : 658.

Pinna, *v. des Vestiniens :* 8 : 517.

Piraeus : 13 : 754.

Pisaeus *(adj., de Pisa, v. d'Élide) :* 15 : 210.

Piso, *chef des Ombriens :* 8 : 463 ; 10 : 250, 403.

Placentia, *v. de Cisalpine :* 8 : 591.

Planctus, *personn. :* 2 : 550.

[Pleiades] : *cf.* Atlantiades.

Pleminius, *g. romain :* 17 : 458.

Pleuron, *v. d'Étolie :* 15 : 310.

[Pluto] : 13 : 430 ; *cf.* Dis, Iuppiter Stygius, Tartareus.

Podaetus, *marin sicilien :* 14 : 492.

Poenae, *personn. :* 2 : 551 ; 13 : 604 ; 14 : 99.

Poenicus : 1 : 602 ; *cf.* Punicus.

Poenus *(adj.) :* 5 : 152 ; 6 : 407, 671 ; 9 : 130, 417 ; 10 : 44, 348 ; 14 : 288 ; 15 : 260 ; 17 : 345, 532.

Poenus *(subst.) :* 1 : 16, 169, 252, 295, 366, 384, 443, 498, 515 ; 2 : 25, 204, 230, 233, 257, 270, 394, 442, 452, 509, 565, 633, 692 ; 3 : 158, 416, 443, 562, 591 ; 4 : 3, 65, 92, 122, 185, 459, 483, 488, 498, 571, 700 ; 5 : 38, 122, 215, 377, 389, 574, 585, 661, 669 ; 6 : 28, 64, 392, 401, 433, 450, 492, 506, 597, 609, 640, 660, 666, 686, 699 ; 7 : 7, 15, 69, 233, 260, 273, 376, 489, 497, 504, 513, 530, 548, 550, 580, 589, 711, 714, 744 ; 8 : 242, 275, 308, 329, 333, 351, 534, 563, 579 ; 9 : 8, 136, 182, 184, 378, 412, 430, 439, 455, 484, 508, 558 ; 10 : 67, 86, 116, 254, 326, 368, 416, 425, 445, 453, 624, 652 ; 11 : 5, 15, 134, 190, 203, 327, 357, 362, 386, 432 ; 12 : 5, 38, 179, 224, 227, 269, 292, 302, 435, 479, 558, 587, 601, 606, 650, 670 ; 13 : 34, 101, 262, 265, 509, 617, 695, 744, 871 ; 14 : 96, 157, 422, 539, 615 ; 15 : 120, 247, 289, 332, 452, 488, 494, 545, 552, 557, 585, 630, 662, 733, 758, 819 ; 16 : 133, 178, 593, 638, 658 ; 17 : 74, 180, 288, 310, 535, 541, 606, 622 ; *cf.* Agenoreus, Agenoridae, Cadmeus, Carthago, Elissaeus, Marmaricus, Pygmalioneus, Phoenix, Phoenissa, Sarranus, Tyrius.

Pollentia, *v. de Ligurie :* 8 : 597.

Pollux : 9 : 295 ; 13 : 805 ; *cf.* Castor.

Polydamanteus *(adj., de Poly-damas, prince troyen)* : 12 : 212.

Polyphemus, *cyclope* : 14 : 223 ; 15 : 429.

Polyphemus, *g. carthaginois* : 14 : 527.

[Pompeius] : *cf.* Magnus.

Pomponia, *mère de Scipion* : 13 : 615.

Pomptinus campus *(marais Pontins)* : 8 : 379.

Pontus, *royaume d'Asie* : 13 : 477.

Porsena, *roi étrusque* : 8 : 389, 478 ; 10 : 483, 501 ; *cf.* Lydius.

Portitor (Charon) : 9 : 251.

Praeneste, *v. du Latium* : 8 : 365 ; 9 : 404.

Praetutius *(adj., d'un p. du Picénum)* : 15 : 568.

Priamides : 13 : 68.

Priuernas *(adj., de Priuernum, v. des Volsques)* : 8 : 393.

Priuernum, *v. du Latium* : 6 : 43.

Prochyte, *île de Campanie* : 8 : 540 ; 12 : 147.

Propontis : 14, 145.

Proserpina : 13 : 546 ; *cf.* Auernus, Hennaeus, Iuno.

Proteus : 7 : 420 ; 11 : 447.

Prusiacus *(adj., de Prusias, roi de Bithynie)* : 13 : 888.

Ptolemaeus : 11 : 381 ; *cf.* Aegyptus.

Publicola (P. Valerius Flaccus, *legatus 218*) : 2 : 8.

Punicus : 1 : 602, 621 ; 2 : 567, 652, 661 ; 4 : 801 ; 6 : 65, 437 ; 7 : 12, 485, 522 ; 9 : 527 ; 10 : 189, 419, 507 ; 12 : 737 ; 14 : 107 ; 15 : 325.

[Puteoli] : *cf.* Dicarcheus, Pheretyades.

Pygmalion, *frère de Didon* : 8 : 64.

Pygmalioneus : 1 : 21 ; 6 : 532.

Pylius *(adj., de Pylos)* : 7 : 597 ; 15 : 456 ; *cf.* Nestor.

Pyrenaeus : 3 : 415.

Pyrene, *fille de Bebryx* : 3 : 425, 438, 439 ; *cf.* Bebrycius.

Pyrene, *monts* : 1 : 190, 353, 487, 548, 643, 669 ; 3 : 338, 417 ; 4 : 61 ; 9 : 230 ; 11 : 144 ; 13 : 699 ; 14 : 35 ; 15 : 176, 451, 478, 491, 791 ; 16 : 246, 278 ; 17 : 641.

Pyrrhus, *roi d'Épire* : 13 : 725 ; 14 : 94.

[Pythia] : 12 : 323.

Python, *navire* : 14 : 572.

Quercens, *g. ombrien* : 10 : 151.

Quirinius, *g. romain* : 4 : 192.

Quirinus, *dieu* : 3 : 627 ; 4 : 813 ; 6 : 103 ; 8 : 646 ; 9 : 294 ; 10 : 332 ; 11 : 118 ; 12 : 718 ; 13 : 266, 811 ; 15 : 83 ; 16 : 76 ; 17 : 651.

Quirites : 4 : 48 ; 17 : 646.

Rauenna, *v. de Cispadane* : 8 : 601.

Reate, *v. de Sabine* : 8 : 415.

Regulus (M. Atilius, *cos. 256*) : 2 : 343, 436 ; 4 : 360 ; 6 : 62, 88, 128, 257, 318, 342, 438, 478, 658, 675, 682.

Remulus, *g. romain* : 4 : 186.

Rhadamanthus, *juge des Enfers* : 13 : 543.

Reginus *(adj., de Regium, v. du Bruttium)* : 13 : 94.

Rhenus, *fl.* : 1 : 594 ; 3 : 599.

Rhenus paruus, *fl. d'Italie* : 8 : 599.

Rhesus, *roi de Thrace* : 2 : 76.

Rhodanus, *fl. de Gaule* : 1 : 594 ; 3 : 446, 449, 464 ; 4 : 61 ; 15 : 500, 671.

Rhodanus, *g. gaulois* : 15 : 722.

Rhodope, *mont de Thrace* : 2 :

73 ; 3 : 494, 621 ; 9 : 605 ; 11 :
476 ; 12 : 658 ; 14 : 121.
Rhodopeius : 12 : 400.
Rhoeteius *(adj.)* : 7 : 431 ; 9 :
621 ; 14 : 487 ; 17 : 196, 486.
Rhoeteius *(subst.)* : 2 : 51 ; *cf.*
Troianus.
Rhoeteus : 1 : 115 ; 8 : 619 ; 9 :
72.
Rhyndacus, *chef espagnol* : 3 :
388.
Riphaeus *(adj., des monts Ri-
phées de Scythie)* : 11 : 459 ;
12 : 7.
Roma : 1 : 5, 16, 29, 269, 340,
389, 608 ; 2 : 32 ; 3 : 73, 182,
509, 564, 569, 585 ; 4 : 42,
409, 670 ; 5 : 124, 601, 634 ;
6 : 483, 601, 630, 642, 713 ;
7 : 24, 90, 538, 563 ; 8 : 270,
334, 348, 479 ; 9 : 44, 196,
213, 351, 531, 655 ; 10 : 64,
234, 265, 349, 359, 382, 481,
589, 657 ; 11 : 57, 118, 124,
235, 537 ; 12 : 47, 296, 318,
506, 513, 518, 519, 557, 564,
573, 580, 615, 634, 670, 690 ;
13 : 79, 823, 830 ; 15 : 90,
126, 396, 508, 547, 555, 572,
577 ; 16 : 152, 283, 624, 640,
691 ; 17 : 189, 235, 353, 611,
627, 654 ; *cf.* Dardania, Laomedonteus, Quirinus, Saturnius, Tarpeius, Tonans,
Troia, Troius.
Romanus *(adj.)* : 1 : 45, 80,
447, 479 ; 2 : 322, 452 ; 3 :
138, 356 ; 4 : 115, 570 ; 7 :
379 ; 8 : 2, 477 ; 9 : 181 ; 11 :
139 ; 14 : 248 ; 15 : 763 ; 16 :
662.
Romanus *(subst.)* : 1 : 114 ; 7 :
95, 522 ; 9 : 346 ; 17 : 463 ; *cf.*
Aeneades, Auruncus, Auso-
nius, Ausonidae, Assaracus,
Dardanidae, Dardanius,
Dardanus, Daunius, Daunus,

Euandrius, Hectoreus, Hes-
peridius, Idaeus, Iliacus, Italus, Latinus, Latius, Laurens, Martigena, Oenotri,
Oenotrius, Phryges, Phry-
gius, Quirinus, Rhoeteius,
Rhoeteus, Romuleus, Romu-
lus, Rutulus, Saturnius, Sy-
geus, Teucri, Troianus,
Troiugena, Troius, Tyrrhenus, Venus.
Romuleus : 3 : 618 ; 6 : 611 ; 7 :
485 ; 9 : 524 ; 10 : 279 ; 11 :
75, 583 ; 12 : 606 ; 15 : 1,
335 ; 17 : 384, 526.
Romulus *(adj.)* : 13 : 793 ; 16 :
254.
Romulus : *cf.* Quirinus.
Rothus, *g. d'Hannibal* : 2 : 165.
Rubico, *fl.* : 8 : 453.
Rudiae, *v. de Calabre* : 12 : 396,
397 ; *cf.* Ennius.
Rufrae, *v. du Samnium* : 8 :
566.
Rullus, *g. romain* : 5 : 260.
Ruspina, *v. d'Afrique* : 3 : 260.
Rutilus, *g. romain* : 15 : 700,
702.
Rutulus *(adj.)* : 1 : 377, 437,
658 ; 3 : 261 ; 4 : 62 ; 8 : 194 ;
11 : 565 ; 15 : 328 ; 16 : 697.
Rutulus *(subst.)* : 1 : 584 ; 2 :
541, 567, 604 ; 5 : 403 ; 8 :
357 ; 9 : 507 ; 10 : 449 ; 11 :
165 ; 13 : 163, 171 ; 14 : 498 ;
15 : 642, 737, 759 ; 16 : 141 ;
17 : 125, 426.

Sabatius *(adj., de Sabatia, v.
d'Étrurie)* : 8 : 490.
Sabellus, *p. de Sabine* : 4 : 221.
Sabellus, *g. romain* : 15 : 687.
Sabinus : 3 : 596 ; 8 : 423 ; 13 :
843 ; *cf.* Sabus, Sancus, Spar-
tanus, Volesus.
Sabratha, *v. d'Afrique* : 3 : 256.

Sabratha, *marin carthaginois :* 14 : 437.

Sabura, *g. d'Hannibal :* 15 : 441.

Sabus, *éponyme des Sabins :* 8 : 422.

Saces, *g. d'Hannibal :* 2 : 161.

Saetabis, *v. d'Espagne :* 3 : 373, 374 ; 16 : 474.

Saguntinus : 1 : 271, 378 ; 2 : 704.

Saguntus, *v. d'Espagne :* 1 : 332, 502, 573, 631, 650, 654, 676 ; 2 : 105, 229, 284, 369, 394, 436, 446, 487, 514, 541, 569, 662 ; 3 : 2, 16, 66, 178, 564 ; 4 : 62 ; 5 : 160, 322 ; 6 : 701 ; 7 : 280 ; 9 : 186, 292 ; 11 : 143 ; 12 : 80, 432, 695 ; 13 : 675 ; 15 : 409 ; 17 : 328, 495 ; *cf. :* Daunius, Dulichius, Fides, Herculeus, Neriteus, Rutulus, Tirynthius, Zacynthus.

Salaminiacus : 14 : 282.

Salernum, *v. du Picenum :* 8 : 582.

Sallentinus, *p. du Sud de l'Apulie :* 8 : 573.

Same, *île de Céphallénie :* 15 : 303.

Samius, *grec, g. d'Hannibal :* 17 : 428.

Samnis *(adj.) :* 4 : 558.

Samnis, *p. d'Italie :* 1 : 664 ; 8 : 562 ; 9 : 270 ; 10 : 314 ; 11 : 8, 175.

Sancus *(Semo Sancus, divinité) :* 8 : 420.

Sapharus, *g. d'Hannibal :* 7 : 604.

Sapis, *fl. d'Ombrie :* 8 : 448.

Sardous *(adj., de Sardaigne) :* 6 : 672 ; 12 : 343, 368 ; 14 : 6.

Sardus, *Libyen, éponyme de la Sardaigne :* 12 : 359.

Sarmaticus : 3 : 384, 617 ; 15 : 313, 685.

Sarmens, *g. gaulois :* 4 : 200.

Sarnus, *fl. de Campanie :* 8 : 537.

Sarranus : 1 : 72 ; 3 : 256 ; 6 : 468, 662 ; 7 : 432 ; 8 : 46 ; 9 : 202, 319 ; 11 : 2 ; 15 : 205 ; *cf.* Poenus.

Sarrastes, *p. riverain du Sarnus :* 8 : 536 ; 10 : 315.

Sason, *île de la mer ionienne :* 7 : 480 ; 9 : 469.

Sassina, *v. d'Ombrie :* 8 : 461.

Satricus, *g. de Sulmone :* 9 : 68, 77, 104, 111, 128 ; *cf.* Solimus.

Satura, *partie des marais Pontins :* 8 : 380.

Saturnius *(adj.) :* 1 : 70 ; 3 : 184, 711 ; 4 : 442 ; 9 : 296 ; 10 : 337 ; 13 : 63 ; 14 : 49 ; 17 : 380.

Saturnia (Iuno) : 2 : 527 ; 4 : 709 ; 7 : 464, 511 ; 8 : 202 ; 10 : 433 ; 12 : 702.

Saturnus : 8 : 440 ; 11 : 458 15 : 525.

Satyrus : 3 : 103, 394 ; *cf.* Milichus, Lyaeus.

Scaeae portae : 13 : 73.

Scaeuola, *chef romain :* 8 : 384 ; 9 : 372 ; 10 : 404.

Scaptius *(adj. de Scaptia, v. du Latium) :* 8 : 395.

Scaurus (Aemilius ?), *chef romain :* 8 : 370.

Scelerata porta : 7 : 48.

Scipiades : 7 : 107 ; 8 : 254 ; 9 : 276, 439 ; 11 : 362 ; 13 : 231, 384 ; 15 : 341, 441 ; 16 : 33, 193 ; 17 : 315.

Scipio (P. Cornelius, *cos. 218*) : 4 : 52, 230, 624, 669, 698 ; 6 : 710 ; 15 : 4.

Scipio (Africanus maior) : 4 : 117 ; 8 : 546 ; 9 : 413, 430 ; 10 : 426 ; 13 : 218, 236, 386, 449, 710, 737, 756, 792, 831 ; 15 : [10, 18, 33-129], 158,

492; 16 : 154, 159, 223, 234, 276, 657; 17 : 48, 235, 395, 402, 480, 533, 543.

Scipio (L. Cornelius, *cos. 259*) : 6 : 671.

Scipio (L. Cornelius, *frère de l'Africain*) : 16 : 59, 576, 582.

Scipio (P. Cornelius Nasica) : 17 : 10.

Scipio (P. Cornelius Scipio Africanus Aemilianus, *cos. 147, 134*) : 17 : 374.

Sciron, *marin de la Marmaride :* 14 : 482.

Scylla, *monstre marin :* 5 : 135; 13 : 440, 590.

Scyllaeus : 2 : 306, 334; 14 : 474.

Scythicus : 13 : 486.

Sedetanus, *p. d'Espagne :* 3 : 372.

Selinus, *v. de Sicile :* 14 : 200.

Selius, *g. romain :* 17 : 429.

Sena, fl. d'Ombrie : 8 : 453; 15 : 552.

Senectus, *personn. :* 13 : 583.

Senones, *p. de Gaule :* 1 : 624; 4 : 160; 6 : 555; 8 : 453; 11 : 30; 12 : 583.

Seres, *p. d'Extrême-Orient :* 6 : 4; 15 : 79; 17 : 595.

Serranus, *fils de Régulus :* 6 : 62, 292, 295, 575.

Seruilius (Cn. Geminus, *cos. 217*) : 5 : 98, 114; 8 : 665; 9 : 272; 10 : 222; 13 : 718; 17 : 308.

Setia, *v. du Latium :* 8 : 377; 10 : 33.

Sibylla : 9 : 62; 13 : 411, 444, 488, 621, 724; 17 : 2; *cf.* Triuia.

Sicania : 2 : 334; 4 : 502; 14 : 237.

Sicanius, *p. de Sicile :* 1 : 35; 3 : 243; 13 : 739; 14 : 4, 492.

Sicanus : 8 : 356; 10 : 313; 14 : 34, 110, 258, 291; 15 : 356; 16 : 216; *cf.* Sicanius.

Siccha, *g. carthaginois :* 9 : 385, 388.

Sicelides Musae : 14 : 467.

Sicoris, *légat de Sagonte :* 1 : 633.

Sicoris, *athlète espagnol :* 16 : 475.

Siculus, *chef des Ligures :* 14 : 37.

Siculus *(adj.) :* 1 : 62, 662; 2 : 429; 5 : 566; 8 : 614; 10 : 655; 14 : 2, 44, 98, 154, 178; 15 : 433; 17 : 48.

Siculus *(subst.) :* 14 : 294; *cf.* Aeolius, Aetnaeus, Hennaeus.

Sidicinus *(adj., de Sidicinum, v. de Campanie) :* 5 : 551; 8 : 511; 11 : 176; 12 : 524.

Sidon, *v. de Phénicie :* 7 : 634; 8 : 436.

Sidon, *navire :* 14 : 579.

Sidonis : 8 70, 193, 199; *cf.* Anna.

Sidonius *(adj.) :* 1 : 10, 131, 144, 297; 2 : 571, 656; 3 : 241, 406, 665, 708; 4 : 268, 325, 356, 648; 5 : 2, 290, 474; 6 : 85, 109, 343, 370, 411; 7 : 285, 716; 8 : 212; 9 : 97, 104, 427, 540; 10 : 36, 130, 301, 427, 514; 11 : 135, 281, 298, 309, 355, 596; 12 : 377, 627, 693; 13 : 144, 514, 620, 714; 14 : 98, 354, 517, 573; 15 : 38, 390, 524, 636, 737, 746; 16 : 451, 647, 677, 696; 17 : 212, 347, 369.

Sidonius *(subst.) :* 7 : 98; 9 : 161; 14 : 269, 271; 15 : 800.

Sigeus *(adj., du cap Sigée, en Troade) :* 1 : 665; 9 : 203.

Signia, *v. du Latium :* 8 : 378.

Silanus (M. Iunius, *préteur 212*) : 12 : 483.

Syrtis, *golfe de Libye :* 1 : 408, 644 ; 2 : 63 ; 3 : 652 ; 5 : 356 ; 7 : 570 ; 16 : 253, 621 ; 17 : 247, 634.

Tabas, *v. de Sicile :* 14 : 272.
Taburnus, *g. de Capoue :* 13 : 195.
Tadius, *g. romain :* 9 : 587.
Tagus, *noble espagnol :* 1 : 152, 155, 164.
Tagus, *fl. d'Espagne :* 1 : 234 ; 2 : 404 ; 16 : 286, 450, 560.
Tanaquil, *femme de Tarquin :* 13 : 818.
Tarchon, *fils de Télèphe, épony-me de Tarquinia, v. d'Étru-rie :* 8 : 473.
Tarentus, *v. de Grande Grèce :* 11 : 16 ; 12 : 434 ; 15 : 320.
Tarius, *g. romain :* 4 : 252.
Tarpeia, *j. fille qui livra la citadelle de Rome :* 13 : 843.
Tarpeius *(adj.) :* 1 : 117, 541 ; 2 : 33 ; 3 : 573, 609, 623 ; 4 : 48, 152, 287, 548, 784 ; 5 : 82, 109, 635 ; 6 : 103, 417, 604, 713 ; 7 : 56 ; 8 : 341, 644 ; 10 : 336, 360, 375, 432 ; 11 : 78 ; 12 : 44, 517, 609, 743 ; 13 : 1, 267 ; 16 : 261 ; 17 : 226, 267, 654.
Tarpeium *(subst., la roche Tarpeïenne) :* 5 : 164.
Tarraco, *v. d'Espagne :* 3 : 369 ; 15 : 177.
Tartara : 2 : 695 ; 5 : 388 ; 6 : 40, 315 ; 10 : 263 ; 13 : 437, 591 ; *cf.* Styx.
Tartareus : 2 : 674 ; 3 : 483 ; 5 : 222, 267 ; 6 : 175 ; 9 : 541 ; 12 : 133 ; 13 : 422 ; 14 : 597 ; 15 : 65 ; 17 : 565.
Tartessiacus : 6 : 1 ; 16 : 114 ; 17 : 590.
Tartessius : 10 : 537 ; 13 : 674 ; 15 : 5 ; 16 : 647.

Tartessos, *v. d'Espagne :* 3 : 399 ; 5 : 399.
Tartessos, *athlète espagnol :* 16 : 465, 509.
Taulantius *(adj., d'un p. d'Illyrie) :* 10 : 508 ; 15 : 294.
Tauranus, *g. romain :* 5 : 472.
Taurea, *g. campanien :* 13 : 143, 161, 170, 371.
Tauromenitanus *(adj., de Tau-romenium, v. de Sicile) :* 14 : 256.
Taygetus, *mont de Laconie :* 4 : 363 ; 6 : 311.
Teate, *v. des Marrucins :* 8 : 520 ; 17 : 453.
Tegeatis *(adj., d'une v. d'Arcadie) :* 13 : 329.
Teleboae *(l'île de Capri) :* 7 : 418.
Telegonus, *fils d'Ulysse et de Circé :* 12 : 535 ; *cf.* Laertes.
Telesinus, *g. d'Ombrie :* 10 : 148, 152 ; *cf.* Crista.
Tellus : 4 : 275 ; 15 : 522, 562, 618.
Telon, *roi des Téléboens :* 8 : 541 ; *cf.* Teleboae.
Telon, *marin romain :* 14 : 443.
Temisus, *forgeron maure :* 1 : 431.
Terror, *personn. :* 4 : 325.
Tethys, *femme de l'Océan :* 3 : 60, 411 ; 5 : 395 ; 14 : 347 ; 16 : 172 ; 17 : 243.
Tetricus, *mont de Sabine :* 8 : 417.
Teucer, *fondateur de Carthagè-ne :* 3 : 368 ; 15 : 192.
Teucer, *g. grec :* 17 : 426.
Teucri : 1 : 44 ; 3 : 127 ; 7 : 484 ; 8 : 199, 598 ; 9 : 530, 532 ; 12 : 363 ; 13 : 70 ; 14 : 353 ; 17 : 348 ; *cf.* Romani.
Teucrius : 13 : 36 ; *cf.* Troia.
Teutalus, *g. gaulois :* 4 : 199.
Teuthras, *aède de Cumes :* 11 : 288, 433, 482.

6 : 1; 12 : 508, 648, 681; 14 :
344, 585, 641; 15 : 223, 248.

Titanes, *fils de la Terre :* 1 :
435; 4 : 435.

Titania, *la Lune :* 9 : 169.

Titanius *(adj.) :* 10 : 538; 12 :
725.

Tithonius *(adj.) :* 5 : 25.

Tithonus, *fils de Laomédon :* 1 :
576.

[Titus Imperator] : 3 : 603.

Tlepolemus, *fils d'Hercule :* 3 :
364.

Tmolus, *mont de Lydie :* 4 :
738; 5 : 9; 7 : 210.

Tonans : 1 : 133; 3 : 649; 4 :
548; 5 : 635; 6 : 84, 713; 8 :
219, 652; 10 : 54; 11 : 85,
293, 319; 12 : 48, 280, 517,
666, 722; 13 : 20; 15 : 253;
16 : 144, 273; 17 : 654; *cf.*
Iupiter.

Torquatus, *g. romain :* 7 : 619.

Torquatus (T. Manlius, *cos.
224) :* 11 : 73; 12 : 342, 350,
377.

Trebia, *fl. de Cisalpine :* 1 : 47;
4 : 484, 493, 573, 601, 626,
634, 638, 643, 661, 698; 5 :
128; 6 : 109, 297, 707; 7 :
148, 378; 8 : 38, 668; 9 :
189; 10 : 590; 11 : 140, 345;
12 : 16, 80, 285, 548; 15 :
815; 17 : 312, 600.

Tricastini, *p. de Narbonnaise :*
3 : 466.

Trinacria, *la Sicile :* 14 : 110.

Trinacrius *(adj.) :* 3 : 257; 4 :
494; 13 : 93; 14 : 11, 55, 290,
614; 15 : 423.

Triocala, *v. de Sicile :* 14 : 270.

Triquetrus *(adj.) :* 5 : 489; cf.
Trinacria.

Triton, *fils de Neptune :* 14 :
373.

Triton, *navire :* 14 : 578.

Tritonia : 9 : 439; *cf.* Minerua.

Tritonis, *lac d'Afrique :* 3 :
322; 4 : 533; 9 : 297.

Tritonis, *mère d'Asbyté :* 2 : 65.

Tritonius *(adj.) :* 9 : 479; 13 :
57; *cf.* Minerua.

Triuia : 8 : 362; 13 : 786; *cf.*
Diana.

Trogilos, *v. de Sicile :* 14 : 259.

Troia : 1 : 513, 659; 3 : 565; 7 :
16, 473; 8 : 137, 620; 13 : 61,
791; 17 : 363; *cf.* Teucrius.

Troianus *(adj.) :* 1 : 543; 8 :
602; 12 : 213, 331; 13 : 78,
863; 14 : 45, 46, 220; 16 :
369, 655.

Troianus *(subst.) :* 13 : 128; *cf.*
Priamidae.

Troiugenae : 13 : 810; 14 :
117; 16 : 658.

Troius *(adj.) :* 1 : 42; 8 : 161;
9 : 348; 13 : 65, 327; 16 :
678; *cf.* Dardanus, Laomedonteus, Phrygius.

Tros, *roi éponyme de Troie :*
11 : 295.

Truentinus *(adj., de Truentium,
v. du Picénum) :* 8 : 433.

Tuder, *v. d'Ombrie :* 6 : 645;
10 : 95.

Tuders *(adj.) :* 4 : 222; 8 : 462.

Tullia, *fille de Servius Tullius :*
13 : 835.

Tullius, *chef des Arpinates :* 8 :
404; 12 : 175.

Tullus, *ancien roi des Volsques :*
8 : 405.

Tullus, *g. romain :* 4 : 183.

Tunger, *g. maure :* 7 : 682.

Turnus, *roi des Rutules :* 1 :
668.

Tusculus *(adj., de Tusculum) :*
7 : 692; *cf.* Telegonus.

Tuscus : 6 : 707; 7 : 378; 8 :
362; 10 : 590; 13 : 6; 17 : 14.

Tutia, *fl. du Latium :* 13 : 5.

Tyde, *v. d'Espagne :* 3 : 367;
16 : 368; *cf.* Oeneus.

Vesuuinus : 12 : 152.

Vettones, *p. de Lusitanie :* 3 : 378 ; 16 : 365.

Vetulonia, *v. d'Étrurie :* 8 : 483.

Vfens, *fl. du Latium :* 8 : 382.

Vfens, *g. romain :* 4 : 337, 341 ; 9 : 585.

Victoria : 5 : 227 ; 14 : 675 ; 15 : 99, 737.

Virbius, *g. d'Aricie :* 4 : 380, 391 ; *cf.* Albanus, Capys.

Virgo : 9 : 460, 526 ; *cf.* Minerua.

Viriasius, *chef des Sidicins :* 5 : 551.

Viriathus, *chef espagnol :* 3 : 354, 355 ; 10 : 219.

Virrius (Vibius Virrius) : 11 : 65, 93, 113, 131 ; 12 : 86, 104 ; 13 : 215, 225, 262, 296.

Virtus, *personn. :* 5 : 126 ; 15 : 22, 40, 69, 121.

Vlixes : 2 : 182 ; *cf.* Dulichius, Ithacus, Laertius.

Vmber *(adj.) :* 3 : 295 ; 6 : 167, 643 ; 10 : 95, 163.

Vmber, *p. d'Ombrie :* 8 : 447 ; 9 : 273 ; 10 : 312.

Vocontius *(adj., d'un p. de Narbonnaise) :* 3 : 467.

Volcae, *p. de Narbonnaise :* 3 : 445.

Volesus, *ancêtre des Valerii :* 2 : 8.

Volesus, *g. romain :* 13 : 244.

Volscus *(adj.) :* 6 : 20.

Volscus, *p. du Latium :* 12 : 175.

Volso, *fils de Crista :* 10 : 143 ; *cf.* Crista.

Volunx, *g. africain :* 5 : 261.

Voluptas, *personn. :* 15 : 22, 32, 95, 108, 123.

Vomanus, *fl. du Picénum :* 8 : 437.

Vosegus, *g. gaulois :* 4 : 213.

Vtica, *v. d'Afrique :* 3 : 241.

Vulcanius : 7 : 120, 360 ; 9 : 608 ; 14 : 423 ; 17 : 504, 594.

Vulcanus : 1 : 363 ; 4 : 681, 694 ; 5 : 513 ; 14 : 307 ; 17 : 97 ; *cf.* Mulciber.

Vulturnum, *v. de Campanie :* 8 : 528.

Vulturnus *(adj., de Vulturnus, fl. de Campanie) :* 12 : 521.

Vulturnus, *vent :* 9 : 495, 514 ; 10 : 204.

Vxama, *v. d'Espagne :* 3 : 384.

Xanthippus, *général lacédémonien au service de Carthage :* 2 : 434 ; 4 : 357 ; 6 : 683 ; 9 : 67 ; *cf.* Amyclaeus, Lacon, Spartanus.

Xanthippus, *fils du précédent :* 4 : 372, 392 ; *cf.* Critias, Eumachus.

Xanthus, *fl. de Troade :* 13 : 72.

[Xerxes] : 14 : 286.

Zacynthos, *île :* 1 : 290 ; 2 : 603 ; *cf.* Dulichius.

Zacynthos, *compagnon d'Hercule :* 1 : 275 ; *cf.* Alcides, Inachius.

Zama, *v. d'Afrique :* 3 : 261.

Zancleus *(adj., de Messine) :* 14 : 48, 113.

Zancle *(Messine) :* 1 : 662.

Zephyrus, *vent :* 5 : 466, 504 ; 6 : 528 ; 12 : 4 ; 16 : 364, 427, 433.

Zeusis : 7 : 665 ; *cf.* Phalantus.

ADDENDA ET CORRIGENDA

LIVRE IX

Page	au lieu de :	lire :
4 Texte v. 6	acris	acres
Texte v. 12	omnis	omnes
5 Apparat l. 1 v. 21	: -biat *F*	: -biae *F*
Texte v. 25	siccine	sicine
6 Texte v. 46	insontis	insontes
Texte v. 49	aspicit	adspicit
Texte v. 53	at	ut
8 Apparat l. 3 v. 103	sequentum *L O V* : -tus *F*	à supprimer
Apparat l. 4 v. 104	esse *L O V* : et *F in ras.*	à supprimer
Texte v. 105	auctorem	auctorem
Apparat l. 4 v. 105	à reprendre	auctorem *Drakenborch* : autorem *L* auctorum *F O V*
Texte v. 117	solatia	solacia
10 Texte v. 157	siccine	sicine
Apparat l. 5 v. 161	à reprendre	imperditus *L F V CM Ep. 86* : -peditus *O*
12 Apparat l. 6 v. 209	à ajouter	**209** externo *CM Ep. 50* : -tremo *S* ‖
Apparat l. 7 v. 210	à supprimer	
13 Texte v. 232	textus	tectus
14 Apparat l. 3 v. 244	à reprendre	incenso *F* : intenso *L O V*
15 Texte v. 273	Picentis	Picentes
Texte v. 284	minacis	minaces
16 Apparat l. 7 v. 304	: -sos *F*	: -sos *L F*
Texte v. 308	Iupiter	Iuppiter
Apparat l. 8 v. 309	-tos *L F*	-tas *L F*
17 Texte v. 316	gementis	gementes
Texte v. 328	astare	adstare
18 Texte v. 345	omnis	omnes

Page	au lieu de :	lire :
Texte v. 348	tentare	temptare
Texte v. 357	gentis	gentes
Traduction l. 27		
v. 358	Ainsi[1]	Ainsi[5]
19 Apparat l. 5 v. 377	*j.*	*J.*
Texte v. 379	connixus	conixus
Apparat l. 7 v. 383	à reprendre	arua *L F CM Ep. 50* : -ma *O V*
20 Texte v. 393	exilit	exsilit
22 Texte v. 446	undantis	undantes
Texte v. 452	ferentis	ferentes
23 Texte v. 478	aegid*a*	aegide
Apparat l. 9 v. 478	à reprendre	aegide *S* : -da *coni.* Drakenborch *Bauer* -di *coni. Bentley*
24 Apparat l. 3 v. 489	à ajouter	**489** pugnae *F*[1] : pugnam *L F*[2] *O V* ‖
Apparat l. 4 v. 493	à reprendre	eurique *F*[2] *O V* : furique *F*[1] *L*
Texte v. 495	A*et*oliis	Aetolis
Texte v. 502	candentis	candentes
25 Texte v. 505	iubaeque	tubaeque
Apparat l. 3 v. 505	à supprimer	
Traduction l. 5		
v. 505	panaches	trompettes
Texte v. 518	ferentis	ferentes
Apparat l. 6 v. 519	*Draken-borch*	*Drakenborch*
Apparat l. 6 v. 525	à supprimer	
26 Texte v. 547	coniux	coniunx
27 Texte v. 561	leuioris	leuiores
28 Texte v. 599	flagrantis	flagrantes
29 Texte v. 624	assidet	adsidet
30 Texte v. 640	praecipitis	praecipites
Texte v. 643	hostis	hostes
Apparat l. 7 v. 649	ajouter après *O*	‖ **649**
176 n. 3 l. 2	*Paul-Émile* «à *Servilius*	*Paul-Émile* «à *Servilius*
n. 3 l. 4	«à gauche»	«à gauche»
180 n. 7 l. 10	(p. 26)	(*op. cit.*, p. 26)

LIVRE X

Page	au lieu de :	lire :
36 Texte v. 3	assilit	adsilit
Texte v. 8	manis	manes
Texte v. 14	hostis	hostes
37 Texte v. 25	restantis	restantes
Texte v. 27	assequitur	adsequitur
Texte v. 39	ungina	inguina
39 Texte v. 72	hostis	hostes
Texte v. 83	coniux	coniunx
Apparat l. 4 v. 85	: -leste *L O V* -lepe *F*	-leste *S*
Texte v. 89	stagnatis	stagnantes
40 Texte v. 106	manantis	manantes
Apparat l. 9 v. 115	à reprendre	senium *CH* : seniem *L* senem *F* senem O V
Apparat l. 9 v. 115	à reprendre	dependens *Drakenborch* : deprendens *L F* deprehendens *O V*
41 Texte v. 124	Libycat fea*m*	Libyca fe*t*am
Texte v. 126	tentant	temptant
Texte v. 133	penatis	penates
Texte v. 135	omnis	omnes
Apparat l. 8 v. 140	à reprendre	labens *F O V* : habenis *L*
42 Apparat l. 1 v. 144	à reprendre	nare *F O V* : nate *L*
Texte v. 160	tentarat	temptarat
44 Texte v. 197	assequitur	adsequitur
Apparat l. 5 v. 201	*CP*	*CM*
Apparat l. 6 v. 202	leuro	euro
Texte v. 204	candentis	candentes
45 Apparat l. 1 v. 220	à reprendre	ante V^2 : *om. L F O V*[1]
46 Apparat l. 2 v. 255	: artiuus *O V* ‖	certiuus *O V* ‖ armo *Drakenborch* : arma *S*
Apparat l. 5 v. 262	: cruoreque *F* cruorem *CD*	cruorem *F CD*
47 Traduction l. 22 v. 280	cheva	cheval
48 Texte v. 287	uertentis	uertentes
	aspiciat	adspiciat

Page	au lieu de :	lire :
Texte v. 288	manis	manes
50 Texte v. 337	coniux	coniunx
Texte v. 359	astare	adstare
Texte v. 362	Iupiter	Iuppiter
52 Texte v. 386	patentis	patentes
55 Texte v. 479	sub	su*b*
Apparat l. 1 v. 479	à reprendre	sub *Drakenborch* : sed *S*
58 Texte v. 537	anhelantis	anhelantes
Traduction l. 8		
v. 538	titanienne[1]	titanienne[4]
59 Texte v. 560	mollisque	mollesque
Texte v. 565	coniux	coniunx
60 Texte v. 587	curulis	curules
61 Texte v. 633	aspicere	adspicere
62 Texte v. 650	obsecrantis	obsecrantes
196 n. 5 l. 4	*sinvatur*	*sinuatur*
l. 13	*S : sinuatur coxaque*	*S : coxaque*
206 notes l. 43	*Page 111*	*Page 55*

LIVRES XI ET XII

Page	au lieu de :	lire :
71 apparat v. 127	durabit *V* : -bat *LFO*	durabit *LF* : -bat *OV*
72 traduction v. 156	abandonnaît	abandonnait
80 traduction v. 351	voyant (...) il ajoute :	quand il vit :
81 traduction v. 379	du ciel Jupiter n'avait dévié sa route vers	Jupiter n'avait dévié sa route du large vers
83 apparat	uide app end.	uide append. p. 257 sq.
89 traduction v. 593	une seule paix	à elle seule la paix
94 traduction v. 16	avait porté l'attaque et s'était ouvert un chemin	pour porter ses attaques s'était ouvert la route
96 apparat v. 28	Burmann	Burman
97 traduction v. 75	hisseras-tu	porteras-tu
v. 83	les succès	la vie facile
101 traduction v. 180	qarricades	barricades
103 apparat v. 218	op- S	opano S
104 traduction v. 252	ces traits à nu	ce visage à découvert
v. 264	ca sang-là	ce sang-là
107 traduction v. 342	des armes	de ces guerres
108 note 2 à v. 364	fils d'Amphitryon et demi-frère d'Hercule	fils d'Iphiclès, le demi-frère d'Hercule
117 traduction v. 583	entrès	entrés
120 traduction v. 559	Ils l'entendirent les lacs	Ils l'entendirent, les lacs
122 traduction v. 710	(absence du numéro de vers)	(rétablir)
v. 710	parrhasien[1]	parrhasien[3]
124 traduction v. 752	ils regagnent	ils regagnent
223 note 1 à p. 75	Hercule.» L'image	Hercule», l'image
237 note 2 à p. 112	che à Silius	cher à Silius

LIVRE XIII

Page	au lieu de :	lire :
134 apparat v. 172	Burmann	Burman
135 apparat v. 183	Burmann	Burman
143 apparat v. 380		iusta *edd.* : iussa *S*
148 traduction v. 529	a créé	a été créé
154 apparat v. 664		gloria *edd.* : gratia *S*
156 texte v. 734	ille	illa
traduction v. 734	lui, — vois-le	elle, — regarde
	là-bas, — lui...	là-bas, elle...
162 traduction v. 866	on livrera	vous livrerez
252 n. 4 à p. 152	Sémélé	Alcmène
	à Dionysos	aux Dioscures

TABLE DES MATIÈRES

ATHÉNÉE.
Les Deipnosophistes. (1 vol. paru).

ATTICUS.
Fragments. (1 vol.).

AUTOLYCOS DE PITANE.
Levers et couchers héliaques. - La sphère en mouvement. - Testimonia. (1 vol.).

BASILE (Saint).
Aux jeunes gens. - Sur la manière de tirer profit des lettres helléniques. (1 vol.). Correspondance. (3 vol.).

BUCOLIQUES GRECS.
Théocrite. (1 vol.). Pseudo-Théocrite, Moschos, Bion. (1 vol.).

CALLIMAQUE.
Hymnes. - Epigrammes. - Fragments choisis. (1 vol.).

CHARITON.
Le roman de Chaireas et Callirhoé. (1 vol.).

COLLOUTHOS.
L'enlèvement d'Hélène. (1 vol.).

DAMASCIUS.
Traité des premiers principes. (3 vol.).

DÉMOSTHÈNE.
Œuvres complètes. (13 vol.).

DENYS D'HALICARNASSE.
Opuscules rhétoriques. (4 vol. parus).

DINARQUE.
Discours. (1 vol.).

DIODORE DE SICILE.
Bibliothèque historique. (6 vol. parus).

DION CASSIUS.
Histoire romaine (1 vol. paru).

DIOPHANTE.
Arithmétique. (2 vol. parus).

DU SUBLIME. (1 vol.).

ÉNÉE LE TACTICIEN.
Poliorcétique. (1 vol.).

ÉPICTÈTE.
Entretiens. (4 vol.).

ESCHINE.
Discours (2 vol.).

ESCHYLE.
Tragédies. (2 vol.).

ÉSOPE.
Fables. (1 vol.).

EURIPIDE.
Tragédies (8 vol. parus).

GÉMINOS.
Introduction aux phénomènes. (1 vol.).

GRÉGOIRE DE NAZIANZE (le Théologien) (Saint).
Correspondance. (2 vol.).

HÉLIODORE.
Les Ethiopiques. (3 vol.).

HÉRACLITE.
Allégories d'Homère. (1 vol.).

HERMÈS TRISMÉGISTE.
4 vol.)

HÉRODOTE.
Histoires. (11 vol.).

HÉRONDAS.
Mimes. (1 vol.).

HÉSIODE.
Théogonie. - Les Travaux et les Jours. - Bouclier. (1 vol.).

HIPPOCRATE. (7 vol. parus).

HOMÈRE.
L'Iliade. (4 vol.).
L'Odyssée. (3 vol.).
Hymnes. (1 vol.).

HYPÉRIDE.
Discours. (1 vol.).

ISÉE.
Discours. (1 vol.).

ISOCRATE.
Discours. (4 vol.).

JAMBLIQUE.
Les mystères d'Egypte. (1 vol.).
Protreptique. (1 vol.).

JOSÈPHE (Flavius).
Autobiographie. (1 vol.).
Contre Apion. (1 vol.).
Guerre des Juifs. (3 vol. parus).

JULIEN (L'empereur).
Lettres (2 vol.).
Discours (2 vol.).

LAPIDAIRES GRECS.
Lapidaire orphique. - Kerygmes lapidaires d'Orphée. - Socrate et Denys. - Lapidaire nautique. - Damigéron. - Evax. (1 vol.).

LIBANIOS.
Discours. (2 vol. parus).

LONGUS.
Pastorales. (1 vol.).

LYCURGUE.
Contre Léocrate. (1 vol.).

LYSIAS.
Discours. (2 vol.).

MARC-AURÈLE.
Pensées. (1 vol.).

MÉNANDRE. (2 vol. parus).

MUSÉE.
Héro et Léandre. (1 vol.).

NONNOS DE PANOPOLIS.
Les Dionysiaques. (5 vol. parus).

NUMÉNIUS. (1 vol.).

ORACLES CHALDAÏQUES.
1 vol.).

PAUSANIAS.
Description de la Grèce. (1 vol. paru).

PHOCYLIDE. (Pseudo-) (1 vol.).

PHOTIUS.
Bibliothèque. (9 vol.).

PINDARE.
Œuvres complètes. (4 vol.).

PLATON.
Œuvres complètes. (26 vol.).

PLOTIN.
Ennéades. (7 vol.).

PLUTARQUE.
Œuvres morales (16 vol. parus).
Les Vies parallèles. (16 vol.).

POLYBE.
Histoires. (9 vol. parus).

PORPHYRE.
De l'Abstinence. (2 vol. parus).
Vie de Pythagore. - Lettre à Marcella. (1 vol.).

PROCLUS.
Commentaires de Platon. - Alcibiade. (2 vol.).
Théologie platonicienne. (5 vol. parus).
Trois études. (3 vol.).

PROLÉGOMÈNES A LA PHILOSOPHIE DE PLATON.
1 vol.).

QUINTUS DE SMYRNE.
La Suite d'Homère. (3 vol.).

SALOUSTIOS.
Des Dieux et du Monde. (1 vol.).

SOPHOCLE.
Tragédies. (3 vol.).

SORANOS D'ÉPHÈSE.
Maladies des femmes (2 vol. parus).

STRABON.
Géographie (9 vol. parus).

SYNÉSIOS DE CYRÈNE.
(1 vol. paru).

THÉOGNIS.
Poèmes élégiaques. (1 vol.).

THÉOPHRASTE.
Caractères. (1 vol.).
Recherches sur les plantes. (2 vol. parus).

THUCYDIDE.
Histoire de la guerre du Péloponnèse. (6 vol.).

TRIPHIODORE.
La Prise de Troie. (1 vol.).

XÉNOPHON.
Anabase. (2 vol.).
L'Art de la Chasse. (1 vol.).
Banquet. - Apologie de Socrate. (1 vol.).
Le Commandant de la Cavalerie. (1 vol.).
Cyropédie. (3 vol.).
De l'Art équestre. (1 vol.).
Economique. (1 vol.).
Helléniques. (2 vol.).

XÉNOPHON D'ÉPHÈSE.
Ephésiaques ou Le Roman d'Habrocomès et d'Anthia. (1 vol.).

ZOSIME.
Histoire nouvelle. (5 vol.).

Série latine

dirigée par Paul Jal

Règles et recommandations pour les éditions critiques (latin). (1 vol.).

AMBROISE (Saint).
Les devoirs. (2 vol. parus).

AMMIEN MARCELLIN.
Histoires. (5 vol. parus).

APICIUS.
Art culinaire. (1 vol.).

APULÉE.
Apologie. - Florides. (1 vol.).
Métamorphoses. (3 vol.).
Opuscules philosophiques. (*Du Dieu de Socrate - Platon et sa doctrine - Du monde*) et Fragments. (1 vol.).

ARNOBE.
Contre les Gentils. (1 vol. paru).

AUGUSTIN (Saint).
Confessions (2 vol.).

AULU-GELLE.
Nuits attiques. (3 vol. parus).

AURÉLIUS VICTOR.
Livre des Césars. (1 vol.).

AURÉLIUS VICTOR (Pseudo-).
Origines du peuple romain. (1 vol.).

AVIANUS.
Fables. (1 vol.).

AVIÉNUS.
Aratea. (1 vol.).

CALPURNIUS SICULUS.
Bucoliques. CALPURNIUS SICULUS (Pseudo-). Eloge de Pison. (1 vol.)

CATON.
De l'Agriculture. (1 vol.).
Les origines. (1 vol.).

CATULLE.
Poésies. (1 vol.).

CÉSAR.
Guerre d'Afrique. (1 vol.).
Guerre d'Alexandrie. (1 vol.).
Guerre civile. (2 vol.).
Guerre des Gaules. (2 vol.).

CICÉRON.
L'Amitié. (1 vol.).
Aratea. (1 vol.).
Brutus. (1 vol.).
Caton l'ancien. De la vieillesse. (1 vol.).
Correspondance. (9 vol. parus).
De l'Orateur. (3 vol.).
Des termes extrêmes des Biens et des Maux. (2 vol.).
Discours. (22 vol.).
Divisions de l'Art oratoire. Topiques. (1 vol.).
Les Devoirs. (2 vol.).
L'Orateur. (1 vol.).
Les Paradoxes des Stoïciens. (1 vol.).
De la République. (2 vol.).
Traité des Lois. (1 vol.).
Traité du Destin. (1 vol.).
Tusculanes. (2 vol.).

CLAUDIEN.
Œuvres. (1 vol. paru).

COLUMELLE.
L'Agriculture. (2 vol. parus).
Les Arbres. (1 vol.).

COMŒDIA TOGATA.
Fragments. (1 vol.).

CORNÉLIUS NÉPOS.
Œuvres. (1 vol.).

CORIPPE.
Eloge de l'Empereur Justin II. (1 vol.).

CYPRIEN (Saint).
Correspondance. (2 vol.).

DRACONTIUS.
Œuvres. (2 vol. parus).

ÉLOGE FUNÈBRE D'UNE MATRONE ROMAINE. (1 vol.).

L'ETNA. (1 vol.).

FIRMICUS MATERNUS.
L'Erreur des religions païennes. (1 vol.).
Mathesis (1 vol. paru).

FLORUS.
Œuvres. (2 vol.).

FRONTIN.
Les aqueducs de la ville de Rome. (1 vol.).

GAIUS.
Institutes. (1 vol.).

GERMANICUS.
Les phénomènes d'Aratos. (1 vol.).

HISTOIRE AUGUSTE (1 vol. paru).

HORACE.
Epîtres. (1 vol.).
Odes et Epodes. (1 vol.).
Satires. (1 vol.).

HYGIN.
L'Astronomie. (1 vol.).

HYGIN (Pseudo-).
Des Fortifications du camp. (1 vol.).

JÉRÔME (Saint).
Correspondance. (8 vol.).

JUVÉNAL.
Satires. (1 vol.).

LUCAIN.
La Pharsale. (2 vol.).

LUCILIUS.
Satires. (3 vol.).

LUCRÈCE.
De la Nature. (2 vol.).

MARTIAL.
Epigrammes. (3 vol.).

MINUCIUS FÉLIX.
Octavius. (1 vol.).

NÉMÉSIEN.
Œuvres. (1 vol.).

OROSE.
Histoires (Contre les Païens).
(3 vol.).

OVIDE.
Les Amours. (1 vol.).
L'Art d'aimer. (1 vol.).
Contre Ibis. (1 vol.).
Les Fastes (1 vol. paru).
Halieutiques. (1 vol.).
Héroïdes. (1 vol.).
Les Métamorphoses. (3 vol.).
Pontiques. (1 vol.).
Les Remèdes à l'Amour.
(1 vol.).
Tristes. (1 vol.).

PALLADIUS.
Traité d'agriculture. (1 vol.
paru).

PANÉGYRIQUES LATINS.
(3 vol.).

PERSE.
Satires. (1 vol.).

PÉTRONE.
Le Satiricon. (1 vol.).

PHÈDRE.
Fables. (1 vol.).

PHYSIOGNOMONIE (Traité de).
(1 vol.).

PLAUTE.
Théâtre. Complet (7 vol.).

PLINE L'ANCIEN.
Histoire naturelle. (35 vol.
parus).

PLINE LE JEUNE.
Lettres. (4 vol.).

POMPONIUS MELA.
Chorographie. (1 vol.).

PROPERCE.
Elégies. (1 vol.).

PRUDENCE. (4 vol.).

QUINTE-CURCE.
Histoires. (2 vol.).

QUINTILIEN.
De l'Institution oratoire.
(7 vol.).

RHÉTORIQUE À HERENNIUS.
(1 vol.).

RUTILIUS NAMATIANUS.
Sur son retour. (1 vol.).

SALLUSTE.
La Conjuration de Catilina. La
Guerre de Jugurtha. Fragments
des Histoires. (1 vol.).

SALLUSTE (Pseudo-).
Lettres à César. Invectives.
(1 vol.).

SÉNÈQUE.
L'Apocoloquintose du divin
Claude. (1 vol.).
Des Bienfaits. (2 vol.).
De la Clémence. (1 vol.).
Dialogues. (4 vol.).
Lettres à Lucilius. (5 vol.).
Questions naturelles. (2 vol.).
Théâtre. (2 vol.).

SIDOINE APOLLINAIRE.
(3 vol.).

SILIUS ITALICUS.
La Guerre punique (4 vol.).

STACE.
Achilléide. (1 vol.).
Les Silves. (2 vol.).
Thébaïde. (2 vol. parus).

SUÉTONE.
Vie des douze Césars. (3 vol.).

SYMMAQUE.
Lettres. (2 vol. parus).

TACITE.
Annales. (4 vol.).
Dialogue des Orateurs. (1 vol.).
La Germanie. (1 vol.).
Histoires. (3 vol.).
Vie d'Agricola. (1 vol.).

TÉRENCE.
Comédies (3 vol.).

TERTULLIEN.
Apologétique. (1 vol.).

TIBULLE.
Elégies. (1 vol.).

TITE-LIVE.
Histoire romaine. (21 vol. parus).

VARRON.
L'Economie rurale. (2 vol. parus).
La Langue latine. (1 vol. paru).

LA VEILLÉE DE VÉNUS (Pervigilium Veneris). (1 vol.).

VELLEIUS PATERCULUS.
Histoire romaine. (2 vol.).

VIRGILE.
Bucoliques. (1 vol.).
Enéide. (3 vol.).
Géorgiques. (1 vol.).

VITRUVE.
De l'Architecture. (5 vol. parus).

Catalogue détaillé sur demande

LA PRISE DE CARTHAGÈNE

(d'après F. W. WALBANK, *op. cit.*, p. 206)

A : La lagune.
B : La rade et la mer.
(1) La colline la plus haute (actuel Castillo)
(2) La citadelle (actuel Molinete)
(3) Le camp de Scipion.
(4) La première attaque avec des échelles.
(5) L'attaque du commando par la lagune.
(6) La flotte de Lélius.

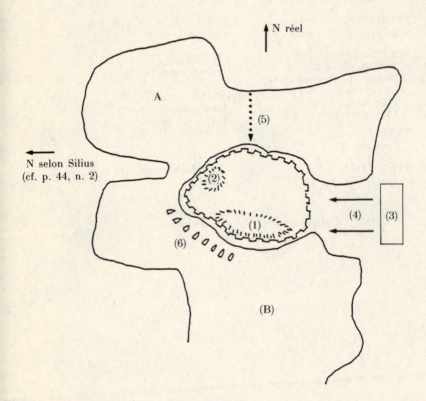

CE VOLUME,
LE TROIS CENT
SOIXIÈME
DE LA SÉRIE LATINE
DE LA COLLECTION
DES UNIVERSITÉS DE FRANCE
PUBLIÉE
AUX ÉDITIONS LES BELLES LETTRES
A ÉTÉ ACHEVÉ D'IMPRIMER
LE SEPTEMBRE 1992
PAR
L'IMPRIMERIE BONTEMPS
87350 PANAZOL

N° Imp. 2400-92.   Ed. N°. 2963.